EUROPAVERLAG

Klaus-Rüdiger Mai

ANGELA MERKEL

Zwischen Legende und Wirklichkeit

Eine kritische Biografie

EUROPAVERLAG

INHALT

»Ich wollte immer wissen, was auf mich zukommt, auch wenn das womöglich ein wenig auf Kosten der Spontaneität gegangen ist. Mein Leben zu strukturieren und Chaos zu vermeiden, war mir wichtiger.«

Angela Merkel

»Sed quis custodiet ipsos custodes?«
(»Wer aber soll die Wächter selbst bewachen?«)

Juvenal

ERSTER TEIL: DIE KANZLERIN

»Ich weiß, wie dramatisch schon jetzt die Einschränkungen sind: keine Veranstaltungen mehr, keine Messen, keine Konzerte und vorerst auch keine Schule mehr, keine Universität, kein Kindergarten, kein Spiel auf einem Spielplatz. Ich weiß, wie hart die Schließungen, auf die sich Bund und Länder geeinigt haben, in unser Leben und auch unser demokratisches Selbstverständnis eingreifen. Es sind Einschränkungen, wie es sie in der Bundesrepublik noch nie gab.«

Angela Merkel 2020

1. UNTER MASKEN – POLITIKER OHNE GESCHICHTE

Es dürfte nicht verfehlt sein, in Angela Merkel einen neuen Politikertyp zu sehen, der sich grundsätzlich von den vorigen, den Brandts, Schmidts, Kohls und Genschers unterscheidet. Diesen Politikertyp könnte man Politiker ohne Geschichte nennen – oder einfacher den postdemokratischen Politikertyp. Sein Einschätzungs- und Erkenntnishorizont endet an der Wölbung der Blase, in der er vollständig lebt, geradezu interniert ist, einer Blase aus Politik, Finanzindustrie, Klimakomplex, Medien und Kultur, deren Bewohner die Zugbrücken zum Volk, das sie beherrschen und belehren und von dem sie leben, hochgezogen haben, weil sie sich für die Elite, im Grunde im spätfeudalen Sinne für eine absolut herrschende Aristokratie halten. Wie für die Aristokratie des Ancien Regime Christentum und Glauben nur noch Leerformeln waren, die man ständig zur Selbstrechtfertigung benutzte, so sind es für die postdemokratischen Politiker die zur Phrase verflüchtigten Begriffe Demokratie und Freiheit. Die US-amerikanische Marxistin Nancy Fraser definierte die Herrschaft dieser spätwestlichen Eliten mit Blick auf die USA so: »Die US-amerikanische Form des progressiven Neoliberalismus beruht auf dem Bündnis ›neuer sozialer Bewegungen‹ (Feminismus, Antirassismus, LGBTQ) mit Vertretern hoch technisierter, ›symbolischer‹ und dienstleistungsbasierter Wirtschaftssektoren

(Wall Street, Silicon Valley, Medien- und Kulturindustrie etc.).« Aus ihrer Sicht führte die neoliberale Politik Clintons und Obamas »zu einer Verschlechterung der Lebensverhältnisse aller Arbeitnehmer, besonders aber der Beschäftigten in der industriellen Produktion.« Zur gesellschaftsauflösenden Ausweitung der Minderheitenrechte stellte sie fest, dass dieses neue Establishment die Emanzipation gleichsetzt »mit dem gesellschaftlichen Aufstieg der ›Begabten‹ unter den Frauen, Minderheiten und Homosexuellen« und dass es »die The-winner-takes-it-all-Hierarchie nicht mehr abschaffen« will.[1] Diese Blase bewirkt nicht die Erweiterung des Wissens und der Erkenntnisse, sondern die Verstärkung eigener Urteile, vor allem Vorurteile. Der Wirklichkeitsverlust wird durch Propaganda, Delegitimierung, Marginalisierung und Repression ersetzt. Unter dem Deckmantel, die Demokratie verteidigen zu wollen, wird die Demokratie eingeschränkt, weil für die Eliten Demokratie nicht Herrschaft des Volkes, sondern absolute Herrschaft der Eliten, also Oligarchie, bedeutet. Die »wehrhafte Demokratie« ist in Wahrheit nur die verwehrte Demokratie. Was das konkret bedeutet, wird am Beispiel Angela Merkels einsichtig, die sich im Laufe ihrer Karriere im Allgemeinen, aber im Besonderen in der Ära ihrer Kanzlerschaften zur postdemokratischen Politikerin entwickelte und damit dem Zeitgeist Rechnung trug. Man darf nicht vergessen, dass mit dem Historikerstreit Mitte der Achtzigerjahre linke, linksliberale und immer stärker postmodernistische Intellektuelle, Journalisten und Künstler die Meinungshoheit und die Diskursherrschaft in der Öffentlichkeit errungen hatten. Der postdemokratische Politikertyp gehört nicht den produktiven, sondern den destruktiven Zeiten an; es ist der Politikertyp, der, weil er aus dem Vollen schöpfen kann, das Volle ausschöpft.

Einmal mehr, aber an unvermuteter Stelle in geradezu gespenstischer Atmosphäre wurde für alle, die es sehen wollten, Deutschlands Spaltung deutlich: am 2. Dezember 2021 im

Scheinwerferlicht des Großen Zapfenstreichs im Bendlerblock, als die deutsche Bundeskanzlerin Dr. Angela Dorothea Merkel verabschiedet wurde. Zwar empfanden beim Großen Zapfenstreich für die scheidende Bundeskanzlerin die Deutschen noch gemeinsam eine große Freude, doch die einen, weil Angela Merkel zum Abschied geehrt, und die anderen, weil Angela Merkel endlich verabschiedet wurde, darüber, dass nun diese Kanzlerschaft – für manche zwölf Jahre zu spät – endete, die jene deutsche Konsensdemokratie zur Oligarchie der Alternativlosigkeit umformte.

Die Bundeskanzlerin aus der CDU hatte die erstaunliche Leistung vollbracht, die beste Politikerin zu werden, die die Grünen jemals besaßen. Mit diesem Verdienst wird sie in die Geschichte eingehen, dass sie die einzige Bundeskanzlerin für die Grünen war. Wie es dazu kam, was das mit Deutschland macht, vor allem aber weshalb das in Deutschland möglich war, erzählen die folgenden Seiten. Weil Angela Merkel die Legende über sich verbreiten ließ, dass sie die Dinge vom Ende her bedenkt – womit sie sich zielsicher mit Gott verwechselte, denn nur der kennt im Voraus das Ende und kann es folglich von dort aus bedenken –, soll auch die Geschichte der Angela Merkel vom Ende her berichtet werden.

An diesem kalten Dezemberabend stand die scheidende Bundeskanzlerin gegen 19.30 Uhr jedenfalls vor dem Rednerpult, hinter ihr die erleuchtete Kulisse des dräuenden Bendlerblocks, vor ihr das Publikum in weiter Corona-Entfernung. Sucht man nach Adjektiven, um die Atmosphäre zu beschreiben, so lauten sie alt, frostig, düster, verloren, gespenstisch. Es sind Bilder großer Einsamkeit. Der Nachwelt werden die Bilddokumente von diesem Großen Zapfenstreich erhalten bleiben, doch er wird sich von seinen Vorgängern unterscheiden und spätere Generationen in seinem dunklen und etwas unheimlichen Atavismus befremden. Was Angela Merkel vor sich sah, könnte man mit dem von der modernen französischen Philosophie aus der chinesischen Geschichte gekaperten Begriff der Mandarine beschreiben. Die Politikprominenz, die 200 Gäste, unter ihnen der Bundespräsident, dem sie zum Amt verholfen hat, ihr designierter Nachfolger, der Bundesfinanzminister Olaf Scholz, die 52 Bundesminister ihrer Amtszeiten, Bundestagsabgeordnete, Vertreter ausländischer Regierungen, die Einwohner der Berliner Politik-Blase – alle saßen gehorsam unter Masken wie in einem drittklassigen Splattermovie auf ihren Bänken.

In der Pandemie-Diktatur fand Merkels Herrschaft ihre reinste Form. Noch galten Merkels Pandemie-Vorschriften, deshalb fand die Zeremonie »unter schärfster Beachtung der geltenden Regularien« statt.[2] Man gewinnt den Eindruck, dass Angela Merkel das Corona-Regelwerk als Gesamtkunstwerk empfand.

Merkel mochte keinen Widerspruch; sie wusste zwar, dass er zum politischen Geschäft gehört, doch wo sie ihn verhindern konnte, da tat sie es. Das Kreative, das das Chaotische, das Offene voraussetzt, lag ihr nun mal nicht. Ihr Verständnis von Demokratie und Pluralität drückte das Wort Alternativlosigkeit aus. Ob Angela Merkel an Gott glaubt, weiß man nicht, aber dass sie der Göttin TINA (**T**here **I**s **N**o **A**lternative) als Hohepriesterin diente, darf als gewiss gelten. Wenn Angela Merkel für die Ironie der Geschichte empfänglich wäre, würde sie den Doppelsinn empfinden, der darin liegt, dass ihre Amtszeit unter Masken endete, wo doch ihr Leben unter dem Zeichen der Maske und unter Maskierungen verlief. Nichts wäre verfehlter, als in ihrem Umgang mit Masken eine Lust, ein Spiel, eine Selbstmystifikation zu sehen, sondern die Maskerade besaß eindeutig Schutzfunktion: Sie sollte die Wahrheit verstecken, die sie vermutlich selbst nicht einmal kennt. Deshalb dürfte der Slogan, unter den Angela Merkel ihren Wahlkampf 2017 stellte: »Sie kennen mich«, weiter von der Wahrheit entfernt sein als der Stern mit der Bezeichnung ULAS J0015+01, der sich 900 000 Lichtjahre von der Erde jenseits der Magellanschen Wolken befindet und im Jahr 2014 entdeckt wurde, ein halbes Jahr nachdem Merkel ihre dritte Kanzlerschaft angetreten hatte. Wie auf einem anderen Stern hätte sie sich damals gefühlt, völlig losgelöst von der Erde, wenn ihr sehnlicher Wunsch, mit Trittins Grünen zu regieren, im Jahr 2013 in Erfüllung gegangen wäre. Vielleicht wären dann die Grünen früher entzaubert worden, vielleicht wäre auch Merkels letzte Maske wenn schon nicht vom Gesicht gefallen, so doch zumindest verrutscht – und den Deutschen vieles erspart geblieben. Doch das bleibt müßige Spekulation. Angela Merkel bemühte sich redlich, auch ohne die Grünen dennoch grün zu regieren. Warum sie das tat, wird zu ergründen sein.

Niemand mit Ausnahme ihres Mannes, Joachim Sauer, und ihrer Büroleiterin Beate Baumann kennt Angela Merkel, die eine Meisterschaft im Verstecken und Verbergen besitzt. Verstecken und Verbergen gehört zu ihrem Naturell, und man kann das nur zum Teil mit ihrer Kindheit und Jugend in der DDR erklären, vielleicht sogar zum kleinsten Teil. Dem Geheimnis Angela Merkels kommt man jedenfalls nicht auf die Schliche, wenn man allzu sehr nach der DDR in ihrem Leben fragt, denn dort beginnt das Reich der hübschen Geschichtchen, die nur deshalb so erfolgreich sind, weil sie die gängigen Klischees erfüllen. So behauptete der westdeutsche Journalist Ralph Bollmann von der *Frankfurter Allgemeinen* nach der Bundestagswahl 2017, dass die Bundeskanzlerin Angela Merkel »im Osten auch deshalb so viel Hass auf sich zieht, weil sie ihren Landsleuten den Spiegel vorhält: Seht her, wer sich anstrengt, der schafft es auch.«[3] Nur im Osten sieht kaum einer Angela Merkel als Ostdeutsche, jedenfalls viele Ostdeutsche nicht. Und zu fragen ist, was sie denn nun eigentlich »geschafft« hat?

Vielleicht würde Angela Merkel die Ironie der Geschichte verstehen, den Witz, dass sie ihre politische Karriere mit einer für alle sichtbaren Maske beendet, wo doch die Maskierung erst ihre politische Karriere ermöglichte, wenn sie nicht selbst Teil dieser Ironie wäre. Selbst in den letzten ihr noch verbleibenden Amtstagen im Herbst 2021 kämpft die Pastorentochter für nichts anderes so sehr als für die Aufrechterhaltung ihrer Pandemie-Ordnung, an die sie wohl stärker glaubte als an das Evangelium, wenn das Evangelium für sie überhaupt einen religiösen Wert besitzt, denn: »Ein Mensch wird nicht dadurch gläubig, dass er im Pfarrhaus aufwächst«, sagte Merkel über Merkel.[4]

Noch am Vormittag ihres Großen Zapfenstreiches hatte sie deshalb in dem von ihr geschaffenen Gremium, das aus gutem Grund im Grundgesetz nicht vorgesehen ist, in der Konferenz der Ministerpräsidenten, beraten, wie ihr so mühsam aufgerichtetes Corona-Regime in die Zukunft verlängert werden kann. Die Konferenz der Ministerpräsidenten sollte ihr helfen, am Bundestag und am Bundesrat vorbei zu regieren. Fast möchte man sogar meinen, dass ihr dieser Termin wichtiger dünkte als der Große Zapfenstreich. Der Ausnahmezustand ihrer Pandemie-Diktatur ermöglichte ihr, ohne Widerspruch regieren zu können. Der Staatsrechtler Carl Schmitt meinte einmal, dass derjenige souverän sei, der über den Ausnahmezustand entscheidet.[5] Über den Ausnahmezustand, zumindest über dessen faktische Einführung durch die Lockdowns und über dessen faktische Latenz durch das Infektionsschutzgesetz, hatte Angela Merkel entschieden, gegen die Freiheit und die Rechte der Bürger. Doch beherrschte sie den Ausnahmezustand auch? Oder hatte sie einfach nur mithilfe der Medien die Gesellschaft gespalten, getreu des römischen Grundsatzes *divide et impera,* um ihn aufrechtzuerhalten?

2. MERKELS ANGSTKOMMUNIKATION

Den Ausnahmezustand schuf Angela Merkel nicht allein dadurch, dass sie neue Gesetze erließ und Anordnungen traf, sondern auch dadurch, dass sie ihre mäandernde Politik als alternativlos und damit sich selbst als unfehlbar erklärte. Der merkelsche Ausnahmezustand zeichnete sich durch die Entfernung der Freiheit aus dem Alltag der Menschen und aus dem öffentlichen Diskurs und durch die Beugung des Rechts aus, wie sie es in ihrer Fernsehansprache vom 18. März 2020 verkündete: »Keine Veranstaltungen mehr, keine Messen, keine Konzerte und vorerst auch keine Schule mehr, keine Universität, kein Kindergarten, kein Spiel auf einem Spielplatz. Ich weiß, wie hart die Schließungen, auf die sich Bund und Länder geeinigt haben, in unser Leben und auch unser demokratisches Selbstverständnis eingreifen. Es sind Einschränkungen, wie es sie in der Bundesrepublik noch nie gab.[6] Hemmungslos wurde der erste Satz des Artikels 2 Absatz 2 des Grundgesetzes »Jeder hat das Recht auf Leben und körperliche Unversehrtheit« gegen den zweiten Satz des gleichen Absatzes: »Die Freiheit der Person ist unverletzlich« ausgespielt, um sich schließlich gleisnerisch auf den letzten Satz des Absatzes zu berufen: »In diese Rechte darf nur auf Grund eines Gesetzes eingegriffen werden.«[7] Damit stellte die Bundeskanzlerin den Geist und den Zweck des Grundgesetzes auf den Kopf und verkehrte dessen Bestimmung als Abwehrrecht der Bürger gegen den übergriffigen Staat ins Gegenteil, indem es nun als Rechtfertigung der Übergriffigkeit des Staates gegen seine Bürger praktisch herhalten sollte. An diesem Tag wurde sie zur Bundeskanzlerin des übergriffigen Staates. Politik sollte nicht mehr Dienstleistung für die Bürger sein, wie sie so oft betonte hatte, sondern die Bürger wurden Dienstleister der Politik; sie hatten ihr zu dienen. Kritiker wurden von Merkels Helfern in den Medien, in der Kultur und in den teils staatsfinanzierten NGOs mit dem exzessiven Gebrauch des argumentum ad hominem marginalisiert, sozial und politisch geächtet und, wo es ging, ihrer Existenzgrundlage beraubt. Das Verfahren, das Angela Merkel den Einwohnern der Berliner Blase hinterließ, ist so primitiv wie wirkungsvoll. Zerstört man das Ansehen des Kritikers, unterstellt man ihm die niedersten Motive, macht man ihm zum bösen oder schlechten Menschen, enthebt man sich der Pflicht, sich mit den Argumenten des Kritikers auseinanderzusetzen, denn so der Kurzschluss der Gesinnungsethiker, von einem bösen Menschen können nur böse Argumente kommen. Wer böse ist, will Böses, auch wenn er Gutes tut, wie der Gute Gutes will, auch wenn er Böses hervorbringt. Diesen Gesinnungsmanichäismus erhob Angela Merkel, wie man noch sehen wird, aus zwei Gründen seit Fukushima zum Prinzip ihrer Herrschaft und vervollkommnete es in ihrer langen Kanzlerzeit. Damit zerstörte sie jedoch zugleich die Grundlage des öffentlichen Diskurses und kürzte die Geschäftsordnung der Demokratie ein, die auf Meinungsfreiheit beruht, da sie ihren Kurs alternativlos definierte und es demzufolge nur eine Meinung geben durfte, da ja keine Alternativen existieren. Oder wie die Autorin Carolin Emcke – auch eine gläubige Etatistin wie Merkel – 2024 auf der re:publica formulierte: »Ich würde wirklich dazu aufrufen, dass niemand, der eingeladen wird, in einer Rahmung, die Pro und Kontra heißt, teilzunehmen, ich würde wirklich inständig darum bitten, das ist einfach, es muss, es muss aufhören, wir müssen aufhören, diese Rahmung zu bedienen, ja, es wird uns beständig vorgemacht, es gäbe zu allen Fragen gleichermaßen wertige, gleichermaßen vernünftige einander widersprechende Positionen – das ist mit Verlaub einfach Bullshit.« Emcke ist fest davon überzeugt, dass Pro und Kontra eine »Form von Selbstverdummung« sei. Deshalb besteht sie darauf: »Nein wir müssen es abschaffen.«[8] Zu der Forderung, den Meinungsstreit, das Pro und Kontra als Grundlage von Demokratie und übrigens auch von Wissenschaft abzuschaffen, dazu hätte der Chor der Diktatoren aus der Geschichte frenetisch applaudiert. Emckes grüne, Emckes postmoderne Welt hatte George Orwell bereits in dem hellsichtigen Roman »1984« gültig für alle Zeit beschrieben. Doch auch Angela Merkel verabscheute »Diskussionsorgien« und »warnte vor einem Rückfall bei nachlassender Disziplin«.[9, 10] Emcke wurde zu einer von Merkels Propagandistinnen in der Pandemie, denn wo Unfreiheit ins Werk gesetzt wurde, war sie nicht fern.[11] Über Kritik echauffierte sie sich, weil sie in ihr einen Angriff auf die Eliten sehen wollte, in die sie sich ganz gern eingereiht sah. In einer monströsen Geschichtsvergessenheit verglich sie auf dem Parteitag der Grünen 2021 die im Holocaust verfolgten Juden mit den kritisierten »Klimaforschern«: »Es wird sicher wieder von Elite gesprochen werden. Und vermutlich werden es dann nicht die Juden und Kosmopoliten, nicht die Feministinnen und die Virologinnen sein, vor denen gewarnt wird, sondern die Klimaforscherinnen.«[12]

An Emcke kann man studieren, wie Merkels Pandemie-Propaganda bei ihren Aktivisten zur Paranoia führte. Denn in Wahrheit wurden nicht »die Virologinnen« verfolgt, sondern die Kritiker entrechtet und die friedlichen Demonstranten brutal niedergeknüppelt. Der Kampf gegen die Freiheit, für die weitest mögliche Einschränkung der Freiheit bildet zumindest einen der roten Fäden, die sich durch Angela Merkels Amtszeiten zogen und die, je länger sie im Amt war, desto stärker an Intensität zunahmen. Beifall bekam sie dafür von den illiberalen Propagandisten in den Medien, vom grünen und postmodernen Establishment. Im Angriff auf die Freiheit, die Angela Merkel wohl nie geschätzt und nie verstanden hatte, weil zur Freiheit immer ein erfrischendes und produktives Element von Anarchie, Kreativität, Unplanbarkeit, Aufrichtigkeit, Maskenlosigkeit gehört, etwas Mutwilliges, auch die Lust am Risiko der eigenen Preisgabe, die ihr deshalb als nicht hilfreich, als hinderlich, gerade als Zumutung vorkam, besteht ein wichtiger Teil ihres Vermächtnisses, der noch heute die deutsche Gesellschaft lähmt. Gerade ins Amt als Familienministerin gekommen, gab Angela Merkel 1991 Günter Gaus ein aufschlussreiches Interview, in dem sie ihre Abneigung, ihr »tiefes Misstrauen zu basisdemokratischen Gruppierungen« ausdrückte, bei denen sie sich nicht wohlfühlte, weil sie glaubt, »dass man in der politischen Arbeit auch zum Machbaren kommen muss und nicht zu lange sich im eigenen Diskutieren verlieben sollte«. In dem von ihrer Seite außerordentlich kontrolliert geführten Interview entfährt ihr dann doch als verunglückter Scherz ein Geständnis aus der Tiefe ihrer Psyche, das seine Dimension erst im Nachhinein enthüllt: »Vielleicht habe ich da ein autoritäres Verhalten in mir.« Gaus, erfahren in Interviews, fragt genau dort nach: »Sie haben möglicherweise ein autoritäres Bedürfnis, ein Bedürfnis, autoritär zu sein …« Merkel begreift sofort den Fehler, der ihr unterlaufen ist, und relativiert: »Nach einer gewissen Strukturiertheit der Arbeit, die aber dann was mit Autorität zu tun hat.« Festzuhalten bleibt aber, dass »Strukturiertheit« für Merkel nur das freundliche Synonym für Autoritarismus in einer allerdings nicht ideologischen, sondern technokratischen, solipsistischen Welt ist. Merkel ist nach meiner Beobachtung vollkommen ichbezogen. Zu dieser Zeit formuliert sie ihr Politikverständnis noch so: »Ich glaube, dass Politiker so eine Art Dienstleistung zu erbringen haben, und die Dienstleistung besteht darin, dass man bestimmte Probleme löst.« Politiker als Dienstleister? Wirklich für den Bürger? Wäre es so, bliebe Merkels Handeln ab Herbst 2015 unerklärlich. Doch Merkel wurde nicht von Zweifeln geplagt und von Skrupeln gepeinigt, nie, denn: »… jede Problemlösung birgt in sich den Fehler – und mit dem muss man dann auch leben.«[13]

Vollkommen fehlt in der Betrachtung der wichtigste Aspekt, denn nicht *man* muss mit dem Fehler leben, sondern *die Bürger,* zuallererst und zuallerletzt. Dieses Fehlen von Empathie in Merkels solipsistischem Zirkel ihrer Persönlichkeit belegt ihre flapsige Äußerung vor der Bundestagsfraktion der Union am 22. September 2015, als sie auf die Massenmigration, die sie unvorsichtigerweise wie der berühmte Skifahrer in Schäubles Gleichnis ausgelöst hatte, angesprochen wird: »Ist mir egal, ob ich schuld am Zustrom der Flüchtlinge bin, nun sind sie halt da.«[14] Mit Fehlern muss man – also die anderen – leben, Merkel ist das völlig »egal«. Verheerend war das Zitat, das Merkels mediale Hilfstruppen später abzuschwächen versuchten, weil es einen Blick in Merkels Denken zuließ, und das beglaubigt wurde von dem Statement der jungen Angela Merkel im Interview mit Günter Gaus. In Merkels Corona-Regime nahmen die Grundsätze von Merkels Politikverständnis, das »autoritäre Verhalten«, die Rolle als Präsidialkanzlerin Gestalt an. In ihrer Rede beim Großen Zapfenstreich hastete sie fünf obligatorische Sätze routiniert durch, die nur die üblichen Floskeln der Dankbarkeit und der Demut beinhalteten, ehe sie endlich bei ihrem Thema anlangte, und ihr Thema hieß zwar Corona, aber Corona stellte nur eine Chiffre dar für die dauerhafte Einschränkung der Freiheit zugunsten des allmächtigen Staates, der »Strukturiertheit der Arbeit, die aber dann was mit Autorität zu tun hat«: »Besonders möchte ich deshalb zu Beginn auch an die denken, die sich zeitgleich mit all ihrer Kraft der vierten Welle der Pandemie entgegenstemmen, die alles geben, um Leben zu retten und zu schützen: die Ärztinnen und Ärzte, die Pflegerinnen und Pfleger in den Krankenhäusern, die Impfteams, die helfenden Hände in der Bundeswehr und in den Hilfsorganisationen. Ihnen allen gebühren mein und unser aller besonderer Dank und höchste Anerkennung.«[15] Statt Dank und Anerkennung erlebten aber die Ärzte und Ärztinnen, die Pfleger und Pflegerinnen, die sich nicht impfen ließen, vom Merkel-Staat nur Repressionen, Druck und Verunglimpfung. Viele von ihnen stimmten der Impfung gezwungenermaßen nur zu, um ihre Arbeit nicht zu verlieren. Statt Dank und Anerkennung erlebten die 72 Bundeswehrsoldaten, die ebenfalls die Impfung verweigerten, nur die unehrenhafte Entlassung. Statt Merkels Dank verurteilte ein deutsches Gericht den Oberfeldwebel Alexander Bittner, Vater von drei Kindern und Alleinverdiener, zu einer Geldstrafe von 2500 Euro wegen Gehorsamsverweigerung, weil er sich weigerte, sich impfen zu lassen. Da Bittner die Strafe, die er nicht akzeptiert, nicht bezahlen will, soll er nun für ein halbes Jahr eingekerkert werden.[16] Der Oberstabsgefreite Max Windisch wurde vom Dienst suspendiert, weil er sich ebenfalls weigerte, sich impfen zu lassen. Ihm droht rückwirkend die unehrenhafte Entlassung. Tritt das ein, müsste der Oberstabsgefreite bis zu 25000 Euro zurückzahlen.[17]

So sieht Merkels Respekt aus. So geht Merkel-Deutschland mit seinen Soldaten um. Merkel schwieg in ihrer Rede auch über die Alten, die einen einsamen Tod starben, ohne Angehörige, ohne Kinder und ohne Enkel irgendwo in einem Zimmer, irgendwo in einem Pflegeheim, weil die Bundeskanzlerin sich gegen die Wirklichkeit verbarrikadiert hatte und im Herbst der Matriarchin nur Leute wie Drosten, wie Buyx, wie Brinkmann, wie Bude etwas galten. Sie alle haben eine immense Schuld auf sich geladen, aber am meisten die gelernte Physikerin im Bundeskanzleramt, der die Naturwissenschaften fremd zu sein scheinen, denn offensichtlich spielt für sie die Falsifikation als Methode der Naturwissenschaft keine nennenswerte Rolle. Weil Angela Merkel nach meiner Beobachtung nicht Angst um Deutschland hatte, wie sie vorgab, sondern einzig und allein von einer fast panischen Versagensangst erfüllt zu sein schien, starben Menschen nach einem fleißigen Leben einsam. Alte, Kranke konnten ihre Angehörigen nicht sehen; Menschen, die allein in ihren Zimmern in den Pflegeheimen lebten, starben sogar ohne geistlichen Beistand, weil Angela Merkel wohl Angst hatte, als Versagerin dazustehen, nicht mit der Note 1, sondern mit der Note 5 vom Platz zu gehen. Zu Hilfe eilte ihr der damalige Vorsitzende des Deutschen Ethikrates, der evangelische Theologe Peter Dabrock, der in einem *ZEIT*-Gespräch kaltschnäuzig befand: »Menschen sterben oft auch allein im Operationssaal.«[18] Es ging bei Merkel nicht um die Sache, sondern um Macht und Machterhalt. »Die wahre Merkel«, sagte einer, der sie gut kannte, »die gibt es immer nur in Abhängigkeit von bestimmten Situationen.«[19] Denn was sollte sonst der Kompass in wechselnden Situationen sein? In Merkels kurzer Rede standen demzufolge nicht Deutschlands Zukunft, nicht Deutschlands Freiheit, sondern Deutschlands Ängste, Deutschlands Ältlichkeit, Deutschlands Verzagtheit, Deutschlands totalitäre Sehnsucht im Mittelpunkt. Merkel war sich der Ironie der Geschichte nicht bewusst, als sie im Vortrag dennoch ganz bei sich selbst ankam, als sie die Pandemie, die Ängste vor einer vierten Welle beschwor. Sie hatte im Verlauf der Klimaapokalypse die Vorteile der Angstkommunikation entdeckt und in ihren Pandemie-Maßnahmen weiterentwickelt. Auch in ihrer Rede zum Großen Zapfenstreich wurde deutlich: Die Bundeskanzlerin kann nicht von der Pandemie und die Pandemie nicht von der Bundekanzlerin lassen. Die Franzosen nennen das eine *idée fixe*. Die RKI-Files belegen, was man damals schon mehr als ahnte, dass es die Politik, dass es Merkels Regierung war, die darüber entschied, was die Experten verkünden sollten,[20] und vor allem, dass Angela Merkel nur Leute akzeptierte und »Experten« nannte, die ihre politischen Entscheidungen mit einem scheinwissenschaftlichen Kleidchen versahen, die ideologiebasierte Vorgaben durch den Jargon der Wissenschaftlichkeit als *alternativlos* erscheinen ließen.

Zu diesen Experten zählt auch der Soziologe Heinz Bude. Im Jahr 2020 gehört er zu denen, die das berüchtigte Corona-Strategiepapier des Innenministeriums erarbeitet hatten. Er redet, wenn er redet, als Insider. Es wird später die Frage zu beantworten sein, ab wann Angela Merkel die Pandemie und die Angstkommunikation entdeckte, das Schüren von Hysterien als Mittel zur »Großen Transformation« – und was sie unter Großer Transformation verstand, denn von der Transformation sprach Merkel bereits am 23. Januar 2020 in Davos, noch bevor Corona Deutschland erreichte und damals die Warnungen vor der Epidemie als rechte Schwurbelei und Verschwörungstheorien abgetan wurden: »Diese Transformation bedeutet im Grunde, die gesamte Art des Wirtschaftens und des Lebens, wie wir es uns im Industriezeitalter angewöhnt haben, in den nächsten 30 Jahren zu verlassen – die ersten Schritte sind wir schon gegangen – und zu völlig neuen Wertschöpfungsformen zu kommen, die natürlich auch wieder eine industrielle Produktion enthalten und die vor allem durch die Digitalisierung verändert worden sind. Wir haben ja eine zweite Riesentransformation zu bewältigen. Und wir hoffen, dass sich die Transformation zur CO_2-Emissionsfreiheit mit der Digitalisierung verstärken wird und die Digitalisierung das erleichtern kann.«[21]

Dass es nicht um Demokratie, sondern um Macht, um Deutungshoheit, um die Monopolisierung der Meinungen, ja um Diktatur ging, verdeutlichte Bude in dem Text »Aus dem Maschinenraum der Beratung in Zeiten der Pandemie«. Von Anfang an »war aber auch klar«, so Bude, »dass eine Politik des Zugriffs auf das Verhalten der Einzelnen starker Rechtfertigungen bedarf. Mit Gramsci gesprochen: Es ging darum, Zwänge zu verordnen und Zustimmung zu gewinnen und dabei die Deutungshoheit in der Hand zu behalten.«[22]

Einen Staat, der auf das Verhalten der Einzelnen zugreifen will, nennt man gewöhnlich eine Diktatur. *Deutungshoheit* ist der zentrale Begriff all derer, die ein totalitäres Weltbild vertreten oder tief verborgen im Herzen mit sich tragen. *Deutungshoheit* ist der Gegenbegriff zur Aufklärung, zur Meinungsfreiheit, weil Deutungshoheit bedeutet, dass man jede andere Deutung mit den Hoheitsmitteln, die einem zur Verfügung stehen – in diesem Fall mit denen des Staates und der Staatsmedien – unterbindet. Bude plädierte in einem Interview dafür, dass »Impfgegner« »fühlbar Nachteile haben müssen«.[23] Wenn sich Bude auf Gramsci berief, wusste er, was er tat, dann folgte er dem Erfinder des postdemokratischen Staates, in dem die Demokratie durch den Aktivismus der aus Steuergeldern finanzierten NGOs ersetzt wird und eine Gemeinwohldemokratie oder genauer eine Gemeinwohldiktatur entsteht. Was heute unter dem Geflecht der NGOs verstanden wird, fasste Gramsci noch als »Klasse«. »Eine Klasse, die sich selbst als geeignet setzt, die ganze Gesellschaft zu assimilieren, und die zugleich wirklich fähig ist, diesen Prozess hervorzubringen, führt diese Auffassung vom Staat und vom Recht zur Vollendung, bis sie schließlich das Ende des Staates und Rechts konzipiert, insofern sie überflüssig geworden sind, weil sie ihre Aufgabe erfüllt haben und von der Zivilgesellschaft aufgesogen worden sind.«[24] Ein Staat jedoch, »der von der Zivilgesellschaft aufgesogen« wird, ist kein Rechtsstaat mehr, und freiheitlich ist er ohnehin nicht, weil die Freiheit des Einzelnen den imaginierten Bedürfnissen einer abstrakten Gemeinschaft zu weichen hat. Die Abstraktion der Gemeinschaft und deren laboriertes Gemeinwohl ist nur eine Mystifikation der Herrschaft einer postdemokratischen Elite.

Das Recht wird »überflüssig«, weil es von der Gesinnung ersetzt wird, das ist genau das, was wir erleben. Und genau das setzte die Bundeskanzlerin seit 2015 und in ihrer Pandemie-Ordnung ins Werk, das Überflüssigmachen des Rechts durch die Entscheidungen der Exekutive, die die Judikative »aufsaugt«. Auch wenn Angela Merkel Antonio Gramsci vermutlich nicht gelesen hatte, weil sie bisher kaum öffentlich mit einem größeren Interesse an Gesellschaftstheorie und Geschichte auf sich aufmerksam gemacht hatte, handelte sie in diesem Sinne, weil es der »Zeitgeist« vorgab. Der Zeitgeist war Gramsci – und so adaptierte Merkel Antonio Gramsci, den italienischen Kommunisten – über den fluiden Zeitgeist. Man kann einer Regierung, man kann Angela Merkel nicht vorwerfen, dass sie angesichts einer Bedrohung unbekannter Dimension, als die Corona anfangs erschien, zunächst ratlos war; man darf sie nur darin bestärken, Experten anzuhören. Doch was man ihr vorwerfen muss, ist, sich nicht alle Experten angehört, nicht unterschiedliche Meinungen zur Kenntnis genommen zu haben. Im Gegenteil: Die Bundeskanzlerin hatte von vornherein Leute wie Christian Drosten, Alena Buyx und Heinz Bude favorisiert – Experten, die versuchten, Merkels »autoritärem Verhalten«, der »Strukturiertheit der Arbeit, die aber dann was mit Autorität zu tun hat«, ein objektives Gepräge zu geben, Experten, die wie Merkel »Diskussionsorgien«[25] ablehnten und den härtesten Maßnahmen einen wie Wissenschaft aussehenden Anstrich verliehen. Das ist keine Polemik, sondern nichts anderes hat Heinz Bude während einer Diskussion an der Universität Graz 2024 im Rückblick zugegeben: »Wir haben gesagt, wir mussten, wir müssen ein Modell finden, um Folgebereitschaft herzustellen, das so ein bisschen wissenschaftsähnlich ist. Und das war diese Formel ›Flatten the curve‹, dass wir gesagt haben ›Wie können wir die Leute überzeugen, mitzutun?‹ Wir sagen denen, es sieht so nach Wissenschaft aus, ne? Man sagt, ›wenn ihr, wenn ihr schön diszipliniert seid, könnt ihr die Kurve verändern‹.« Und genau das hat Angela Merkel verkündet – und wurde davon vom postmodernen und grünextremen Establishment gefeiert. Wenn ihr Untertanen brav seid und alle mitmacht, was ich euch sage, dann wird alles gut. Und viele haben mitgemacht – und nichts wurde gut.

Carolin Emcke appellierte 2021: »Es ist vermutlich einer dieser historischen Momente, an die sich die meisten erinnern und von denen wir später werden erzählen können, mit wem gemeinsam wir sie erlebt haben: die Rede von Angela Merkel zu Beginn der Pandemie, am 18. März 2020, als die Bundeskanzlerin uns, die Bürgerinnen und Bürger, wie nie zuvor ansprach. Sie erklärte, was für eine dramatische Krise uns als Gemeinschaft erfasst habe, wie fragil und dynamisch alles Regierungshandeln sei, wie revidierbar alle Annahmen, wie lernfähig sich die Demokratie erweisen müsse.« Wer aber sollte der Lehrer sein, der Pauker der Demokratie? Merkel? Und wer belehrt dann die Lehrenden? »Wer aber soll die Wächter selbst bewachen?« (»Sed quis custodiet ipsos custodes?«), wie Juvenal schon fragte?[26]

Emcke bat geradezu ihre Kanzlerin um eine »Ansprache, die den wachsenden Unmut adressiert und kanalisiert in eine gemeinschaftliche Aufgabe, die alle auch als ihre begreifen«.[27] Großartig, sie kannte keine Parteien mehr, sondern nur noch Corona-Gefährdete, die zur Ameise im Corona-Ameisenstaat werden sollen. Gemeinnutz sollte über Eigennutz stehen. Inniger konnte man nicht um eine Diktatur betteln. Es ist faszinierend und erschreckend zugleich, wie Merkels Traum, als Präsidialkanzlerin ohne Diskussionsorgien durchzuregieren, sich mit den totalitären Sehnsüchten eines postmodernen und grünextremen Milieus verband und verbündete, das in den Medien, in der Bildung und in der Kultur längst die Deutungshoheit gekapert hatte und jeden cancelte, der nicht ihren weitgehend illiberalen und irrationalen Gesinnungskomplex mit den verpflichtenden Dogmen sogenannter »Vielfalt« und »Diversität« übernahm. Bude verriet, dass diejenigen, die sich stets auf »die Wissenschaft« beriefen, in der Pandemie demagogische Methoden nutzten, die nur »so nach Wissenschaft« aussehen sollten, aber keine waren. »Das haben wir geklaut von einem Wissenschaftsjournalisten, haben wir nicht selber erfunden«, gesteht Bude weiter: »Aber wir fanden das irgendwie toll, dass man so, also dass man so ein quasi Wissenschaftsargument«[28] hat. Interessant daran ist, dass Merkels Corona-Politik eine seltsame Dialektik entfesselte, die mit ihrer Unfähigkeit zur Freiheit hin zusammenhängt, denn ihre Corona-Politik lief von Anfang an darauf hinaus, Kritik an ihrer Politik zu delegitimieren, zu desavouieren und zu verleumden. Wer gegen Merkel stritt, stritt gegen die Wissenschaft, ja, lästerte die Wissenschaft. Merkel übernahm Trittins Verschwörungstheorie vom »Rechtsruck der Gesellschaft«[29] und entwickelte sie mithilfe williger Medien und williger Akademiker weiter, indem sie nun jede Kritik an ihren Maßnahmen, jeden Verweis auf die Bürgerrechte und auf die Freiheit als »Rechtspopulismus« verketzern ließ. »Follow the Science« wurde zum Glaubensbefehl an etwas, das nur so nach Wissenschaft aussah, aber es nicht war.

In ihrer Abschiedsrede zum Großen Zapfenstreich behauptete Merkel: »Unsere Demokratie lebt von der Fähigkeit zur kritischen Auseinandersetzung und zur Selbstkorrektur.« Doch Selbstkorrektur fand bei Angela Merkel nicht statt, »kritische Auseinandersetzung« auch nicht. Mit ihren Fehlern, die nun mal zur Problemlösung dazugehörten, mussten die anderen, die Bürger dieses Landes leben. Merkel hasste »Diskussionsorgien«. Besonders wenn jemand begründete Kritik übte, wurde er, damit niemand gezwungen war, sich mit dessen Inhalten auseinanderzusetzen, als Verschwörungstheoretiker, als Wissenschaftsleugner, als Rechtspopulist, als Querdenker und als Schwurbler diffamiert. Wem man nicht das Argument nehmen kann, dem nimmt man die Ehre. Für Merkels Generalsekretär Peter Tauber waren Kritiker nur »diese dunklen Gestalten«, die »wieder in die Löcher verschwinden sollen, aus denen sie kamen«.[30] Dieses Bild dürfte darauf hinweisen, dass Merkels Generalsekretär Kritiker als

Schaben sah. Eines vermochte man in den Worten von Merkels Generalsekretär nicht im Mindesten zu finden: Merkels Wunsch nach »kritischer Auseinandersetzung«, von dem, wie Merkel richtig sagte, die Demokratie »lebt«. Auch Merkels Bundespräsident Steinmeier fand, dass Corona-Leugner den »vergifteten Stachel in unsere Demokratie treiben wollen«[31], auch die ARD behauptete ganz im Geiste merkelscher »kritischer Auseinandersetzung«, dass Impfgegner »Verfassungsfeinde« wären, die »den demokratischen Staat ablehnen und für rationale Argumente nicht mehr zugänglich«[32] seien, nur dass es ARD und ZDF waren, die einen mit rationalen Argumenten geführten Meinungsstreit bis heute nicht und übrigens immer weniger zulassen. Merkels Buyx forderte sogar: »Jede Dosis muss in einen Arm.«[33] Das klang nach dem deutschen Endsieg über das Virus. Die offiziellen Äußerungen in der Zeit von Merkels Pandemie-Diktatur erfüllten linguistisch die Kriterien einer Lingua Quarti Imperii, wie sie der Romanist Victor Klemperer in der Auseinandersetzung mit der Entstehung der kommunistischen Diktatur in Ostdeutschland erforschen wollte.[34]

Ungewollt beschrieb der *ZEIT*-Redakteur Christian Vooren die Techniken von Merkels Pandemie-Politik, die er auch frenetisch forderte: »Was es jetzt braucht, ist nicht mehr Offenheit, sondern ein scharfer Keil. Einer, der die Gesellschaft spaltet. Wenn davon die Rede ist, entsteht schnell ein Zerrbild im Kopf, als würde das Land in zwei gleich große Teile zerfallen. Doch so ist es nicht. Richtig und tief eingeschlagen, trennt er den gefährlichen vom gefährdeten Teil der Gesellschaft. Sicher, es ist nicht ganz leicht, den Spaltpunkt exakt zu treffen. Liegt er zu weit außerhalb, können die Extreme weiter wachsen. Liegt er zu weit innerhalb, gehen legitime kritische Stimmen verloren.« Es gibt also legitime, staatstreue Kritik und illegitime Kritik, Dissidenz. Mit der *ZEIT* als oberste Inquisitionsbehörde, als Suprema, die über die Legitimität und Illegitimität von Kritik entschied? »Man wird diese Grenze immer wieder neu austarieren müssen. Ein Anfang wäre ja schon, alles nicht Faktenbasierte, Unwissenschaftliche und Staatsfeindliche auszuschließen.« »Unwissenschaftlich« wird mit »staatsfeindlich« und »staatsfeindlich« mit »unwissenschaftlich« gleichgesetzt. Waren diejenigen, die dem »Flaten the curve«-Mantra folgten, Staatsfeinde, denn Bude hatte ja zu Recht darauf hingewiesen, dass dieses Mittel zur Verhaltensänderung nicht Wissenschaft war, sondern nur nach Wissenschaft aussah? War Angela Merkel nach der Logik des *ZEIT*-Journalisten also eine Staatsfeindin? Vooren fährt im Sound, in der Wortwahl, im Stil einer Lingua Quarti Imperii fort: »Falschbehauptungen sind keine Meinung, Hetze ist keine berechtigte Sorge. Wer das nicht begreift, gehört auf die andere Seite. Dann ist Spaltung nicht das Problem, sondern Teil einer Lösung. Denn nur wenn Ruhe ist vor diesem Geschrei, lässt sich geduldig reden mit denen, die nah an der Kante stehen.«[35] Demokratischer Diskurs als »Geschrei«? Wer hatte sich wann noch mal in Deutschland dieser Sprache bedient? Merkels Virologin Melanie Brinkmann forderte, von Merkels Wohlwollen angespornt: »Wir müssen verhindern, dass sich Menschen bei der Arbeit treffen. Anders gesagt: Wir müssen noch mal richtig dolle draufhauen.« Das gilt aus ihrer Warte auch für die Schulen. »Wo Menschen in Kontakt kommen, kommt es zu Infektionen.«[36]

Hätte es nicht einer Bundeskanzlerin angestanden, wenn das vom Bundespräsidenten der Berliner Blase schon nicht zu erwarten war, zur Mäßigung aufzurufen, für den »steten Ausgleich der Interessen« zu sorgen? Stattdessen heizte sie selbst diese mediale, politische und gesellschaftliche Jagd- und Lynchstimmung an, weil Merkel sich nicht von unabhängigen Wissenschaftlern beraten ließ, sondern Leute mit Professorentitel benutzte, um ihre politische Linie so aussehen zu lassen, als entspräche sie dem Stand der Wissenschaften. Hätte die Bundeskanzlerin nicht auch eine Bundeskanzlerin der Ungeimpften sein müssen? Wäre es nicht die Aufgabe der Bundeskanzlerin gewesen, den »Respekt voreinander« anzumahnen, über den sie in ihrer Abschiedsrede sprach, der aber nur für sie und nur für die Regierung, nicht aber für die Andersdenkenden, die Kritiker, die wirkliche Opposition galt?

Heute sieht man die Impfungen kritisch. Schon damals ahnte man, dass der Impfstoff nicht im Mindesten erprobt war, dass viele Behauptungen sich als leer erweisen und Menschen an den Folgen der Impfung leiden würden. »Ganz besonders die vergangenen zwei Jahre der Pandemie haben wie in einem Brennglas gezeigt, von welch großer Bedeutung das Vertrauen in Politik, Wissenschaft und den gesellschaftlichen Diskurs ist, aber auch, wie fragil das sein kann«, behauptete am Abend des Zapfenstreichs Angela Merkel in ihrer Rede. Und dokumentierte damit nur, dass sie die Demokratie nicht verstanden hatte, denn Demokratie lebt nicht vom Vertrauen in die Politik, sondern vom Misstrauen, vom kritischen Nachfragen der Bürger, von »Diskussionsorgien«. Nur Diktaturen fordern »Vertrauen« ein. Die gelernte Physikerin sollte eigentlich wissen, dass Wissenschaft keine Kirche ist, in der man vor den von ihr approbierten »Experten« gläubig zu knien hat, sondern dass Wissenshaft davon lebt, dass immer wieder Thesen und Ergebnisse infrage gestellt werden, um die Natur noch besser zu verstehen, dass nicht Vertrauen, sondern Skepsis den Fortschritt hervorbringt. Doch die Physikerin liebte die Physik nicht allzu sehr, die Grundlagenforschung, in der sie tätig war, schon gar nicht, wie sie Günter Gaus gestand. Sie hatte sich mit der Arbeit an ihrer Dissertation gequält.

Es ist sehr einfach: Dort, wo in Politik, Wissenschaft und im gesellschaftlichen Diskurs Vertrauen eingefordert wird, dort existieren kein gesellschaftlicher Diskurs und keine Wissenschaft. Merkel behauptete in ihrer Rede: Die Demokratie »lebt von Solidarität und Vertrauen, im Übrigen auch von dem Vertrauen in Fakten und davon, dass überall da, wo wissenschaftliche Erkenntnis geleugnet und Verschwörungstheorien und Hetze verbreitet werden, Widerspruch laut werden muss«. So laut wie vom *ZEIT*-Autor Vooren? Fakten aber benötigen kein Vertrauen, sie verlangen nach Überprüfung. Auch hier ist ihr Bild wieder schief. Man würdigt die Fakten nur, indem man sie überprüft. So widerspricht der Grundsatz der Wissenschaft Merkels Vorstellung einer opportunistischen Wissenschaftskirche, die Politik nur »ein quasi Wissenschaftsargument« umhängt, um »Folgebereitschaft herzustellen«.[37] Der Grundsatz der Wissenschaft lautet: De omnibus dubitandum est – alles muss bezweifelt werden. Wissenschaftliche Erkenntnis kann man übrigens auch nicht leugnen, man kann sie kritisieren, man kann sie bestätigen oder aber widerlegen. Es geht nicht um die Quantität, sondern um die Qualität, nicht um die Lautstärke, denn die Sprache der Vernunft ist leise.

Wer entscheidet darüber, was Hass und was Verschwörungstheorie ist und was nicht? Angela Merkel? Oder die Hofwissenschaftler und Hofpublizisten des neuen Versailles mitten in Berlin? Aber wie ging Angela Merkel mit diesem Vertrauen um? Von Eitelkeit verführt, berichtete der Soziologe Heinz Bude, wie die Bundeskanzlerin, wie die Regierung den »gesellschaftlichen Diskurs« führte: »Und man wird Zwang ausüben müssen auf Leute, die sagen, ich habe aber andere Informationen ... Und zwar legitimen Zwang. Wir werden mit Situationen vermehrt zu tun haben in der Zukunft. Solche Art von Krisen, die individuelle Verhaltensveränderungen verlangen, wenn man den Krisen als Gesellschaft in kollektiver Handlungsfähigkeit standhalten will. Und das ist das entscheidende Argument. Können wir das überhaupt in einer modernen liberalen Gesellschaft? Geht das eigentlich?« Geht Demokratie noch, fragte Bude. Benötigen wie nicht die Postdemokratie, die nur ein hübscherer Ausdruck für den etwas in Verruf geratenen Begriff Diktatur ist: »Und muss man da nicht hinterrücks ganz furchtbare Dinge wie Angstkommunikation, also sozialpsychologische Dinge benutzen, um solche Arten von Folgebereitschaften zur Veränderung von individuellem Verhalten vorzunehmen?«[38] Genau das hatte man getan, genau das hatte die Regierung Merkel »hinterrücks« forciert, nämlich »ganz furchtbare Dinge wie Angstkommunikation«, um »Folgebereitschaft« herzustellen. Der alte verpönte Ausdruck für »Folgebereitschaft« lautet Kadavergehorsam. Heinz Bude deckte ungewollt Merkels Motivation auf, indem er von »starken Rechtfertigungen« sprach, die man benötigt, wenn man in das Leben von Millionen Menschen eingreifen will, wenn man Zwänge verordnet und dabei entschlossen ist, »die Deutungshoheit in der Hand zu behalten«. Kritik an Merkels Corona-Maßnahmen wurde von Anfang an nicht inhaltlich und sachlich begegnet, sondern die Kritiker wurden als »Covidioten«, als »Verschwörungstheoretiker«, als »Schwurbler«, als »Hetzer«, als »Rechte«, als »Querdenker« und als »Wissenschaftsleugner« unter Anwendung des argumentum ad hominem verleumdet und teils auch sozial hingerichtet oder an mediale Schandpfähle gebunden. Bude versuchte, die Kritik an der Corona-Politik als Zunahme »von Rechtspopulismus, wenn nicht gar Systemskepsis oder sogar Systemfeindschaft in allen westlichen Gesellschaften« zu sehen. Doch Bude bemühte den nur allzu bekannten Kollektivismus, über den schon Elias Canetti, Hannah Arendt und Walter Eucken alles geschrieben hatten. Der Kritiker wurde, ganz gleich, wie links er war, zum Rechten, wenn er es wagte, Kritik zu üben. Nicht der Pandemie, sondern der Pandemie-Diktatur galt Merkels Aufmerksamkeit. Sie hatte für sich das Mittel entdeckt und perfektioniert, mit Ängsten und dem Schüren von Hysterien Politik zu machen.

Schon 2021 dachte ein Jurist, begeistert von Merkels Ausnahmezustand, auf dem Verfassungsblog im Sinne Merkels darüber nach, wie man diesen Ausnahmezustand so verlängern konnte, dass er schließlich die Demokratie ersetzen würde. Der Jurist

Thomas Schomerus forderte: »Der Kampf gegen das Virus kann eine Vorbildwirkung für die Bekämpfung der globalen Erwärmung haben.« Klimanotstand und Pandemienotstand können in seinen – und nicht nur in seinen – Sätzen bequem mittels »suchen und ersetzen« ausgetauscht, die immer gleichen Freiheitsaufhebungen mit aktuellen Begründungen versehen werden. »Im Angesicht der tödlichen Gefahr«, schrieb Schomerus weiter, »nimmt die Bevölkerung in einem beispiellosen Akt der Solidarität massivste Grundrechtseinschränkungen in Kauf. [...] Diese werden ohne großes Murren hingenommen.« Folgerichtig fragt er: »Warum geht in der Coronakrise, was in der Klimakrise versagt bleibt?« Warum nimmt der Bürger nicht »massivste Grundrechtseinschränkungen« für die »Bekämpfung der globalen Erwärmung« hin? Warum nicht vom Corona-Lockdown zum Klima-Lockdown? Wozu benötigt das Volk überhaupt Grundrechte? Wenn die Regierung Merkel alles besser weiß, wozu sich der Mühe populismusanfälliger Wahlen unterziehen? Der belgische Historiker David van Reybrouck hatte bereits nachgefragt, ob »Wahlen […] nicht vielleicht doch eine altmodische Methode sind«, weil die Bürger nicht »ihre beste Seite an den Tag« legen, »wenn sie (…) hinter dem geschlossenen Vorhang der Wahlkabine wichtige Entscheidungen … treffen«. In ihrem Buch *Covid 19. Der große Umbruch* schrieben Klaus Schwab und Thierry Malleret: »Viele von uns fragen sich, wann sich die Dinge wieder normalisieren werden. Die kurze Antwort lautet: niemals. Nichts wird jemals wieder so sein wie zuvor. Die Normalität in dem Sinne, wie wir sie kannten, ist zu Bruch gegangen, und die Coronavirus-Pandemie stellt einen grundlegenden Wendepunkt auf unserem globalen Kurs dar. Einige Analysten sprechen von einem Scheideweg, andere von einer tiefen Krise ›biblischen‹ Ausmaßes, das Ergebnis ist jedoch gleich: Die Welt, wie wir sie in den ersten Monaten des Jahres 2020 kannten, gibt es nicht mehr, sie hat sich im Kontext der Pandemie aufgelöst.«[39] Das allerdings stimmte nicht, sie hatte sich nicht aufgelöst, sondern sie wurde aufgelöst, in Deutschland durch Angela Merkel und der Großen Koalition, zu der informell die Grünen gehörten, denen es wie immer nicht diktatorisch genug zugehen konnte. In Schwabs Davos sprach Angela Merkel kurz vor Corona von der Großen Transformation. Im SWR verkündete, durchdrungen von Merkels Forderung nach Respekt, der Chefredakteur Rainald Becker: »All diesen Spinnern und Coronakritikern sei gesagt: Es wird keine Normalität mehr geben wie vorher.«[40] Schließlich so Merkel in Davos: »Diese Transformation bedeutet im Grunde, die gesamte Art des Wirtschaftens und des Lebens, wie wir es uns im Industriezeitalter angewöhnt haben, in den nächsten 30 Jahren zu verlassen …«[41] In Davos brachte Merkel ihre Missachtung für das normale Leben der Menschen, der Familien, der Väter und Mütter und Kinder zum Ausdruck, indem sie dieses Leben verächtlich als Angewohnheit bezeichnete, bei dem häufig das pejorative »schlecht« mitschwingt, eine schlechte Angewohnheit, die man sich abgewöhnen muss. Es überrascht deshalb nicht, dass die scheidende Bundeskanzlerin in ihrer Abschiedsrede die neue Welt des dauerhaften Ausnahmezustandes feierte, die sie nach Kräften miterschaffen hatte. Ob Klimakrise, ob Coronakrise, ob Finanzkrise: Irgendeine Krise ist schließlich immer.

Noch im Februar 2021 hatte Angela Merkel einen Aufruf mit Ursula von der Leyen, António Guterres, Charles Michel, Emmanuel Macron und dem Präsidenten des Senegal Macky Sall verfasst, der den Ausnahmezustand zur neuen Realität zu verklären versuchte. Das *RedaktionsNetzwerk Deutschland (RND)* berichtete darüber: »Die Corona-Pandemie bietet nach Meinung von Bundeskanzlerin Angela Merkel (CDU) und anderen internationalen Spitzenpolitikern die Chance für eine Neuordnung der Weltpolitik.« Einer Ordnung ohne Demokratie, die Ordnung einer EU- oder Eliten-Oligarchie. So wie es Schomerus auf dem Verfassungs-Blog gefordert hatte. »»Die Welt wird nach Corona eine andere sein«, heißt es in einem Gastbeitrag für die *Frankfurter Allgemeine Zeitung* und andere Blätter. Die jetzige Krise biete auch Gelegenheit, »durch effiziente Zusammenarbeit, Solidarität und Koordination wieder einen Konsens über eine internationale Ordnung zu erzielen – eine Ordnung, die auf Multilateralismus und Rechtsstaatlichkeit beruht«. Auch das Problem des Klimawandels könne nur global gelöst werden.[42]

An diesem Abend im Bendler-Block aber, nachdem Dr. Angela Dorothea Merkel ihre Rede gehalten hatte, setzte sie sich auf einen extra ausbedungenen Sessel, der wie ein Thron wirkte, um sich den Großen Zapfenstreich anzuhören und anzusehen. Ausgerechnet der Mann, der sie gefördert und den sie eiskalt abserviert hatte, hatte den Großen Zapfenstreich, der bis dahin den scheidenden Bundespräsidenten vorbehalten war, auch als Abschiedszeremonie für die Bundeskanzler der Republik eingeführt, nämlich Helmut Kohl. Angela Merkel wünschte sich drei Lieder, die man psychologisch deuten kann, wenn man will, und zwar den DDR-Hit »Du hast den Farbfilm vergessen«, mit dem Nina Hagen berühmt wurde, Hildegard Knefs Ballade »Für mich soll's rote Rosen regnen« und den Choral »Großer Gott, wir loben dich«. Aber möglicherweise wurden diese Lieder auch deshalb so ausgesucht, damit sie psychologisch gedeutet werden sollten. Sie wusste um die Symbolik der Auswahl. Angela Merkel startete an diesem Tag ihre letzte Mission: ihre Rolle für die Nachwelt zu ordnen. Letztlich stellte die Auswahl der Lieder eine Ouvertüre dar für das, was nach dem Zapfenstreich begann, was Merkel als Aufgabe für sich nach der Kanzlerschaft sah. Wenig überraschend und wie alle Kanzler wollte sie nun ihr Bild in der Geschichte vorgeben. Es wird vermutlich Angela Merkels letzter Kampf sein, ein Kampf, den sie nicht gewinnen wird, was sie aber nicht weiß, nicht wissen kann, weil der Bundeskanzlerin a.D. historisches Denken, weil ihr letztlich die Eigenart von Geschichte wohl fremd ist.

Man kann Regierungschefs auch danach einteilen, ob sie ein Verständnis für die Geschichte besaßen, nicht im antiquarischen Sinne, sondern als Analyse von Gesellschaft im Rückblick verstanden, oder ob ihre Fähigkeiten eher in den verschiedenen Arten des Voluntarismus bestanden hatten. Winston Churchill und Helmut Kohl, der Mann, dem Angela Merkel den Aufstieg zur Macht zu verdanken hatte – was er am Ende seines Lebens tief bereuen sollte –, besaßen dieses ausgeprägte Verständnis für Geschichte, Helmut Schmidt ebenfalls, auch Viktor Orbán. Angela Merkel hingegen blieb dieses Verständnis fremd. Es heißt, sie habe sehr gern historische Werke gelesen, Bücher über Geschichte. Das mag sein, nur merkte man es nicht.

Ein hohes politisches Amt innezuhaben, Geschichte zu beeinflussen, nicht zu gestalten, nicht zu machen, denn niemand gestaltet, niemand macht Geschichte, schließt die Konsequenz ein, sich eines Tages auch vor der Geschichte verantworten zu müssen. Angela Merkel dürfte der Gedanke, sich zu rechtfertigen, nicht beschäftigen, weil eine Verantwortung für etwas anderes als für sich selbst, nämlich für ein Land, zu tragen ihr m. E. nicht in den Sinn kommt. Ihre erste und letzte Frage bei allen häufig sehr spät, zuweilen zu spät getroffenen Entscheidungen lautet, welche Konsequenzen hat die Entscheidung für mich, für meine Existenz, für meine Karriere, für mein Ansehen? Nicht Werte, nicht Traditionen, nicht die Analyse historischer Notwendigkeiten leiteten sie, sondern die Komplizenschaft mit dem Zeitgeist, der sich für sie im Geist der Medien erschöpfte, denn sie glaubte daran, dass man nicht gegen den Zeitgeist regieren könne, ohne jemals in Rechnung gestellt zu haben, dass Zeitgeist gleich Zeit minus Geist ist. Und Zeit vergeht. Die Aufgabe besteht stets darin, der Zeit etwas entgegenzustellen. Eine historische Chance wie die deutsche Wiedervereinigung hätte sie vermerkelt, den »Mantel der Geschichte« hätte sie vorbeirauschen sehen. Fehler vermag sie nicht einzugestehen, Gründe, weshalb man nicht anders handeln konnte, finden sich immer. Im Gründe-suchen und im Gründe-finden besteht das Geschäft derer, die sich die Wahrheit nicht eingestehen wollen.

Die wichtigste Aufgabe, die Angela Merkel unbedingt noch erfüllen will, besteht deshalb in der Hybris, ihren Platz in der Geschichte selbst zu bestimmen. Ihre größte schauspielerische Leistung glückte ihr in der Rolle der Bescheidenen, der Bodenständigen, der Unprätentiösen. Carl Einstein sprach einmal von den Dilettanten des Wunders, Angela Merkel ist im Gegensatz zu Helmut Kohl eine Dilettantin der Geschichte. Sie hat sie praktisch immer verachtet. Nun wird die Geschichte sie verachten. Den Mantel der Geschichte hielt sie stets für einen Mummenschanz aus böser, reaktionärer Vorzeit. Nun muss sie ohne ihn auskommen und steht deshalb da wie der Kaiser in seinen neuen Kleidern. Dabei vermochten nicht einmal die drei deutschen Kaiser zwischen 1871 und 1918 so durchzuregieren, wie es Angela Merkel seit 2015 möglich war. Was hat sie aus dieser Chance gemacht? Hat sie sich mit den klügsten Fachleuten des Landes beraten, unvoreingenommen auch mit Blick auf eigene Entscheidungen alles auf den Prüfstand gestellt und ein Konzept für Deutschlands Aufstieg 2.0 entwickelt und durchgesetzt, wozu sie die Macht besaß? Daran wird die Geschichte sie messen, danach muss eine Biografie fragen, will sie nicht Hagiografie sein.

Angela Merkel hinterlässt ein Land, in dem aufgrund ihrer Politik des Ausspielens, ihres Hanges zu Verschwörungstheorien, die von den Medien willig transportiert werden, sich die Freunde mit den Freunden, die Eltern mit den Kindern und die Geschwister mit den Geschwistern entzweiten, ein Land, das tief in sich gespalten ist und mit sich im Krieg lebt. Man kann 700 Seiten, man kann sogar 1000 Seiten verfassen, ja selbst wenn man eine ganze Bibliothek schüfe, bliebe die Geschichte dennoch ungerührt. Geschichte ist nie das, was gewollt, sondern stets das, was gefunden wird – und zwar von der Nachwelt. Es wird auf den folgenden Seiten natürlich um Angela Merkel gehen, aber vor allem um Deutschland, denn die Frage lautet nicht so sehr, was befähigte Angela Merkel zu ihrer außergewöhnlichen Karriere, sondern vielmehr, wieso konnte Angela Merkel in Deutschland diese Karriere machen.

3. DIE RACHE AN DER CDU GENIESST MERKEL KALT

Die Frage, weshalb Angela Merkel zur CDU, zu der Partei, der sie alles zu verdanken hat, eine solch tiefe Distanz zu haben scheint, trifft den inneren Wesenskern ihrer Politik. Die Antwortet lautet, dass sie, wenn sie in den Spiegel der CDU schaut, eine Politikerin erblickt, von der sie nicht glaubt, sie wirklich zu sein. Vielleicht fühlte es sich an, wie in einem fremden Leben, wie in einer falschen Partei zu sein, wie einige empfinden, in einem falschen Körper leben zu müssen. Andererseits dürfte die CDU mehr Merkel sein, als selbst sie es wahrhaben möchte, und darin besteht der tiefere Grund der Abneigung. Sieht man das Wirken politischer Chamäleons wie Markus Söder, Daniel Günther, Hendrik Wüst und Michael Kretschmer, versteht man sogar Merkels Abneigung. Skurril daran ist nur, dass Angela Merkel im Grunde den Prototyp einer neuen Politikergeneration darstellt, der nur eine Überzeugung besitzt, nämlich die eigene Karriere voranzutreiben, sich hierfür in den Fächern Taktik und Intrige unablässig schult und stets das Bündnis mit den Medien sucht. Nicht, was das Land braucht, steht für diesen Typ im Mittelpunkt seines Wirkens, sondern das, was er benötigt, um voranzukommen. Dabei ist es ihm gleichgültig, wessen Parolen er gerade benutzt, die er als seine eigenen ausgibt. Als Mittel zum Zweck sieht dieser Politikertyp die Medien, vor allem die Mainstreammedien. Im Bestreben, sich diese Medien für die eigene Karriere dienstbar zu machen, weil sie aus Sicht dieses Politikertyps sein Bild in der Öffentlichkeit bestimmen, gerät er zugleich in die Abhängigkeit dieser Medien. Mit dem Umzug der Bundesregierung nach Berlin verschwand auch die Distanz zwischen Mainstreammedien und Politik völlig, und es bildete sich, was man gemeinhin die »Berliner Blase« nennt: ein Interessenverbund aus Politik, Medien, Lobbyisten, die völlig abgehoben und unbeeindruckt von den Problemen des Landes, den Wünschen der Bürger und überhaupt der Realität leben. Jede Kritik am Brandmauer-Kombinat, was nur ein anderes Wort für die Berliner Blase ist, wird in die rechte Ecke gestellt – und »rechts« ist ein Schmuddel-Etikett, das denjenigen, der als »rechts« markiert wurde, in die Nähe des Nationalsozialismus rückt. Im Ergebnis wird das allerdings dazu führen, dass einerseits die politische Auseinandersetzung radikalisiert wird und andererseits der Holocaust und der Nationalsozialismus verharmlost werden, was durch die sachfremde Inflation der Begrifflichkeit geschieht. Indem die Bewohner der Berliner Blase immer weniger in der Lage sind, die Wirklichkeit zur Kenntnis zu nehmen, oder die Wirklichkeit ihrer Blase mit der Wirklichkeit des Landes verwechseln, entfernen sie sich von der Wahrnehmung der Bürger und verdeutlichen dadurch nur, dass Politik und Medien, dass die Politiker unterschiedlicher Parteien sogar einander näher sind als ihren Bürgern. Man sollte die soziologische Konsequenz der Abgehobenheit der Berliner Blase als neues Versailles und ihrer Bewohner, die sich unterbewusst selbst als neue Aristokratie sehen und bewusst von den Bürgern als neue Aristokratie wahrgenommen werden, nicht unterschätzen. Alle Bundeskanzler vor Angela Merkel prägte die Geschichte weit mehr, während Angela Merkel nachhaltiger von ihrer familiären Situation, von ihrem Vater geformt wurde. Sie hatte nicht die Ochsentour durch die Gremien der Partei bis in die Spitzenfunktionen durchgemacht, sondern stieg gleich in hoher Funktion ein. Sie lernte das wiedervereinigte Deutschland nie kennen, die Ängste und Nöte der vielen Ostdeutschen, die neu anfangen mussten, deren Leben infrage gestellt wurde, die über Arbeitslosigkeit und ABM-Maßnahmen fundamental von vorn zu beginnen hatten, ehemals gestandene Leute, die nicht auf ein über Jahre und Jahrzehnte gewachsenes Vermögen zurückgreifen konnten. Nach der ersten und letzten freien Volkskammerwahl wurde Merkel im April 1990 stellvertretende Regierungssprecherin der Regierung der DDR. Auch nach der Wiedervereinigung wurde für Merkel gesorgt, sie wurde im Herbst 1990 Ministerialrätin (A 16) im Bundespresse- und Informationsamt (BPA) und schließlich im Dezember 1990 Abgeordnete des Deutschen Bundestages und bald darauf Bundesministerin für Frauen und Jugend. Im Dezember 1991 machte Helmut Kohl sie dann zur stellvertretenden Bundesvorsitzenden der CDU. Ihren Aufstieg verdankte sie ihrem Vater, Lothar de Maizière und schließlich Helmut Kohl.

Angela Merkel hatte ihre Partei selbst in der Zeit, als sie Bundekanzlerin und Parteivorsitzende war, spüren und wissen lassen, wie sehr sie die CDU und ihre Funktionäre verachtete. Doch es gehören immer zwei dazu: einer, der verachtet, und einer, der sich verachten lässt. Es fragt sich, ob derjenige, der sich verachten lässt, nicht auch verachtenswert ist. Als im Dezember 2016 der Parteitag in Essen entgegen dem Koalitionsvertrag bei der Doppelstaatsbürgerschaft zur Optionspflicht zurückzukehren beschloss, verdeutlichte die inzwischen grünorthodoxe Präsidialkanzlerin, dass sie sich an die Beschlüsse des Parteitages ihrer Partei nicht gebunden fühlte – und die Funktionäre der Partei nahmen das hin. Sie kuschten. Statt ihre Pflichten als freigewählte Abgeordnete zu erfüllen, standen Bundestagsabgeordnete der CDU, die Hände an der Hosennaht, stramm vor »Mutti«, wie die Frau, die nie Kinder hatte und die sich von ihrem neuen Volk »Mama Merkel« nennen ließ, zu genießen schien, von den Funktionären ihrer Partei, von erwachsenen Frauen und Männern genannt zu werden. Da Angela Merkel wusste, dass sie die Partei noch brauchte, zügelte sie vorerst ihre starke Abneigung, obwohl sie damals schon gern während der Parlamentsdebatten ihre Geringschätzung des Bundestages dadurch demonstrierte, dass sie sich anscheinend lieber auf der letzten freien Bank des Parlaments ein Stelldichein mit Katrin Göring-Eckardt von den Grünen gab, als der Debatte zu lauschen. Was die abgebrochene Theologiestudentin von den Grünen und die wissenschaftsflüchtige Kanzlerin von der CDU einander zu sagen hatten, weiß niemand, doch zum Wohle der CDU war sicher nicht das, was wie in einer informelle Koalition zwischen den Grünen und der Präsidialkanzlerin besprochen wurde – und zum Wohl des Landes erst recht nicht. In der Frage der Massenmigration in die deutschen Sozialsysteme dürften beiden übereingestimmt haben. Katrin Göring-Eckardt jubelte nicht nur: »Jetzt bekommen wir auf einmal Menschen geschenkt«,[43] sondern sie präzisierte, dass Merkels Gäste nicht für ihren Lebensunterhalt zu sorgen brauchten, dafür gab es ja genügend deutsche Arbeitnehmer und Steuerzahler: »… weil wir auch Menschen hier brauchen, die in unserem Sozialsystem zu Hause sind und die sich hier auch zu Hause fühlen können?«[44] Angela Merkel jedenfalls befand, dass Deutschland so gar nicht mehr ihr Land sei, »wenn wir jetzt anfangen, uns noch entschuldigen zu müssen dafür, dass wir in Notsituationen ein freundliches Gesicht zeigen …«[45] In Not gerieten die Deutschen. Dass eine Bundeskanzlerin dreist und überheblich die Bürger schurigelte, als hätten sie sich von Mutti oder von Mama Merkel eine Gardinenpredigt anzuhören, zeigt, inwieweit es Merkel schon gelungen war, die Grundfesten der Demokratie zu schleifen und die CDU zu einer Truppe von Duracell-Hasen zu machen, wie damals schon bitter gespottet wurde. Leisten konnte sie sich das, weil die Mainstreammedien unisono den Gassenhauer der »Willkommenskultur« jubilierten.

Hätten die CDU-Funktionäre ein Fünkchen Ehre im Leib besessen, hätten sie das D in ihrem Parteinamen ernst genommen, hätten sie für die Abwahl dieser Kanzlerin sorgen müssen. Das wäre die einzig richtige Reaktion gewesen, denn der logische Schluss aus Merkels pampiger Ansage lautete doch: Wenn das nicht mehr das Land der Bundeskanzlerin ist, dann ist die Bundeskanzlerin auch nicht mehr die Bundeskanzlerin dieses Landes. Göring-Eckardt hatte recht, als sie sagte: »Unser Land wird sich ändern, und zwar drastisch. Und ich freue mich darauf.«[46] Messermorde, Vergewaltigungen durch Merkels Gäste und Baerbocks Passagiere im Tagesrhythmus und Terroranschläge, die sich inzwischen zu einem verdeckten Dschihad entwickeln, sind die Folge aus Merkels Werk und der Grünen Beitrag. Wohl fühlte sich die Präsidialkanzlerin auch, so erzählen es die Bilder, beim Tête-à-Tête mit der Abgeordneten Annalena Baerbock im Bundestag.

Angela Merkel konnte sich die ostentative Abwendung von der eigenen Partei und die deutliche Zuwendung zu den Grünen mühelos leisten. Nur zu gut wusste sie, dass die Mandatsträger der CDU kuschen würden, weil sie darauf setzten, dass Merkel ihnen die Mandate erhalten würde. Deshalb verhindern sie die Aufarbeitung der Merkelzeit im Allgemeinen und die der Pandemie-Diktatur im Besonderen in der Hoffnung, dass man ihre Mitschuld im Laufe der Zeit vergisst. Die Geschichte ist jedoch das berühmte Schaf, das eines Tages das Gras, das über ihre Untaten gewachsen ist, ganz einfach abfrisst.

Der Große Zapfenstreich für die Bundeskanzlerin Angela Merkel wurde nun auch zum Großen Zapfenstreich Merkels für die CDU, denn die hatte den Farbfilm vergessen. Man könnte die Frage stellen, wann die Entfremdung angefangen hatte? Doch sie hatte nicht irgendwann begonnen, sondern viel wahrscheinlicher ist es, dass ihr die Partei immer fremd blieb. Von Anfang an dürfte Angela Merkel die CDU vor allem als Karrieremaschine betrachtet haben, denn nur aus diesem Grund scheint sie sich 1990 für die CDU entschieden zu haben. Zwar erzählte sie im Interview Günter Gaus 1991, dass sie sich bei den basisdemokratischen Gruppierungen nicht zu Hause fühlte, doch existierten außer dem Neuen Forum und »Demokratie jetzt« noch die SDP (Sozialdemokratische Partei in der DDR, gegründet am 7. Oktober 1989 in Schwante bei Berlin), die LDPD und die NDPD, die später in der FDP aufgingen und als Blockparteien sich nicht von der CDU unterschieden. Unverständlich ist aus dieser Perspektive, weshalb sich dann Merkel nicht für die SDP entschied, eine rein ostdeutsche Gründung, die sich später SPD nannte und mit der West-SPD fusionierte? Basisdemokratisch war die SDP nicht, sondern traditionell demokratisch. Es existiert die Anekdote, dass Angela Merkel sah, dass in der SDP die junge, schön, kluge und beherzte Angelika Barbe sehr aktiv war. Merkels Instinkte sollten ihr signalisiert haben, dass ihr in der SDP der Aufstieg durch Barbe versperrt sein könnte, zumal sie dort mit keinen Förderern rechnen konnte. Eine Anekdote – und sollte sie sich auch nicht ereignet haben, weist sie dennoch auf eine tiefere Wahrheit. Die Wirklichkeit ist oft viel banaler, als große Geschichtsbetrachtungen es zu verklären trachten, denn aufgrund der engen Beziehungen ihres Vaters zur Familie de Maizière, besonders zu Clemens de Maizière, dem Vater von Lothar de Maizière und Onkel von Thomas de Maizière, boten sich in der CDU, die noch dazu einen Mangel an jungen Politikerinnen verzeichnete, die größten Aufstiegschancen.

Wie lange hatte Angela Dorothea Merkel auf diesen Tag gewartet, an dem sie die CDU demütigen und die Partei mit ihren Funktionären ohne Rückgrat das ganze Ausmaß ihrer Verachtung spüren lassen durfte? Niemand weiß, wann dieser Wunsch sich das erste Mal in ihr regte; bekannt ist nur, dass es am 11. April 2024 endlich so weit war. Ausgerechnet der *Tagesspiegel* jubelte in einem Exklusivbericht, dass Angela Merkel nicht am

Bundesparteitag der CDU, der vom 6. bis zum 8. Mai im Berliner Estrel Hotel stattfinden soll, teilzunehmen gedachte. Merkels Büro kommentierte kühl: »Eine Teilnahme von Bundeskanzlerin a. D. Dr. Merkel auf dem bevorstehenden CDU-Bundesparteitag ist nicht vorgesehen.« Merkels Begründung für ihr demonstratives Fernbleiben lässt sich nur als schallende Ohrfeige für die Partei verstehen, der sie doch so viel zu verdanken und die sie schließlich wie auch Deutschland hemmungslos heruntergewirtschaftet hatte. Eine Teilnahme, so Merkels Sprecherin, »entspricht dem von ihr wiederholt – sowohl gegen Ende ihrer Amtszeit als auch seither – öffentlich erläuterten nachamtlichen Verständnis, nach ihrem Ausscheiden aus der aktiven Politik grundsätzlich nicht an tagesaktuellen Ereignissen teilzunehmen«. Selbst in diesem gestelzten Kommentar konnte Merkel nicht verheimlichen, wie sie sich selbst sieht, denn wenn sie schon kein Amt mehr innehatte, dann doch immerhin ein Nach-Amt. Demzufolge hielt sie sich für die Nach-Bundeskanzlerin. Bescheiden, wie sie sich gern gab und noch lieber die Medien über sich berichten ließ, rief sie den größten Personalaufwand auf, den je ein Bundeskanzler a.D. betrieben hatte. Business Insider berichteten: »Für ihr künftiges Büro als Altkanzlerin tritt Merkel nun wenig bescheiden auf. Über das Finanzministerium bittet Merkel nach unseren Informationen die neue Bundestagspräsidentin Bärbel Bas (SPD) um neun Stellen. Zwei Stellen davon sind Leitungspositionen mit einer Vergütung bis zu 10000 Euro im Monat. Dazu kommen fünf Stellen für Sachbearbeiter sowie zwei Stellen für Fahrer, wie aus einem internen Papier hervorgeht, das uns vorliegt.«[47] Der immer protzig wirkende Schröder hatte nur sieben Mitarbeiter, aber er war ja auch nur ein Bundeskanzler a.D., während Angela Merkel eine Nach-Präsidialbundeskanzlerin ist. Der *Stern* rechnete jedenfalls aus, dass Merkels Luxusverwaltung den Steuerzahler im Monat 56000 Euro kosten würde, ohne Merkels Pensionen, nur allein für ihr Personal.[48]

Und Personal benötigte Frau Merkel in aller Bescheidenheit mehr als alle ihrer Vorgänger als Antidot gegen die Einsamkeit. Merkel kam den Deutschen eben teuer zu stehen, vor und nach ihrer Regierungszeit. Der *SPIEGEL* berichtete: »Nach *SPIEGEL*-Informationen hatte das Kanzleramt den Zweck des Altkanzlerinnenbüros bei den Gesprächen verdeutlicht: Dieses sei nicht ›statusbezogen‹, sondern zur ›Erfüllung nachamtlicher Aufgaben und fortwirkender Verpflichtungen‹ eingerichtet worden; ›insbesondere eine Nutzung für private Zwecke und zur Erzielung von zusätzlichen Einkünften‹ sei ausgeschlossen.« Der bescheidenen Frau Merkel ging es natürlich nicht um den Status, sondern sie musste – obwohl im Ruhestand – dennoch weiter gegen Deutschland wirken und unterzog sich »nachamtlicher Aufgaben und fortwirkender Verpflichtungen«. Verpflichtungen wem gegenüber? Ein Schelm, wer Arges denkt. Merkel traf natürlich keine Schuld an dem Aufwand, die ebenjene ominöse »Erfüllung nachamtlicher Aufgaben und fortwirkender Verpflichtungen« forderte. Gesine Lötzsch von den Linken spottete damals gallig: »Frau Merkel wurde immer als die bescheidende Kanzlerin dargestellt. Damit ist es offensichtlich vorbei. Die üppige Ausstattung ihres zukünftigen Büros erweckt den Eindruck, als ob sie ein Schattenkanzleramt aufmachen will. Offensichtlich steht der amtierende Finanzminister Scholz tief in ihrer Schuld. Anders ist diese Überausstattung nicht zu erklären.«[49]

Merkel liebte es, kleine Gesten mit Bedeutung aufladen zu lassen. Sie hatte viele Journalisten in die Rolle von Merkel-Astrologen, wie es vor dem Kreml-Astrologen gab, komplimentiert, die aber aufgrund ihrer Eitelkeit nicht allzu sehr komplimentiert werden mussten. Sie hielten sich nämlich für unwahrscheinlich wichtig, wenn sie Merkels zuweilen krude Syntax in einfache deutsche Sätze übertrugen, um den einfältigen Bürgern die Höhen der merkelschen Staatskunst nahezubringen, ihnen zu erklären, was Merkel eigentlich gemeint hatte. Warum aber sagte

Merkel nicht das, was sie eigentlich dachte oder meinte? Von außen betrachtet, erwiesen sich die Rangeleien und Gockelkämpfe dieser Journalisten um die Krone des Ersten Interpreten merkelscher Texte als höchst lächerlich, denn wenn die Bundeskanzlerin den Bürgern etwas mitzuteilen hatte, weshalb tat sie es dann nicht in verständlicher Form? Weshalb flüchtete sie oft in ein verklausuliertes Partei- oder besser Merkelchinesisch und tat der deutschen Sprache Gewalt an? Weil ihr auch die Sprache zu einer Maske wurde, zu einer Syntax der Unaufrichtigkeit. Sprache wurde für sie zunehmend zu einem Instrument der Verunklarung statt zur Klärung. Dabei ging es nicht wie im klassischen Fall darum, etwas unter den Worten zu verbergen, sondern darum, möglichst nichts zu sagen. Denn nichts zu sagen ist besser als verbergen. Wo nämlich nichts gesagt wird, scheitert auch die Linguistik und beginnt Spekulation.

Nicht wenigen Mandatsträgern in der CDU schien es im Jahr 2024 immer noch wichtig, dass an dem Parteitag, auf dem die CDU ein neues Grundsatzprogramm verabschieden wollte, Angela Merkel teilnahm, um Kontinuität zu demonstrieren. Aber genau das wollte Merkel nicht. Den Parteitag der Partei, der man angehörte und die ein neues Grundsatzprogramm verabschieden wollte, als tagespolitisches Ereignis einzuordnen, wie sie es tat, ist gelinde gesagt eine Frechheit, zeigt jedoch zweierlei: erstens Merkels Verachtung für die CDU und zweitens das schiere Unverständnis der Taktikerin Merkel für strategische Optionen.[49a] Taktisch äußerst geschickt, bisweilen sogar brillant, hat sie Deutschland in eine strategisch ausweglose Situation manövriert. Ein weiterer Grund, weshalb Merkel nicht teilnehmen wollte, findet sich womöglich in der Angst, dass sie auf dem Parteitag Kritik einstecken müsste und vor allem ein Grundsatzprogramm zu belächeln hätte, das sie ablehnt. Sie wusste als gewiefte Taktikerin der Macht, dass sie nicht mehr die Macht besaß, Kritik zu ersticken oder abperlen zu lassen. Ihre Macht beruhte wie die aller demokratischen Politiker darauf, etwas verteilen zu können, doch sie hatte nichts mehr, was sie hätte verteilen können – kein Ministeramt, keinen Posten als Parlamentarischer Staatssekretär. Das warnende Beispiel Helmut Kohls vor Augen, verzichtete sie 2021, noch einmal in einen Wahlkampf zu ziehen, der mit ihrer Niederlage hätte enden können. Die elende Suppe, die sie den Deutschen eingebrockt hatte, wollte sie partout nicht auslöffeln müssen. Sie hoffte, hochgeehrt zu gehen, ins Nach-Amt zu wechseln – und vor allem vermied sie es auf diese Weise, dass man nach einer Wahlniederlage in der Union über sie herfallen würde.

Doch kann man Merkels Verachtung für die CDU sogar verstehen. Hatte die Partei sich gegen ihre Politik gewehrt? Schwiegen nicht alle brav über den Parteitag der CDU, der unverzeihlich war, dessen Ergebnisse rückgängig gemacht werden mussten, Merkels dunkles, offenes Geheimnis, ein Geheimnis nur deshalb, weil es tabuisiert wurde. Eine andere, eine bessere CDU wäre möglich gewesen. Das Jahr 2003 steht dafür. Hatten ihre Funktionäre sich nicht alle vor ihr in den Staub geworfen, um Anerkennung, Förderung und auch Hilfe gefleht und gebettelt, alle bis auf diejenigen, die desertierten wie Roland Koch oder flohen wie Friedrich Merz, anstatt zu kämpfen. All diese eitlen, nur allzu selbstgewissen Männer aus dem Westen. Und werfen sie sich nicht immer noch ihr zu Füßen, wenn sie nicht den Bruch, nicht die Aufarbeitung wagen, sondern zu lammfrommen Sprüchen neigten wie der Generalsekretär der CDU, Carsten Linnemann, der immer noch um Merkels Unterstützung buhlte, wenn er hasenfüßig erklärte: »Ich finde es wichtig, dass wir keinen Bruch mit der Vergangenheit haben.«[49b] Keinen Bruch mit Merkels Pandemie-Regime? Keinen Bruch mit Merkels Migrationskatastrophe, keinen Bruch mit der Politik, deren Folgen auch in Messermorden, Terroranschlägen, Vergewaltigungen, Nötigungen und Körperverletzungen gipfelten, die zu dem Zusammenbruch der inneren Sicherheit führen und die zur Konsequenz hatte, dass Frauen immer stärker aus der Öffentlichkeit verschwinden? Keinen Bruch mit Merkels Energiewende, die von der Ampel nur beschleunigt wurde und die Deutschland de-industrialisiert?

Schon 2022 lehnte die Präsidialbundeskanzlerin a.D. den Ehrenvorsitz der CDU ab, auch aus Vorsicht, nicht am lebendigen Leib so demontiert zu werden, wie es ihr einst mit Helmut Kohl gelang. Nein, für Angela Merkel war die CDU von Anfang an nur ein Mittel zum Zweck, wohl nie politische Heimat, sondern nur Leiter zum Aufstieg. Um das noch einmal deutlich zu machen, lehnte sie nicht nur die Teilnahme am Parteitag ab, sondern nahm stattdessen demonstrativ – als zweite, noch schallendere Ohrfeige für die CDU – die Einladung an, zur Verabschiedung von Jürgen »Eine Kugel Eis« Trittin als Bundestagsabgeordneter die Festrede zu halten. Merkels Sprecherin teilt dem *Tagespiegel* mit: »Wir können bestätigen, dass Bundeskanzlerin a.D. Dr. Merkel an der Verabschiedung von Bundesminister a.D. Jürgen Trittin teilnehmen wird.« Hübsch, selbst Merkels Pressemitteilung imaginiert noch, was sie sich innig gewünscht hatte, eine Koalition mit den Grünen. So als hätte es das gegeben, nahm Bundeskanzlerin a.D. Dr. Merkel an der Verabschiedung von Bundesminister a.D. Jürgen Trittin teil, doch nicht der Bundesminister, der in keinem Kabinett Merkel das Ministeramt innehatte, sondern der Bundestagsabgeordnete Jürgen Trittin wurde verabschiedet. Im Dezember 2023 zog sich Trittin offiziell aus der aktiven Politik zurück, denn mit dem unumstößlichen Beschluss, dass die letzten drei AKWs im Frühjahr 2024 zum immensen Schaden Deutschlands gültig vom Netz gingen, hatte er sein politisches Ziel erreicht. Die AKW-Files berichten davon, welch intrigantes Spiel Trittins Sachwalter Habeck und Lemke gegen Deutschland spielten, damit das politische Erbe des mächtigen Strippenziehers der Grünen nicht beschädigt wird. Dass

Angela Merkel Jürgen Trittin den Wunsch erfüllte, zu seinem Abschied vom Bundestag zu reden, ist mehr als folgerichtig, hätte es doch ohne sie den Atomausstieg nicht gegeben. Man darf es ihr wirklich glauben – und es gehört zu den ehrlichen Sätzen Merkels –, wenn sie in ihrer Rede zu Trittins Verabschiedung am 13. Mai 2024 im Marie-Elisabeth-Lüders-Haus des Bundestags tief bedauerte, dass es im Jahr 2013 nicht zu einer schwarz-grünen Koalition gekommen war. Auch der zweite Versuch, die grüne Kanzlerin mit der grünen Partei in einem Regierungsbündnis zu vereinen, als sie gegen alle Widerstände in der CDU trotzig verkündete: »Ich will das!«[50], 2017 scheiterte diesmal nicht an den Grünen, sondern an der FDP, die sich nicht zum Fußschemel der Kanzlerin der Grünen machen ließ. Sehr zum Leidwesen Merkels wollte die FDP damals lieber nicht als schlecht regieren. Welch Ironie der Geschichte! Anstatt diesem Grundsatz treu zu bleiben, entschied sich im Jahr 2021 die FDP dazu, auf alle Fälle zu regieren, mag es auch noch so schlecht, noch so katastrophal, noch so selbstzerstörerisch sein. Vielleicht hätte die FDP in einer Jamaika-Koalition mit den Grünen und der CDU noch weniger Rückhalt bei der grünen Kanzlerin Merkel gehabt als in der Ampel beim Sozialdemokraten Scholz, doch der politische Lehrbuchsatz für jede Partei lautet, dass man der eigenen Partei nicht stärker schaden kann, als wenn man mit den Grünen in eine Koalition geht. Für die Grünen bedeutet das medial einen Sieg, dass Merkel zu Trittin kam, für die CDU eine Schmach, doch hatte die CDU sich diese Schmach reichlich verdient, denn hätte sie auf ihrem Parteitag zunächst die Ära Merkel aufgearbeitet, um sich dann nach der Vergangenheitsbewältigung der Gegenwart und der Zukunft im neuen Grundsatzprogramm zuzuwenden, dann wäre Trittins Verabschiedung zu einem Treffen zweier Reaktionäre geworden, veranstaltet von einer Partei, die vollständig in der Welt von vorgestern lebt. Doch die Ideen von vorgestern zerstören die Welt der Deutschen von morgen. Schuld daran trägt auch die CDU, die sich nicht vom Merkelismus lösen kann wie der Kiffer vom Cannabis.

Wer sich Merkels Kanzlerschaften, insbesondere ihre vier kardinalen Fehler, die Eurorettung, die Energiewende, die Masseneinwanderung und die Pandemie-Diktatur, die Jahre zwischen 2011 und 2015, das Jahr 2011, das Jahr 2015 und das Jahr 2020, erklären will, der muss verstehen, was zwischen 2003 und 2006 geschehen ist. Im Jahr 2003 sagte Angela Merkel in ihrer Rede zum 17. Parteitag laut Protokollband: »Wir erleben es doch in vielen sachpolitischen Diskussionen: Kaum einer kann sich doch verkneifen, uns in der Zuwanderungsdiskussion sofort in eine rechte Ecke zu stellen. Ich habe über die Fragen ›Wie empfinden Menschen ihr persönliches Leben?‹ und ›Glauben sie, dass es gerecht zugeht?‹ gesprochen. Man muss natürlich darüber sprechen, dass es den Missbrauch des Asylrechts gibt. Man muss natürlich sagen: Die Folge können nur Steuerung und Begrenzung von Zuwanderung sein. Alles andere wird in der Bevölkerung keine Akzeptanz finden. Deshalb kämpfen wir, unter anderem Peter Müller, Wolfgang Bosbach, für unseren Weg, ganz hart und ganz entschieden. [Beifall]) Wie wollen wir denn den Menschen in unserem Lande erklären – ich weiß, dass man Gerichte nicht kritisieren soll –, dass zwar ein christliches Kreuz in der Schule nicht aufgehängt werden darf, dass aber extra ein Gesetz gemacht werden muss, um einer Lehrerin zu verbieten, ein Kopftuch zu tragen? Das passt doch nicht zusammen.«[51] In der in der *ZEIT* dokumentierten Rede, die möglicherweise das Redemanuskript darstellt, heißt es noch klarer: »Manche unserer Gegner können es sich nicht verkneifen, uns in der Zuwanderungsdiskussion in die rechtsextreme Ecke zu rücken, nur weil wir im Zusammenhang mit der Zuwanderung auf die Gefahr von Parallelgesellschaften aufmerksam machen. Das, liebe Freunde, ist der Gipfel der Verlogenheit, und eine solche Scheinheiligkeit wird vor den Menschen wie ein Kartenhaus in sich zusammenbrechen. Deshalb werden wir auch weiter eine geregelte Steuerung und Begrenzung von Zuwanderung fordern.«[52] Genau das, was Merkel im Jahr 2003 geißelte, sollte sie im Jahr 2015 im großen Stil durchsetzen.

Im Jahr 2015, als selbst ihr Innenminister Thomas de Maizière konstatieren musste, dass »die Sache … aus dem Ruder geraten« sei, kanzelte Merkel die Kritiker ihrer Turbomigrationspolitik mit der flapsigen Erwiderung ab: »Wenn wir jetzt anfangen, uns noch entschuldigen zu müssen, dafür, dass wir in Notsituationen ein freundliches Gesicht zeigen, dann ist das nicht mein Land … Ich sage wieder und wieder, wir können das schaffen, und wir schaffen das.«[53] Vielleicht war es auch nie ihr »Land«, weil Angela Merkel wohl eher auf der Insel lebte, die Angela Merkel hieß. Ihre Integrationsbeauftragte Aydan Özoguz, die vor Kurzem sogar durch einen antisemitischen Post auf X auffiel, was für eine Angehörige der neuen Aristokratie natürlich folgenlos blieb (Quod licet Iovi, non licet bovi), wurde am 21.09.2015 sogar noch deutlicher als ihre Chefin: »Auch mit Blick auf die hohen Flüchtlingszahlen ist klar: Wir stehen vor einem fundamentalen Wandel. Unsere Gesellschaft wird weiter vielfältiger werden, das wird auch anstrengend, mitunter schmerzhaft sein. Unser Zusammenleben muss täglich neu ausgehandelt werden. Es liegt an uns, ob wir darin dennoch eher die Chancen sehen wollen oder die Schwierigkeiten. Eine Einwanderungsgesellschaft zu sein heißt, dass sich nicht nur die Menschen, die zu uns kommen, integrieren müssen. Alle müssen sich darauf einlassen und die Veränderungen annehmen. Schon heute hat jeder fünfte Bürger einen Migrationshintergrund: Deutschland ist längst nicht mehr der ethnisch homogene Nationalstaat, für den ihn viele immer noch halten. Es wird Zeit, dass sich unser Selbstbild den Realitäten anpasst …«[54]

Der Bürger wird entmündigt. Er hat sich »den Realitäten« anzupassen, er hat sich darauf einzulassen, er hat das Zusammenleben täglich neu auszuhandeln und dabei natürlich Werte aufzugeben. Die eigentliche Botschaft lautet: Unsere Werte sind verhandelbar. Die Menschen- und Bürgerrechte sind verhandelbar, das Grundgesetz ist verhandelbar. Die Vorstellung vom ständigen Aushandeln des Zusammenlebens klingt hübsch, zielt aber auf die Abschaffung des Rechtsstaates. Denn das Zusammenleben muss nur dann täglich neu ausgehandelt werden, wenn wir uns von Recht und Gesetz verabschiedet haben. Recht und Gesetz schaffen sowohl den Rahmen als auch die Spielregeln des Zusammenlebens. Darin besteht der Sinn des Rechtsstaates, dass eben das Zusammenleben nicht ständig neu ausgehandelt werden muss. Nur dort, wo Chaos und Anarchie herrschen, wo es rechtsfreie Räume gibt, muss das Zusammenleben stets neu ausgehandelt werden. Dort, wo das Zusammenleben »ständig neu ausgehandelt werden muss«, regiert das Recht des Stärkeren oder das Recht der stärkeren Gruppe, der Clique. Mit Merkels Migrationsturbo beginnt die Aushöhlung des Rechtsstaates. Und die Chefin einer auch von der Merkel-Regierung mit deutschen Steuergeldern finanzierten Institution, Naika Foroutan, macht den deutschen Steuerzahlern klar: »Viele Menschen haben das Gefühl, ihr ›eigenes‹ Land nicht mehr wiederzuerkennen. Zu Recht, möchte man sagen – denn es sieht anders aus, es ist jünger geworden, es spricht anders, es isst anders, es betet anders als früher. Doch sie vergessen: Dieses Land gehört per se niemandem.« Und: »Deutschland ist das Land seiner Einwohner und Einwohnerinnen. Es gehört niemandem per se, weil er oder sie Urahnen hatten, die schon immer hier gelebt haben.«[55] Dafür, dass sich die Struktur der Bevölkerung in Richtung muslimischer Einwanderer verschiebt, hatte Angela Merkel ab 2015 getan, was sie nur tun konnte. Man könnte es auch, wenn man Foroutans These akzeptiert, Enteignung nennen, und zwar selbst finanzierte Enteignung. Zwischen der Passage auf dem Parteitag von 2003 und den Reden, die Merkel ab September 2015 hielt, liegen Welten. Was hat sich also verändert, warum unterscheidet sich die Parteivorsitzende Merkel des Jahres 2003 von der Bundeskanzlerin Merkel 2015 oder eigentlich schon 2011? Oder resultiert der Unterschied letztlich daraus, dass sie sich treu geblieben ist? Dass nicht die Positionen und die Inhalte, sondern der Besitz der Macht Kernpunkt ihres Handelns ist und der innerste Antrieb darin besteht, Primus sine pares zu sein. Was also geschah 2003?

4. DER PARTEITAG, DER DER DAMNATIO MEMORIAE VERFIEL

Dass es eine Alternative zu Angela Merkel in Gestalt Angela Merkels gegeben hätte – und mithin auch eine andere, nicht grüne CDU –, diese Möglichkeit bestand fast zwei Jahre lang, und zwar vom 1. Dezember 2003 ab 10.30 Uhr bis zum 18. September 2005 gegen 18 Uhr. Den 17. Parteitag der CDU, der vom 1. bis 2. Dezember 2003 in Leipzig stattfand, bereitete Angela Merkel schon deshalb intensiv vor, weil sie durch ihn ihre fragile Macht konsolidieren wollte; in ihm sollten wie in einer konzertierten Aktion alle Bestrebungen, alle Arbeiten, alle Bemühungen, alle Intrigen, um die eigene Macht auszubauen, kulminieren. Mit bewunderungswürdiger Geschicklichkeit, kaltem Machtsinn und ehrgeizgetriebener Konsequenz ging sie ans Werk. Merkels Weg zur Macht glückte, weil sie unterschätzt wurde und vor allem weil sie die falsche Einschätzung, die sich aus der Arroganz und der Selbstehrlichkeit ihrer Gegner und Konkurrenten nährte, bewusst einkalkulierte und sie, so paradox es klingen mag, zum Aktivposten in ihrem Verhalten wurde. Denn niemand irrte gröber als diejenigen, die Angela Merkel zu kennen glaubten. Eine taktische Meisterleistung und eine selbst für Politiker große Empathielosigkeit zeigte sie in der Art, wie sie Friedrich Merz im Herbst 2002 von der Führung der Fraktion verdrängte. Man kann auch sagen: abservierte. Zum ersten Mal ging an diesem

Tag in der Führung der Union einigen eine Ahnung auf, mit wem sie es zu tun hatten. Das Ziel, Kanzlerkandidatin der Union zu werden, hatte sie schon ins Visier genommen, als sie um den Parteivorsitz kämpfte. Doch für die Bundestagswahl 2002 musste sie noch Edmund Stoiber den Vortritt lassen, weil man sich in der Union mit ihm größere Chancen im Wahlkampf ausrechnete. Nach der letztlich vergeigten Wahl im Herbst 2002 rückte ihre Kanzlerkandidatur immer näher. Um tatsächlich das Ziel zu erreichen, half ihr allerdings der Parteivorsitz nur wenig, wenn sie nicht gleichzeitig als Oppositionsführerin die Bühne des Bundestages zu nutzen vermochte, was voraussetzte, dass sie Friedrich Merz den Vorsitz der Unionsfraktion entriss. Beim berühmten Frühstück in Stoibers Haus in Wolfratshausen am 11. Januar 2002 um 8 Uhr hatte Angela Merkel Edmund Stoiber die Kanzlerkandidatur der Union angeboten und war damit haarscharf und mit knapper Not einem Putsch in der CDU zuvorgekommen, der noch am selben Tag auf einer Sitzung des Präsidiums der CDU im Magdeburger Herrenkrug entfesselt werden sollte. Einen Tag zuvor fanden zwei Telefonate zwischen Stoiber und Merkel statt. Angeblich hatte Merkel bereits im zweiten Telefonat Stoiber die Kanzlerkandidatur angetragen.[56] Bei »frischen Semmeln, Butter, Marmelade, Honig sowie etwas Käse und Wurst«[57] bot Merkel nicht nur Stoiber an, Kanzlerkandidat der Union zu werden und rettete damit ihren immer heftiger umstrittenen Parteivorsitz, sondern es gelang ihr sogar, die Möglichkeiten ihrer Macht zu erweitern. Noch nicht errang sie die Macht selbst, aber sie vergrößerte ihre Handlungsräume und eroberte zumindest der Vorhof der Macht. Auch Merkel zweifelte damals nicht am Sieg der Union in der bevorstehenden Bundestagswahl. Deshalb wäre sie nur zu gern an Stoibers Stelle angetreten. Dass ihr missglückte, die eigene Kandidatur durchzusetzen, sollte ihr jedoch zum Glück gereichen, denn sie hätte die Wahl dramatischer als Stoiber verloren und wäre auch anschließend als Parteivorsitzende gestürzt worden, weil sie ihren Anspruch mit Macht wider besseres Wissen vieler durchgesetzt und damit deren Zweifel bestätigt hätte. Ihre Parteikarriere wäre damit Ende 2002 unweigerlich gescheitert. Sie konnte, sie musste warten, das hieß praktisch, sich eine strategisch günstige Position zu sichern – und die bestand beileibe nicht darin, als Bundesministerin in Stoibers Kabinett einzutreten. Bundesministerin war sie auch schon zweimal unter Kohl. Sie hegte also keine Illusionen über die Möglichkeiten dieses Amtes. Die Macht und den Einfluss, um eines Tages Bundeskanzlerin zu werden, konnte sie nur gewinnen, wenn sie den Parteivorsitz mit dem Fraktionsvorsitz verband. Da Stoiber wie auch Merkel fest mit seinem Sieg rechneten, sah er kein Problem darin, Merkel zuzugestehen, den Vorsitz der Unionsfraktion zu übernehmen, zumal er Friedrich Merz ohnehin in seinem künftigen Kabinett als Bundesminister sah. In dieser Sicht dürfte Merkel den Bayern bestärkt haben. Doch zweimal beging die Union den Fehler, den begnadeten Wahlkämpfer Schröder zu unterschätzen.

Bis zum Sommer 2002 lag die Union noch in Führung, doch in den beiden Fernsehduellen zwischen Edmund Stoiber und Gerhard Schröder gelang es dem Sozialdemokraten, seinen Herausforderer auf Abstand zu halten. Schröder ging eindeutig als Sieger hervor, auch weil sein Frauenbild moderner wirkte als das von Stoiber, vor allem weil er sich als schneller, wendiger und skrupelloser als Stoiber in der Diskussion erwies. Wenn inzwischen alles, was nicht Brandmauerkombinat ist, als Populismus markiert wird, wobei Populismus für die Mutter alles Bösen gilt, wenn man hingegen die ursprüngliche Bedeutung des Populismus als eines ernst zu nehmenden Begriffs von heuristischem Wert benutzt, dann gab es wohl kaum einen größeren Populisten in der Politik ab Mitte der Neunzigerjahre bis zum Jahr 2005 als Gerhard Schröder. Vielleicht noch Oskar Lafontaine, doch der rumorte seit seinem Rücktritt als Finanzminister im Kabinett

Schröder I außerhalb der Entscheidungszirkel bei der WASG und später bei den Linken. Er hatte seine Zukunft mit dem Wahlsieg von SPD und Grünen im Jahr 1998 und seinem jähen Rücktritt hinter sich gelassen. Niemand konnte schneller von Kumpel auf Spießer umschalten, von der Verhöhnung von Intellektuellen zu ihrem Lob und schließlich zum Hausvater des spießigsten »Anstandes«: Schröder schaffte mühelos den rasanten Wechsel von BamS, Bier und Glotze zu Brioni, Cohiba und Winkler, der in seiner Amtszeit zwar nicht für die Wissenschaft, aber für die politische Öffentlichkeit zum maßgeblichen Intellektuellen und Historiker wurde, zum Historiker der Berliner Republik – und damit zum Hausideologen für Schröder und Schäuble gleichermaßen.

Heinrich August Winkler genoss gegenüber Jürgen Habermas den Vorteil, dass man ihn wenigstens verstand. Und die Zeiten, in denen man nur ernst genommen wurde, wenn man sich möglichst unverständlich ausdrückte, verloschen mit den Achtzigerjahren. Das passte zu Schröders Macherimage, während Stoiber dagegen wie ein verstaubter Bürokrat aus den Siebzigerjahren wirkte. Während Winkler in dicken Bänden, so langweilig wie allerdings verständlich, monomanisch Deutschlands langen Weg nach Westen halluzinierte und die politische Klasse einhellig jubelte, von Steinmeier bis Schäuble inklusive Joschka Fischer, saß Gerhard Schröder mit der Cohiba kokettierend am Ende des Weges in einem wuchtigen Ledersessel und blickte nach Osten, »nach Moskau«, wie Irina in Tschechows *Drei Schwestern* sagte, und schaute zwar nicht zu Irina, dafür umso mehr zu Wladimir Putin.

Doch den Ausschlag für Schröders gelungene Aufholjagd gab dann das Elbhochwasser im Jahr 2002. Während Edmund Stoiber noch ungläubig auf die Fernsehbilder starrte, war Gerhard Schröder in nigelnagelneuer Regenjacke und keine Stunde älteren Gummistiefeln im sächsischen Grimma und reklamierte die entscheidenden Fernsehbilder für sich. Schröder war vor Ort und versprach schnelle Hilfe. Ganz der Macher. Der Hemdsärmelige, der Zupackende. Und Stoiber? Stoiber kam zwei Tage später. Und nicht nur das. Während das Fernsehen Bilder von Schröder in Gummistiefeln und zwischen den betroffenen Menschen zeigte, sah man Stoiber im Hubschrauber über Dresden. In sicherer Entfernung, weit weg vom Geschehen, weit weg von den Menschen erzählten die Bilder. Im Sinne des Handelns, der Analyse des Ausmaßes der Katastrophe agierte Stoiber rational und richtig, denn was konnte der Bundeskanzler in seinen hübschen neuen Stiefeln in den Pfützen von Grimma schon ausrichten, doch die Bilder scherten sich nicht um Zweckrationalität, sondern erzeugten Eindrücke, die sich gegen Stoiber wandten. Da der Macher, hier der Zauderer, da der Mann, der zu den Menschen eilte, Hilfe versprach, hier der Mann, der im Hubschrauber über den Menschen kreiste wie ein ferner mitleidloser Gott. Natürlich kann es zudem einer Exekutive leichter fallen, in einer Katastrophensituation beherzt und überzeugend zu handeln, wenn sie es denn kann. Das Ahrtal bewies das Gegenteil. Doch Schröder wusste sich schnell und überzeugend in Szene zu setzen. Zwar half Stoibers Bayern den hochwassergeschädigten Gebieten im Osten, doch nutzte das dem bayrischen Ministerpräsidenten und Kanzlerkandidaten der Union herzlich wenig, weil Stoiber zu spät reagierte. Schließlich lagen die SPD und die Union am Wahlabend mit 38,5 % der Stimmen gleich auf, während die Grünen mit 8,6 % der Stimmen die FDP mit 7,4 % auf den vierten Platz verwiesen und damit die rotgrüne Koalition knapp, aber dennoch in die Verlängerung ging. Für Angela Merkel konnte das Wahlergebnis und Stoibers Niederlage nicht besser sein, denn nun öffnete sich wirklich für die Parteivorsitzende der CDU die Möglichkeit, Kanzlerkandidatin der Union und schließlich Bundeskanzlerin zu werden als die erste Frau, die jemals an der Spitze des Bundeskabinetts gestanden hatte – und damit

Geschichte zu schreiben. Spätestens seit sie in einem riskanten Unternehmen Parteivorsitzende der CDU geworden war, fasste sie dieses Ziel ins Auge. Zum einen glaubte sie daran, dass dieses Parteiamt und das Regierungsamt zusammengehörten. Nur aus einer objektiven Schwäche heraus hatte sie damals dem CSU-Vorsitzenden den Vortritt gelassen. Insofern sah sie Stoibers Scheitern mit einer gewissen Genugtuung. Zum anderen befriedigte der Parteivorsitz mitnichten ihren Ehrgeiz, denn als Parteivorsitzender ohne Regierungsamt bleibt man ein besserer Moderator; wirklich Macht besitzt man nur, wenn man Ministerpräsident oder Bundeskanzler, der Chef der Exekutive ist.

Friedrich Merz erinnerte sich, dass am Wahlabend Edmund Stoiber und Angela Merkel zwei Gespräche mit ihm geführt hatten, eines um 17 Uhr, als alle noch glaubten, dass die Union die Wahl gewonnen hätte. »Bei dieser ersten Begegnung, die nur wenige Minuten dauerte, haben wir kein Wort über den Fraktionsvorsitz verloren.« Das hätte sich auch erübrigt, wenn Edmund Stoiber Friedrich Merz ein Bundesministerium hätte anbieten können. Doch es kam anders. »In einem zweiten Gespräch um 21.30 Uhr wurde mir dann von Frau Merkel und Herrn Stoiber eröffnet, ich solle Bundestagspräsident werden.« Merz lehnte schroff ab: »Völlig indiskutabel. Da braucht ihr mit mir keine Minute länger zu reden. Das ist verlorene Zeit.« Und kommentierte später seine Entscheidung mit den Worten: »Über dieses Amt würde ich, wenn überhaupt, frühestens in zehn Jahren nachdenken. Heute will ich Politik machen und nicht ankündigen.«[58] Wolfgang Schäuble vermochte Friedrich Merz nur mit Mühe von einer Kampfkandidatur abzuhalten. Schäuble erinnerte sich: »Ich konnte seinen Unmut zwar verstehen, versuchte ihm aber noch in der Wahlnacht begreiflich zu machen, dass er mit einer Kampfkandidatur keine Chance haben werde. Es dauerte noch einen weiteren Tag, bis er das realisierte. Zeit genug, um das Verhältnis der beiden wohl für alle Zukunft zu beschädigen – was für die Partei eine Belastung blieb.«[59] Allerdings spiegelte sich in Schäubles Rat bei aller politischen Erfahrung eher Schäubles Lebensdilemma wider, der sich als brillanter zweiter Mann bewährte, aber dem letztlich die Kühnheit und die Intuition zu Anführer fehlten. Das Problem von Schäubles Rat lag einfach darin, dass er für Wolfgang Schäuble taugte, nicht aber für Friedrich Merz. Doch in einem hatte Schäuble recht: Die CDU liebte innerparteilich nicht die offene politische Auseinandersetzung, sondern das gut geheizte Hinterzimmer, sie sah sich nicht als Programmpartei, sondern als Kanzlerwahlverein – und in der Disziplin Hinterzimmer sollte es Merkel zu einsamer Meisterschaft bringen.

Am Montag, dem Tag nach der Wahl, diskutierte das Präsidium der CDU die Wahlniederlage. Merz stellte Merkels Fähigkeit zur Führung der Fraktion infrage. Merkel drang mit »sibirischer Kälte« darauf, dass sie Fraktionsvorsitzende werden würde; Roland Koch versuchte zu vermitteln, indem er vorschlug, für Friedrich Merz die herausragende Funktion »eines Ersten Stellvertretenden Fraktionsvorsitzenden« einzurichten. Kochs Idee konnte man getrost eine Schnapsidee nennen, denn sie hätte dazu geführt, dass zwischen Merz und Merkel in der Fraktion ein Dauerkrieg ausgebrochen wäre, der die Oppositionsarbeit gelähmt und einen zerstrittenen Eindruck geboten hätte, genau das, was die CDU am meisten hasste und fürchtete, wohl wissend, dass die Deutschen ein harmoniesüchtiges Volk sind. Als Merz sich von Schäuble überzeugen ließ und auf die Kampfkandidatur verzichtete, beging er dennoch einen großen Fehler und stellte unbewusst die Weichen für sein Ausscheiden aus der Politik. Wahrscheinlich hätte er die Abstimmung nicht gewonnen, doch er hätte sich als Alternative präsentiert.

5. MERKELS IRRLICHTERN UND ISOLATION

Nachdem Stoiber verspätet eingetroffen war und gemäß der Wolfratshausener Verabredung für Angela Merkel votiert hatte, wurde sie mit einem kommunistischen Ergebnis von 92,2 % der Stimmen ohne Gegenkandidaten gewählt. Die Einheit der Partei, die Einheit der Fraktion schien gesichert zu sein. Doch es schien nur so, denn die Irakkrise und Schröders Reformkurs brachten Merkel immer stärker in Bedrängnis. In den folgenden Wochen und Monaten dürfte sich die Überzeugung bei ihr gefestigt haben und zur Richtschnur ihres Handelns geworden sein, Opposition in der Partei rechtzeitig den Boden zu entziehen, mit einem Wort: die Partei gleichzuschalten. Da sie nicht über eine gewachsene Hausmacht in der CDU verfügte, nicht auf die Ähnlichkeit der Biografien zurückgreifen konnte, blieb ihr nur, grob gesprochen, ein Netz von Vasallen zu knüpfen. Merkel benötigte weder eigenständige Generalsekretäre noch solche mit einem scharfen intellektuellen Profil, wie es Kurt Biedenkopf und Heiner Geißler einst waren. Doch mit der intellektuellen Ausdünnung der Partei begann schon Helmut Kohl, als er den Pfarrer Peter Hintze zum Generalsekretär berief.

Schließlich ließ sich Friedrich Merz überzeugen, als Stellvertretender Vorsitzender für Wirtschaft, Soziales und Finanzen in der Fraktion zu wirken. Kochs Vorschlag erfuhr damit doch für kurze Zeit seine Realisierung. Friedrich Merz täuschte sich allerdings nicht darin, dass Merkel ihn kaltgestellt hatte. Kurz darauf kamen die alte und die neue Fraktion im Festsaal des Berliner Maritim Hotels zusammen. Angela Merkel verabschiedete die scheidenden Fraktionsmitglieder und redete dann über die deutsche Einheit und über Helmut Kohl, der ebenfalls aus der Fraktion ausschied. Demonstrativ saß Friedrich Merz am Tisch von Wolfgang Schäuble – zwei Männer, die Merkel ausgebootet hatte, zwei Verlierer. Doch während Schäuble sich die Geschichte schönzureden begann und es in seinen Memoiren fertigbrachte, über seine Idee, Angela Merkel zur Generalsekretärin der CDU zu machen, fast schon mit einem Anflug von Masochismus zu schreiben: »Vermutlich hatte ich damit die beste (und wie sich im Nachhinein herausstellen sollte: folgenreichste) Entscheidung meiner Amtszeit getroffen. Ich sollte es zu keiner Zeit bereuen. Angela Merkel war ein Glücksfall«[60], wusste Friedrich Merz, was er von Merkel zu halten hatte. Merkels wohlwollende Kommentatoren und ihre Biografen schoben die Schuld an dem tiefen, dem unheilbaren Zerwürfnis Merz zu, indem sie ihm fast eine narzisstische Kränkung unterstellten, doch verkannten sie den grundsätzlichen Charakter der Auseinandersetzung, erst recht, wenn sie naiv und klischeeverliebt den Gegensatz der beherzten Ostfrau zum überheblichen Westmann aufmachten. Bereits die Studentin Angela Kasner, die während des Studiums heiratete und den Namen Merkel annahm, den sie auch nach der Scheidung nicht mehr ablegte, lernte im damals männerdominierten Physikstudium in der DDR, in dem weibliche Studenten Seltenheitswert wie Frauen in der Führung der CDU besaßen, sich gegen die männliche Dominanz durchzusetzen. Nur zu gut kannte sie die Schwäche der Männer, die in ihrer Selbstverständlichkeit lag. Als sie in den Führungszirkel der CDU eintrat, fand sie grosso modo deshalb eine Konstellation vor, die sie aus Studienzeiten kannte. Sie musste fleißiger und schneller als die Männer sein.

Das Bild, das sie von sich pflegten, durfte sie einerseits nicht übernehmen, andererseits aber auch nicht frontal bekämpfen, sondern bestenfalls benutzen. In der Art und Weise, wie wir uns sehen, geben wir uns dem anderen in die Hand, weil darin unsere Verletzlichkeit liegt.

Es ging also zunächst gar nicht um Ost oder West – und als es darum ging, hatte es nicht nur Nachteile. Der Frau aus dem Osten half der doppelte »Exoten-Bonus«, der sie darüber hinaus auch schützte. Sie verfügte über keine Seilschaften, die den Aufstieg sicherten, aber Seilschaften legen andererseits auch den Platz in der Seilschaft fest. Was auch half, war – und in diesem Punkt wirkte die ostdeutsche Prägung dann doch –, dass ostdeutsche Frauen über ein solides Selbstbewusstsein verfügten, was nicht zuletzt mit dem hohen Prozentsatz an berufstätigen Frauen zusammenhing und mit Förderprogrammen für Frauen, um deren Anteil in bestimmten Bereichen gezielt zu erhöhen, den sogenannten Frauenförderungsprogrammen. Ihre Intelligenz und ihre Fähigkeit zur Analyse ermöglichten Angela Merkel, ihre Vor- und Nachteile im System CDU präzise und nüchtern zu erkennen und gezielt zu nutzen. Ideologische oder inhaltliche Vorstellungen standen ihr dabei nicht im Wege, auch keine Nostalgie, keine Gewissheiten, keine verinnerlichten Spielregeln. Sie besaß keinen Bezug zu den Valeurs und zu den Nonvaleurs, außer zum Primat der Nützlichkeit. Gut und richtig ist, was nützt, ihr nützt, falsch, was ihr schadet. Stärker als bei anderen Politikern orientierte sich ihr politischer Kompass an ihrer Karriere, an ihrem Ego.

Doch damit, dass sie Merz von der Fraktionsführung verdrängt hatte, erweiterte sie ihre Handlungsräume, vermochte aber keineswegs, sie auch abzusichern. Die *Frankfurter Allgemeine* resümierte am Vorabend des 16. Parteitages in Hannover: »Ihre Wiederwahl zur CDU-Vorsitzenden beim CDU-Parteitag an diesem Montag in Hannover ist reine Formsache. Erst brachte sie sich durch kluges Agieren im Wahlkampf in eine nahezu unanfechtbare Stellung als CDU-Chefin, dann sicherte sie sich mit der Unionsfraktion einen Apparat, mit dem sie nicht nur öffentlichkeitswirksame Initiativen in den Bundestag einbringen kann, sondern auch attraktive Posten zu verteilen hat. Beides zusammen bringt sie in eine hervorragende Position für die Kanzlerkandidatur 2006.« Aber die *Frankfurter Allgemeine* warnte zugleich: »Wenn Merkel keine größeren Fehler macht.«[61]

Diesen Satz steckte sie sich hinter den Spiegel. Doch wusste sie ohnehin, dass ihre Führung zunächst auf ungesichertem Terrain stand – sie war wie jeder Usurpator am Anfang extrem verwundbar. Im Vorfeld des Parteitages warnten CDU-Vorständler davor, eine Strategiedebatte zu führen. Für diese Vorständler genügte es zunächst vollauf, wenn die CDU ihre Führung wählen würde. Roland Koch gab die Richtung vor, als er sagte: »Ich glaube, wir können nicht jeden Morgen eine neue Strategiedebatte führen.«[62] Für Kochs Position, vor allem für seine Zurückhaltung, existierte ein guter Grund. Der hessische Ministerpräsident benötigte die Ruhe und Geschlossenheit, die Einheit der Partei und keine Diskussionen, die in der Öffentlichkeit als Streitereien, wenn nicht als Gezänk wahrgenommen werden, weil am 2. Februar 2003 in Hessen Landtagswahlen anstanden – und er durch die Spendenaffäre der hessischen CDU, die er als »brutalst möglicher« Aufklärer zu bewältigen suchte, alle Hände voll zu tun hatte, diese Wahl auch zu gewinnen. In dieser noch fragilen Situation bedeutete es für Merkel geradezu ein Glück, dass ihr härtester Widersacher Ruhe an der Parteifront benötigte. Unzufrieden mit diesem business as usual zeigten sich nur einige jüngere CDU-Politiker, wie der frischgebackene Chef der Jungen Union, Philipp Mißfelder: »Es wäre vielleicht sinnvoller gewesen, auf dem Parteitag einen weiteren inhaltlichen Schwerpunkt zu setzen«, und natürlich das politische Feuilleton. Der Unmut der Jungen erreichte zumindest ein Maß, dass sich der Generalsekretär Laurenz Meyer genötigt sah, ihnen für das Jahr 2003 einen Reformparteitag zu versprechen.[63] Das lag durchaus in Merkels Interesse, denn die Führung, die ihr durch die beiden Ämter zukam, hatte sie nun auch auszufüllen. Genau dürfte sie die Kritik des politischen Kommentators der *Frankfurter Allgemeinen* zur Kenntnis genommen haben, der an Merkels Adresse schrieb, dass ein Politiker fähig sein müsse, den »Bürgern die Frage zu beantworten, wie er die Zukunft des Landes gestalten will. Gelegenheit dazu hätte Merkels Rede in Hannover geboten. Sie hat diese Möglichkeit nicht genutzt ...« Und sie handelte zu diesem Zeitpunkt richtig, diese Möglichkeit ungenutzt verstreichen zu lassen, denn einen Rohrkrepierer durfte sie sich nicht leisten. Die Reformdebatte musste ein Erfolg werden – und dafür benötigte sie Zeit; sie hatte sie gründlich vorzubereiten und vor allem auch ihre innerparteilichen Gegner einzubinden, an erster Stelle Friedrich Merz. Schließlich erhielten ihre innerparteilichen Gegner bei der Wahl zum Präsidium hohe Zustimmungen. In Prozenten führte Merkel die Wahlergebnisse mit 93,7 % im Vergleich zu Friedrich Merz mit 93,6 % an, doch stimmten für Merkel 796 Delegierte des Parteitages und für Merz 876. Jedenfalls beeilte sich der rheinland-pfälzische Landesvorsitzende Christoph Böhr, den Fauxpas, dass bei der Abstimmung zu Merkel noch 160 Delegierte fehlten, mit »Schusseligkeit« zu erklären. »Eine Form des Protestes gegen Merkel sei dies nicht gewesen«, so Böhr.[64] Später hieß es, dass der Versammlungsleiter Bernd Neumann den Delegierten nicht genügend Zeit gelassen hatte, vor der Wahl in den Saal zurückzukehren. Merz erzielte ein Traumergebnis – und das verstand Merkel zu Recht als Alarmsignal.

Je mehr ihre innerparteilichen Gegner vollauf beschäftigt waren, desto weniger Zeit blieb ihnen, gegen sie zu intrigieren; vor allem aber würde ihnen Merkel damit die Möglichkeit nehmen, als Beobachter Merkels Reformideen genüsslich zu verreißen, wenn sie diese Ideen mitverfasst hatten. Zu den am häufigsten angewandten und beschwiegenen Techniken der Konsolidierung der eigenen Macht gehört es, Mitschuldige zu schaffen, am besten unter den politischen Gegnern oder Konkurrenten. Gemeinsame Schuld ist politisch der beste Kitt. Hatte Merkel auf dem Parteitag eine starke Oppositionsarbeit angekündigt – was sollte sie auch anderes tun –, so versteifte sie sich darauf, einen Ausschuss zu den Wahllügen der SPD im Bundestag zu installieren, weil die SPD die Wähler, »ohne mit der Wimper zu zucken«, belogen hätte. Der Ausschuss schrammte nur knapp an der Lächerlichkeit vorbei, bevor er gänzlich der Vergessenheit anheimfiel. Ihre Ankündigung, dass Rot-Grün in den anstehenden Landtagswahlen in Niedersachsen und in Hessen »die Quittung bekommen« würden, »und zwar schon sehr bald«,[65] sollte sich zwar erfüllen, doch gebührte das Verdienst nicht ihr, sondern den Wahlkämpfern Christian Wulff und Roland Koch. Zwei große Themen bedurften in der Tat ihrer Aufmerksamkeit: innenpolitisch Deutschlands wirtschaftlicher Zustand als »kranker Mann Europas« und die Irakpolitik der US-Regierung, der Gerhard Schröder als Bundeskanzler eine Absage erteilt hatte.

Parallel zu den Vorbereitungen zum Irakkrieg und der Wahlniederlage begann Merkels Autorität trotz der Bestätigung im Amt der Parteivorsitzenden sogar zu schwinden. Ende März 2003 argwöhnte der *SPIEGEL*, dass »der Streit um die Haltung zum Krieg … in einer Führungskrise zu eskalieren« drohe. Das Hamburger Magazin stellte die Geschichte unter den beredten Titel *Die einsame Vorsitzende*.[66] Der Grund für die innenpolitischen und auch innerparteilichen Konflikte, den die Vorbereitungen zum Irakkrieg anheizten, lag indes tiefer und stellte grundsätzlich die Frage nach der Eigenständigkeit der deutschen Außenpolitik, danach, wie orthodox transatlantisch sie sein durfte oder sein sollte. Dahinter stand überhaupt die Frage, wie das wiedervereinigte Deutschland seine Rolle in Europa und in der Welt definierte. Mit Schröder und Fischer löste eine neue

Politiker-Generation die Kohls ab, die sich weniger von der Geschichte als von den Erfordernissen bestimmt sahen, mental die Bonner Republik zu verlassen und die Berliner Republik mit Leben und Eigenständigkeit zu erfüllen. Allerdings vermochten sie nicht, unbefangen ans Werk zu gehen, denn sie wurden von ihrem eigenen Milieu, von den Achtundsechzigern und den reaktionären Gewerkschaften eingebremst. Nur so erklären sich Schröders Schielen zu Tony Blair nach England und die Schaffung der Begriffs-Fata-Morgana der »Neuen Mitte«. Was sich in der Innenpolitik als ausgesprochen heikel, schwierig und riskant erwies – schließlich sollten die Reformen Schröder die Kanzlerschaft kosten –, zeigte sich in der Außenpolitik als leicht, weil Schröder hier auf eine gewisse Amerikaskepsis, wenn nicht auf einen Antiamerikanismus setzen konnte und auf die Erinnerungen und Nostalgien der Friedensbewegung, die im Stadium ihrer Mythisierung angekommen waren. Trotz allem: Gerhard Schröder und Joschka Fischer neigten zu einer selbstbewussteren, eigenständigeren Außenpolitik, die von Angela Merkel später kassiert wurde und die heute mit der Außenministerin Annalena Baerbock zur Karikatur und Lachnummer verkommt. Selbst den Grünen nahestehende, linksliberale Kommentatoren im Ausland kommen aus dem Kopfschütteln nicht mehr heraus. Der Kommentator Matthew Karnitschnig von *Politico* fragt mit Blick auf die deutsche Außenpolitik: »Wo ist Olaf? Die eigentliche Frage, die diese Episode aufwirft: Wo sind die Erwachsenen im Raum? Die Grünen können Trump verabscheuen, soviel sie wollen, aber man muss kein Klimawissenschaftler sein, um zu verstehen, dass es für Berlin vielleicht keine gute Idee ist, den rachsüchtigsten Menschen aller Zeiten, der je im Weißen Haus war, zu provozieren, wenn man bedenkt, dass er in ein paar Monaten wieder dort sein könnte und trotz seiner Behauptung, »deutsches Blut« zu haben, schon lange eine ausgeprägte Antipathie gegen Deutschland hegt … Es ist, als würde das Außenministerium darauf wetten, dass Kamala Harris gewinnt. Angesichts der knappen Umfrageergebnisse ist das allerdings eine sehr riskante Wette.«[67]

Wolfgang Schäuble wollte unter Gerhard Schröder im Rückblick aus der Sicherheit seiner Memoiren eine »Renationalisierung der Außenpolitik« beobachtet haben. Das konnte man so nennen, zeigte aber nur, wie wenig selbst Schäuble von Deutschland und deutschen Interessen hielt – und bietet einen Teil der Erklärung für die desaströse Euro-Rettungspolitik und vor allem für die Katastrophe von 2015. Schäuble kritisierte resümierend: »Eine zur Schau getragene Antikriegskoalition gemeinsam mit Frankreich musste zur Vergiftung des deutsch-amerikanischen Verhältnisses führen. Die deutsche Außenpolitik hatte das Axiom, die Politik der Bundesrepublik in transatlantische Strukturen einzubinden, unvorsichtig aufgegeben.«[68]

Nachdem George W. Bush jr. am 18.09.2001 erklärt hatte, dass er keinen Unterschied machen würde zwischen Terroristen und Staaten, die sie unterstützen, geriet der Irak, auch weil er die Anschläge vom 11. September nicht verurteilte, ins Visier von Bush, der auf den Sturz von Saddam Hussein hinarbeitete. Es war der britische Premierminister Tony Blair, der mithilfe des amerikanischen Außenministers Colin Powell Bush überredete, bis September 2002 zunächst neue Inspektionen im Irak und anschließend ein Mandat der UN für eine Invasion anzustreben. Ende Mai 2002 besuchte der amerikanische Präsident Berlin und hielt eine moderate Rede im Bundestag, doch unterschwellig wurden Spannungen zwischen Schröder und Bush spürbar. Nachdem sich Schröder mit dem französischen Präsidenten Jacques Chirac, worauf Schäuble in seinen Memoiren anspielte, abgestimmt hatte, verkündete der Bundeskanzler am 1. August nach der Präsidiumssitzung der SPD sein hemdsärmeliges »Nein« zum Irakkrieg[69], mit dem er George Bush jr. die Gefolgschaft verweigerte, ohne dass der amerikanische Präsident zu diesem Zeitpunkt darum gebeten hatte. Aber Schröder wäre nicht Schröder, wenn es ihm nur um den Frieden und nicht auch um den Wahlkampf gegangen wäre. Auf dem Opernplatz in Hannover verkündet er: »Wir sind zu Solidarität bereit. Aber dieses Land wird unter meiner Führung für Abenteuer nicht zur Verfügung stehen.«[70] In der Endphase des Landtagswahlkampfes in Niedersachsen verstärkte und konkretisierte Schröder seine Weigerung, willig den USA zu folgen, am 31. Januar 2003 auf dem Marktplatz zu Goslar: »Rechnet nicht damit, dass Deutschland einer den Krieg legitimierenden Resolution zustimmt, rechnet nicht damit.« Und bekräftigte: »Unter meiner Führung wird sich Deutschland an einer militärischen Intervention nicht beteiligen.«

Merkel tat Schröder den Gefallen, über dieses Stöckchen zu springen. Zwar kritisierte sie die vorschnelle Distanzierung des Bundeskanzlers von der Irakpolitik der USA, die auf einen Krieg zusteuerte, als Wahlkampftheater und warf Schröder vor, so wichtige Fragen wie Krieg und Frieden und Deutschlands Freundschaft mit den USA in den Wahlkampf zu ziehen, doch fielen Schröders Abkehr von George W. Bush, dessen Popularität in der deutschen Bevölkerung als nicht sehr hoch eingeschätzt werden kann, auf einen fruchtbaren Boden in einem Land, dessen eine Hälfte nicht sehr amerikaeuphorisch war und dessen andere Hälfte seit den großen Friedensdemonstrationen in den Achtzigerjahren kühler über den großen Teich schaute. Außerdem besaß Bush nicht Clintons Statur. Angela Merkel verkalkulierte sich, als sie die Stimmung in der Bevölkerung unter- und Prinzipientreue überschätzte. Sie sollte sehr schnell daraus lernen, zumal sie sich selbst ins politische Abseits manövrierte.

Obwohl man aus Schröders öffentlichen Einlassungen den Eindruck hätte gewinnen können, dass die USA um die Unterstützung ersucht hatten, war zu diesem Zeitpunkt wohl noch keine Anfrage aus Washington in Berlin eingegangen. Schröders

Wahlkampftrick auf Kosten der USA verärgerte die Amerikaner, allerdings konnte ein bisschen weniger Nibelungentreue tatsächlich nicht schaden. Angela Merkel hatte wie Edmund Stoiber auch und wie die Union den USA die Treue gehalten. Doch sie tat es am konsequentesten und am lautesten. Darin folgte die Union eher einem Reflex, denn jeder konnte sehen, dass die Beweise der USA für die Produktion von Massenvernichtungswaffen durch Saddam Hussein Fälschungen waren, noch dazu schlecht gemachte. Auch die Physikerin Angela Merkel hätte es sehen können. Allein, Angela Merkel sah es nicht. Hinter der Politik der USA standen eindeutig wirtschaftliche Interessen und der gefährliche Voluntarismus und die schon fast rührende Illusion des »nation building«, der naive, zudem ahistorische Glaube, dass man Nationen »bauen« könne. Diesen Irrglauben aus dem Ungeist der Technokratie interpretierte Merkel europäisch, wenn sie glaubte, im Rahmen einer ever close union die europäischen Nationalstaaten überwinden und eine Zentralherrschaft in Brüssel errichten zu können. Dass die CDU-Vorsitzende, anders als der Bundeskanzler aus der SPD, das »nation building« nicht grundsätzlich ablehnte, hing auch mit einem bedauerlichen Mangel an historischer Bildung, mit dem Fehlen wichtiger Einsichten in den Prozess des Werdens von Nationen zusammen, einer Entwicklung, die nicht erst im 19. Jahrhundert, sondern bereits in der frühen Neuzeit, spätestens mit den Religionskriegen in Frankreich (Guerres de Religion) in den Jahren 1562 bis 1598, der Bartholomäusnacht und schließlich der Krönung Heinrichs von Navarra zum König Heinrich IV. einsetzte.

Nationen kann man nicht einfach bauen; sie entstehen über längere Zeit in komplexen historischen Prozessen, in denen sich das grundlegend Verbindende entwickelt. So wie man Nationen nicht einfach auf technokratischem Weg zu erschaffen vermag, so kann man sie auch nicht auf technokratischem Weg abschaffen, wie man sich das in Brüssel wünscht und wie sich das Merkel vorstellte. Eine Einsicht in die Natur kultureller Prozesse und in die Komplexität des Entstehens von Nationen hätte Deutschland und Europa vor der von Angela Merkel und der Bundesregierung 2015 ausgelösten Migrationskrise bewahrt.

Aber auch in der Union teilten nicht alle – und bald schon immer weniger – Merkels Haltung zur Irakpolitik von George W. Bush. Der *SPIEGEL* schätzte diese Entwicklung im Frühjahr 2003 so ein: »Aus dem vereinzelten Grummeln von Hinterbänklern ist ein vielstimmiger Chor geworden. Religiös motivierte Christdemokraten wie der Menschenrechtsbeauftragte der Fraktion, Hermann Gröhe, lehnen den Krieg ab. Liberale Galionsfiguren wie die frühere Parlamentspräsidentin Rita Süssmuth gehen auf offenen Konfrontationskurs: Beim Vorgehen der USA handele es sich um einen ›Krieg ohne Uno-Mandat‹; das schwäche das Völkerrecht.«[71] Selbst Schäuble, der überzeugte Transatlantiker, ging, wenn auch vorsichtig, zu Merkel auf Distanz. Er sah richtig, dass der Irakkrieg falsch begründet war und dass »die Ideen von Demokratieexport und nation building an offensichtliche Grenzen stoßen mussten«. Er ging davon aus, »dass die USA mit einer coalition of the willing zwar einen Krieg gewinnen, kaum aber einen dauerhaften Frieden sichern könnten«.[72] Damit behielt er recht. Diese Position vertrat Wolfgang Schäuble nicht erst in seinen Memoiren, sondern damals schon. Wie viele andere übrigens auch. Nur eben Merkel nicht, die gern zu den Willigen gehört hätte, gern an die Seite von Spanien und Großbritannien getreten wäre. Während Schröder sich gegen die USA gestellt hatte, unterstützte Merkel Buschs Kriegsdrohung: »Wenn ich das Ultimatum unterstütze, dann ist das eine absolut eindeutige Form mit allen Konsequenzen, die dieses Ultimatum enthält.«[73] Merkel warf Schröder vor, dass er durch seine zusammen mit Frankreich getroffene Absage, die USA im Krieg gegen den Irak zu unterstützen, ein Bild der Zerstrittenheit Europas erzeugt hätte, das eine einheitliche Drohkulisse gegen den Irak nicht mehr zulassen würde, und dass er damit einen Krieg sogar noch wahrscheinlicher gemacht habe. Merkels letztes Argument traf nicht zu, denn es übersah die einfache Tatsache, dass Bush jr. den Krieg wollte. Um ihre Opposition zu Schröders Irakpolitik für alle zu demonstrieren, plante Angela Merkel eine Reise in die USA. Sie spürte, dass sie in der Partei in der Irak-Frage immer stärker in die Defensive geriet, wenn selbst Atlantiker wie Wolfgang Schäuble auf hasenfüßige Distanz zum amerikanischen Präsidenten gingen. Zum Zwecke der Disziplinierung nahm sie Wolfgang Schäuble auch nicht mit in die USA, sondern den jungen Friedbert Pflüger, einen mittelmäßigen Politiker, der noch dazu in der falschen Partei war, zumindest so lange, bis Angela Merkel die CDU so weit verändert hatte, dass er dank ihr sich nun in der richtigen Partei befand, ohne dass er sich verändern musste. Er ist später in Berlin als oktroyierter Landespolitiker gescheitert.

Kurz vor ihrem Abflug veröffentlichte Merkel brav in der *Washington Post* einen Artikel unter dem Titel »Schröder spricht nicht für alle Deutschen«. Pathetisch begann Merkel mit den Worten: »Selten hat man das Gefühl, das Ende einer Epoche und den Beginn einer neuen Epoche hautnah zu erleben«,[74] um dann in einem schon bemerkenswerten historischen Kurzschluss die Friedliche Revolution in Osteuropa mit Bushs Kriegsgelüsten im Irak in einen Zusammenhang zu stellen. Wieder einmal erwies sich Angela Merkel als Dilettantin der Geschichte, leitete sie der Dilettantismus und das Desinteresse, in denen man die Ursachen für die großen politischen Fehlentscheidungen Merkels ausmachen kann. Auf negative Art sollte sie sogar recht bekommen, wenn sie schrieb: »Aber wahr ist auch, dass verantwortungsvolle politische Führung in keinem Fall den geschützten Frieden der Zukunft gegen den trügerischen Frieden des Tages eintauschen darf. Deshalb entscheidet sich an der Entschlossenheit und Geschlossenheit der freien Völker im Irakkonflikt auch mehr als die

Bewältigung dieses einen die Menschen so belastenden Konfliktes. An ihm entscheidet sich, wie wir nach dem 9. 11. 1989 und dem 11. 9. 2001 die Zukunft Europas und die Zukunft des Verhältnisses von Europa und den USA bestimmen wollen.«

Doch der Frieden von heute ist Realität, der Krieg von morgen Fiktion. Damals war schon zu sehen – und wurde auch von Gerhard Schröder richtig erkannt –, dass Bushs »nation building« nicht qualifizierter als Merkels Geschichtsdilettantismus war und, wie nicht nur Schröder, sondern auch Schäuble erkannt hatte, letztlich scheitern würde. Ein Krieg würde zwar einen Diktator stürzen, aber nur um den Preis, im Irak ein Chaos auszulösen, wie es dann auch geschah, das Gleichgewicht im Mittleren Osten zu zerstören, wie wir es erleben, vor allem aber würde es den Iran immens stärken, wie wir beobachten müssen. Ohne Bushs Irakkrieg hätte der Iran nicht die Stärke erlangen können, um als Pate für Hamas und Hisbollah zu agieren. Doch die Regierung Merkel-Steinmeier sollte durch das Atom-Abkommen und die Beendigung des Embargos gegen den Iran dem Mullah-Regime ermöglichen, militärische Stärke zu generieren und zur Atommacht aufzusteigen. Ohne den Irakkrieg und ohne die Iranpolitik der Regierung Merkel-Steinmeier wäre es wohl auch nicht zu einem 7. Oktober 2023 gekommen und würde im Nahen Osten nicht Krieg herrschen, weil dem Iran die Fähigkeiten und die Ressourcen gefehlt hätten, in diesem Ausmaß Hamas und Hisbollah zu unterstützen. Geopolitik gehörte nicht zu den Kernkompetenzen von Angela Merkel, Symbol- und Personalpolitik schon. Wolfgang Schäuble blieb zu Hause, und Friedbert Pflüger begab sich als Sozius von Angela Merkel auf die Sause nach Washington. 1994 legte er ein Buch unter dem Titel *Deutschland driftet. Die Konservative Revolution entdeckt ihre Kinder* vor, von dem man nicht recht weiß, ob es am Ende nicht doch von Jürgen Trittin verfasst worden war, der im gleichen Jahr in dem Buch *Die Gefahr aus der Mitte. Deutschland rutscht nach rechts* die Verschwörungstheorie vom Rechtsruck der Gesellschaft formuliert hatte. Zwar kam in den USA kein Termin mit George W. Bush jr. zustande, aber Bushs Leute belohnten Merkel mit einem für eine Oppositionspolitikerin außergewöhnlichen Besuchsprogramm. So traf sie mit dem Vizepräsidenten Dick Cheney, mit dem Verteidigungsminister Donald Rumsfeld und dessen Stellvertreter Paul Wolfowitz und der Sicherheitsberaterin und spätere Außenministerin Condoleezza Rice zusammen, das heißt mit der Fraktion der Falken.

Und Schröder? Er konterte, dass die Opposition ein ungeschriebenes Gesetz verletzt hätte, dass im Ausland keine Kritik an der Politik der eigenen Regierung zu üben sei. Franz Müntefering, Chef der Bundestagsfraktion der SPD, mokierte sich: »Die CDU-Chefin bereite ihre USA-Reise mit einer Diffamierung der eigenen Regierung und einem Bückling gegenüber der US-Administration vor«, und fügte hinzu: »Klassenstreber zeichnen sich seit jeher durch Feigheit und Opportunismus aus. Achtung gewinnen sie nicht.«[75] Bewusst oder unbewusst hatte der SPD-Fraktionschef damit Merkels Grundantrieb getroffen, immer und unter allen Umständen Klassenbeste zu sein. Der damalige SPD-Generalsekretär Olaf Scholz dozierte: »Merkel verstoße gegen die Grundregel, die eigene Regierung im Ausland ›nicht madig zu machen‹. Sie falle mit ihrer Kritik der Bundesregierung und Hunderttausenden von Friedensdemonstranten in den Rücken.«[76] Merkel war kaum zurück, da begann am 20. März 2003 der Irakkrieg – mit den bekannten, bis heute nachwirkenden Folgen.

6. ANGELA MERKEL ALS REFORMERIN

Als Befreiungsschlag erwies sich die USA-Reise nicht, im Gegenteil: Die Fronten verhärteten sich. Vor allem musste Angela Merkel einen Weg für sich finden, mit dieser Situation umzugehen. Fehler vermochte sie nicht zuzugeben. Der *SPIEGEL* charakterisierte Merkels Wesen scharfsichtig, wenn er schrieb: »Jede Kritik an ihrer Position versteht sie als Angriff auf ihre Person ...«, fügte aber hinzu: »und damit liegt sie vielfach durchaus richtig. Im Moment sieht es nicht gut aus für Merkel. Kaum hat die Oppositionsführerin in einer wichtigen Frage zum ersten Mal klar Stellung bezogen, setzen sich innerparteiliche Gegner von ihr ab.«[77]

Friedrich Merz unternahm eine eigene Reise in die USA und begründete das damit, dass man auch kritisch über Bushs Politik im Irak sprechen könne und die eigene Position neu justieren müsse. Stoiber attestierte der Bundesregierung in der Irakpolitik: »Keine Bundesregierung könnte mehr tun, als gegenwärtig von der Bundesregierung getan wird.«[78] Im Politbarometer fiel die Union um vier Prozentpunkte und Merkel selbst in der Popularität hinter Schröder zurück. Wer noch zu ihr hielt, war Friedbert Pflüger, aber das hätte sie mehr beunruhigen als erfreuen müssen. Selbst in ihrem Wahlkreis distanzierte man sich von ihrer Irakpolitik. Die Kreistagspräsidentin von Rügen, Gesine Skrzepski (CDU), stellte sich demonstrativ hinter Gerhard Schröder: »Die

Mehrheit des deutschen Volkes weiß sich mit dem Kanzlerwort für einen beharrlichen Lösungsweg unter Ablehnung des Kriegs gegen den Irak vereint.«[79] Skrzepski gab damit die Stimmung der meisten Ostdeutschen wieder. So viel zur Ostdeutschen Merkel. Im Grunde begab sie sich ins Niemandsland, viele Westdeutsche wollten und wollen bis heute in ihr die Ostdeutsche sehen, viele Ostdeutsche hingegen erkannten und erkennen in ihr die Ostdeutsche nicht. Merkel lebte wieder auf einer Insel, nur dass die Insel nicht der Waldhof außerhalb von Templin war, sondern ihr kleines Küchenkabinett inmitten des Berliner Regierungsbetriebes. Ohne Zweifel, sie hatte sich verkämpft, sie operierte auf einem Feld, von dem sie erstens anscheinend nichts verstand, sondern auf dem sie zweitens auch nichts zu gewinnen hatte.

Blieb die zweite große Baustelle. Im Vergleich zum Wahljahr 2002 stieg die Arbeitslosigkeit noch einmal um 0,8 %, von 10,8 % auf 11,6 %, von 4 061 345 auf 4 376 795. Im Jahr 2005 sollte sie ihren Höhepunkt mit 13 % und 4 860 909 Arbeitslosen erreichen. Alle Realisten gleich welchen Lagers sahen die Notwendigkeit, dass der überbordende Sozialstaat und der aus dem Ruder laufende Gewerkschaftsstaat dringender Reformen bedurften.

Merkel war noch kaum aus den USA von ihrem legendären Trip zurück, da verkündete Gerhard Schröder in einer Regierungserklärung am 14. März 2003 die Agenda 2010. Schröder wusste nur zu gut, dass zum einen Reformen notwendig waren und zum anderen ihm diese Reformen die Kanzlerschaft kosten konnten, denn diese notwendigen Reformen würde die Besitzstände der die SPD tragenden Gewerkschaften angreifen und zweitens auch auf Kosten der Arbeitnehmer gehen. Doch wirtschaftlicher Niedergang, Arbeitslosigkeit und Kurzarbeit standen auch nicht im Interesse der Arbeitnehmer und Handwerker. Man konnte es drehen und wenden, wie man wollte, es blieb das Paradoxon, dass es ausgerechnet einem Bundeskanzler aus den Reihen der SPD oblag, herbe Einschnitte im Sozial- und Gewerkschaftsstaat vorzunehmen. Aus diesem Grunde ging der Bundeskanzler ausgesprochen behutsam und geschickt vor. Bereits 1999 arbeiteten der Blair-Vertraute Peter Mandelson und Schröders Kanzleramtsminister Bodo Hombach das Schröder-Blair-Papier aus, das eine Modernisierung sozialdemokratischer Politik vorsah, die Existenz der Neuen Mitte proklamierte, ohne überzeugend darstellen zu können, was diese Neue Mitte sei und wer zu ihr gehörte. Dem zugrunde lag das Konzept für Schröders außerordentlich erfolgreichen Wahlkampf in Niedersachsen 1998, das Bodo Hombach und Roland Tichy erstellt hatten. Aber darum ging es auch nicht, man benötigte eine quasi soziologische Theorie, das aus dem schon damals nicht mehr, spätestens seit dem Ausbruch des sozialdemokratischen Jahrzehnts nicht mehr zutreffenden Links-Rechts-Schema führte und dadurch einen dritten Weg zwischen dem Gewerkschaftsstaat und der Shareholder-Value-Ordnung, dem Turbofinanzkapitalismus der Globalisierung, der häufig und ausgesprochen gern mit dem Neoliberalismus und dem Wirtschaftsliberalismus verwechselt wird, zu ermöglichen.

Am 22. Februar 2002 setzte Gerhard Schröder eine Kommission für moderne Dienstleistungen am Arbeitsmarkt ein. Doch der Name der Kommission dürfte selbst bei Insidern bald schon in Vergessenheit geraten sein, denn in kürzester Zeit machte sie Furore unter dem Namen ihres Vorsitzenden, des Personalvorstands der Volkswagen AG Peter Hartz. In den Reformen ging es vor allem um die Aufweichung des Kündigungsschutzes durch die Schaffung eines zweiten Arbeitsmarktes mittels Zeitarbeitsagenturen. Weil man die Aufweichung des Kündigungsschutzes nicht gegen die Gewerkschaften durchsetzen konnte, schuf man einfach eine zweite Kategorie Arbeitnehmer, die weniger Rechte besaßen, weil sie nicht in den Unternehmen, sondern in den Personal-Service-Agenturen (PSA), in den Zeitarbeitsfirmen angestellt worden waren, die sie quasi an die Unternehmen »vermieteten«. Arbeitslosenhilfe und Sozialhilfe wurden im sogenannten Arbeitslosengeld II zusammengeführt; mit sogenannten Ich-AGs und Minijobs wurden neue Formen von Arbeitsverhältnissen geschaffen, die vor allem Schwarzarbeit eindämmen sollten. Im Wesentlichen ging es darum, der Wirtschaft einen Impuls zu geben und die hohe Arbeitslosigkeit abzubauen, indem u.a. der Einstellungszurückhaltung der Unternehmen entgegengewirkt wurde, indem man neue Arbeitsverhältnisse schuf, die den hohen Kündigungsschutz umgingen. Unternehmen, die nicht wussten, ob sich die Ausweitung der Produktion rentieren würde, wurde die Ausweitung der Produktion ermöglicht, weil sie sich von den dafür eingestellten Arbeitnehmern bei einem Misserfolg auch wieder trennen konnten. Am 16. August 2002 legte Peter Hartz das Konzept vor. Am 14. März 2003 umriss Schröder die Reformen in seiner Regierungserklärung, die er unter das Motto: »Mut zum Frieden und Mut zur Veränderung« stellte. In einer Art Präambel formulierte der Bundeskanzler vor dem Bundestag: »Wir müssen den Mut aufbringen, für den Frieden zu kämpfen, solange noch ein Funken Hoffnung besteht, dass der Krieg vermieden werden kann. [Beifall bei der SPD und dem BÜNDNIS 90/DIE GRÜNEN]) Wir müssen den Mut aufbringen, in unserem Land jetzt die Veränderungen vorzunehmen, die notwendig sind, um wieder an die Spitze der wirtschaftlichen und der sozialen Entwicklung in Europa zu kommen.« Schröder wurde schnell deutlich: »Die Lohnnebenkosten haben eine Höhe erreicht, die für die Arbeitnehmer zu einer kaum mehr tragbaren Belastung geworden ist und die auf der Arbeitgeberseite als Hindernis wirkt, mehr Beschäftigung zu schaffen.« Der Kernsatz von Schröders Rede, den man eher von einem Liberalen erwartet hätte, lautete: »Wir werden Leistungen des Staates kürzen, Eigenverantwortung fördern und mehr Eigenleistung von jedem Einzelnen abfordern müssen.« Lange ist es her, dass ein Sozialdemokrat zu diesem Realismus fand. Schröder kritisierte – und damit auch die CDU: »Die Struktur unserer Sozialsysteme ist seit 50 Jahren praktisch unverändert geblieben. An manchen Stellen, etwa bei der Belastung der Arbeitskosten, führen Instrumente der sozialen Sicherheit heute sogar zu Ungerechtigkeiten. Zwischen 1982 und 1998 sind allein die Lohnnebenkosten von 34 auf fast 42 Prozent gestiegen. Daraus ergibt sich nur eine Konsequenz: Der Umbau des Sozialstaates und seine Erneuerung sind unabweisbar geworden. Dabei geht es nicht darum, ihm den Todesstoß zu geben, sondern ausschließlich darum, die Substanz des Sozialstaates zu erhalten. Deshalb brauchen wir durchgreifende Veränderungen.«[80]

Ein Hauptgrund bestand darin, dass die Ausweitung des Sozialstaates und ein zementierter Kündigungsschutz der deutschen Wirtschaft die notwendige Flexibilität raubten, um im Wettbewerb unter den Bedingungen der Globalisierung zu bestehen. Inzwischen hatten sich die Gewerkschaften zu einer reaktionären, wirtschaftsgefährdenden Kraft entwickelt, deren wachsendes Funktionärswesen die Wirtschaft zu strangulieren begann. Beispielsweise die Montanbeteiligung, die Deutschland von den Briten nach dem Zweiten Weltkrieg aufgezwungen worden war, führte dazu, dass die deutschen Stahlwerke viermal weniger effektiv produzierten als die amerikanischen. Es war jedem, der jenseits der Ideologien kühl zu analysieren verstand, klar, dass nur Reformen Deutschlands Talfahrt verhindern würden. Doch genauso wusste jeder, welche Kämpfe die Durchsetzung der notwendigen Reformen mit den mächtigen Gewerkschaften, mit der politischen Linken bis tief in die SPD hinein und auch mit den sogenannten Linksliberalen in den Medien, in der Wissenschaft, in der Kultur kosten würden – Kämpfe übrigens, denen ein hohes Risiko der Niederlage und des Scheiterns innewohnte. Zwar hatte der Linksliberalismus – und in der Folge der Postmodernismus – die Deutungshoheit errungen, doch gesellte sich die historische Liebe der Deutschen zum

Sozialstaat, zum Fürsorgestaat hinzu, den bereits Otto Fürst von Bismarck klug in einer frühen Volte der asymmetrischen Demobilisierung der Sozialdemokratie zu nutzen vermochte. In dem sehr lesenswerten Buch *Ungewisses Deutschland,* in dem der Franzose Pierre Viénot 1931 versuchte, seinen Landsleuten zu erklären, was das jenseits des Rheins für ein merkwürdiges Volk sei, führte der französische Intellektuelle aus: »Der ›Fürsorgestaat‹ hat in Deutschland fest Wurzeln gefasst und gehört gewiss nicht der bürgerlichen Kultur an. Hiermit treten wir in das weite Gebiet des deutschen Sozialismus ein.« Und weiter schrieb Viénot, als blicke er seiner Zeit voraus auf die gegenwärtige Situation: »Tatsächlich aber ist der deutsche Sozialismus sowohl durch seine Verwirklichung zur Tatsache geworden. Er ist in der gegenwärtigen Krise enthalten, für die er zugleich ein Symptom und ein Faktor ist.«[81]

Vielleicht existierte wirklich so etwas wie die »Neue Mitte«, aber wenn, dann nur in den 90 Minuten von Schröders Rede, denn er stand tatsächlich in der Mitte, links von ihm die Gewerkschaften, der Arbeitnehmerflügel der CDU und auch Teile der CSU, rechts von ihm die FDP, Teile der CSU und die Mittelstandsvereinigung der CDU. Konservative wie Schäuble wussten nicht so recht, wo sie sich einsortieren sollten in ihrem ratlosen Einerseits als auch Andererseits. Edmund Stoiber sprach schon etwas länger darüber, dass die Reform des Sozialstaates dringend erforderlich sei. Und er sprach nicht nur darüber, sondern ließ auch an Reformvorschlägen arbeiten. Doch wo stand Angela Merkel?

Spätestens in dieser Bundestagssitzung begriff sie, dass das Feld der Auseinandersetzung die Agenda 2010, die Reform des deutschen Sozialstaates und des Arbeitsmarktes, sein wird. Mit der Agenda brachte Schröder die Oppositionsführerin in eine schwierige Situation. Einerseits durfte sie die Opposition und die CDU nicht zu einer Gehilfin der Regierung degradieren, andererseits hatte sie zu vermeiden, als Blockierer der dringend benötigten Reformen dazustehen – und das auch noch aus parteitaktischen Gründen. Zumal nicht nur Schröder, sondern auch sie die wirtschaftliche Situation Deutschlands zu Recht als dramatisch dargestellt hatte. Also erwiderte sie geschickt auf Schröders Rede zunächst, dass der Bundeskanzler »nicht aus dem Verwalten des Augenblicks herauskommt, aus dem Hetzen von Ereignis zu Ereignis«. Er würde nur reden, anstatt zu handeln. Sie unterstellte ihm, die Dimension der Krise nicht zu begreifen, die »eine Krise der inneren Verfasstheit dieser Bundesrepublik Deutschland« sei. Elegant räumte sie als CDU-Politikerin ein, was ohnehin nicht zu leugnen war, dass die Krise »auch schon zu unserer Regierungszeit begonnen« hatte. Um dann die Arena für sich, für die Opposition, deren Führerin sie war, zu öffnen: »Mit Sicherheit hat sich der Prozess in den letzten fünf Jahren aber in dramatischer Art und Weise verschlimmert. Das ist das Problem, über das wir heute zu debattieren haben.« Vor dieser Position unterbreitete sie der Bundesregierung ihrerseits ein vergiftetes Angebot, nämlich dort mitzuarbeiten, wo Schröders Agenda, wenn auch zu zaghaft, in die richtige Richtung ging: »Ich weiß, dass wir dafür eine nationale Kraftanstrengung brauchen. Bei allem, was aus unserer Sicht in die richtige Richtung weist – ich komme in Einzelfällen darauf zurück –, sagen wir, dass wir mitmachen. Wir bieten Ihnen eine nationale Kraftanstrengung an. Sie ist mehr als das, was Sie heute hier vorgelegt haben.« Das kostete Merkel nichts, weil sie nicht wie Schröder gegen die eigene Machtbasis kämpfen musste. Doch eines wurde deutlich, dass das Feld der Auseinandersetzung die Agenda 2010, die Reform Deutschlands, die »nationale Kraftanstrengung« sein würde. Hier durfte sich die Union nicht von der SPD überholen lassen. Der Parteitag der CDU in Leipzig Anfang Dezember hatte deshalb ein Reformparteitag zu werden, auf dem das wahre Programm der nationalen Kraftanstrengung beschlossen werden sollte, das Schröder zu einem Politiker machen würde, der den Anforderungen der Zeit nicht gewachsen war. Damit sich der Erfolg einstellte, hatte Merkel die Strömungen der Partei einzubinden, vor allem ihre Widersacher. So bat sie Friedrich Merz, ein Steuerkonzept zu erarbeiten, und Roman Herzog leitete eine Kommission, die dem rot-grünen Modell der Bürgerversicherung das Prämienmodell gegenüberstellte. Schröder geriet zwischen die Fronten – und dass er dazwischengeriet, stellte eine taktische Meisterleistung Angela Merkels dar. Wenn nämlich Deutschland als »kranker Mann Europas« dringend Reformen benötigte, dann lautete für die Oppositionsführerin die Schlussfolgerung, dass sie die CDU zur Reformpartei Deutschlands zu machen hatte. Dabei durfte sie allerdings nicht den Eindruck erwecken, als würde die CDU eine sozial kalte Partei sein, sondern sie musste gleichermaßen als liberal und als sozial erscheinen. Nicht die CDU, sondern die Bundesregierung, den Bundeskanzler Gerhard Schröder sollte die Öffentlichkeit als Bremser und gleichzeitig als unsozialen Politiker wahrnehmen. Richtig erkannte Merkel, dass sie einen nicht einfachen, aber wirkungsvollen Zangengriff anwenden musste. Zwar hatte Schröder mit der Agenda 2010 einen großen Wurf getan, doch ihm wohnte die Gefahr inne, dass er zum Bumerang werden würde. Am 3. März, eine Woche bevor der Bundeskanzler die Agenda 2010 im Bundestag vorstellte, platzte sein Bündnis für Arbeit. Die Gewerkschaften verweigerten die Gefolgschaft und begannen, sich gegen die SPD zu wenden. Auch in der Partei fremdelten immer mehr Traditionssozialisten mit ihrem Parteivorsitzenden. Das führte dazu, dass auf dem Sonderparteitag am 21. März 2004 Schröder den Parteivorsitz abgab und Franz Müntefering, der die Bundestagsfraktion der SPD führte, den Parteivorsitz übernahm.

Schröders Reformpolitik brachte die Partei so stark zum Brodeln, dass er mit der Ausarbeitung und Umsetzung der Reformen geschickt umgehen musste. Außerdem benötigte der Bundeskanzler bei einigen Teilen der Reform, wie der Steuerreform, die Zustimmung des Bundesrates, den die Union dominierte. Merkel brachte sich in die Position, einerseits aus »staatspolitischer Verantwortung« den Reformen zuzustimmen, andererseits aus wirtschaftlicher, fiskalischer oder gesundheits- und arbeitsmarktpolitischer Kompetenz mehr zu fordern, um die SPD in der Öffentlichkeit als Bremser und nicht als Initiator oder Motor der Reformen erscheinen zu lassen. Angela Merkel kämpfte nun darum, als die Reformerin Deutschlands zu gelten, die Deutschland wieder auf den Pfad des Wachstums zurückführt, weshalb immer mehr Menschen, immer mehr Wähler, sie sich als Bundeskanzlerin wünschen sollten. Freilich bedeutete die Umsetzung ihrer Strategie, kein Selbstläufer zu sein, denn die selbstbewussten Ministerpräsidenten der Union, deren persönlicher Erfolg auch immer von ihrer Performance für das eigene Bundesland abhing, ließen sich nicht so einfach als taktische Manövriermasse der Bundestagfraktion einbinden. So schoss Roland Koch gegen Merkels Kritik an Schröders Steuerreform und Seehofer, von Stoiber gedeckt, gegen das Prämienmodell der CDU, weil er selbst der Bürgerversicherung der SPD zuneigte. Umso intensiver bereitete sie den Parteitag vor, auf dem sie sich als Reformerin krönen lassen wollte, als die Politikerin, die die CDU an die Macht und Deutschland auf den Pfad des Erfolgs zurückführen würde. Denn eines begriff sie: Ein gelungener Parteitag, der Akzente setzte und die CDU als moderner, reformfähiger und reformwilliger als die SPD in der Öffentlichkeit inszenierte, würde zu einer Kanzlerkandidatin der Union – was bis jetzt undenkbar schien – passen. Die Botschaft besaß Charme, einen inhaltlichen und personellen Aufbruch zu wagen und der regierungsausgelaugten Partei in der Opposition neue Kraft zu spenden. Die Parteivorsitzende hatte sich vorgenommen, ihre Partei auf diesem Reformparteitag wie Phönix aus der Asche steigen zu lassen.

Ihr kam entgegen, dass die wirtschaftliche Situation deprimierte und die gesellschaftliche Situation sich daher zu-spitzte. Insofern lag es nahe, einen wirtschaftlichen Reformkurs im Sinne des Neoliberalismus, der dann leider falsch verstanden wurde, auf den Schild zu heben, um die CDU für die kommenden Bundestagswahlen neu aufzustellen und zu profilieren. Mehr noch, allen zu zeigen, seht her, die CDU hat sich in der Opposition erneuert.

Am 1. Dezember eröffnete Angela Merkel den Parteitag in Leipzig. Roman Herzog legte den Plan einer Gesundheitsreform vor, Friedrich Merz eine grundsätzliche Steuerreform, die als »Bierdeckel« in die Geschichte einging, weil das Ziel der Reform darin bestand, die Steuerabrechnung so zu vereinfachen, dass sie auf einen Bierdeckel passte. Gegen die regierende rot-grüne Koalition, die nicht in der Lage sei, mit dem notwendigen Reformtempo der CDU mitzuhalten, empörte sich Angela Merkel in ihrer Rede auf dem Parteitag: »Liebe Freunde, wer so stur ist, der ist eben auch reformunfähig, und wer reformunfähig ist, der ist im Grunde auch regierungsunfähig. Das ist die Wahrheit, mit der wir in Deutschland im Augenblick zu kämpfen haben.«[82]

Mit weit größerer Berechtigung allerdings sollten schon ein paar Jahre später diese Sätze von Merkel auf Merkel selbst zutreffen. Hatte der *SPIEGEL* noch im März geschrieben: »Und Streit gibt es nicht nur um die Außenpolitik. Stoiber hat jüngst den Wettbewerb um das radikalste Konzept zum Umbau des Sozialstaats eröffnet. Ohne Rücksicht auf Absprachen setzt sich der Bayer als Oberreformer in Szene. Ein Feld mehr, auf dem Merkel den Streit in den eigenen Reihen schlichten muss, statt die Regierung vor sich her zu treiben.« Mit dem Parteitag verwies sie Edmund Stoiber in seine Schranken. Er bekam nur 19 Sekunden Applaus – und Angela Merkel setzte ihre Position als Oppositionsführerin nach diesem Parteitag durch. Doch nicht genug damit. Auf Stoibers Kanzlerkandidatur rieselte der Staub der Geschichte. Niemand zweifelte mehr, als Georg Milbradt am

2. Dezember um 14.33 Uhr den 17. Parteitag der CDU beendete, dass Angela Merkel die nächste Kanzlerkandidatin der Union sein würde. Zwei Jahre später wird der *Focus* über sie schreiben: »Ähnlich wie der vorerst letzte CDU-Kanzler und Parteichef Helmut Kohl hat sie Basis und Fraktion systematisch auf sich eingeschworen. Zu den Geburtstagen von Parteifreunden ruft die Chefin persönlich an. Inzwischen funktioniert das Netzwerk: Selbst aus Sitzungen von Bezirksvorständen bekommt sie Informationen.[83] Manche sprechen sogar von einem ›engmaschigen Spitzelsystem‹.[84] ›Sie (selbst) hat kein Vertrauen zu niemandem – vielleicht, weil man auch zu ihr kein Vertrauen haben kann‹, sagt ein langjähriger Weggefährte aus dem Osten.«[85] Der *Focus* zitiert in seinem Artikel kurz vor der Wahl 2005 einen »Kollege (n), der sie schon lange beobachtet, dass ein ›unglaublicher Machtwille‹« sie antreibe. »Sie hatte zwei harte Lehrmeister: die untergegangene DDR und Helmut Kohl.«[86] Doch war die DDR wirklich so ein harter Lehrmeister? Merkel bekannte jedenfalls, dass sie gern in der FDJ war.[87] Über ihren Vater sagte sie mit großem Abstand: »Er ist emsig und sehr gründlich. Leider. Als Kind war es nicht immer einfach, wenn alles immer ordentlich und perfekt sein musste. Er kann auf Menschen zugehen und mit ihnen gut ins Gespräch kommen. Was mich als Kind manchmal fuchsig gemacht hat, war seine Art, verständnisvoll gegenüber jedermann zu sein. Aber wenn wir selbst irgendetwas verbockt hatten, reagierte er völlig anders.«[88]

War am Ende der erste harte Lehrmeister nicht die DDR, sondern ihr Vater, der Theologe Horst Kasner? Horst Kasner und Helmut Kohl, zwei harte Lehrmeister, von denen sie sich schließlich befreite? Was befähigte Angela Merkel wirklich zu diesem mirakulösen Aufstieg?

7. HEIMLICHKEIT OHNE GEHEIMNIS

Ein knappes Jahr nach dem Reformparteitag und ein noch knapperes Jahr vor der Bundestagswahl – allerdings wusste zu diesem Zeitpunkt noch keiner, dass Schröder über den ungewöhnlichen Weg der Vertrauensfrage die Wahlen zum Deutschen Bundestag vorziehen würde – sagte Angela Merkel Anfang November 2004 in einem gestemmt hemdsärmeligen oder aufgepeppt knalligen Interview, in dem sie ihre Schlagfertigkeit beweisen durfte: »Es gibt in meiner Biografie eine Tatsache: Man weiß in den alten Bundesländern über 35 Jahre meines Lebens kaum etwas.«[89] Im Jahr 2004 wusste man über die Politikerin Sahra Wagenknecht nicht nur über die 35 Jahre ihres Lebens, denn so alt war sie damals, sondern auch über die ersten 18 Jahre ihres Lebens in der DDR mehr als über Merkels 35 Jahre in der DDR. Es lag also nicht an der DDR, sondern an Merkel selbst. Allerdings existierte mindestens ein stichhaltiger Grund. Im Mahlstrom der Wende, dem zum Teil fragwürdigen Wirken der Treuhand, den Evaluationen, dem »Gaucken«, einer Überprüfung der Mitglieder der DDR-Universitäten und Hochschulen, die teils schärfer als die Entnazifizierung ausfiel, im brutalen Umgang mit der DDR-Intelligenz konnte man leicht durch harmlose biografische Details wie einer FDJ-Mitgliedschaft einem Westdeutschen Munition liefern, um seinen Job an ihn zu verlieren. Die erstklassige

DDR-Germanistik wurde vollständig zerstört, teils dritt- bis viertklassige Leute aus dem Westen bekamen, was sie sich nie hätten träumen lassen, plötzlich Lehrstühle im Osten, nachdem erstklassige ostdeutsche Professoren und Dozenten weggegauckt worden waren. Die Medien erzeugten den Eindruck, dass die Ostdeutschen über die nächsten zehntausend Jahre dankbar zu sein hätten, verschwiegen aber, dass die Aufbauhilfe Ost über die Bande gespielt die westdeutsche Konjunktur antrieb, dass der Soli nicht nur in Westdeutschland, sondern auch in Ostdeutschland entrichtet wurde. Das Programm Aufbau Ost war bei näherem Hinsehen ein Konjunkturprogramm West. Sahra Wagenknecht, die in die SED eingetreten war und in der SED blieb, ganz gleich, welchen Namen sich diese Partei wieder einmal gab, konnte wesentlich freier mit ihrer Vergangenheit umgehen als Angela Merkel in der CDU. Doch letztlich geht die Frage, ob sie FDJ-Sekretär war, an der eigentlichen Problematik vorbei, denn auch ohne das wäre sie das geworden und so geworden, wie sie geworden ist. Töricht ist die Methode ihrer (West-)Biografen, alles, was sie nicht verstehen, was sie nicht einordnen können oder wollen, als ostdeutsch zu klassifizieren. Symptomatisch dafür ist, wenn der Autor einer dickleibigen Merkel-Biografie Erich Honecker 1976 – im Jahr der Biermann-Ausbürgerung – ins Amt des Parteichefs kommen und dann erst die Einheit von Wirtschafts- und Sozialpolitik beginnen lässt.[90] Doch Erich Honecker wurde bereits am 3. Mai 1971 Erster Sekretär des Zentralkomitees der SED, also Parteichef, und 1976 Vorsitzender des Staatsrates. Vom 15.–19. Juni 1971 fand der VIII. Parteitag statt, auf dem die Abkehr vom Neuen Ökonomischen System der Leitung und Planung und der Übergang zur Einheit von Wirtschafts- und Sozialpolitik beschlossen wurden. 1976 erfolgte lediglich die Umbenennung des 1. Sekretärs des ZK der SED in Generalsekretär des ZK der SED; außer dem Namen änderte sich nichts. Für viele stellte das Ende der Ära Ulbricht in der Tat eine deutliche Veränderung dar, zu-mal die SED auf ihrem VIII. Parteitag mit der Vorstellung brach, dass es einen schnellen Übergang vom Sozialismus, dessen Aufbau in der DDR auf der II. Parteikonferenz im Jahr 1952 beschlossen worden war, zum Kommunismus nicht geben würde und man jetzt parteiamtlich eine ganze »Gesellschaftsformation« in Gestalt der »entwickelten sozialistischen Gesellschaftsformation« dazwischenschob. Das führte zu großen Konsequenzen, sogar zu einer gewissen, allerdings nur allzu leichten Liberalisierung – und eben zum Konzept der Einheit von Wirtschafts- und Sozialpolitik. Dass »die allermeisten Menschen in Ost und West … den Wettlauf der Systeme jetzt für entschieden« hielten,[91] dürfte den Träumen des Autors entsprungen sein, hält aber der Überprüfung nicht stand. Im Westen hielten »die allermeisten Menschen« den Wettlauf ohnehin schon immer für entschieden, im Osten jedoch zeigte sich das Bild deutlich differenzierter. Wäre es anders, ließen sich weder Merkels frühe Prägungen in der DDR erklären, noch die Suche vieler Oppositioneller immer stärker bis 1989 und 1990 nach einem Dritten Weg, übrigens auch nicht Merkels Tätigkeit im »Demokratischen Aufbruch«.

Geboren wurde Angela Dorothea Kasner in Hamburg, Kindheit und Jugend allerdings erlebte die Tochter des Pfarrers Horst Kasner in der DDR, in Quitzow bei Perleberg in Nordwestbrandenburg, bewusst aber erst auf dem Waldhof in Templin, später in Leipzig und in Berlin. Die Frage der Herkunft zu beantworten stellt sich allerdings als etwas schwieriger dar.

Ihr Großvater väterlicherseits, Ludwig Kaźmierczak, der 1896 in Posen, heute Poznan, geboren wurde, zog nach 1920 nach Berlin, trat in den Dienst der Schutzpolizei und deutschte seinen Namen zu Kasner ein. Am 6. August 1926 kam dann der Sohn zur Welt, den die Eltern Horst nannten. Er besuchte die Karl-Peters-Schule in Berlin-Pankow und wurde ab 15.02.1943 als Luftwaffenhelfer eingesetzt. In Heidelberg besuchte er die Vorsemesterkurse und legte die schriftlichen und mündlichen Abschlussprüfungen in Deutsch, Latein, Mathematik, Geschichte und Physik ab, die ihn berechtigten, sich an der Universität Heidelberg zu immatrikulieren.[92] Im März 1947 schrieb sich Horst Kasner für das Sommersemester in Theologie ein. Pfarrer möchte er werden. Weshalb er nicht in Berlin studierte, lässt sich nicht beantworten, erst recht nicht, weshalb er nicht 1948 oder 1949 nach Berlin wechselte. Allerdings standen in der Sowjetischen Besatzungszone die Vorstudienanstalten, die ähnlich den Vorsemestern in Heidelberg den jungen Männern, die aufgrund des Krieges verhindert waren, das Abitur abzulegen, zu einer Art Notabitur verhalfen, vor allem den Kindern von Arbeitern und Bauern offen, weil die Kommunisten in Zusammenarbeit mit der Sowjetischen Militäradministration das »bürgerliche Bildungsmonopol« brechen wollten, wie es Stalin in seiner Ansprache an die Jugend so zusammengefasst hatte: »Vor uns steht eine Festung. Der Name dieser Festung ist die Wissenschaft mit ihren unzähligen Wissenszweigen. Diese Festung müssen wir um jeden Preis nehmen. Diese Festung muss die Jugend nehmen, wenn sie den Wunsch hat, der Erbauer des neuen Lebens zu sein, wenn sie den Wunsch hat, in der Tat die Ablösung der alten Garde zu sein.«[93]

Am 27. Oktober 1949 mit der Beendigung des Sommersemesters ließ sich Horst Kasner in Heidelberg exmatrikulieren und setzte sein Studium in Bielefeld und in Hamburg fort. In Hamburg Winterhude leistete er von 1953 bis 1954 das Vikariat ab und lernte die Lehrerin Herlind Jentzsch kennen, die er heiratete. Am 17. Juli 1954 kam ihre älteste Tochter zur Welt, die sie Angela Dorothea nannten. Da war allerdings Horst Kasner schon in Quitzow, um unter den erschwerten Bedingungen der Herrschaft der atheistischen Kommunisten seiner Kirche zu dienen. Den Sommer verbrachten Mutter und Kind noch bei der Großmutter in Hamburg. Drei Monate später aber machte sich die

Pfarrersfrau mit ihrer Tochter im Körbchen auf den Weg in den Osten. Horst Kasner »war immer klar, dass er in den Osten zurückgehen müsse. Wir wollten nicht bei den Fleischtöpfen Ägyptens herumhängen. Wir wurden doch im Osten gebraucht.«[94] In Quitzow wurde noch im Sommer 1957 ihr Bruder Marcus geboren, im Oktober zog die Familie auf den Waldhof in die Nähe Templins in der Uckermark um.

Spätestens mit dem Umzug nach Templin geriet Horst Kasner mitten in die kirchenpolitischen Auseinandersetzungen in der DDR. Da er sich zu engagieren beabsichtigt hatte, wollte er das auch. Als junger Theologe fiel er dem Brandenburger Superintendenten Albrecht Schönherr auf, der zudem das Predigerseminar in Brandenburg leitete. Schönherr war in Neuruppin aufgewachsen, und der Waldhof bei Templin lag circa 70 Kilometer nordöstlich von Neuruppin. Außerdem stellte die Kirche seit der zweiten Hälfte des 19. Jahrhunderts den Waldhof dem Verein zur Erziehung sittlich verwahrloster Knaben zur Verfügung. Doch 1958 schlossen die staatlichen Organe der DDR den Waldhof als »Rettungshaus«, denn die »sittlich verwahrlosten« Jugendlichen wurden nun vom Staat in den Jugendwerkhöfen »betreut«, die Gefängnisse für Jugendliche waren. Auf den Waldhof zogen 1958 nun geistig Behinderte, um die sich die Kirche kümmerte; sie sollten nicht einfach nur verwahrt werden, wie es der Staat unternahm, sondern im Rahmen ihrer Möglichkeiten am gesellschaftlichen Leben teilnehmen, an Tätigkeiten in der Landwirtschaft, der Gärtnerei, der Schuhwerkstatt oder der Schmiede, auch an Feiern. Gerd Langguth schrieb in seiner Merkel-Biografie: »Darüber hinaus wurden die Behinderten nicht vom Rest der Gesellschaft isoliert: sie halfen beispielsweise im Haushalt und im Garten der Kasners; feierten bei Familienfesten mit und konnten sich zum Teil frei in Templin bewegen.«[95] Man darf Angela Merkel glauben, wenn sie Jahrzehnte später einschätzt, dass der tägliche Umgang mit Behinderten für sie als Kind völlig normal war. »Dass andere sich schwertaten im Umgang mit Behinderten, habe ich erst gemerkt, als Schulkameraden ängstlich reagierten, wenn sie mich auf dem Waldhof besuchen sollten. Für mich war das alles ganz normal.«[96] Allerdings gestaltete sich das Zusammenleben der beiden kirchlichen Einrichtungen auf dem Waldhof weder konfliktfrei noch harmonisch. Das lag vor allem daran, dass Horst Kasner das Seminar für kirchliche Dienste zum Pastoralkolleg ausweitete. Angehende Pfarrer kamen für Wochen oder Monate auf den Waldhof, um sich auf ihre Prüfungen oder auf das Vikariat vorzubereiten. So dürfte Horst Kasner im Laufe der Jahre viele kennengelernt haben, die in Brandenburg Pfarrer geworden sind. Der ehemalige technische Leiter des Waldhofes und spätere Templiner Bürgermeister Ulrich Schoeneich berichtete Gerd Langguth, dass es öfter zu heftigen Auseinandersetzungen kam, weil bei begrenztem Raum Horst Kasner »das Pastoralkolleg auf Kosten der Behinderten« ausweitete. Außerdem sei Kasner bei den Arbeitern des Waldhofes nicht sehr beliebt gewesen.[97] Kasner wusste seine Ziele mit Kälte und ohne Skrupel durchzusetzen. Mit der Berufung nach Templin und mit der Leitung des Pastoralkollegs war er plötzlich der Verantwortung eines Gemeindepfarrers und der Gemeindearbeit weitgehend enthoben. Wenn man auf frühe Prägungen Angela Merkels schaut, wird die insulare Situation des Waldhofes nicht genügend gewürdigt; Angela Merkel wird zu selbstverständlich als Pfarrerskind gesehen – und mit der Erlebniswelt der Kinder von Gemeindepfarrern hatten ihre Kindheit und ihre Jugend letztlich doch weniger gemein.

In den Fünfzigerjahren hatten die SED und die FDJ eine Kampagne nach der anderen gegen die Jungen Gemeinden gestartet. Uwe Johnson gelang es, in seiner ersten Erzählung *Ingrid Babendererde. Reifeprüfung 1953*, die allerdings aus unterschiedlichen Gründen erst posthum 1985 erschien, diese Kämpfe, den Terror gegen die jungen Christen eindrucksvoll zu beschreiben.

Allerdings dämmerte es auch einigen klügeren Funktionären, darunter auch Ulbricht, dass man die Christen nicht auf Dauer bekämpfen konnte; wollte man das Christentum zurückdrängen, dann musste man vielmehr die Christen spalten in die Unverbesserlichen, die sich selbst ins Abseits manövrieren würden, und in diejenigen, die sich integrieren ließen. Ob Schönherr oder Kasner oder Hanfried Müller, es gab eine starke Strömung in der Kirche, die nicht Kirche gegen den Sozialismus, sondern Kirche im Sozialismus sein wollte. Einige von ihnen wollten sogar Übereinstimmungen im christlichen und im sozialistischen Humanismus entdecken, in der Botschaft des Christentums und des Marxismus. Die Kommunisten hatten Stalins taktischen Umgang mit den »nützlichen Idioten« tief verinnerlicht. Ein Beispiel hierfür ist folgende Szene, die beinah das I. Parlament der FDJ, das in Brandenburg an der Havel vom 8. bis zum 10. Juni 1946 stattfindet, gesprengt hätte. Zufällig werden christliche Delegierte Augenzeugen eines hitzigen Streits zwischen kommunistischen Jugendfunktionären, bei dem es um das strategische Vorgehen gegen die Kirchen geht: »Wir werden [...] den Kirchen im Gegenteil täglich 10 Nackenschläge geben, bis sie am Boden liegen, und wenn wir sie wieder brauchen, streicheln wir sie ein wenig, bis die Wunden geheilt sind. Dann schicken sie wieder ein Rundschreiben raus, welches uns Mitglieder einbringt, und dann schlagen wir ihnen wieder in den Nacken, bis sie am Boden liegen. So machen wir es bei uns in Sachsen.«[98]

Als die Bundesregierung 1957 mit der EKD den Militärseelsorgevertrag abschloss, wurde dieser Vertrag von der DDR-Regierung nicht nur heftig kritisiert, sondern sie brach auch die Beziehungen zur EKD ab. Einerseits suchte sich nun die DDR-Regierung die Gesprächspartner in der Kirche, die dem Konzept der Kirche im Sozialismus, zumindest der Kirche in den Grenzen der DDR positiv gegenüberstanden. Das betraf vor allem die Kirche Berlin-Brandenburg, deren Bischof in Westberlin saß.

Infolgedessen untersagte die DDR-Regierung die Einreise des Bischofs Otto Dibelius, der so von seiner Kirche abgeriegelt wurde, und trieb die Trennung der Kirche Berlin-Brandenburgs von der EKD voran. Große innerkirchliche Kämpfe fanden statt, um für die Kirche Berlin-Brandenburg einen eigenen Bischofsverwalter einzusetzen – es wurde Albrecht Schönherr – und schließlich eine eigene Vereinigung der Kirchen in der DDR, den Bund der Evangelischen Kirchen in der DDR (BEK), zu gründen. Horst Kasner, wie auch sein Mentor Albrecht Schönherr, kämpften in der Kirche schließlich erfolgreich für die Trennung von der EKD. Im Gespräch mit Gerd Langguth schätzte Schönherr 2004 ein: »Wir wollten einen wirklichen Sozialismus, einen gerechten Sozialismus. Wir wussten es nicht besser.«[99]

Unter Schönherrs Ägide wurde Horst Kasner zu einem wichtigen Mitglied des Weißenseer Kreises, der am 17. Januar 1958 im Adolf-Stoecker-Stift in Berlin-Weißensee gegründet wurde. Organisiert wurde der Weißenseer Kreis von dem Theologieprofessor der Humboldt-Universität zu Berlin Hanfried Müller, in dessen *Weißenseer Blättern* 1992 die junge Sahra Wagenknecht ihr Bekenntnis zu einem Sozialismus à la Ulbricht und ihre Relativierung der Verbrechen des Stalinismus, indem sie den Stalinismus als legitimen Marxismus klassifizierte, unter dem Titel *Marxismus und Opportunismus* veröffentlichen sollte. Der Artikel erzeugte großes Aufsehen. Pikant daran ist, dass Hanfried Müller, der Herausgeber der *Weißenseer Blätter*, nach 1990 die Kommunistische Plattform in der PDS unterstützte. Müller, der inoffizieller Mitarbeiter des Ministeriums für Staatssicherheit war, konnte die unregelmäßig erscheinenden *Weißenseer Blätter* in der DDR herausbringen, ohne dass hierfür eine Lizenz vonnöten war. Vielleicht der wichtigste Punkt im Zusammenhang mit Angela Merkels Karriere bestand in der Zusammensetzung des Weißenseer Arbeitskreises (Kirchliche Bruderschaft in Berlin), dem ihr Vater nicht nur angehörte, sondern in dem er auch eine führende Position einnahm, vor allem in den engen Kontakten zu Clemens de Maizière, dem Vater von Lothar de Maizière. So stellte beispielsweise das Staatssekretariat für Kirchenfragen 1970 fest: »Wir können einschätzen, dass progressive Synodale sowohl von der Quantität als auch von der Qualität ihres Auftretens her breiter wirksam werden konnten. Prof. Müller, Rechtsanwalt (Clemens) de Maizière, Pfarrer Kasner und Landesjugendpfarrer Günther erreichten durch taktisch kluges Auftreten, dass die Synode die feindlichen Konzeptionen nicht beschloss und in der Frage der Eigenständigkeit der Kirche Berlin-Brandenburg auf dem Territorium der DDR mit echten Kompromissen zustimmte.«[100]

Die Verbindungen ihres Vaters sowohl zu kirchlichen als auch staatlichen Stellen sollten sich für seine Tochter als günstig erweisen. Horst Kasner wurde zwar auch vom Ministerium für Staatssicherheit überwacht, er hatte aber nicht für die Stasi gearbeitet, auch wenn er für das Konzept der Kirche im Sozialismus eingetreten war und für die Spaltung der Kirche Berlin-Brandenburg gewirkt hatte. In ihren raren Erinnerungen versucht sie es so darzustellen, dass der 13. August 1961, der Bau der Mauer, die Schließung der Grenze, ihre Familie schockierte. Das teilte sie mit vielen Menschen in der DDR, auch mit SED-Mitgliedern, mit Kommunisten, selbst wenn »Kulturschaffende« wie Stephan Hermlin den Bau der Mauer begrüßten, weil sie sich der Illusion hingaben, nun ungestört den wahren Sozialismus aufzubauen und dass ohne die Störungen des »Klassenfeindes« nun die Diskussionen offener und freier geführt würden. Ulbricht und Co. sahen das jedoch ganz anders, denn sie jubelten, dass sie nun ihre Mauer hätten, an denen sie ihre inneren Feinde zerquetschen könnten. Christa Wolf reüssierte mit ihrer beachtlichen Erzählung *Der geteilte Himmel*, und Heiner Müller ließ in seinem Stück *Der Bau* etwas später den Brigadier Barka sagen: »Gratulation zum Schutzwall. Ihr habt gewonnen eine Runde, aber es ist

Tiefschlag. Hätt ich gewusst, dass ich mein eignes Gefängnis bau hier, jede Wand hätt ich mit Dynamit geladen.«[101] Das Stück wurde verboten, noch bevor es aufgeführt worden ist. Aber darin hatte Heiner Müller schon Erfahrung. Sein Stück *Die Umsiedlerin oder das Leben auf dem Lande* wurde gleich nach der Uraufführung am 30. September 1961, einen guten Monat nach der Grenzschließung, abgesetzt, der Regisseur Klaus B. Tragelehn zur »Bewährung« in den Tagebau geschickt und Heiner Müller aus dem Schriftstellerverband ausgeschlossen, was ein Berufsverbot bedeutete. Wegen seiner Haltung unter anderem in der Auseinandersetzung um Heiner Müllers Stück *Die Umsiedlerin oder das Leben auf dem Lande* wurde Stephan Hermlin nicht nur als Sekretär der Akademie der Künste, sondern auch als Sekretär des Schriftstellerverbandes abgelöst, und es entsprach durchaus dem kulturpolitischen Rollback, der seinen Höhepunkt im 11. Plenum der SED finden sollte, dass an seine Stelle ein Stalinist von der unangenehmsten Sorte eingesetzt wurde: Otto Braun. Otto Braun hatte im Auftrag der Komintern an Maos »Langem Marsch« teilgenommen, übrigens als einziger deutscher Teilnehmer. Von der Komintern zu Maos Aufseher bestimmt, gelang es Mao erfolgreich, Braun auszumanövrieren. Auf diesen Mann nun traf Heiner Müller 1961, als er seinen Verbandsausweis abzugeben hatte. In der gewohnten Funktionärsarroganz entgegnete ihm Braun: »Ich habe dein Stück gelesen. Wenn du von mir einen Rat willst, es ist Schund. Ich weiß, du hast es gut gemeint, du hast das Beste gewollt, aber was du geschrieben hast, ist Schund. Nimm es und verbrenne es. Mein Rat: Geh dorthin, wo dein Stück spielt, damit du die Wirklichkeit kennenlernst. Arbeite als Traktorist und schlage dich dort erst mal durch. Zwei Jahre lang wird kein Hund dir ein Stück Brot geben. Und zwei Jahre lang wird kein Hund von dir ein Stück Brot nehmen. Mach's gut.«[102]

Von diesen Kämpfen merkte man in Templin und auf dem Waldhof wenig. Und der Bau der Mauer löste bei aller Betroffenheit keine Distanz ihres Vaters zum Ostberliner Regime aus, wie der oben zitierte Vermerk des Staatssekretariats für Kirchenfragen belegte. 1968 machte die Familie Kasner Urlaub in der Tschechoslowakei, den man wegen der Niederschlagung des Prager Frühlings durch in der Hauptsache sowjetische Truppen abbrach. Im Jahr 2010 sollte Angela Merkel gegenüber *Bild* behaupten: »Als der Einmarsch der Truppen des Warschauer Pakts 1968 in die Tschechoslowakei geschah, also die Niederwalzung des Prager Frühlings, das hat die Einstellung der ganzen Familie zur DDR noch einmal massiv verschlechtert. Ich war damals in der achten Klasse, 14 Jahre alt, und bekam erstmals ganz konkret mit, wie plötzlich in der Schule ein ideologisch scharfer Ton Einzug hielt. Unsere Familie hatte wenige Wochen vor dem Einmarsch Urlaub im Riesengebirge gemacht und dort die relativ freiheitliche Atmosphäre sehr genossen. Nun waren die eigenen Lehrer plötzlich so scharf und energisch, denn sie hatten nun Angst davor, dass die Stimmung aus der Tschechoslowakei auf die DDR übergreifen könnte.«[103] Zwei Jahre nachdem sich »die Einstellung der ganzen Familie zur DDR noch einmal massiv verschlechtert« hatte, lobte das Staatssekretariat für Kirchenfragen den Pfarrer Kasner (siehe oben). 1969 wurde auch dank der Bemühungen Horst Kasners ganz im Sinn der DDR der Bund Evangelischer Kirchen in der DDR (BEK) in Potsdam-Hermannswerder gegründet. Ganz so schlecht dürfte die Einstellung Horst Kasners zur DDR dann doch nicht gewesen sein. In der Kirche Berlin-Brandenburg wurde nach langer, sehr kontroverser Diskussion ein Brief an die tschechoslowakischen Gemeinden verfasst, in dem die deutschen Gemeinden den Einsatz militärischer Mittel zur Durchsetzung politischer Ziele verurteilten und sie ihrer Fürbitte versicherten. Dieser Brief sollte als Kanzelabkündigung verlesen werden. Doch Horst Kasner las den Brief nicht vor; er hätte lediglich gesagt, dass er die Maßnahmen nicht verstünde.[104] Matthias Rau, der Sohn des Leiters der Behinderteneinrichtung auf dem Waldhof und Angela Merkels Mitschüler, erlebte in den Sommerferien auf Usedom, wie die tschechoslowakischen Urlauber von Volkspolizisten aus ihren Zelten geholt, ihr Areal abgetrennt und »die Menschen wie Vieh zusammengetrieben« wurden. »Dann mussten die Urlauber in einer langen Pkw-Kolonne in ihre Heimat zurückfahren.« Im Unterricht nach den Ferien über ihre Erlebnisse gefragt, erzählte Matthias Rau voller Empörung, was er erlebt hatte: »Ich habe von Deportation gesprochen und gefragt, ob ein sozialistischer Staat so mit seinen Brüdern und Schwestern umgeht.«[105] Letztlich rettete das Eingreifen des Staatssekretärs für Kirchenfragen Matthias Rau vor dem Verweis von der Schule. Die Tochter des Pfarrers Horst Kasner begann, von ihrem Tschechoslowakei-Urlaub zu erzählen, begriff aber im Gegensatz zu Matthias Rau rechtzeitig, dass die Wahrheit gefährlich ist, und rettete sich in Unverbindlichkeiten. Sie besaß schon immer ein verlässliches Gespür für Opportunitäten und den richtigen und den falschen Zeitpunkt, wie sich zeigte.

Nicht dunkle Geheimnisse suchte Angela Merkel mit Blick auf ihre Kindheit und Jugend zu verstecken, sondern die Staatsnähe ihres Vaters, wenn sie schon nicht zu verheimlichen war, so doch in ein milderes Licht zu tauchen. Zumal man die Vater-Tochter-Beziehung bei aller gebotenen Zurückhaltung als kompliziert und prägend begreifen muss.

Den Schlüssel zu Angela Merkels Persönlichkeit findet man nicht in der DDR, sondern vor allem in der Tochter-Vater-Beziehung.

8. »EGAL, WO MAN ANGELA HINSETZT: SIE WILL IMMER DIE NUMMER EINS SEIN.«

Im Jahr des Mauerbaus wurde »Kasi«, wie ihre Mitschüler sie nannten, am 4.9. 1961 in die Oberschule IV in Templin eingeschult. In die Pionierorganisation trat sie noch nicht ein, fühlte sich aber bald schon vom Leben der Klasse ausgeschlossen. Angela Merkel erinnerte sich, dass ihre Eltern ihr nach der 1. Klasse die Entscheidung überließen, ob sie Pionier werden wollte. »Entgegen der staatlichen Losung wollten sie damit deutlich machen, dass jedes Kind in die Schule gehen muss, aber nicht automatisch auch zu den Jungen Pionieren.«[106] Es erstaunt nicht, dass sie nach der 1. Klasse 1962 sofort in die Pionierorganisation »Ernst Thälmann« eintrat – und nicht nur das, ihre Mitschüler wählten sie 1962 auch gleich in den Gruppenrat. Angela Merkel erklärte ihren Entschluss später damit, dass sie »gemeinschaftshungrig« war. Welch seltsames Wort für den Wunsch, nicht ausgeschlossen zu sein, denn wer nicht Jungpionier war, konnte auch nicht an den Freizeitaktionen der Jungpioniere teilnehmen, den Pioniernachmittagen, die einmal in der Woche, zumeist am Mittwoch, stattfanden und in denen es nicht immer um Politik oder Ideologie ging. Aber in dem biografischen Interview mit Hugo Müller-Vogg verriet sie noch eine andere Motivation, die mindestens genauso tief saß wie die seltsame Gemeinschaftshungrigkeit. »Am Ende der ersten Klasse bekam ich trotz meines sehr guten Zeugnisses kein Abzeichen. Aber ich wollte dieses Abzeichen unbedingt haben.«[107] Um Ehrgeiz ging es, darum, immer die Beste zu sein. »Ihr seid Pfarrerskinder! Ihr müsst immer etwas besser sein als die anderen«,[108] mahnte die Mutter. Doch es gab noch einen viel wichtigeren Impuls als eine äußere Ermahnung. Alles spricht dafür, dass sie immer das Lieblingskind ihres Vaters sein, seinen strengen Anforderungen entsprechen, sich vor ihm auszeichnen wollte. Deshalb vermochte sie auch nicht, Fehler zuzugeben, weil sie das als Schwäche sah, weil sie glaubte, versagt zu haben vor ihrem Vater, der immer sehr »gründlich« war, weil sie fürchtete, vor ihm als »ein bisschen pfuschig dazustehen«.[109]

Ihr Klassenkamerad Bodo Ihrke sagte bewundernd über sie, die er für eine »Überfliegerin, aber ohne Allüren« hält: »Egal, wo man Angela hinsetzt: Sie will immer die Nummer eins sein. Als Physikerin hätte sie womöglich den Nobelpreis angestrebt.«[110] Doch im Umkehrschluss offenbarte er damit etwas anderes, dass Angela Merkel die Physik verließ, nach etwas anderem suchte, was ihr die Friedliche Revolution überraschend bot, weil sie nicht ignorieren konnte, dass es in der Physik für sie nicht zum Nobelpreis reichen würde – und das lag nicht an den schlechten technischen Voraussetzungen, die die DDR bot. Von sich selbst wollte sie damals schon nichts preisgeben, weil derjenige, der sich öffnet, sich auch angreifbar macht, angreifbar nicht für die Spitzel der Staatssicherheit, sondern für den Konkurrenten. Interessant ist, doch darf man das keineswegs überbewerten, dass Ihrke sich gewundert habe, dass sie bei der CDU gelandet sei. »Ich hatte sie eher linker eingeschätzt, als ich es bin«, sagte Ihrke, der nach der Wende Landrat wurde und Mitglied der SPD ist.[111] Andere hätte sie eher bei den Grünen vermutet – und da ist viel Wahres dran. Ein weiterer Mitschüler beschrieb, dass sie in jeder Situation die politische Lage seziere, aber »mit viel Weitblick«.[112] Das Wort von der politischen Lage muss nicht unbedingt Weltpolitik heißen, sondern kann auch die Lage meinen, in der man selbst steckt. Weitblick bedeutet in eine Frage übersetzt: Wo tun sich für mich die größten Chancen auf, nicht unbedingt die Beste, aber die Nummer eins zu werden oder zu sein, was nicht automatisch identisch ist. Das Lernen fiel ihr leicht, außer im Sport entsprach sie spielend den Anforderungen, diskutierte im Staatbürgerkundeunterricht eifrig mit, engagierte sich besonders in der Mathematik und im Russischunterricht. Seit der 5. Klasse gehörte sie dem Kreismathematikerklub an und erreichte bei der Bezirksolympiade Junge Mathematiker den 3. Platz. Im Russisch-Wettbewerb gewann sie sogar den DDR-Ausscheid, 1969 Bronze und 1971 Gold. Zur Belohnung reiste sie nach Moskau, um dort an der Internationalen Russisch-Olympiade teilzunehmen. Was Merkel über diese Reise kolportierte, ist dürftig genug. Sie wollte dort auf die deutsche Wiedervereinigung, die zu dieser Zeit weder in der DDR noch in der Bundesrepublik ein Thema war, angesprochen worden sein, was sogar zutreffen konnte, denn viele Russen empfanden ein geteiltes Vaterland als Anomalie. Übrigens nicht allein, aber auch diese Perspektive trägt in gewissem Maße zur Bewertung der Stalin-Note bei. Und wie immer, wenn sich Angela Merkel erinnert, sucht sie das Wichtige durch das Unwichtige, durch das nur allzu nett Anekdotische zu verdrängen. In Moskau kaufte sie sich eine Beatles-Schallplatte. Ungewöhnlich war das nicht, denn in Moskau konnte man im internationalen Buchladen Bücher aus DDR- und BRD-Verlagen oder Werke von Dichtern wie Hermann Hesse beispielsweise als deutsche Edition eines russischen Verlages erwerben. Etwas kurios war daran, dass der Text original in Deutsch war, die Vor- und Nachworte sowie die Anmerkungen dagegen auf Russisch.

1968, dem Jahr, in dem sie FDJ-Mitglied wurde, wählten sie ihre Mitschüler zur Stellvertretenden FDJ-Sekretärin. Im Oktober 1972 wurde sie mit der Lessingmedaille und im Juli 1972 mit der Herdermedaille ausgezeichnet. Weder die Lessingmedaille, die für hervorragende Leistungen bei den Abschlussprüfungen und als Anerkennung für sehr gute gesellschaftliche und außerunterrichtliche Arbeit vergeben wurde, noch die Herdermedaille, die wiederum die Gesellschaft für Deutsch-Sowjetische Freundschaft für hervorragende Leistungen im Fach Russisch verlieh, wurden allzu häufig vergeben. 1969 wechselte sie von der Polytechnischen Oberschule in eine Vorbereitungsklasse der Erweiterten Oberschule (EOS), um dort vier Jahre später das Abitur abzulegen. 1969 trat sie der Gesellschaft für Deutsch-Sowjetische Freundschaft (DSF) und dem DRK bei. In der 11. Klasse wurde sie Vorsitzende des Klubs der Internationalen Freundschaft. In diesen Klubs ging es vor allem darum, die von der Schule vermittelten »Brieffreundschaften« in die UdSSR, in zweiter Linie auch zu anderen Schulen im sozialistischen Ausland, beispielsweise in die CSSR oder nach Polen, zu fördern. Die Brieffreundschaften zu gleichaltrigen Schülern in der Sowjetunion dienten auch dem Erlernen der russischen Sprache. Allerdings stellte das ein mühsames, wenn nicht aussichtsloses Geschäft dar, denn worüber sollte sich eine Katrin in Templin mit einer Katja in Leningrad oder ein Fred aus Templin mit einem Fjodor in Kursk austauschen, die einander noch niemals gesehen, noch niemals miteinander gesprochen, keinerlei Zeit miteinander verbracht hatten? Im Grunde stellten diese Brieffreundschaften nur die Verlängerung des Russischunterrichts dar, der in der fünften Klasse begann und bis ins Studium reichte, wenn man denn studierte. Trotz Engagement musste auch die Schule einschätzen, dass es in ihrer Arbeit im Klub der Internationalen Freundschaft an sichtbaren Erfolgen mangelte, weil sie die Bequemlichkeit anderer FDJ-Mitglieder nicht zu überwinden vermochte. Briefe wechseln mit Unbekannten über Verlegenheitsthemen besaß nun wirklich keinen Charme. Gelobt wurde Angela Merkel von der Schule aber für ihre positive Einstellung zur Politik der DDR und dass sie das marxistisch-leninistische

Grundwissen anwenden konnte. Allerdings darf man das auch nicht überbewerten, denn ohne diese Standardeinschätzungen wäre außer einem Studium der Theologie wohl kein anderes möglich gewesen. Wer studieren wollte, dem musste ein fester Klassenstandpunkt attestiert worden sein.

Auch ihren Eltern, auch dem Pfarrer Kasner wurde eine positive Einstellung zur sozialistischen Gesellschaft bestätigt. Dass Angela Kasner aus einem christlichen Elternhaus stammte und statt an der Jugendweihe an der Konfirmation teilnahm, wurde damit umschrieben, dass sie sich zu einer idealistischen Weltanschauung bekennt. Es fiel auch der Schule auf, dass Pfarrer Kasner ungewöhnlich stark an der Entwicklung der Persönlichkeit seiner Tochter interessiert war, mit Argusaugen darüber wachte und sich regelmäßig in der Schule erkundigte. In dieser Intensität kam das sonst kaum vor. Offensichtlich verfügte er über eine gewisse Macht und ein respektiertes Ansehen. Das dürfte seine Tochter und ihre Mitschüler gerettet haben.

Der Vorfall, der sich in der 12. Klasse ereignete, als alle Schüler bereits ihre Studienzulassungen in der Tasche hatten – beworben wurde sich mit den Zeugnissen der 11. Klasse –, barg das Potenzial, dass einigen von ihnen diese Zulassungen aberkannt werden konnten. Als Glück im Unglück sollte sich für alle herausstellen, dass sich unter den Schülern, deren Studium in Gefahr war, auch die Tochter des Leiters des Pastoralkollegs, Horst Kasner, mit besten Kontakten zur Kirchenleitung der Kirche Berlin-Brandenburg und des Staatssekretariats für Kirchenfragen befand. Der Vorfall selbst wird aus unterschiedlicher Perspektive verschieden geschildert. Kurz vor dem Abitur fand an der EOS in Templin ein Kulturwettstreit statt, der unter dem Motto der antiimperialistischen Solidarität mit dem vietnamesischen Brudervolk stand. Überhaupt stand die Solidarität des gegen die USA kämpfenden Vietcongs hoch im Kurs. Geld wurde gespendet. Pioniernachmittage wurden darauf verwandt, Altstoffe, Pappe, Papier, Flaschen und Gläser zu sammeln und sie an den Altstoffhandel zu verkaufen. Ein Teil des Geldes wurde dann für den Vietcong gespendet. Die Älteren, die der FDJ angehörten, verrichteten stattdessen und dafür Arbeitseinsätze.

Entweder hatten die Schüler der 12 b mit der Schule abgeschlossen und dachten nur noch daran, das Abitur abzulegen, oder der Klassenlehrer Charly Horn hatte sich nicht genügend darum gekümmert, darüber gehen die Meinungen auseinander, jedenfalls wollte »Kasis« Klasse nicht an dem Wettbewerb teilnehmen. Das stieß auf öffentliche Missbilligung an der Schule, und auch Pfarrer Kasner hielt es nicht für ratsam, so kurz vor dem Abitur aufzufallen und womöglich die Studienzulassungen zu riskieren. Also setzten sich die Schüler der 12 b zusammen, blödelten und stellten auf die Schnelle ein Programm zusammen. Aus dem harmlosen Jux wurde politischer Ernst. Was hatten sie aufgeführt? Die Internationale, das »Kampflied aller Werktätigen«, sangen sie auf Englisch. Dann sammelten sie nicht für Vietnam, sondern für die »antiimperialistische Befreiungsbewegung« Mosambiks, für die als marxistisch geltende FRELIMO, um schließlich als Pennälerwitz das Gedicht *Mopsenleben* von Christian Morgenstern aufzusagen:

> Es sitzen Möpse gern auf Mauerecken,
> die sich ins Straßenbild hinaus erstrecken,
>
> um von sotanen vorteilhaften Posten
> die bunte Welt gemächlich auszukosten.
>
> O Mensch, lieg vor dir selber auf der Lauer,
> sonst bist du auch ein Mops nur auf der Mauer.[113]

Natürlich konnte mit der Mauer die »Mauer«, offiziell antifaschistischer Schutzwall, assoziiert werden. Und jemand, der auf der Mauer liegt wie ein Mops, erinnerte an einen Stasi-Spitzel, wie es auch in dem Kinderlied *Auf der Mauer, auf der Lauer sitzt 'ne kleine Wanze* heißt, was wiederum, nimmt man Wanze als Synonym für ein Abhörgerät, auf die Stasi hinweisen kann. Man ging in der DDR davon aus, dass Telefonate abgehört wurden und dass irgendein Stasi-Spitzel zugegen war, wenn man in einer mittelgroßen Gruppe saß. Die Zusammenstellung des Programms ließ sich unschwer als harmloser Ulk erkennen, mit dem man sich einen Jux auf das Kulturprogramm machte. Doch mit der »antiimperialistischen Solidarität« scherzte man nicht. Darin verstanden die SED-Oberen so viel Spaß wie heute das Kabarett im öffentlich-rechtlichen Rundfunk mit Kritik an den Grünen. Satire galt nur den »Rückständigen«, den »Reaktionären«, den »Bonner Ultras«; über die progressiven Kräfte lachte man nicht. In Templin in der Aula schlief die revolutionäre Wachsamkeit nicht, und sie regte sich in Gestalt der Deutschlehrerin, die mit dem Kreisschulrat verheiratet war. Aus einem Schülerulk wurde ein politischer Skandal. Plötzlich gerieten die Studienzulassungen in Gefahr – und die stellvertretende FDJ-Sekretärin der Klasse, Angela Kasner, die Tochter des Pfarrers, geriet ins Fadenkreuz, als man nach den Rädelsführern suchte. Die Linken, ob Kommunisten oder Grüne, am Ende auch Angela Merkel ab 2015 selbst, misstrauten dem Volk, hielten es immer für eine dumpfe, verführbare Masse, die schutzlos gefährlichen Demagogen und, wie der neue Ausdruck dafür lautet, Populisten ausgeliefert war. Daraus resultierte die Notwendigkeit, keine anderen Meinungskanäle zuzulassen und das Volk beständig zu belehren, es nicht darüber zu informieren, was es wissen will, sondern darüber, was es wissen soll, um seine Rolle als Volk und nicht als mündige Bürger zu erfüllen. Und nach alter kommunistischer, aber generell linker oder grüner Sitte musste natürlich ein Rädelsführer, den man dann entsprechend diffamieren und bestrafen konnte, ausfindig gemacht werden. Horst Kasners Nerven lagen blank, denn er wusste, dass seine Tochter die ideale Verdächtige abgab;

ohnehin lief sie nur in Westklamotten herum, was bei einigen Funktionären als deutliches Zeichen galt. Und jemand musste bestraft werden, weil jemand die Schuld zu übernehmen hatte an dem, was naive Gemüter als Schabernack abtaten und dabei natürlich die politische Dimension verkannten. Doch die Klasse hielt zusammen; alle blieben dabei, dass sie sich gemeinsam das Programm ausgedacht hätten. Es kam zu einer Elternversammlung, die im Eklat endete, denn die Eltern standen irgendwann empört auf und verließen den Raum. Horst Kasner nutzte nun seine Beziehungen, wandte sich an den Bischof Schönherr, Schönherr wandte sich an das ZK der SED, und Horst Kasner schrieb eine Petition an die Bezirksleitung der SED, die seine Tochter zu dem Kirchenjuristen Manfred Stolpe brachte.[114] Bestraft wurde am Ende der Klassenlehrer, der strafversetzt wurde.

Erinnerungen von Mitschülern werden von der Schule bestätigt, denn die Schülerin Angela Kasner wurde gelobt für ihre herausragende Fähigkeit, logisch abstrakt zu denken und kühl zu analysieren und zu sezieren, für ihr hoch entwickeltes Abstraktionsvermögen. Doch sie war keine isolierte Streberin, sondern gleichzeitig in ihrer Klasse aktiv und akzeptiert, »gemeinschaftshungrig« und mit einer Begabung zur Geselligkeit versehen, unnahbar auf nahbare Weise, wobei sie, was ihre Gefühle, ihre Hoffnungen und Wünsche, ihre Befürchtungen betraf, als verschlossen wie eine Auster galt. Ein angedrohter Verweis, weil sie mit Schulkameraden im Wald heimlich geraucht hatte und erwischt worden war, belegt, dass sie andererseits kein Kind von Traurigkeit war. Ihr gelang es offenbar, nicht als Streberin zu gelten, weil sie ihr Strebertum mit Kumpelhaftigkeit ummäntelte. Im Studium kümmerte sie sich um den Studentenklub, organisierte Wodka oder Whisky und Kirschsaft für die Drinks, die sie nicht zuletzt zum eigenen finanziellen Vorteil zu mixen verstand.

Man könnte von verschiedenen Gesichtern der Angela Merkel sprechen, dabei verschmelzen sie bei näherem Hinsehen zu einem, in dessen Zügen man das immense Verlangen nach Anerkennung lesen kann; danach, stets die Beste zu sein, ihrem Vater zu beweisen, dass sie das ist. Über ihren Vater sagte sie: »Er hat immer viel gearbeitet. Arbeit und Freizeit flossen bei ihm zusammen, und manchmal hat er sich mit der Arbeit vielleicht auch von den Familienpflichten ferngehalten.«[115] Angela Merkel sollte vermeiden, jemals »Familienpflichten« in diesem Sinne nachkommen zu müssen. Als schlimm empfand sie es in Kindertagen, wenn sich der Vater, dessen Lieblingskind sie anscheinend sein wollte, auf Dienstreisen begab. Manchmal lief sie ihm auf dem Weg nach Templin entgegen, wenn er zurückkehrte, manchmal wartete sie stundenlang auf ihn; wenn er dann von den Reisen heimkehrte, war ihre Kinderwelt wieder in Ordnung. »Mein Vater hat auf die logische Strenge Wert gelegt, auf die Klarheit der Argumente … Den Unterschied zwischen einer Erörterung und einer Erzählung habe ich nicht in der Schule, sondern bei meinem Vater gelernt.«[116]

Sieht man auf die Erinnerungen, auf ihre Zeugnisse, auf die Beurteilungen der Schule, dann entsteht das Bild eines geselligen, hochintelligenten, womöglich eines berechnenden, zumindest analysierenden Mädchens, das extrem ehrgeizig ist, das sich politisch, weltanschaulich nicht auffällig und für ein Pfarrerskind erstaunlich angepasst und opportunistisch verhält. Aber vielleicht trifft das Adjektiv opportunistisch nicht das Wesentliche, vielleicht liegt die Wahrheit haarscharf daneben.

Zum einen existierte im Elternhaus in der Tat eine Nähe zum Sozialismus in der DDR, sodass sich die Schülerin nicht verbog, wenn sie eine positive Grundhaltung zur DDR an den Tag legte. Ihre Distanzierungen nach der Friedlichen Revolution überzeugen nicht recht, klingen doch ziemlich allgemein. Selbst viele kritische Intellektuelle und Künstler in der DDR zogen bei aller Kritik die DDR der Bundesrepublik vor. Regimekritiker wie Rudolf Bahro hegten eine naive Anhänglichkeit zum Sozialismus, wie man sich seine Kinderträume nicht rauben lassen will; ihre Kritik richtete sich nicht gegen den Sozialismus an sich, sondern gegen den Politbürokratismus der »Partei- und Staatsführung«, der zunehmend zum Gerontokratismus entartete. Zum anderen darf die Voraussetzung zumindest bezweifelt werden, dass Angela Kasner ein tiefes philosophisches Interesse hegte. Sie stach in Physik, in Mathematik hervor, in Russisch sowieso. Um diese Nähe zum Staat zu verwischen, behauptete Merkel, darauf angesprochen, ob sie das Gefühl hatte, einer Minderheit anzugehören, dass alles mit Kampf verbunden und nicht unbeschwert war, dass sie immer ein bisschen besser als die anderen sein musste, dass die Frage für sie als Pfarrerskind stand: »Darf ich zur Erweiterten Oberschule gehen oder nicht … unbeschwert war das nicht.«[117] Vielleicht musste sie nicht nur immer ein bisschen besser sein, vielleicht wollte sie das auch. Als ob die DDR-Führung einem konformen und nützlichen Pfarrer nicht entgegengekommen wäre. Was Merkel hier vergisst zu erwähnen, ist, dass die Plätze an der EOS streng limitiert waren. Es kam nicht auf die Parteimitgliedschaft an, es kam auch nur in zweiter Linie auf die schulischen Leistungen an, sondern es ging in erster Linie um die soziale Herkunft. Kinder von Arbeiter und Bauern wurde bevorzugt. Das führte zu der Absurdität, dass das Kind eines Arbeiters, das Abitur machte, anschließend studierte und als Wissenschaftler arbeitete, nun zur Intelligenz gehörte und sein Sohn oder seine Tochter womöglich nicht zur EOS zugelassen wurden, weil Sohn oder Tochter nicht mehr der Arbeiterklasse entstammten. Erst in zweiter Linie wurden die schulischen Leistungen herangezogen. So mancher musste über Umwege zum Abitur gelangen, um zu studieren. Angela Kasner und ihre Geschwister besuchten die EOS, sie wurden nicht benachteiligt. Wenn Angela Merkel hervorhob, das *ZDF-Magazin* gesehen zu haben, ist das auch nichts Besonderes, denn dort, wo ZDF und ARD empfangen werden konnten, wurde exzessiv »Westfernsehen« geschaut.

Trotz Verboten und Kampagnen. Wenn sie 1994 dem *SPIEGEL*-Redakteur Jürgen Leinemann erzählte: »Mit acht Jahren wusste sie alle Namen des christ-liberalen Bonner Kabinetts auswendig, von Adenauer bis Wuermeling.« Die wichtigsten Bundestagsdebatten verfolgte sie am Radio. »Die Wahl Gustav Heinemanns zum Bundespräsidenten habe ich heimlich in der Schule auf dem Klo gehört.«,[118] dann muss man ihr das nicht unbedingt glauben, denn dass sie auf der Schultoilette heimlich Westradio gehört hatte, klingt doch nur allzu konstruiert. Glaubhaft ist es jedenfalls nicht, dass »Kasi« mit 14 heimlich ein Radio mit in die Schule genommen hatte, um dann auf der Mädchentoilette die Rede zu hören, wo sie doch nicht auffallen durfte. Westradio auf der Schultoilette? Bundestagsdebatten wurden übrigens gar nicht so selten gehört, denn man erfreute sich an den rhetorischen Auseinandersetzungen zwischen Brandt und Strauß oder zwischen Kohl und Schmidt. Als die junge Angela Merkel in der CDU rasch aufstieg, musste sie ihre Ostvergangenheit dem Westen ziemlich schnell annähern.

Angela Kasner bewarb sich nicht wie viele Pfarrerskinder für Theologie oder Kirchenmusik. Auch wenn sie vor ihrem Vater, der ein Pastoralkolleg leitete und nicht in die typische Gemeindearbeit eingebunden war, weshalb der Waldhof auch eine insulare Situation bot, weiterhin bestehen wollte und seine Anerkennung suchte, so spürte das heranwachsende Mädchen immer deutlicher, dass es nicht in seine Fußstapfen treten konnte, sondern sich ihm zu entziehen hatte, wollte sie zu sich selbst kommen. Angela Merkel benötigte Distanz. Ob es ihr freilich gelang, den Vater in sich zu überwinden, ist eine Frage, die zu tief in die psychologische Spekulation reicht. Ein naturwissenschaftliches Studium lag auf der Hand. Bei ihrer Begabung für Mathematik und Physik rückte Physik in ihren Blick. Dieses Fach bot zudem den Vorteil – anders als die Theologie –, dass es sich der inhaltlichen Beurteilung des Vaters entzog. Dass sie mit dem Gedanken,

Lehrerin zu werden, mehr als nur gespielt haben soll, ist nicht recht glaubhaft. Die DDR brauchte Lehrer, zum Lehrerstudium wurde eigentlich jeder zugelassen. Wenn nichts ging, Lehrer oder BMSR-Techniker konnte man immer werden. Einer Siegerin in der Russisch-Olympiade und Trägerin der Herdermedaille hätte niemand ein Studium der Slawistik verweigert, und erst recht kein Lehrerstudium in welcher Konstellation mit Russisch auch immer. Diese Frage hatte niemand gestellt – und Angela Merkel hat m.W. auch niemals darüber gesprochen, warum sie bei ihrem großen Interesse für die russische Sprache kein Slawistikstudium erwogen oder sich sogar dafür beworben hatte. Die Herdermedaille und die Lessingmedaille verliehen bekommen zu haben, das ist schon eindrucksvoll – und hätte fast jede Tür geöffnet. »Staat und Recht« und »Internationale Beziehungen« vielleicht nicht, aber ansonsten fast alles. Vielleicht lautet die Antwort auf diese Frage viel einfacher, dass man als Slawist keinen Nobelpreis gewinnen kann, sondern sich in die nicht immer glanzvolle Erforschung der slawischen Sprachen und Literatur vertiefen muss. Fritz Mierau war einer der besten Slawisten der DDR mit einer unzweifelhaft genialen Ader, doch wer kennt ihn heute noch? Albert Einstein, Robert J. Oppenheimer, Max Planck, Lise Meitner klingen immer noch in den Ohren.

Allzu begehrt war das Physikstudium nicht, damit dürfte die Bewerbung ein Selbstläufer gewesen sein. So unerklärlich die Wahl des Studienfaches letztlich ist, so erklärlich der Ort. Merkels Biograf Bollmann behauptet: »Die Wahl des Studienortes lag in der DDR nicht bei der Bewerberin.«[119] Au contraire, es lag ganz bei der Bewerberin, übrigens auch beim Bewerber. Sollte dort, wo man sich beworben hatte, allerdings kein Studienplatz mehr frei sein, dann kam man in die Lenkung, dann wurde man darauf aufmerksam gemacht, dass an einer anderen Hochschule oder Universität mit weniger Bewerbern eine Möglichkeit bestünde. Unrichtig ist es übrigens auch, dass Leipzig die »freieste und interessanteste Stadt der DDR war«. Das hat wohl eher etwas mit einer leicht angeschimmelten Nachwendenostalgie über eine Stadt, die es so nie gegeben hat, zu tun. Allein schon durch die beiden Messen hatte die SED besonderes Augenmerk darauf gelegt, Leipzig zur Vorzeigestadt des Sozialismus, zum Schaufenster der DDR zu machen. Freier als an der Karl-Marx-Universität ging es an der Martin-Luther-Universität, der Ketzer-Universität, oder in Jena zu.

Am 4.9.1973 jedenfalls erwartete man die Studentin Angela Kasner zum Vorbereitungstag in der Sektion Physik in Leipzig. Wer zum Erstaunen der künftigen Kommilitonen und vor allem der Studienabteilung nicht erschien, war Angela Kasner.

9. SEI IMMER DABEI, ABER FALLE NIEMALS AUF – DIE STUDIENJAHRE

Angela Merkel hatte in dem Tempo, in dem ihre CDU-Karriere rasant an Fahrt aufnahm, die Schilderung ihrer Ferne zur DDR und ihr Außenseitertum als Pfarrerskind vergrößert. Bei näherem Hinsehen trifft weder die Ferne noch das Außenseitertum zu. Zwar ging sie ihren Weg selbst, doch wurde er ihr auch geebnet. Sie stand nie draußen vor der Tür. Letzteres spielt leider in den Betrachtungen zu Merkels Leben schon deshalb keine Rolle, weil viele, die sich damit beschäftigten, Merkels Lebensumfeld in der DDR nur theoretisch kennen. Benachteiligt war Angela Merkel nicht, zu keiner Zeit; benachteiligt waren diejenigen, die nicht über spendable Verwandte im Westen verfügten oder die keine materielle Unterstützung aus dem Westen erhielten. Mit Blick auf die Mauer ließe sich ohne geschenkfreudige Westverwandte oder ohne D-Mark auch vom verschärften Vollzug spotten. Bei Angela Merkel kann man eher von »Freigang« sprechen. Evangelische Pfarrer in der DDR wurden von der EKD mit Sach- oder Geldleistungen unterstützt. Merkel brüstete sich später damit, dass sie keine »Ostklamotten« tragen musste und dass sie in Hamburg geboren worden war.[120] Damit wollte sie etwas bemüht augenzwinkernd sagen, eigentlich bin ich doch eine Westdeutsche, die nur im falschen Land aufgewachsen ist, eine Transwestdeutsche. Sie besaß auch gute Gründe dafür, denn die

Lebensgefährtin des Betreuers ihrer Diplomarbeit beschrieb die Studentin Angela Kasner so: »Sie sah toll aus, jung, offen, frecher kurzer Haarschnitt, Westklamotten. Aber das waren eben nicht nur einfach West, sondern auch sehr gut ausgesucht und zusammengestellt.«[121]

Wer gut aussucht, muss auch gut aussuchen können, weil er über eine Auswahl verfügt. Und für Jugendliche in der DDR spielte es schon eine große Rolle, ob sie den echten Parka aus dem Westen in Grün und nicht in Dunkelbraun wie in der DDR trugen und ob sie in richtigen Levis oder Wrangler und nicht in den missglückten Ostimitaten herumliefen. Deutlich wird vor allem, dass sich die Tochter des Pfarrers Kasner bei aller Legendenbildung eben nicht in einer Außenseiterposition befand, sondern in der privilegierten Stellung, das Beste aus den beiden Welten auswählen zu können. Als Tochter eines regimekonformen Pfarrers, der noch dazu vom Staatssekretariat für Kirchenfragen als äußerst wohlgelitten galt, standen ihr alle Wege offen. Ihre parteiliche Haltung für die DDR wurde ihr von der Schule bestätigt; obwohl sie zu einem Teil aus Lippenbekenntnissen bestanden haben mag, stellt sich schon die Frage, ob Merkels Grünwende, ob Merkels Energiewende-, Migrations- und Pandemiepolitik nicht auch einer späten Rückkehr zu den Vorstellungen ihrer Jugend geschuldet sind. Wie erinnerte sich der Betreuer ihrer Diplomarbeit Ralf Der: »»Wir wollten Sozialismus, aber einen geänderten.« Der sozialistische Gedanke sei immer präsent gewesen. »Ich denke, wir waren alle kapitalismuskritisch.«[122]

Selbst die Affäre um das Kulturprogramm in der zwölften Klasse ging für sie glimpflich aus, bestraft wurde am Ende der Lehrer. Wer die DDR kennt, weiß um den Ausnahmecharakter dieses Vorgangs, der durch den politischen Einfluss des Vaters erklärt werden könnte, denn irgendwer musste schließlich bestraft werden. Selbst wenn die Klasse widersprochen hätte, wäre es ein Leichtes gewesen, die Pfarrerstochter zur Rädelsführerin zu stilisieren und sie von der EOS zu relegieren. Doch die Tochter des einflussreichen Pfarrers Kasner setzte sich in den Augen der Schule für das Kollektiv ein und ließ in den Diskussionen eine positive Einstellung zur DDR erkennen. Zudem gehörte sie der FDJ nicht nur als einfaches Mitglied an, sondern war weit darüber hinaus in der FDJ-Grundorganisationsleitung (GOL) der gesamten Schule aktiv. Hinzu kamen die Mitgliedschaften in der Gesellschaft für Deutsch-Sowjetische Freundschaft, außerdem im DTSB und im DRK. Staatsferne sieht anders aus. Anpassung übrigens auch, dafür hätten FDJ und DSF vollauf genügt. In der Miniatur *Erbe* aus dem legendären Prosaband *Die wunderbaren Jahre* zitiert der Dichter Reiner Kunze aus der Beurteilung der Schule seiner Tochter den Satz: »Infolge ihres oftmals eigenwilligen Verhaltens erfüllt sie nicht immer die Normen, die an eine Schülerin der Erweiterten Oberschule gestellt werden müssen. *(Zeugnis 30.06.1972)*.[123] So wurde Unangepasstheit beurteilt. Derartige Passagen findet man in der Beurteilung der schlauen Pfarrerstochter nicht. Nicht dass man es müsste, aber man würde es vermuten, wenn man die Politikerin Angela Merkel über ihre Zeit in der DDR reden hört. Sie handelte hingegen, was man ihr weder verübeln noch vorwerfen kann, zweckrational. Sie kannte die Spielregeln nur zu genau – und ließ sich zu nichts hinreißen.

Im Konzept der »nützlichen Idioten« der SED, die offiziell natürlich nicht als nützliche Idioten, sondern als progressive oder fortschrittliche Kräfte gelabelt wurden, spielte Horst Kasner eine wichtige Rolle. Am 28. Januar 1988 brachte die DEFA Lothar Warnekes Spielfilm *Einer trage des anderen Last* heraus, in dem eine rührselige und verkitschte Übertragung des Bündniskonzepts der Kommunisten mit den »progressiven« Christen bieder und mit erhobenen Zeigefinger in eine Parabel gepackt wurde, irgendwie *Dornenvögel* auf sozialistisch. Übrigens saß nicht zufällig bei der Premiere des Spielfilms der Chefideologe der SED Kurt Hager neben Altbischof Albrecht Schönherr, Kasners Förderer und Mentor. Im Jahr zuvor war Kurt Hager vom *Stern* interviewt worden. Da das Interview vom *Neuen Deutschland*, dem damaligen Zentralorgan der SED, übernommen wurde, machte sich Hager mit einer Formulierung, die er für witzig hielt, in der DDR lächerlich und noch unbeliebter, denn für alle diejenigen, die auf Veränderung nach Gorbatschows Vorbild in der DDR hofften, stellte dieses Interview einen offenen Affront dar. Als kalter Hohn wirkte der Satz: »Würden Sie, nebenbei gesagt, wenn Ihr Nachbar seine Wohnung neu tapeziert, sich verpflichtet fühlen, Ihre Wohnung ebenfalls neu zu tapezieren?«[124]

Man muss, wenn man über Merkels Kindheit und Jugend in der DDR spricht, eher von Privilegierung statt von Außenseitertum reden. Übrigens hatte sich Angela Kasner, im Gegensatz zu anderen Kindern von Pfarrern, die im Gemeindedienst arbeiteten, perfekt angepasst. Wenn man eine Distanz auszumachen sucht, dann betrifft das die Distanz, die Merkel allem gegenüber bis auf dem eigenen Ich an den Tag legte. Ihrem Fortkommen ordnete sie vieles unter – und sie besaß von jeher ein symbiotisches Verhältnis zum Zeitgeist. Auch zum Zeitgeist in der DDR.

Natürlich hätte sie auch in Berlin studieren können, aber die freie Wahl des Studienplatzes ermöglichte ihr, eine größere Distanz zum Elternhaus aufzubauen. Und die größere Distanz bedeutete Leipzig. Sie hätte auch nach Dresden gehen können, doch Leipzig wirkte attraktiver. Die einzige und wirkliche Emanzipation, die Angela Merkel in ihrem Leben für sich durchkämpfte, betraf die Emanzipation vom übermächtigen, alles regelnden und regulierenden Vater. Leipzig sollte ihr die Distanz zum Waldhof schaffen. Doch schon der erste Schritt in die Freiheit kam, wie man hört, nicht ohne den Vater aus. Als für alle unerklärlich Angela Kasner nicht zum obligatorischen Vorbereitungstag erschien, forderte die Karl-Marx-Universität von der säumigen Studentin eine Entschuldigung und drohte andernfalls mit disziplinarischen Maßnahmen. Doch anstelle der Studentin soll Pfarrer Kasner geantwortet haben, dass seine Tochter an einem Führungskaderlehrgang des DRK in Grünstädtel teilnimmt. Offensichtlich hatte die angehende Studentin vergessen, die Universität vorab darüber in Kenntnis zu setzen, dass sie später im Studium ankommen werde. Also musste wieder einmal der Vater tätig werden. Ob er ihr darüber Vorhaltungen machte, weiß man nicht, aber ohne eine spitze Bemerkung seinerseits dürfte diese Bagatelle nicht abgegangen sein. Der Führungskaderlehrgang des DRK fand wahrscheinlich im Kinderferienlager »Philipp Müller« des Leipziger VEB Bau-Union statt. Grünstädtel selbst ist heute ein Ortsteil von Schwarzenberg im sächsischen Erzgebirge, damals ein Dorf von knapp 1000 Einwohnern. Unter Führungskader wurden die Kommandierenden von Sanitätseinheiten von der Gruppe bis zur Abteilung, vom Gruppenführer über den Zugführer bis zum Kommandeur verstanden. DRK-Führungskräftelehrgang, Mitglied der FDJ-Leitung der Grundorganisation an der Schule, Engagement in der DSF an der Universität, später FDJ Leitungsmitglied an der Akademie der Wissenschaften erzählen wirklich keine Regimeferne. Angela Merkel hatte später behauptet, dass sie gern Lehrerin geworden wäre, wenn sie im Westen gelebt hätte, aber im Osten hätte sie die Kinder aufstehen lassen müssen, die zur Christenlehre gingen. Eine ziemlich dünne Erklärung. Erstens hätte sie das als Lehrerin auch unterlassen können, und zweitens unterrichteten auch Lehrer an Schulen, die christlichen Glaubens waren, übrigens auch an Erweiterten Oberschulen.

Einem zweiten Interesse ging sie jedoch nach, das später keine Erwähnung fand, denn sie engagierte sich im Deutschen Roten Kreuz, und zwar nicht nur als Sanitäter, sondern auch als werdender Führungskader. In der DDR hatten die Abiturienten auch einen Zweitwunsch für ein Studienfach anzugeben. Angela Merkel soll als Zweitwunsch Humanmedizin genannt haben. Da sich aber damals – wie heute – mehr Abiturienten für Medizin bewarben, als Studienplätze existierten, befestigte Medizin als Zweitwunsch nur die Bewerbung für Physik. Doch das Engagement im DRK belegt zumindest, dass ein echtes Interesse vorlag. Da aber Angela Kasner bereits in der Schule Mitglied im DRK war und damit verbunden Schulungen zum Sanitäter absolviert haben musste, lässt sich vermuten, dass ihr Vater in diese Richtung drängte, zumal die evangelische Kirche auch medizinische Einrichtungen unterhielt. Wollte man das dünne Eis der Spekulation betreten, könnte man in der sicheren Bewerbung für Physik ähnlich der Wahl des Studienortes eine Emanzipation vom Vater verstehen. Anders ergibt es keinen Sinn, sich auf ein Studium zu bewerben, das man sicher bekommt, und ein allseits heiß begehrtes Studienfach, in dem die Chancen, dafür zugelassen zu werden, weit schlechter stehen, als Zweitwunsch anzugeben, der ja nichts anderes hieß, als wenn nicht das, wenigstens dieses.

Noch eine Besonderheit wies das Physikstudium schon damals auf. Trotz der Pläne, Frauen zu fördern, galt es zu Recht als stark männerlastig. Als Angela Kasner 1973 mit dem Studium begann, gab es unter den 81 Physikstudenten des Jahrgangs an der Universität Leipzig nur 9 Studentinnen, grob gerechnet 2 Studentinnen pro Seminargruppe von 18 bis 20 Mitgliedern der Gruppe. Das fiel schon deshalb ins Gewicht, weil das Studium auf dem Prinzip der Seminargruppen aufbaute, die in dem verschulten System eher wie Schulklassen funktionierten. Die Sektionsleitung schätzte die fleißige Studentin, die sich in der Leitung der Gesellschaft für Deutsch-Sowjetische Freundschaft (DSF) der Sektion Physik engagierte und zudem als hilfsbereit eingeschätzt wurde.

Leicht fiel ihr das Studium nicht, sie musste hart arbeiten. Die Schule unterschied sich vom Studium nicht im Grad der Verschulung, sondern darin, dass es in der Schule auf Fleiß und Opportunismus ankam, im Studium aber ohne grundsätzliches Verständnis der jeweiligen Wissenschaft auch immenser Fleiß nichts nutzte. Das Grundlagenstudium der Physik erstreckte sich über die ersten zwei Jahre, dazu gehörte auch das Studium des Marxismus-Leninismus mit seinen drei Gebieten: marxistisch-leninistische Philosophie, politische Ökonomie, wissenschaftlicher Kommunismus, später in »Wissenschaftlicher Sozialismus« (Wiso) umbenannt. Neben dem Grundstipendium von 250 Mark erhielten viele Studenten noch ein zusätzliches Leistungsstipendium. Doch die Anforderungen für die unteren Sätze des Leistungsstipendiums hielten sich in Grenzen. Die höchsten Leistungsstipendien stellten die Sonderstipendien dar, die verliehen wurden: das Wilhelm-Pieck-Stipendium mit anfangs 300 Mark, ab 1981 mit 450 Mark und das Karl-Marx-Stipendium, anfangs mit 450 Mark, ab 1981 dann mit 550 Mark. Dass Angela Kasner ein Sonderstudium nie verliehen bekam, hatte keine politischen Gründe. Ihr Stipendium besserte sie damit auf, dass sie im Studentenklub die Getränke, vor allem Wodka-Kirschsaft, mixte und verkaufte. Sie hatte später diese Anekdote als hübsche Schnurre erzählt, um augenzwinkernd zu demonstrieren, dass sie etwas von Marktwirtschaft verstünde. Doch eigentlich erzählt sie etwas anderes, nämlich Merkels »Gemeinschaftshunger«, sich nützlich zu machen, um mittendrin zu sein. Vielleicht kann man Gemeinschaftshunger auch mit Lust zur Politik übersetzen. Es wurde ihre Methode, nicht durch Auftrumpfen, nicht durch laute Diskussion und Deklaration sich in den Mittelpunkt zu stellen, sondern sich durch Anstelligkeit, durch praktische Arbeit, ohne darüber viel Aufhebens zu machen, durch Nützlichkeit, sich still und leise und unmerklich, aber konsequent in den Mittelpunkt zu schieben: Und plötzlich, wenn wirklich die Scheinwerfer angingen, war sie zu aller Erstaunen da.

Rückwirkend schätzte sie ein: »Die ersten zwei Jahre waren sehr hart … Experimentalphysik war nicht gerade meine Stärke … Das Theoretische war für mich fassbar und machbar.«[125]

Im Übrigen dürfte, um einer Legendenbildung entgegenzuwirken, die Leipziger Karl-Marx-Universität diejenige unter den altehrwürdigen Universitäten gewesen sein, im Vergleich zum Beispiel mit Jena und Halle, die am stärksten als Musteruniversität der DDR mit einem ausgesprochen starken gesellschaftswissenschaftlichen Fokus gleichgeschaltet war.[126] Koryphäen ihres Faches wie der Germanist Hans Mayer und der Philosoph Ernst Bloch flohen nach anfänglich großen Hoffnungen aus der DDR in die Bundesrepublik, ihre wahrlich zu bemitleidenden Schüler wurden von der Universität »gesäubert« und zur Bewährung in die Produktion geschickt. Über die Zustände an der Leipziger Universität schrieb der Dichter Volker Braun die atmosphärisch dichte Erzählung *Der Hörsaal,* die auf Mayers legendären Hörsaal 40 in der Universität anspielte. Doch das ereignete sich über zehn Jahre früher, bevor Angela Kasner nach Leipzig kam. Die Renitenz hatte die SED inzwischen der Universität gründlich ausgetrieben, Stalins Sturm auf die Wissenschaft glückte. Als unübersehbares Zeichen dafür wurde am 30. Mai 1968 die Universitätskirche, die Paulinerkirche, gesprengt.

Angela Kasner wählte zwar nicht die Humboldt-Universität, weil ihr Berlin zu dicht an Templin lag, was bei dem innigen Emanzipationsdrang vom übermächtigen Vater leicht einsehbar ist, doch dass ihre Wahl auf die sozialistische Vorzeigeuniversität Leipzig fiel, spricht Bände.

Was Merkel später als Sehnsucht nach der Freiheit darstellen wird, beinhalteten ihre vielfältigen Reisen mit dem Zelt auf dem Rücken, seit sie 16 Jahre alt war, auch ins sozialistische Ausland. Zu dieser Zeit stellten Trampen und Zelten im Osten kein Problem dar; sicher war es ohnehin, in der Zeit vor der großen Merkel-Migration. Wenn sogar ein Grüner wie Özdemir in diesen Tagen in der *FAZ* beklagt, dass, wenn seine Tochter in Berlin unterwegs ist, es häufiger vorkomme, »dass sie oder ihre Freundinnen von Männern mit Migrationshintergrund unangenehm begafft oder sexualisiert werden«,[127] dann sind das die Zustände, die Jahre später die Politikerin Angela Merkel unter sehr lautem Beifall der Grünen schaffen sollte. Sorgt sich Özdemir mehr um seine Tochter oder stärker um seine Wahl als Ministerpräsident von Baden-Württemberg? Mit ihrer Massenmigration hatte die Bundeskanzlerin junge Mädchen und Frauen gefährdet, wenn sie nicht gar für junge Mädchen und Frauen heute verunmöglicht hat, was sie selbst in ihrer Jugend genoss: Freizügigkeit auf der Grundlage von Sicherheit. Reue darüber empfindet sie natürlich nicht, denn in der Merkelwelt ist alles, was Merkel anstellte, richtig. Das glaubt die CDU noch heute.[128]

Auf diesen unkonventionellen, aber weitgehend problemlosen Reisen ins sozialistische Ausland traf man natürlich junge Intellektuelle aus den betreffenden Ländern, mit denen man ins Gespräch kam. Unterhalb des Hradschin in Prag konnte man beispielsweise in den kleinen Bierlokalen im Souterrain zu jeder Zeit philosophierende junge Leute treffen und mit ihnen trotz sprachlicher Barrieren über Marx und Hegel, über den Surrealismus oder über die künstlerische Avantgarde streiten. Man hatte gerade in Prag immer das Gefühl, dass der Frühling nie ganz verging. Und man traf damals in der Moldaustadt auf eigenartige Typen, die Bohumil Hrabal als »Bafler« so genial beschrieben hatte. Ob sie nur das U Fleku und ein paar Restaurants im Zentrum kannte oder auch unterhalb der Prager Burg die kleinen Bierstuben auf der Malá Strana, der berühmten Kleinseite, über die Jan Neruda so anrührende Geschichten geschrieben hatte, weiß man nicht. Doch Angela Merkel dürfte zu den vielen gehört haben, die in Prag nicht Kafkas Grab besucht haben. Das blieb den wenigen Eingeweihten vorbehalten. Doch die bittere Lektion musste sie wie jeder DDR-Bürger im sozialistischen Ausland, selbst in der Sowjetunion, lernen, dass man nur ein Deutscher zweiter Klasse war. Für Ungarn und für die Tschechoslowakei galten Tagessätze für den Höchstumtausch, sodass man sich nicht die Unterkünfte leisten konnte, die man sich wünschte.

Und auch hier war die D-Mark Trumpf und die Mark der DDR, der Alu-Chip, nichts wert. In Prag konnte man zumindest Geld sparen, wenn man in das jüdische Restaurant in der Nähe des alten Jüdischen Friedhofs ging, wo koscher gekocht wurde, und das Drei-Gänge-Menü sehr günstig war. Das wussten jedoch auch nur wenige. Was aber Angela Merkel augenscheinlich wusste und anscheinend beherrschte, war das Nassauern: »Prag war teuer für uns. Manchmal hielten wir Ausschau nach einer Gruppe westdeutscher Touristen, die uns einladen konnte.«[129] Man musste schon über erstaunlich wenig Stolz verfügen, wenn man so vorging. Ich kenne niemanden, der das tat. Im Gegenteil, zum Deutschen zweiter Klasse zu werden, weil man keine D-Mark besaß, befestigte den eigenen Stolz.

Im Studium lernte Angela Kasner 1974 den Physikstudenten Ulrich Merkel kennen, der ihre Reiseleidenschaften und die Freude an der Natur, am Wandern teilte. Warum sich Angela Kasner in den ein Jahr älteren Kommilitonen verliebte und ihn 1977 heiratete, lässt sich kaum ganz erklären. Aber dass sie den Atheisten überredete, sich in Templin kirchlich trauen zu lassen, stellte auch einen Schritt dar, um sich von ihrem Vater zu emanzipieren. Ulrich Merkel, der nicht nur standesamtlich, sondern auch kirchlich angetraute Ehemann, stellte ein unübersehbares Stoppschild dar. Und sie hatte sich einen stillen, zurückhaltenden, ruhigen Mann ausgesucht, kein »Alpha-Tier«. Die Heirat bescherte dem Studentenehepaar eine kleine Wohnung im Studentenwohnheim. Im Interview mit dem *Focus* beschrieb Ulrich Merkel ihre erste Wohnung so: »Das war ein 10-Quadratmeter-Zimmerchen. Bad und Toilette teilten wir uns mit Kommilitonen – jeder zahlte zehn Mark Miete im Monat. Ein Bett, zwei Schreibtische, ein Schrank – das war's. Klingt spartanisch, aber uns reichte das.«[130]

Da sie sich wie alle verpflichtet hatten, die ersten drei Jahre nach dem Studium dort hinzugehen, wo der Staat sie »brauchte«, bot die Heirat die Chance, dass sie an einen gemeinsamen Arbeitsort vermittelt werden.

Natürlich konnte das Studentenleben in der DDR sehr vielfältig sein. Kritische und verbotene Literatur von Orwell bis zum *Archipel Gulag* von Solschenizyn wurde gelesen. Musik von Bob Dylan und den Rolling Stones bis zu den gerade in Mode kommenden Liedermachern wie Wolf Biermann und Bettina Wegner spielten eine große Rolle. Um junge regimekritische Dichter wie Uwe Kolbe, von dem erste Texte in der Zeitschrift der Akademie der Künste *Sinn und Form* erschienen, kümmerte sich der großartige Franz Fühmann. 1976 kam Bettina Wegners Song »Kinder« heraus und wurde sehr populär, auch international, weil Joan Baez es nachgesungen hat – auf Deutsch:

»Sind so kleine Hände, winz'ge Finger dran.
Darf man nie drauf schlagen, die zerbrechen dann.
Sind so kleine Füße, mit so kleinen Zeh'n.
Darf man nie drauf treten, könn'n sie sonst nicht geh'n.

Sind so kleine Ohren, scharf und ihr erlaubt.
Darf man nie zerbrüllen, werden davon taub.
Sind so schöne Münder, sprechen alles aus.
Darf man nie verbieten, kommt sonst nichts mehr raus.

Sind so klare Augen, die noch alles seh'n.
Darf man nie verbinden, könn'n sie nichts versteh'n.
Sind so kleine Seelen, offen und ganz frei.
Darf man niemals quälen, geh'n kaputt dabei.

Ist so'n kleines Rückgrat, sieht man fast noch nicht.
Darf man niemals beugen, weil es sonst zerbricht.
Grade klare Menschen, wär'n ein schönes Ziel.
Leute ohne Rückgrat, hab'n wir schon zuviel.«[131]

Dieses Lied spiegelt den Protestgeist in der DDR in den Siebzigerjahren perfekt wider. Erich Honecker, der mit Breschnews Hilfe Ulbricht entmachtet hatte, wurde am 3. Mai 1971 Erster Sekretär des Zentralkomitees der SED und Vorsitzender des Nationalen Verteidigungsrats. 1976 wurde das Amt des Ersten Sekretärs umbenannt in Generalsekretär, und Honecker übernahm zudem noch das eher repräsentative Amt des Vorsitzenden des Staatsrats. Der VIII. Parteitag, der vom 15.–19. Juni 1971 in der Werner-Seelenbinder-Halle in Berlin mit 2131 Delegierten von 1909859 Parteimitgliedern stattfand, beendete Ulbrichts Politik des Neuen Ökonomischen Systems der Planung und Leitung (NÖSPL) und verfolgte unter dem Motto »Alles für das Glück des Volkes« das neue Konzept der »Einheit von Wirtschafts- und Sozialpolitik«, mit der stärkeren Berücksichtigung des individuellen Konsums. Der Sinn des Sozialismus sollte durch die weitere »Erhöhung des materiellen und kulturellen Lebensniveaus des Volkes auf der Grundlage eines hohen Entwicklungstempos der sozialistischen Produktion, der Erhöhung der Effektivität, des wissenschaftlich-technischen Fortschritts und des Wachstums der Arbeitsproduktivität«[132] verwirklicht werden. Oft wurde das Honecker als Fehler angekreidet, nur ließ sich der Systemwettbewerb mit Blick auf die individuelle Lebensqualität nicht länger ausweichen, schon gar nicht in einem geteilten Land, wo der Riss im privaten Lebensniveau durch die Familien ging und im »Westfernsehen« täglich zu beobachten war, wie dürftig das materielle Leben in der DDR war. Hinzu kam, dass gerade Anfang der Siebzigerjahre die diplomatische Anerkennung der DDR rasant zunahm, die Hallstein-Doktrin war gescheitert. Allein 1973 nahm die DDR zu 46 Staaten diplomatische Beziehungen auf, darunter Frankreich und Großbritannien; im April 1974 folgten die USA. Am 18. September wurden auf der XXVIII. Tagung der UN-Vollversammlung die DDR und die Bundesrepublik Deutschland als Mitgliedstaaten aufgenommen. Ein Jahr zuvor, 1972, unterzeichneten beide deutsche Staaten den »Vertrag über die Grundlagen der Beziehungen zwischen der Bundesrepublik Deutschland und der Deutschen Demokratischen Republik (Grundlagenvertrag)«. All das stellte für Honecker einen unglaublichen Triumph dar. Das Problem bestand allerdings darin, dass die DDR einerseits mit ihrem planwirtschaftlichen Modell nicht mit der freien Marktwirtschaft konkurrieren konnte und dass ihr andererseits durch den Bedeutungszuwachs des Welthandels, der schließlich zur Globalisierung führte, die notwendigen Rohstoff- und Absatzmärkte nicht zur Verfügung standen, die sie benötigte. Wirtschaftlich ist die DDR erstickt. Hinzu kam, dass der Systemwettbewerb die DDR zwang, viel zu wenig Geld in die Werterhaltung zu stecken, und man allgemein auf Verschleiß fuhr und dadurch allmählich die Infrastruktur des Landes zusammenbrach. In der Missachtung der Werterhaltung und des Ignorierens des Verschleißes der Brücken, Straßen und Schienenwege, der kommunikativen und logistischen Infrastruktur kann man Merkels Politik als Bundeskanzlerin als ausgesprochen ostalgisch bezeichnen. Dabei hätte sie es wissen können, wenn sie es hätte wissen wollen.

Als Nachwirkung des Prager Frühlings und vor allem im Übergang von Ulbricht zu Honecker äußerten sich Intellektuelle und vor allem Schriftsteller, Dichter und Theaterleute, aber auch Philosophen und Wirtschaftswissenschaftler zunehmend kritisch. Vielen ging es dabei nicht darum, den Sozialismus abzuschaffen, sondern den Sozialismus, den wahren Sozialismus, zu verwirklichen. Es gab nicht nur Distanz und Opposition in kirchlichen Kreisen, sondern auch von Sozialisten, von Marxisten bis tief in die SED hinein. Das wurde nach der Friedlichen Revolution und bis heute gern übersehen. 1976 erschien Christa Wolfs bedeutender Roman *Kindheitsmuster,* aber schon 1974 Volker Brauns Gedichtband *Gegen die symmetrische Welt* gegen die seelenlose Herrschaft der Parteibürokratie und gegen die

Normierung und Indoktrination der DDR-Bürger, der mit den Zeilen beginnt:

»Ich lösche die Losung von meinen Wänden
Steig aus der Parole wie ein Dieb
Auf der Straße ohne Vorsatz, mit bloßem Auge.«[133]

In der Rockmusik machte die Gruppe Renft Furore. In der »Rockballade vom kleinen Otto« aus dem Jahre 1974 heißt es:

»Manchmal sagte Otto
Leben ist wie Lotto
Doch die Kreuze macht ein Funktionär!«

In dem Lied wurde eine »Republikflucht« geschildert, die scheiterte:

»Die deutschen Mark, die harten
Ließen auf sich warten
Da ging er an die Autobahn
Und fuhr ungefährdet
Bis nach Wittenberge
Dort sprang er auf'n Elbekahn

Hol mich nach Norden
Hol mich nach Norden
Hol mich oder ich flieh!

Nimm mich mit oh Kapitän
Auf die Reise!
Nimm mich mit oh Kapitän
Durch die Schleuse!

Nach dem Tütenkleben
Wollt er nicht mehr leben
Er fuhr nach Wittenberge rauf
Und ging in die Elbe
Die Stelle war dieselbe
Vielleicht taucht er in Hamburg wieder auf.«[134]

Doch die Gruppe Renft wird am 22.9.1975 verboten. Ruth Oelschlägel, Direktorin der Konzert- und Gastspieldirektion Leipzig, teilte der Band im Funktionärston mit: »Ich möchte Ihnen im Namen der Kommission mitteilen, daß wir nicht der Auffassung sind, daß dieses Vorspiel heute stattfindet. Und zwar aus folgenden Gründen: Die Texte, die Sie mir übergeben haben, haben mit der sozialistischen Wirklichkeit keine Übereinstimmung. Und wir sind der Auffassung, daß damit die Gruppe Renft als nicht mehr existent anzusehen ist. Das ist alles, was ich Ihnen zu sagen habe.«[135] Anschließend mussten die Musiker ihre Berufsausweise abgeben. Wie viel die Studentin Kasner davon mitbekommen hatte, weiß man nicht. Christa Wolf dürfte sie gelesen haben, Volker Braun wohl eher nicht, Reiner Kunze sicher. Im Frühjahr 1977 hatte Merkel den verfemten Dichter auf einem Wochenendseminar der Evangelischen Studentengemeinde, zu der sie hin und wieder ging, ohne dass sie sich dort groß engagierte, auf Schloss Mansfeld kennengelernt. Kunze riet den jungen Leuten, jeden Tag große deutsche Literatur zu lesen, »um so den sozialistischen Gedankenmatsch ertragen und überstehen zu können«.[136] Aufgrund einer mehrjährigen Haftstrafe, die dem Dichter und dessen Frau Elisabeth drohte, beantragte das Ehepaar Kunze am 7. April 1977 die Ausreise, die ihm umgehend genehmigt wurde, sodass er am 13. April 1977 in die Bundesrepublik übersiedelte. Sein inzwischen legendärer Band mit kleiner Prosa *Die wunderbaren Jahre*, der vor allem die Nachwirkungen des Prager Frühlings und die Ideologisierung und die Tristesse des Alltags der DDR in Miniaturen erzählte, war ein Jahr zuvor im Jahr der Biermann-Ausbürgerung 1976 erschienen – und fand auch in der DDR über Fotokopien eine den Umständen entsprechende große Verbreitung. Einem Brief, den die Stasi heimlich öffnete, entnahm sie genau das: »Weiterhin will die Absenderin wissen, dass in bestimmten Kreisen der DDR die Texte von Kunze abgeschrieben herumgehen, und dass sich eine Bekannte das Buch *Die wunderbaren Jahre* irgendwie besorgt hätte.«[137]

10. MIT BLICK AUF DIE AKADEMIE?

Das Studium neigte sich dem Ende zu, und die Studentin schaute sich nach einem Betreuer und nach einem Thema für ihre Diplomarbeit um. An der Sektion Physik lehrte auch Professor Reinhold Haberlandt. Möglicherweise suchte sich die Studentin mit sicherem Instinkt diesen Wissenschaftler aus, nicht nur weil er über einen erstklassigen Ruf verfügte, nicht nur weil er auf einem Gebiet forschte, das sie interessierte, sondern weil er eben nicht nur an der Leipziger Alma Mater lehrte, eher nebenbei, sondern weil er in der Hauptsache an der Leipziger Außenstelle der Akademie der Wissenschaften arbeitete. Einen Mentor zu besitzen, der sowohl an der Universität als auch an der Akademie tätig war, konnte zum Vorteil gereichen, denn Physiker wurden nicht nur an wissenschaftlichen Institutionen, sondern auch in Betrieben, in der sozialistischen Produktion eingesetzt. Letzteres war für Angela Merkel eine Horrorvorstellung, denn: »Experimentalphysik war nicht gerade meine Stärke. Mit dem Löten hatte ich Schwierigkeiten. Und meine Schaltpläne haben in der Praxis meistens nicht funktioniert.«[138]

Außerdem brauchte ein Physiker im tristen Alltag in der sozialistischen Produktion, wenn man von einem Volkseigenen Betrieb wie dem 1969 geschaffenen Robotron absah, nicht einmal im Entferntesten von einem Nobelpreis zu träumen. Hinzu kam, dass sich Haberlandt dazu bekannte, Christ zu sein. Wie sollte er da eine Pfarrerstochter abweisen? Doch Angela Merkel bekam noch einen zweiten Betreuer, den Physiker Ralf Der. In dem Jahr, in dem die Leipziger Universitätskirche gesprengt wurde, schloss Ralf Der sein Physikstudium an der Leipziger Universität ab. Am 30. Mai 1968 legten 750 kg Sprengstoff die Universitätskirche St. Pauli in Schutt und Asche. Da er zu denjenigen gehörte, die gegen die Sprengung protestierten, war ihm der Weg, an der Universität zu bleiben, versperrt. Doch kam er in der Außenstelle der Akademie am Zentralinstitut für Isotopen- und Strahlenforschung in Leipzig unter und verteidigte 1971 seine Dissertation, 1984 folgte die Habilitation. Im Nachhinein besaß die Sprengung fast eine symbolische Bedeutung, denn mit der Dritten Hochschulreform wurden die Fakultäten und die akademischen Wahlämter aufgelöst, die letzten bürgerlichen Residuen »gesprengt« und die Universitäten und Hochschulen im Sinne der SED zu vollkommen sozialistischen Einrichtungen umgestaltet.

Merkels Biograf Gerd Langguth meinte, dass die Betreuung der Diplomarbeit der Studentin auch für Der »eine gute Möglichkeit« gewesen sei, »Verbindung zum Universitätsleben zu halten«.[139] Das ist sicher richtig. Dass Ralf Der Haberlands Diplomanden praktisch betreute, hatte für ihn in der Tat den Effekt, noch einen Draht zur Universität zu besitzen. Merkels Diplomthema »Der Einfluss der räumlichen Korrelation auf die Reaktionsgeschwindigkeit bei bimolekularen Elementarreaktionen in dichten Medien« war außer in der Sektion noch im Komplex »Statistische und Chemische Physik von Systemen der Isotopen- und Strahlenforschung« des Zentralinstituts für Isotopen- und Strahlenforschung der Akademie der Wissenschaft in Leipzig angesiedelt. Damit hatte die Diplomandin zumindest einen Zeh in der Akademie der Wissenschaften. Ihre Voraussicht sollte sich wie immer auszahlen. Das Institut stellte ihr sogar für ihre Arbeit ein Zimmerchen im Gebäude der Akademie unter dem Dach zur Verfügung, gleich neben Ders Minibüro von ca. zwei mal zwei Metern. Zuweilen traf man sich am Nachmittag in Ders kleinem Zimmer. Bis zu zehn junge Wissenschaftler, die geradezu Kette rauchten, dass man einander bald nicht mehr sehen und nur noch an der Stimme erkennen konnte, stapelten sich in der Enge seines Büros, tranken zuweilen Alkohol, der aus dem Labor besorgt wurde, und sprachen über Gott und die Welt und natürlich über die DDR – und was alles besser und anders werden muss. Spöttereien und politische Witze durften nicht fehlen. Zuweilen zog die Schar weiter ins Café Corso, wo auch Musiker, Schriftsteller und Schauspieler verkehrten, typische DDR-Boheme, und von dort dann in die Pfeffermühle bis tief in die Nacht hinein. »Das heißt, wir sind rumgezogen, sind ausgegangen, haben uns die Nächte um die Ohren gehauen, haben gesoffen …«, erinnert sich Der.[140] Zur Kunst Angela Merkels gehört, dabei zu sein und doch nicht ganz, nie ganz da zu sein, hilfreich und wohlgelitten, doch immer mit einer letzten Reserve. »Angela Merkel ist da oft mitgegangen, sie hat aber offenbar trotzdem nicht wirklich dazugehört, eher zugeschaut.«[141] Auch Haberlandt sagte später über seine Diplomandin: »Sie hat freiwillig von sich aus nie etwas gesagt, nur wenn sie gefragt wurde.«[142] Manche nannten es scheu, zurückhaltend. Doch dürfte es weder scheu noch zurückhaltend gewesen sein, sondern nur ihrer von früh auf antrainierten Verfahrensweise geschuldet sein, erst mal zu schauen, wohin sich etwas bewegt, bevor sie sich entscheidet oder Stellung bezieht. Erfolg hat nur, wer das Richtige wählt – und das Richtige ist das, wohin der Trend geht. Bereits Mitschülern in Templin war aufgefallen, dass das Mädchen Angela Kasner nichts über sich preisgab. Im Nachhinein bewunderte Ralf Der Angela Merkel für ihre Menschenkenntnis: »Es war ihre große Stärke, dass sie Leute lesen konnte.«[143]

Auch von CDU-Politikern, die eine andere Meinung in einer politischen Frage vertraten als die Bundeskanzlerin, hört man, dass Merkel sie zum Gespräch einlud und sich freundlich ihre Argumente anhörte, um angeblich darüber nachzudenken, doch in Wirklichkeit wollte sie nur einen Eindruck von der Persönlichkeit bekommen, wenn sie diesen Politiker nicht persönlich kannte; sie wollte ihn »lesen«, um die Methode zu wählen, den Abweichler auf Linie zu bringen oder zu marginalisieren. Bei Ralf Der hört sich das so an: »Es hat sie alles interessiert, was wir taten.« Klar, aber: »Sie war viel zu integer, um sich blenden zu lassen.« Man könnte auch sagen, um sich rückhaltlos zu begeistern. »Sie hatte sehr viel Energie für die Dinge, die wirklich wichtig sind«, für sie wichtig sind: »Was man denken muss, wo man sein muss, was man lesen muss. Sie hatte neben dem, was wir alle machen, ein starkes, eigenes, inneres Leben. Und durch dieses innere Leben hatte sie eine große Ausstrahlung auf uns alle.«[144] »Ein starkes inneres Leben« – ein genialer Ausdruck für Egozentrik.

Was den Kreis um Der stark beschäftigte, war der größte Skandal der DDR-Kulturpolitik nach dem Kahlschlag-Plenum 1965, der 1976 mit der Ausbürgerung Wolf Biermanns einschlug wie eine Bombe. Kaum wurde die Ausbürgerung bekannt, publizierte Robert Havemann einen offenen Brief an Erich Honecker, in dem der Physiker, Regimekritiker und Altkommunist von dem Sozialismus sprach, den sich Ralf Der und dessen Kreis damals erträumte, und appellierte an den Partei- und Staatschef: »Kannst Du Dir vorstellen, daß ihr ihn jetzt zum Idealbild von Millionen junger Menschen in der DDR gemacht habt. Er verkörpert heute in zwiespältiger Weise eine Art letzter großer Hoffnung auf einen Sozialismus, von dem sie schon aufgehört hatten zu träumen. Vernichtet diese Hoffnung nicht! Zeigt die jetzt notwendige Großzügigkeit, die Euch schon keiner mehr zutraut, und nehmt den unbequemen Wolf Biermann wieder auf in den Staat, dem seine ganze leidenschaftliche Liebe gehört!«[145] Honecker sollte diese »Hoffnung« vernichten.

Übrigens hatten die Nationalsozialisten Robert Havemann wegen seines Widerstands im Zuchthaus Brandenburg eingekerkert, in dem auch Erich Honecker eingesperrt war, nur dass Havemann zum Tode verurteilt war und die Hinrichtung immer wieder aufgeschoben wurde, weil Fachkollegen für ihn eintraten und den Nazis einredeten, dass man Havemanns wissenschaftliche Exzellenz noch für den Bau von chemischen Waffen benötigen würde. Wegen seines Wirkens in der Widerstandsgruppe Europäische Union im Dritten Reich wurde Havemann posthum im Jahr 2005 von der Holocaust-Gedenkstätte Yad Vashem der Titel »Gerechter unter den Völkern« verliehen. Havemann hatte nicht nur den Brief an Honecker geschrieben, sondern zuvor mit dem Schriftsteller Klaus Fuchs in Interviews westlicher Medien gegen die Ausbürgerung protestiert. Doch am 17. November geschah etwas, das die SED-Oberen buchstäblich kalt erwischte und womit sie nicht gerechnet hatten. In der Wohnung des Schriftstellers Stephan Hermlin trafen sich der Bildhauer Fritz Cremer, die Schriftsteller Christa und Gerhard Wolf, Erich Arendt, Jurek Becker, Günter Kunert, Sarah Kirsch, Rolf Schneider, Franz Fühmann, Volker Braun, Stefan Heym und Heiner Müller. Alles keine Regimekritiker oder Feinde des Sozialismus, im Gegenteil. Nach gründlicher Diskussion, denn sie alle wussten, was auf dem Spiel stand und dass man die Staatsmacht he-rausforderte, einigten sie sich auf einen offenen Brief, den sie Erklärung der Berliner Künstler vom 17.11.1976 nannten: »Wolf Biermann war und ist ein unbequemer Dichter. Das hat er mit vielen Dichtern unserer Vergangenheit gemein. Unser sozialistischer Staat, eingedenk des Wortes aus Marxens ›18. Brumaire‹, demzufolge die proletarische Revolution sich unablässig selbst kritisiere, müsste im Gegensatz zu anachronistischen Gesellschaftsformen eine solche Unbequemlichkeit gelassen nachdenkend ertragen können. Wir identifizieren uns nicht mit jedem Wort und jeder Handlung Wolf Biermanns und distanzieren uns von den Versuchen, die Vorgänge um Wolf Biermann gegen die DDR zu missbrauchen. Biermann hat selbst nie, auch nicht in Köln, Zweifel darüber gelassen, für welchen der beiden deutschen Staaten er, bei aller Kritik, eintritt. Wir protestieren gegen seine Ausbürgerung und bitten darum, die beschlossene Maßnahme zu überdenken.« Kurz darauf wurden unter den Brief noch die Namen von Jutta Hoffmann, Rolf Ludwig, Robert Havemann, Katharina Thalbach, Käthe Reichelt, Christian Kunert, Manfred Krug, Nina Hagen, Sybille Havemann, Ulrich Plenzdorf, Eva-Maria Hagen, Klaus Schlesinger, Bettina Wegner, Fritz Rudolf Fries, Gisela May, Thomas Brasch, Christiane Ufols, B. K. Tragelehn, Peter Herrmann, H.-J. Schädlich, Kurt Bartsch, Thomas Schoppe, Wassja Götze, Erika und Jürgen Böttcher, Hilmar Thate, Gerulf Pannach, Angelika Domröse und Jürgen Fuchs gesetzt. Die Unterzeichner gehörten fast alle der kulturellen Elite an. Der Text wurde dem *Neuen Deutschland,* aber auch mit Sperrfrist *Reuters* und *Agence France-Presse (AfP)* zur Veröffentlichung übergeben.

Nachdem der offene Brief im Westen publiziert worden war, erklärten sich über 100 Künstler der DDR solidarisch. Es ging längst nicht mehr um Wolf Biermann, sondern um die repressive Kulturpolitik der SED, um die Einschränkung der Meinungs-, Presse- und Publikationsfreiheit. Im Politbüro schrillten alle Alarmglocken, und man setzte in einer typischen »Wirsindmehr«-Aktion alle Repressionsmittel des Staates ein. Vor allem im *Neuen Deutschland* und in den Tageszeitungen kamen nun zahllose Kulturfunktionäre der SED, aber auch Schriftsteller, Intellektuelle, Schauspieler, Regisseure, »Kulturschaffende«, wie sie sich damals nannten und jetzt schon wieder nennen, selbst »klassenbewusste« Arbeiter zu Wort, die die Erklärung, den offenen Brief, verurteilten und die Ausbürgerung lobten, allen voran der Schriftsteller Hermann Kant, die Schauspieler Vera Oelschlegel, Hans-Peter Minetti, Wolfgang Heinz, die Theaterintendantin

Ruth Berghaus und der Filmregisseur Konrad Wolf, Bruder des Chefs der Auslandsspionage des Ministeriums für Staatssicherheit Markus »Mischa« Wolf. Die Präsidentin des Schriftstellerverbandes Anna Seghers dementierte, den offenen Brief unterschrieben zu haben. Der Schriftsteller Jürgen Fuchs sowie die Musiker der Gruppe Renft Gerulf Pannach und Christian Kunert wurden bereits am 19. und am 21. November verhaftet. Robert Havemann und seine Familie stellte die Staatsmacht unter Hausarrest. Cremer und Brüning schüchterte man so ein, dass sie ihre Unterschrift zurückzogen. Gerhard Wolf schloss man aus der SED aus, über die Schauspieler wurde ein Auftrittsverbot erlassen. Infolge der Repressionen verließen über hundert Künstler und Schriftsteller die DDR, unter ihnen später Manfred Krug, Eva-Maria Hagen, Nina Hagen, Armin Mueller-Stahl, Angelica Domröse und Hilmar Thate, Günter Kunert, Klaus Schlesinger, Sarah Kirsch, Rolf Schneider und Bettina Wegner.

1977 erschien in der Bundesrepublik Rudolf Bahros Buch *Die Alternative,* in dem der Autor, der bald schon aufgrund einer konstruierten Anklage verurteilt, ins »Gelbe Elend« nach Bautzen verschleppt wurde und in Isolationshaft kam, aus sozialistischer Sicht den Sozialismus in der DDR kritisierte, den er nicht für sozialistisch, sondern für politbürokratisch hielt. Obwohl in der DDR kaum jemand das Buch kannte, sprach sich die Geschichte vom eingekerkerten Regimekritiker dank westlicher Medien herum. Ein kleiner Kreis von Leuten, Wirtschaftswissenschaftler, aber auch Philosophen und Gesellschaftswissenschaftler, erinnerten sich an die Vorstellungen von Ota Šik, dem wirtschaftspolitischen Vordenker des Prager Frühlings. Wie viel Angela Merkel darüber erfahren hatte, weiß man nicht, doch Ralf Der hatte über Freunde in vulgo einen Giftschein erhalten. Der Giftschein hieß formal richtig »Wissenschaftlicher Verwendungszeck«, der, von einem Professor unterschrieben, seinem Besitzer ermöglichte, in der Bibliothek verbotene Literatur,

Sperrliteratur genannt, zu seinem Arbeitsgebiet zu lesen. In der Leipziger Deutschen Bücherei existierte ein eigener Lesesaal für Sperrliteratur, weit weg vom normalen Lesesaal, nur erreichbar über viele Treppen, zuletzt über eine eiserne Wendeltreppe und hinter einer Stahltür gelegen, durch die man in einen Vorraum kam, in dem man sich zuerst ausweisen musste, bevor man den kleinen Lesesaal betreten durfte, der sich in einem Türmchen der imposanten Deutschen Bücherei befand. Schon die Stalinisten hassten alles, was über das Wissen hinausging, das für die Erledigung der zugewiesenen Aufgaben notwendig war.

Über diese Ereignisse, über den Zustand der DDR, über die Notwendigkeit von Reformen wurde in dem Kreis um Ralf Der, in dem Angela Merkel verkehrte, diskutiert. Doch Angela Merkel, die zu diesen Zusammenkünften ihren Mann nicht mitnahm, schwieg eher, hörte zu, als dass sie sich in die Diskussionen einbrachte. Mangelndes Selbstvertrauen, wie mancher vermutete, mag wohl nicht dahintergesteckt haben.

1979 wird der Dichter Heiner Müller das Requiem auf die sozialistische Utopie schreiben, auf das, was die DDR hätte werden sollen. Er wird das Theaterstück, was es vom Genre her ist, »Der Auftrag. Erinnerung an eine Revolution« nennen. Das, was viele mit der DDR verbunden und erhofft hatten, war nach der Biermann-Ausbürgerung bestenfalls noch eine Erinnerung. Enfant perdu.

Angela Merkel hatte es gut, sie musste nicht mit den politischen Folgen der Proteste zur Ausbürgerung Biermanns umgehen, sie konnte sich auf die »Reaktionsgeschwindigkeit bei bimolekularen Elementarreaktionen« zurückziehen. Doch die Diskrepanz zwischen dem in den Medien erzeugten Bild der Wirklichkeit und der Wirklichkeit selbst wuchs. Auch hierin, indem Merkel als Bundeskanzlerin dem veröffentlichten, dem medialen Bild der Wirklichkeit anstatt der Wirklichkeit selbst glaubte, ist sie nicht ostdeutsch. Sie ist auch deshalb nicht ostdeutsch, weil sie ihre Kindheit und Jugend in einer privilegierten, in einer insularen Situation zugebracht hatte und nach der Friedlichen Revolution die sogenannten Transformationsprozesse, wo es für viele im Osten um die nackte Existenz ging, wieder privilegiert von ferne erlebte: von der Höhe eines Parteipostens, eines Ministerpostens. Die harten sozialen Umbrüche im Osten erlebte sie nicht zu Fuß, sondern immer aus der Sicherheit und Bequemlichkeit eines Dienstwagens. Das erklärt auch ihre kalte Verachtung für den Osten. Angela Merkel verkörperte von Anfang an nicht den Osten, sondern die Vorstellung, die man sich im Westen vom Osten so gern machen wollte. Sie war ja auch in Hamburg geboren, wie sie betonte, so wenig ostdeutsch und so lernfähig, dass sie perfekt ins westdeutsche System passte, das sie schließlich austrickste, weil sie die Schwächen des Systems erkannte.

Im Sommer 1978 verteidigte Angela Merkel ihre Diplomarbeit. Sie war nun Diplom-Physikerin. Doch vorerst reisten ihr Mann und sie ins thüringische Ilmenau. Dort existiert eine Technische Hochschule, an der ihr eine Stelle als wissenschaftliche Assistentin angeboten wurde. In einen sozialistischen Betrieb zu gehen wie einige ihrer Kommilitonen, das war nichts für sie – und die Gefahr bestand wohl auch nicht. Dafür hatte sie sich geschickt genug verhalten. Über die Ilmenau-Episode sprach sie dezidiert m. W. nur zweimal – und mit deutlichen Unterschieden. Belege für ihre Version existieren nicht oder sind zumindest nicht zugänglich wie Merkels Stasi-Akte. Gegenüber *Bild* erinnerte sie sich im Jahre 2010 an ihr Bewerbungsgespräch folgendermaßen: »Nachdem ich in Leipzig studiert hatte, überlegte ich, als Assistentin an der Universität in Ilmenau anzufangen. Nach einem sehr unangenehmen Vorstellungsgespräch sagte man mir dort, ich hätte ja sicher Interesse daran, schnell das Geld für meine Fahrkarte zurückzubekommen. Ich wurde dann statt zur Kasse in einen Raum geführt, wo Stasi-Leute auf mich warteten.

Von meinen Eltern hatte ich gelernt, bei einem Anwerbeversuch gleich zu sagen, dass ich den Mund nicht halten könne und immer alles weitererzählen müsse. Damit war der Anwerbeversuch schnell beendet. Die Stelle in Ilmenau habe ich nicht bekommen.«[146] In dem Gespräch mit dem »widerlichen Kaderleiter« stellte sie fest, dass er alles über sie gewusst hätte: »Wie oft ich Westradio gehört habe, wann ich neue Jeans hatte – alles von Mitstudenten ausspioniert.«[147] In dieser nonchalanten Erinnerung passt eigentlich nichts so recht zusammen, wiewohl Details stimmen dürften, denn in ihrer Seminargruppe berichteten sicher Kommilitonen an die Stasi. Wenn man danach fragt, welche Akte dem »widerlichen Kaderleiter« vorgelegen hatte, dann kann es keine »Kaderakte« gewesen sein, weil sie noch keine besaß. Ihm lagen eigentlich nur die Bewerbungsunterlagen, die grosso modo Beurteilungen, Zeugnisse, Testate und Merkels Bewerbungsschreiben enthalten hatten. Die Informationen, über die der »widerliche Kaderleiter« verfügt haben soll, hätte er außerdem nur aus einer Stasi-Akte gehabt haben können, die finden sich weder in Kaderakten und natürlich erst recht nicht in Bewerbungsschreiben. Diese Informationen wären einem gewöhnlichen Kaderleiter garantiert nicht zugänglich gewesen. Zudem hätte er nie die junge Frau darüber informiert, was er weiß. Nun könnte man einwenden, dass es um Grundlagenforschung ging, und damit um einen sicherheitsrelevanten Bereich. Doch das hätte umso schärfer für die Akademie der Wissenschaften gegolten. Weshalb kommt jemand an der Akademie der Wissenschaften an, der in Ilmenau abgelehnt wurde? Warum schickt man den nicht kurzerhand in die Produktion?

Dubios ist auch der Verlauf. Wie muss man sich den Anwerbeversuch vorstellen, etwa so, dass die beiden Stasi-Leute zu ihr sagten: »High Angie, wir sind von der Stasi. Willst du für uns ein bisschen spitzeln? Informell, geht ganz schnell.« Worauf Angela Merkel antwortete: »Ja gern, aber ich bin leider eine so große

Plaudertasche, dass ich es gleich meinem Mann erzählen muss. Ich kann doch nichts für mich behalten.« Worauf die beiden Offiziere erwidern: »Okay, dann nicht, have a nice spy day.« Schließlich waren die beiden Stasi-Anwerber so überrascht von der originellen, noch nie gehörten Antwort, dass sie die Studentin offenen Mundes ihres Weges ziehen ließen?

In einer früheren Version der Geschichte erzählte Merkel im Jahre 2005 Hugo Müller-Vogg noch nicht, dass sie »statt zur Kasse in einen Raum geführt« wurde, »wo Stasi-Leute auf mich warteten«, sondern: »Als ich zur Reisekostenstelle ging, um mir die Fahrkosten für die Anreise zu diesem Vorstellungsgespräch erstatten zu lassen, wurde ich auf der Treppe von zwei Männern angesprochen … Die haben sich ganz normal als Mitarbeiter des Ministeriums für Staatssicherheit vorgestellt.«[148] Also eine Art Anwerbungsquickie in aller Öffentlichkeit auf der Treppe? Und weshalb verzichteten sie auf die Anwerbung, weil Angela Merkel ihren Mund nicht halten könne, wo die Stasi-Leute selbst in aller Öffentlichkeit agierten? Vielleicht fiel der Bundeskanzlerin später auf, dass diese frühe Version nicht haltbar ist, und sie revidierte sie deshalb im Gespräch mit *Bild*.

Ganz ohne Ironie und ohne Persiflage bleibt doch folgende Tatsache merkwürdig: Angela Merkel bekommt die Stelle an der kleinen Hochschule im noch kleineren Ilmenau in der tiefsten ostdeutschen Provinz deshalb nicht und muss stattdessen an der Akademie der Wissenschaften in Berlin arbeiten? Noch mal, warum hat man die anscheinend renitente Studentin nicht in die Produktion, sondern in die höchste wissenschaftliche Einrichtung der DDR verfrachtet? Um den Vorgang richtig einzuordnen, ist es notwendig zu wissen, dass in der sehr klaren Wissenschaftshierarchie der DDR die Akademien an der Spitze standen und dann erst die Universitäten und Hochschulen folgten. Nachdem die Festlegung getroffen worden war, dass den Professoren an der Akademie der Wissenschaften alle sieben Jahr ein freies

Jahr zugestanden wurde, hob Ende der Sechziger-, Anfang der Siebzigerjahre die Diskussion darüber an, dass auch den Professoren der Universitäten dieses Jahr zugestanden wird. Es entstand auch die Idee, dass Akademieprofessoren die Universitätsprofessoren in dem freien Jahr in der Lehre vertreten sollten. Doch letztlich verlief das im Sande, das Privileg blieb den Akademieprofessoren vorbehalten.

11. GERÜCHTE, MUTMASSUNGEN, SPEKULATIONEN

Selbst wenn man unterstellt, dass sich Angela Merkel nach 1989 von Anfang an weit weniger offenherzig, weit weniger ehrlich, weit weniger naiv als der Durchschnittsostdeutsche verhielt – anders als Sahra Wagenknecht, die aus ihrer DDR-Vergangenheit und überhaupt aus der Geschichte der DDR in der Kommunistischen Plattform der PDS die Legitimation für ihre politischen Ansichten und Ziele zog –, geben ihre spärlichen Reminiszenzen zumindest Rätsel auf. Zugestanden wird, dass die Vorsicht im Umgang mit autobiografischen Details in der kuriosen Situation mehr als angebracht war, als Bürger im Osten, die Freiheit und Demokratie erkämpften, sich vor Bürgern aus dem Westen zu rechtfertigen hatten, Bürgern, die im Wohlstand aufwuchsen und sich nie Fragen zu stellen hatten, ob sie das Richtige dachten oder taten und welche Kompromisse sie eingingen. Als diejenigen, die unter erheblichen Gefahren die Herrschaft der SED beendeten, sich plötzlich vor Leuten aus dem Westen zu erklären hatten, die sich als Richter aufspielten und von denen so mancher zu einer beruflichen Position kam, die er nur deshalb erlangte, weil die DDR-Elite brutal verdrängt und ins Abseits geschoben wurde. Jedes biografische Detail konnte zum biografischen Super-GAU führen. Hingegen ist nicht bekannt, dass auch die Staatsdiener, von den Verwaltungen bis hin zu den Universitäten im Westen, durchgegauckt, das heißt überprüft wurden, ob auch sie Stasi-Kontakte hatten oder nicht. Während im Westen die Unschuldsvermutung galt, galt im Osten die Schuldvermutung. Schon die junge Angela Merkel wusste das viel besser als andere Ostdeutsche. Die Frage, ob Angela Merkel für das Ministerium für Staatssicherheit gearbeitet hatte, wurde nicht nur immer wieder gestellt, sondern erlangte trotz fehlender Belege für nicht wenige den Status der Gewissheit. Mit bewunderungswürdiger Akribie ging der Historiker Hubertus Knabe, ein exzellenter Fachmann für die Geschichte der DDR, dieser Frage nach. Sein Fazit lautet, dass sich keinerlei Belege finden lassen, die diesen Vorwurf bestätigen oder auch nur erhärten. Hubertus Knabe kommt zu dem Schluss: »Nach Auskunft der Stasi-Unterlagen-Behörde liegen zwar Papiere des Staatssicherheitsdienstes zu Angela Merkel vor, doch könnten diese nur mit ihrer schriftlichen Einwilligung herausgegeben werden. Dies liegt nicht etwa daran, dass die Bundeskanzlerin besondere Vorrechte genießt, sondern an der Konstruktion des Stasi-Unterlagen-Gesetzes. Es gewährt freien Zugang nur zu Täter-Akten, während Opfer oder Unbeteiligte geschützt werden. Das bedeutet: In der Behörde des Bundesbeauftragten existieren keine Dokumente, in denen Angela Merkel als Stasi-Informantin vorkommt.«[149]

Die Möglichkeit besteht allerdings, dass belastende Unterlagen vernichtet worden seien, denn während sich Bürgerrechtler mit dem Slogan »Keine Gewalt« vor die Stasi-Zentralen stellten, um sie vor der Erstürmung aufgebrachter Bürger zu schützen, vernichteten nach einer festgelegten Reihenfolge die deutschen »Tschekisten« so viele Akten als irgend möglich. Da Angela Merkel vor 1990 noch keine Person der Zeitgeschichte war, kann man auch nicht auf Herausgabe von Akten klagen, in denen sie nicht als Mitarbeiter der Staatssicherheit vorkommt. In der zentralen Personenkartei F16, in der die Stasi jeden verzeichnete, mit dem sie sich befasste, müsste geprüft werden, ob es zu Angela Merkel einen Eintrag gibt. Wenn ja, könnte man anschließend in der Vorgangskartei F 22 feststellen, als was sie erfasst ist: als Opfer, als Täter oder als unbedeutende Dritte. Knabe erklärt, dass man davon ausgehen könnte, wenn keine F-16-Kartei für Angela Merkel vorliegt, dass sie 1989 vernichtet wurde, was wiederum die Vermutung zuließe, dass Spuren verwischt worden waren. Sollte eine F-22-Kartei vorliegen, müsste sich in ihr ein Hinweis auf einen IM-Vorgang befinden; dafür gibt es aber keinerlei Anzeichen. Der von Merkel selbst erzählte Anwerbungsversuch in Ilmenau fände sich dann in den Akten, wenn die Akten noch existieren und man sie einsehen dürfte, denn die Mitarbeiter des Ministeriums für Staatsicherheit haben alles penibel dokumentiert, zuweilen umständlich genau bis zur Lächerlichkeit und noch darüber hinaus. Ausgeschlossen darf zumindest werden, dass sie, wenn überhaupt, unter dem Decknamen IM Erika für das MfS gearbeitet hatte. Eine weitere Spekulation geht dahin, dass Merkel nicht mit der Stasi, sondern mit dem KGB gearbeitet hatte. Doch in diese Richtung lässt sich kaum – und seit Putins Überfall auf die Ukraine sogar noch weniger – recherchieren. Ein großes, weitgehend wenig untersuchtes Feld stellen ohnehin die DDR-Bürger dar, die mit dem KGB zusammengearbeitet hatten. Als noch viel spekulativer müssen also die Mutmaßungen gelten, dass Angela Merkel nicht mit der Stasi, sondern mit dem KGB Kontakte unterhielt. Man kann es nicht oft genug betonen, aber Belege gibt es für alle diese Gerüchte nicht.

Statt Belege existieren allerdings Anomalien in Merkels Vita, die sich nicht leicht, teils gar nicht erklären lassen. Ihre Darstellung der versuchten Anwerbung in Ilmenau, vor allem aber die misslungene Bewerbung an der Hochschule in der Provinz und die kurz darauf erfolgte Berufung an die höchste Wissenschaftseinrichtung der DDR gehören in diesen Bereich. Selbst wenn man ihre Reisen nach Polen zu einer Zeit, als DDR-Bürgern die Reise ins sozialistische Nachbarland nur noch aufgrund einer persönlichen Einladung aus Polen erlaubt wurde, mit Geschicklichkeit und mit den Wissenschaftskanälen erklären will, bleibt dennoch eine Episode übrig, die Fragen offen lässt.

Als Angela Merkel am 12. August 1981 von Polen in die DDR zurückreisen will, entdeckten die Grenzer bei ihr eine zwischen Büchern versteckte Solidarność-Zeitung und in ihrem Portemonnaie ein Solidarność-Abzeichen, außerdem zwei Fotos vom Solidarność-Denkmal in Gdynia. Sie wurde aus dem Zug auf den Bahnsteig geholt, während ihr Begleiter im Zug sitzen blieb. Sie erklärte den Grenzern, dass das polnische Paar, das sie eingeladen hatte, sie zum Denkmal führte, weil das für die Polen eine große Bedeutung besäße; dort kauften ihre Gastgeber von einem Solidarność-Mann Zeitung und Abzeichen und schenkten ihr beides. Der Grenzer schrieb ins Protokoll: »Der Bürgerin war nicht bekannt, dass solche Gegenstände zur Einfuhr in die DDR nicht zugelassen sind.« Außerdem, behauptete sie, könne sie die Zeitung nicht lesen, da sie kein Polnisch spreche. Als sicher darf gelten, dass die Grenzer den Vorfall weitermeldeten. Vollkommen untypisch ist, dass sich daraus für die junge Assistentin an der Akademie der Wissenschaften keinerlei Konsequenzen ergeben haben, während andere Repressalien für ähnliche oder gleiche Vergehen erlitten, die sogar zur Verhaftung führten. Weshalb also die Milde bei der jungen Wissenschaftlerin? Und selbst wenn diese Meldung im Trubel der Ereignisse untergegangen sein sollte, was wenig glaubhaft ist, erzählte sie von ihrer Reise ihrem Kollegen Frank Schneider, der als IM Bachmann für das MfS arbeitete. »Das Ziel ihrer Reise bestand darin, die Lage in der VR Polen kennenzulernen«, informierte Schneider das MfS über Merkels Erlebnisse in Gdynia und darüber, dass die Solidarność in Polen immer größeren Einfluss gewann. Es mag mildernd klingen, wenn Schneider, der Merkel ja nichts Böses wollte, hinzufügte: »In diesem Zusammenhang stimmte sie der Einschätzung der UdSSR zu, dass der Sozialismus in Polen untergraben wird.« Er bescheinigte seiner Kollegin, dass sie als FDJ-Funktionärin im ZIPC »eine gefestigte Haltung zu unserem Staat hat«.[150] Die Ereignisse in Polen, die mit der Ausrufung des Kriegsrechts im Dezember 1981 eskalierten, versetzte die Parteiführung der SED und die Stasi in eine Paranoia. In dieser Situation, in der die Aufmerksamkeit des Ministeriums für Staatssicherheit aufgrund der »Ansteckungsgefahr« sich auf die Kontakte von DDR-Bürgern zu Polen und nach Polen richtete, bekommt das Ministerium zwei Meldungen, die dazu angetan sind, den Verdacht zu hegen, dass eine junge Wissenschaftlerin an der höchsten Wissenschaftseinrichtung der DDR mit der Solidarność sympathisieren könnte – und unternimmt nichts? Wenn man in Ilmenau vergeblich versucht hatte, die junge Wissenschaftlerin als IM anzuwerben, hätte man doch nun ein Druckmittel in der Hand gehabt, um die Anwerbung erfolgreich abzuschließen. Die Frage lautet also, wer oder was hatte Merkel in dieser riskanten Situation gedeckt, denn in vergleichbaren Fällen ging die Stasi rabiat vor? Der Theologiestudent Eckart Hübner wurde beispielsweise im August 1981 hingegen von DDR-Grenzern festgenommen, als er versuchte, »Solidarność«-Material in die DDR zu schmuggeln. Nach einer kurzen Haft in Neustrelitz wurde er in die Untersuchungshaftanstalt des MfS in Berlin-Hohenschönhausen gebracht. Monatelang wurde er dort verhört und dann zu einem Jahr und drei Monaten wegen Zollvergehens verurteilt und eingesperrt.[151]

Noch etwas ist merkwürdig. In ihrem autobiografischen Interview mit Hugo Müller-Vogg erinnert sich Merkel: »Ich durfte schon einmal vor 1989 in den Westen, und zwar 1986 alleine. Damals bin ich zur Hochzeit einer meiner Cousinen in den Westen gefahren.«[152] Eine Nachwuchswissenschaftlerin, die noch dazu an der höchsten Wissenschaftseinrichtung der DDR forscht, die nicht Mitglied der SED, die Tochter eines Pfarrers ist und die nicht einmal ein Kind zurücklässt, darf allein in den Westen zur

Hochzeit irgendeiner Cousine reisen, zu jemandem, der nicht einmal ein Verwandter ersten Grades ist? Das ist mehr als außergewöhnlich. Und es kommt noch kurioser. Im Interview mit Gerd Langguth erwähnt sie im Nebensatz, dass sie bei ihrer Reise 1986 auch in Karlsruhe bei einem Professor war. Viel plausibler hätte es geklungen, wenn sie eine Studienreise im Rahmen ihres Promotionsprojekts nach Karlsruhe zu einer Koryphäe ihres Faches unternommen hätte, anstatt zur Hochzeit einer Cousine zu fahren. Weshalb also nennt sie nicht einen solchen, durchaus plausiblen Grund für ihre Reise? Besaß das Gespräch mit dem westdeutschen Wissenschaftler noch einen anderen Hintergrund? Dafür gibt es keine Anhaltspunkte, aber man darf trotzdem diese Frage stellen. Damit der Seltsamkeiten nicht genug. Dass Merkel dann auch noch von Karlsruhe nach Konstanz weiterfuhr, um einen Kollegen zu besuchen, der in den Westen geflohen war, erhebt sie geradezu in den Rang einer Widerstandskämpferin, denn dieses Treffen, würde die Stasi davon Wind bekommen, hätte sie in erhebliche Schwierigkeiten gebracht. Oder wusste die Stasi von dem Treffen? Sollte sie den Wissenschaftler zur Rückkehr bewegen? Weshalb hatte man ihr so viel Zeit zugestanden, dass sie nicht nur zur Hochzeit, sondern auch noch nach Karlsruhe und dann noch Konstanz fahren konnte? Merkels Erzählungen stimmen an wichtigen Punkten nur sehr schwer mit der DDR-Realität überein. Fragen, die sich nicht beantworten lassen.

Wie schon im Fall der Anwerbung korrigierte sie diese Version ihrer Westreise fünf Jahre später im Exklusiv-Interview mit *Bild*, das in der Hauptsache dazu diente, ihre Herkunft und Geschichte zu kanonisieren. Jetzt hieß es plötzlich: »Ich fuhr ganz allein zunächst nach Westberlin, dort hatte ich zwei Stunden Zeit, bis der Zug nach Hamburg ging, wo meine Cousine lebte. Da bin ich durch Kreuzberg gelaufen. Es sah einerseits alles so ähnlich aus wie in Pankow, andererseits bunter und mit ganz anderen Autos. In Hamburg gab es dann eine schöne Familienfeier, bei der ich mich gut aufgehoben fühlte. Dann bin ich im Rahmen meiner mehrtägigen Reiseerlaubnis zu einem ehemaligen Kollegen aus der Akademie der Wissenschaften nach Konstanz gefahren – mit einer Zwischenstation in Karlsruhe, wo ich einen anderen Physiker besuchte.« Weshalb also die Großzügigkeit einer »mehrtägigen Reiseerlaubnis«? Wenn es tatsächlich stimmen sollte, dass ihr die Reise zur Hochzeit ihrer Cousine bewilligt wurde, weshalb dann gleich mehrere Tage, nicht nur zwei, sondern vermutlich vier bis ünf? Darüber schwieg Merkel, es blieb bei dem anonymen Professor und bei besonnten Erinnerungen. »Da war ich plötzlich mitten im Westen auf eigene Füße gestellt. Ich fuhr mit einem tollen Intercity nach Konstanz und habe mich innerlich fürchterlich aufgeregt, als junge Leute ihre Füße mit Schuhen auf die Sitze legten. Gesagt habe ich nichts, aber ich fand das unmöglich. Die schönen Züge!«

Gab es noch mehr interessante Selbstbeobachtungen? Mit dem Intercity von Hamburg nach Karlsruhe und nach Konstanz zu fahren und zurück nach Berlin, was eigentlich über Hamburg erfolgen müsste, war nicht allzu billig. Wenn man weiter das Interview liest, das die Bundeskanzlerin der *Bildzeitung* gab, muss man sich vor Augen halten, dass man es nicht mit einem jungen Mädchen von 15 Jahren, sondern mit einer Frau von ca. 32 Jahren zu tun hat, die mit gefälschter Einladung nach Polen fährt, die illegal durch Armenien und Georgien und Aserbaidschan trampt und nun die Naive gibt: »In Konstanz, wo ich einen aus der DDR geflüchteten Kollegen besuchen wollte, fühlte ich mich plötzlich unsicher. Vielleicht hatte ich zu viele *Tatort*-Krimis im West-Fernsehen gesehen. Jedenfalls fragte ich mich nun, ob man tatsächlich als jüngere Frau allein in einem Hotel gefahrlos übernachten könnte.«[153] Last Exit Konstanz? Weshalb übernachtete sie nicht bei dem republikflüchtigen Kollegen, zu dem sie extra von Hamburg nach Konstanz fuhr, sondern in einem Hotel – und das trotz knapper Devisen?

Dissidenz mit Blick auf ihre DDR-Vergangenheit hatte Angela Merkel klugerweise nie behauptet, doch auch die Darstellungen ihrer Ferne zum Regime überzeugen niemanden, der die Realität der DDR kennt. Dass sie Ideen oder Ideologien nie so tief verinnerlichte, dass sie die Fragen ihrer Karriere beeinflussten, gehörte zu den habituellen Konstanten Merkels. Man wird nicht dadurch gläubig, weil man in einem Pfarrhaus aufwächst, hatte Merkel einmal bemerkt, um die Frage ihres christlichen Glaubens zu umgehen; man wird nicht dadurch zum Sozialisten, weil man in der DDR aufwächst, doch wenn man weder Glauben noch Ideologien verinnerlicht, wenn der Kompass der Erfolg, die Nummer eins zu sein, ist, dann gibt es nichts, was man nicht benutzen kann. Und etwas zu benutzen schließt immer die Distanz dazu ein. Die junge Angela Merkel wollte kein Außenseiter sein – und war es auch nicht, sie wollte »gemeinschaftshungrig« immer mittendrin sein, aber zugleich hütete sie sich davor, sich in den Mittelpunkt zu spielen. Wer im Mittelpunkt steht, hat den weitesten Weg nach draußen.

Was die Gerüchte, die Mutmaßungen und Spekulationen betrifft, kann man sich schließlich eine Frage im Sinne von Ockhams Rasiermesser stellen: Ist die Biografie Angela Merkels nur unter der Voraussetzung denkbar, dass sie Kontakte zum Ministerium für Staatssicherheit oder zum KGB unterhielt oder für eine der beiden Institutionen arbeitete? Die Antwort lautet eindeutig: Nein. Auch wenn all die Seltsamkeiten, die im Kapitel aufgelistet werden, nicht befriedigend beantwortet werden können, benötigt man zum Verständnis der Biografie Merkels nicht die Stasi- oder die KGB-Hypothese. Gerade diese Vorstellung belegt die Tatsache, dass man auch auf beiden Seiten vom Pferd fallen kann. Denn die Stasi- oder KGB-Hypothese findet ihren Rückhalt in einer gängigen Verschwörungstheorie, die immer wieder von Geheimdienstleuten, aber auch von orthodoxen Kommunisten wie Peter Hacks bemüht wurde, wonach die

Friedliche Revolution nichts anderes als eine Geheimdienstintrige, eine KGB-Intrige war, an der zum Teil die Stasi beteiligt war. Sie folgt der geradezu archetypischen Grammatik der modernen Verschwörungstheorien. In der *Wiener Zeitschrift* behauptete Leopold Alois Hoffmann, dass die Französische Revolution von den deutschen Freimaurern angezettelt wurde. Der Fakt, auf den sich Hoffmann berief, stimmte. Normale Ereignisse erschienen plötzlich suspekt: Voltaire verbrachte eine Zeit bei Friedrich dem Großen, Graf Mirabeau besuchte Berlin und diskutierte in den Salons der Aufklärer und Freimaurer. Bode reiste ebenfalls kurz vor Ausbruch der Revolution nach Paris. Bei den Gesprächen ging es um die enge Zusammenarbeit der Illuminaten mit den französischen Freimaurern, sogar um das Projekt einer Vereinigung. Diese Reise galt später als Hauptindiz für die Verschwörung. Es stimmte auch, dass sich unter den Revolutionären viele Freimaurer befanden, nur gehörte damals jeder, der etwas auf sich hielt, der Freimaurerei an, selbst der preußische König. Und natürlich arbeiteten einige Oppositionelle und Bürgerrechtler als IMs für die Stasi. Doch das hatte konkrete Ursachen und keine wirklichen Auswirkungen auf die Ereignisse. Was übrigens die Reise zur Hochzeit der Cousine betrifft, könnten auch die Beziehungen des Vaters sie ermöglicht haben.

Weder die Gerüchte noch die Mutmaßungen, auch nicht die Spekulationen helfen dabei, die Entwicklung der Pfarrerstochter Angela Merkel zu verstehen, sondern einzig die Atmosphäre in den letzten Jahren der DDR, wie sie eine junge Frau erlebte, die sich von ihrem Vater emanzipieren wollte und erkennen musste, dass die Wissenschaft nicht ihr Weg war.

Die Promotionen wurden unterteilt in die A-Promotion, Doktor einer bestimmten Wissenschaft, dem Doktor der Medizin (Dr. med.) oder dem Doktor der Philosophie (Dr. phil.) oder dem Doktor der Naturwissenschaften (Doctor rer. nat.). Für eine A-Promotion veranschlagte man in der Regel drei Jahre, Verlängerungen konnten bewilligt werden, aber auch dann käme man auf fünf Jahre, doch Angela Merkel benötigte für ihre Dissertation acht Jahre. Was also hat sie in den acht Jahren von 1978 bis 1986, außer an ihrer Dissertation zu arbeiten, unternommen? Und weiter bis 1990, als Dr. Angela Merkel ihre rasante Karriere in der deutschen Politik startete – nicht ganz ohne Glück und Hilfe.

12. »SIE PROMOVIERTE SCHON SEIT EINIGEN JAHREN LUSTLOS VOR SICH HIN«[154]

Sollte Angela Merkel nur pro forma nach Ilmenau gefahren sein, um abgelehnt zu werden, weil bereits feststand, dass sie nach Berlin an die Akademie gehen würde? Wäre es so, bekäme ihre hübsche Schnurre vom widerlichen Kaderleiter und der im Hinterzimmer oder auf der Treppe versuchten Anwerbung einen zumindest anderen Hintergrund. Angela Merkel hatte sich jedenfalls mit der Wahl des Betreuers ihrer Diplomarbeit nicht verrechnet – wann tat sie das jemals? Professor Haberlandt empfahl sie 1978 dem Zentralinstitut für Physikalische Chemie (ZIPC) der Akademie der Wissenschaften der DDR. Für Angela Merkel traf es sich gut – wann einmal nicht? –, dass Haberlandts jüngere Bruder Helmut am ZIPC arbeitete. Der leitete sie mit dem Empfehlungsschreiben seines Bruders an Professor Lutz Zülicke weiter. Von Nachteil dürfte es sicher nicht gewesen sein – wann stellten sich jemals Nachteile für sie ein? –, dass Zülicke in Leipzig studiert hatte und 1965 ebenfalls in Leipzig promoviert wurde. Zülicke war gerade aus Moskau zurückgekehrt, wo er als Gast von 1976 bis 1977 am Institut für Chemische Physik der Akademie der Wissenschaften der UdSSR geforscht hatte. Außerdem erwarb er in der Zeit, als Angela Merkel in Leipzig an ihrer Diplomarbeit schrieb, an der Universität Leipzig die facultas docendi. Es ist nicht ausgeschlossen, dass sie einander hier schon kennenlernten, einander vorgestellt worden waren. Zülicke und Reinhold Haberlandt kannten sich. Möglicherweise stellte Haberlandt seine Schülerin vor, möglicherweise traf man hier schon erste Absprachen. Es entspräche durchaus normaler akademischer Praxis, dass man Schüler, die man förderte, nach dem Abschluss bei Kollegen unterbrachte, wenn man ihnen selbst keine Stelle bieten konnte. Jedenfalls trat Angela Merkel, als sie Haberlandt bat, ihre Arbeit zu betreuen, in ein dichtes, persönliches Beziehungsgeflecht ein. Das bedeutet aber auch, dass die Ilmenau-Episode unter anderen Voraussetzungen gesehen werden kann. Angesichts des engen personellen Myzels der Haberlandt-Brüder und des der Sektion Physik der Universität Leipzig verbundenen Zülickes, der gerade Professor geworden war, ist es nicht unwahrscheinlich, dass die Diplomandin nach Ilmenau fuhr, weil die Lenkung sie dort hinschickte, allerdings schon mit dem Ticket nach Berlin in der Tasche. Auch für ihren Ehemann fand man eine Stelle an der Humboldt-Universität. Blieb das schier unlösbare Wohnungsproblem. Wieder half ihr Vater. Ein Bekannter ihrer Eltern hatte seit Studientagen eine Einzimmerwohnung, im Osten sagte man Einraumwohnung, die er an Medizinstudenten vermietete. Da sie gerade frei wurde, ging sie nun zur Miete an das junge Physikerpaar. Die Toilette befand sich zwei Treppen tiefer, aus dem Hahn kam nur kaltes Wasser. Viele Altbauwohnungen wurden noch mit Kohlen, schmutzigen Braunkohlebriketts, geheizt. Der armen Angela Merkel ging es wahrlich nicht schlechter als vielen anderen, die in Altbauten lebten, und besser als vielen anderen, die überhaupt keine Wohnung hatten und in irgendwelchen Wohnheimen leben mussten. In den Biografien liest sich die Wohn- und Arbeitssituation der Doktorandin wie eine Leidensgeschichte – und vielleicht empfinden ihre westdeutschen Biografen das auch so. Wenn man jedoch die Wirklichkeit der DDR von 1978 von innen sieht, dann hatte Angela Merkel in jeder Beziehung das große Los gezogen.

Im Oktober 1973 wurde auf der 10. Tagung des Zentralkomitees der SED ein Wohnungsbauprogramm für den Zeitraum 1976 bis 1990 beschlossen, um die Wohnungsfrage als »soziales Problem zu lösen.« 2,8 bis 3 Millionen Wohnungen sollten gebaut oder modernisiert werden. Letzteres darf mit Blick auf die nicht untypische Wohnsituation des jungen Physikerpaares Merkel nicht unterschätzt werden. Doch bald schon sah sich die SED zu Korrekturen genötigt, denn der XI. Parteitag der SED 1986, dem das Jahr 1990 vor Augen stand, beschloss: »Jeder Bürger wird über angemessenen Wohnraum verfügen.« Die SED-Führung maßte sich an, zu bestimmen, was für die Bürger angemessen ist, so wie es heute die Grünen tun. Nun hieß es plötzlich, dass jeder Bürger nur ein Recht auf eine Wohnung hat, die nach einem Schlüssel die Quadratmeterzahl pro Person vorgab. Doch Angela Merkel und ihr Mann hatten erst mal eine Wohnung, die lag außerdem noch mitten in Berlin, zwischen Deutschem Theater und Berliner Ensemble, nahe dem Bahnhof Friedrichstraße; das war für Angela Merkel nicht unwichtig, weil sie jeden Morgen nach Adlershof fuhr, wo sich ihr Institut an der Rudower Chaussee gegenüber dem Wachregiment »Feliks Dzierzynski« des Ministeriums für Staatssicherheit befand.

Gemessen am Durchschnitt, verdiente sie als Berufsanfängerin mit 1022 Mark nicht schlecht. Doch die Antwort in einem Schnellinterview, das Angela Merkel dem Journalisten Moritz von Uslar im Jahre 2000 gab, entlarvt ihre Abgehobenheit, lässt den Eindruck nicht nur der regimefernen, sondern auch der darbenden Angela Merkel, den sie zu erzeugen suchte, wie eine Seifenblase zerplatzen. Um zu verdeutlichen, wie wenig sie verdiente, setzte sie ihr Gehalt wie folgt in Relationen: »Ein paar Schuhe im Exquisit-Laden kostete aber schon 320 Mark, ein Wintermantel 400 Mark. Man konnte von dem Gehalt keine Bäume ausreißen.«[155] Nicht nur, dass Merkel zu erwähnen vergaß, dass die Miete 40 Mark betrug und das Brot 67 Pfennig kostete, sondern auch die Nennung des Geschäfts lässt tief blicken, denn die Exquisit-Läden hatte die Regierung als absolute Luxuskette geschaffen – Merkel führt damit als Norm die teuersten Geschäfte an, also die Edelmarken, und nicht die Preise im HO und im Konsum, wo die meisten DDR-Bürger einkauften. Dort bekam man Schuhe auch für 30 Mark und den Wintermantel für 80 Mark. Schuhe besaßen generell eine bessere Qualität und wurden länger getragen. Wiesen sie im Laufe der Zeit Schäden auf, brachte man sie zum Schuster, wo sie repariert wurden. Die Exquisit-Geschäfte hießen Exquisit, weil sie exquisit waren. Doch allem Anschein nach hielt die Berufsanfängerin Angela Merkel, die ohnehin nur in Westklamotten herumlief, alles unter dem Exquisit für unter ihrer Würde. Wie gut es Merkel doch gelang, ihre Eitelkeit zu verbergen, die sich in seltenen Reminiszenzen zuweilen dann doch verrät.

Merkels Zeit an der Akademie der Wissenschaft treibt ihren westdeutschen Biografen und Hagiografen Märchenglanz in die Augen, weil sie in Angela Merkel das arme Aschenputtel in trister Umgebung sehen wollen; dabei entdeckt man bei nüchternem Hinsehen nur eine junge Wissenschaftlerin, die wie viele andere nach ihrem Platz im Leben suchte und unter normalen Verhältnissen lebte, jedenfalls normal im Sinne der Ost- und eben nicht der Westnormalität. Besonders an ihr ist lediglich, dass sie während der für DDR-Verhältnisse außerordentlich privilegierten Zeit an der Akademie nur eines feststellte, dass sie für die Wissenschaft nicht geeignet war, dass sie Wissenschaft nicht interessierte, denn die hatte in allen Systemen mit über lange Strecken mausgrauer und pedantischer Arbeit zu tun, damit, dass man das, was man erforscht, auch wirklich wissen will. Forscherdrang scheint für die junge Wissenschaftlerin eine Leidenschaft zu sein, die sie nicht empfand. Denn diese schmucklose, vom Erkenntnisinteresse angetriebene Arbeit gewinnt ihre Befriedigung im Erkenntnisfortschritt, dem berühmten Heureka des Archimedes. Doch bis zu dem Heureka-Moment ist es weit, die Wanne des Archimedes steht nicht um die Ecke. Übrigens muss man auch dort Wasser in die Wanne füllen und sich hineinsetzen wollen. Journalisten, die gern im Rampenlicht stehen, die sich gern mit dem Gegenstand verwechseln, über den sie schreiben, und die ihre Bedeutung an der Bedeutung derer messen, die sie interviewen und die bereit sind, sich mit ihnen zum Hintergrundgespräch zu treffen, ist die öffentlichkeitsferne Arbeit der Wissenschaft fremd. Wissenschaft verlangt nach der Epoché, die der Journalist nicht kennt.

Zur Bestätigung des Bildes von der nutzlosen Arbeit der Wissenschaftler in der Akademie der Wissenschaften der DDR werden gern Schindhelms Genrebilder aus dessen autobiografisch angelegtem Buch *Roberts Reise* zitiert, das Schindhelms Alter Ego Robert zwar nicht erzählt, aber dafür feiert. Unter dem Namen Renate findet sich auch eine an die junge Wissenschaftlerin Angela Merkel angelehnte Passage in dem Roman, über die es heißt: »Renate, mit der ich das Büro teilte, war das Vorbild einer illusionslosen Jung-Wissenschaftlerin. Sie promovierte seit etlichen Jahren vor sich hin. Pathos beseelte sie nur im Zusammenhang mit einsamen Radtouren in der Mark Brandenburg. Manchmal fragte sie nach Woronesch, vor allem, seit es Gorbatschow gab. Vor den Fenstern wuchsen Schlehenbüsche, sodass der Raum immer ein wenig abgedunkelt war. Neben meinem Schreibtisch vor dem Fenster stand eine alte Rechenmaschine von Hewlett Packard auf einer Ablage, ein Gerät aus den sechziger Jahren, das Renate ohnehin nur aus Sentimentalität aufgehoben hatte, spätere Rechenmaschinen aus dem Westen gab es nicht mehr in unserem Institut.«[156]

Doch Schindhelm passt nicht als Gewährsmann. 1984 kam er aus der Sowjetunion, weil er in Woronesch studiert hatte, an das Zentralinstitut für physikalische Chemie der Akademie der Wissenschaften, 1986 kündigte er und zog sich nach Nordhausen zurück, um zu schreiben und aus dem Russischen zu übersetzen. 1990 startete er seine Theaterkarriere, zunächst als Referent des Intendanten des Theaters Nordhausen, 1992 dann als Intendant des Theaters Gera, ab 1996 Intendant des Theaters Basel, später dann als Generaldirektor der Stiftung Oper in Berlin. Er glich Merkel darin, dass auch er nicht die Erfüllung in der Wissenschaft fand. Wenn man Schindhelms Buch – und zwar nicht nur die Merkel-Passagen – liest, das man wohl kaum Roman nennen kann, auch wenn es sich selbst so nennt, weil es weder Figuren noch die Welt erzählt, sondern in leicht fiktionalisierter Weise hastig die Welt um die Hauptfigur inszeniert, die eher die Welt kommentiert, dann wird der feuilletonistische Stil deutlich, der unterhaltsam und witzig bewerten, nicht aber darstellen will. Interessanter, vom Kunstanspruch befreit, sind Schindhelms Eindrücke, die er in der *taz* im November 2005 unter dem Eindruck, dass seine ehemalige Kollegin Bundekanzlerin geworden ist, schilderte: »Ich stellte mich als künftiger Kollege vor und präsentierte meine Diplomarbeit. Ich hatte elf seriöse Herren der Wissenschaften vor mir und eine junge Dame, die vermutlich auch eine Dame der Wissenschaften war, vor allem aber eine junge Dame: Pagenschnitt, Sommersprossen, breites Lächeln, T-Shirt und Jeans, für damalige Verhältnisse unauffällig unakademisch.«[157] Das war 1984. Merkel schrieb immer noch an ihrer Dissertation. So mancher Kollege aus dieser Zeit würde dem Lob von Merkels wissenschaftlicher Sendung, das von denen gezollt wurde, die von Merkels politischen Erfolgen auf ihre wissenschaftlichen Fähigkeiten rückschlossen, nicht unbedingt zustimmen. Und auch Schindhelm erinnert sich an vieles, nur nicht an Wissenschaft: »Ein Jahr später bezog ich meinen Schreibtisch in einer Baracke am Rande des Institutscampus, zu der Trampelpfade führten und in deren Umgebung Stadtkaninchen im hohen Gras kopulierten. Der Standort unserer Abteilung atmete die unberührte Idyllik im sozialistischen Wissenschaftsbetrieb. Sie saß nebenan, wenn sie da war. […] Vor allem war die Merkel einfach eine junge Dame. Eine Wonne der Gewöhnlichkeit, so hätte man die Atmosphäre in unserer Abteilung nennen können. Und die Beziehung zwischen Merkel und mir. Die Kaffeepausen gehörten zur glücklichsten und aufschlussreichsten Beschäftigung in den zweieinhalb Jahren, die ich es an der Akademie aushielt. Die Konzerte, das Kino, bulgarischer Cabernet, Wagner und Gorbatschow und die absurde DDR, an deren Ende doch nicht zu denken war. Ungesättigte Kohlenwasserstoffe und was mit ihnen auf mikroskopischer Ebene passiert, wenn man sie mit Wasserstoffkernen oder Protonen beschießt, jene Dinge also, die zu unserer alimentierten Tagesbeschäftigung gehörten, kamen in diesen Gesprächen eigentlich nicht vor … Man war so gut befreundet, wie es möglich war für zwei Kollegen, die derselben Generation angehörten und die über ein paar sie interessierende Dinge ähnlich dachten.«[158]

Es ist eine Zeit, in der sie suchte, sich mit kleinen Fluchten bei Laune hielt und immer weniger ambitioniert an ihrer Dissertation arbeitete. Die Vorstellung von der brillanten Wissenschaftlerin, die eifrig vermittelt wurde, weil man sonst nicht wusste, wie man das Heroinnenbild Angela Merkels aufrechterhalten konnte, bekommt mit Blick auf ihre Dissertation Risse. Von 1978 bis 1990 arbeitete sie am Institut, ihre Dissertation verteidigte sie 1986. Acht Jahre schlug sich die junge Wissenschaftlerin herum, obwohl für eine A-Promotion – die B-Promotion galt als Habilitation – drei Jahre die Regel waren. Der Betreuer ihrer Diplomarbeit, Ralf Der zum Beispiel, verteidigte 1968 seine Diplomarbeit und wurde fristgemäß 1971 promoviert.

Um die Suche nach ihrem Platz im Leben besser zu verstehen, mit der sie übrigens unter jungen Intellektuellen keine Seltenheit darstellte, bedarf es eines Blickes auf die späten Honecker-Jahre. Erich Honecker und seine Parteiführung sahen die DDR als die größte DDR, die jemals existiert hatte, und verorteten deshalb ihren Staat – im Gegensatz zur Bundesrepublik – als die Erbin von allem, was gut und schön in der deutschen Geschichte war. Das Nazierbe überließen sie dementsprechend großzügig der Bundesrepublik, schließlich konnten einige der Politbürogreise mit Fug und Recht darauf verweisen, in ihrer Jugend unter Lebensgefahr gegen die Nazis gekämpft zu haben. Honeckers Anspruch, Weltpolitik zu betreiben, hatte allerdings den angenehmen Nebeneffekt, dass sich intellektuelle Diskussionen verbreiterten, dass die Erbe-Konzeption, die das Selbstverständnis konstituierte, sich weitete. Nicht mehr explizit auf Thomas Müntzer, sondern auf Martin Luther berief man sich nun, und aus dem Bauernkrieg war längst schon die Frühbürgerliche Revolution geworden. Am 6. März 1978 hatte sich Staats- und Parteichef Erich Honecker mit dem Vorsitzenden des Bundes Evangelischer Kirchen in der DDR, Albrecht Schönherr, Mentor und Förderer des Vaters von Angela Merkel, getroffen und per öffentlichem Händedruck das Konzept der »Kirche im Sozialismus« approbiert. Die DEFA produzierte übrigens einen aufwendigen Luther-Film mit dem großartigen Ulrich Thein in der Hauptrolle.

Doch auch Preußen wurde rehabilitiert. Statt weiter als Hort des Militarismus zu gelten, wurde Preußen nun – übrigens zu Recht – als Zentrum der Aufklärung gewürdigt. Das Reiterdenkmal Friedrichs des Großen kehrte wieder an seinen alten Platz Unter den Linden zurück. Die preußischen Reformer, Stein, Scharnhorst, Clausewitz, Hardenberg, hatte man in der Serie »Scharnhorst« mit Horst Drinda in der Titelrolle gefeiert. Der Buchverlag *Der Morgen* brachte eine hübsche Buchreihe unter dem Label *Märkischer Dichtergarten* heraus. Der Schriftsteller Günter de Bruyn steuerte die luzide Erzählung *Märkische Forschungen* bei. Plötzlich verschwand das Verdikt über die Romantik und auch über den Expressionismus, der eine grandiose Ausstellung 1985 in Berlin erlebte. Auch die Texte des Surrealismus wurden zugänglich gemacht. Gerade in den Achtzigerjahren erfolgte eine stürmische Entdeckung der künstlerischen Avantgarde Europas mit ihren tausend Ismen von A wie Akmeismus über D wie Dadaismus, von E wie Expressionismus über F wie Futurismus bis S wie Symbolismus und Surrealismus, von Russland bis Spanien, von Deutschland bis Italien. Fraglich ist allerdings, wie viel Angela Merkel, die im Nachhinein Kulturfunktionärin der FDJ-Grundorganisation der Akademie gewesen sein will, davon mitbekam. Zeugen erinnern sich allerdings, dass sie nicht für Kultur, sondern für Agitation und Propaganda zuständig war, was nicht bedeutet, dass sie sich nicht auch um kulturelle Aktivitäten kümmerte. In Zeiten der Diktatur, in denen es keine freie Debatte gibt und die Presse- und Meinungsfreiheit durch rote Linien ausgesperrt wird, übernehmen die Künste, Malerei, Filmkunst, Musik und Literatur, aber auch Analogdiskussionen wie die über das Erbe, was wir erben wollen, wessen Erben wir sind, eine Stellvertreterfunktion. Der DEFA gelangen Filme wie die harsch diskutierte Verfilmung von Kellers Novelle *Ursula* oder wie der grandiose Hölderlin-Film *Hälfte des Lebens* mit dem genialen Ulrich Mühe in der Hauptrolle. Auch Heiner Müller, inzwischen zu Weltruhm gekommen, wurde endlich in der DDR gespielt und durfte selbst am Theater inszenieren. Seine Inszenierung seines frühen Stückes *Der Lohndrücker* 1987 am Deutschen Theater avancierte zu einem Theaterereignis ersten Ranges, gerade weil er mit dem Anachronismus des »Produktionsstückes« aus den Fünfzigerjahren den Anachronismus der DDR der Achtzigerjahre bloßstellte.

Doch all das täuschte nicht darüber hinweg, dass sich die DDR im Niedergang befand. Mit der Glaubwürdigkeit der Parteiführung verlor die DDR ihre Legitimation, die in ihrer nie eingelösten, inzwischen verblassten Utopie lag. Vielleicht bestand auch darin das Anachronistische, das Un-Zeitgemäße der DDR, dass sie ein Staat mit einem Utopieüberschuss und zugleich einem Wirklichkeitsmangel war, dass ihre Legitimation in der

Utopie bestand, in dem, was sie versprach zu werden, und nicht in dem, was sie war. Paradoxer noch: Sie verhieß zu werden, was sie niemals werden konnte. Doch von dem, was einmal sein wird, kann man sein Leben nicht leben. Es ist wie mit dem berühmten Schild an der noch berühmteren Kneipe des sehr berühmten Wirtes, auf dem stand: »Morgen Freibier«. Doch morgen blieb immer morgen, ein unbestimmtes Adverb der Zeit, aber einer unbestimmten Zeit. Ursprünglich meinte morgen – morgene (mittelhochdeutsch) – den folgenden Morgen. Und so hieße es auch in dem Lied, dass die Politbürogreise mit brüchiger Stimme mit Greisenbegeisterung auf ihren Parteitagen sangen: »Dem Morgenrot entgegen Ihr Kampfgenossen all!/ Bald siegt ihr allerwegen/ Bald weicht der Feinde Wall!/ Mit Macht heran und haltet Schritt! Arbeiterjugend will sie mit./ Wir sind die junge Garde des Proletariats.«[159] Kein Bild hat die letzten Jahre der DDR besser gefasst als die Politbürogreise, die mit brüchiger Stimme sangen: »Wir sind die junge Garde.« Dabei dachten sie an ihre kämpferische Jugend und suchten daher die Kraft zu nehmen, den Zumutungen der Wirklichkeit zu widerstehen, die sie nicht mehr verstanden, von der sie auch nichts mehr wissen wollten, weil die Wirklichkeit ohnehin nur eine Erfindung des Klassenfeindes war. Sie lebten in ihrer eigenen Welt. Christoph Hein hat deren Endgame in dem traurig-skurrilen Stück *Die Ritter der Tafelrunde* nachgezeichnet, das sinnigerweise im Frühjahr 1989 in Dresden herauskam und dann Anfang Oktober 1989 in Halle ohne Striche, das heißt vollständig gespielt wurde.

Auf dem Akademiegelände in Adlershof existierten eine sehr gut bestückte Bibliothek und ein gut sortierter Lebensmittelladen. Berlin als Schaufenster wurde zudem bevorzugt beliefert mit Waren, von denen man in der übrigen DDR nur träumen konnte. Deprimierend war allerdings, dass die Wissenschaftler in einer Baracke hausten und es ihnen an moderner Computertechnik fehlte, sodass sie ihre Lochkarten für den veralteten

Großrechner selbst stanzen mussten. Als noch deprimierender erwies sich, dass für junge Leute wie Angela Merkel die DDR keine Perspektive bot, außer gemächlich vor sich hin zu altern. Für ein Auto musste man sich anmelden, Wartefrist 10 bis 12 Jahre; eine Wohnung bekam man nur, wenn man verheiratet war; mit 50 konnte es geschehen, dass man noch als junger Autor galt, und ins »nichtsozialistische Wirtschaftsgebiet« (NSW) durfte man erst als Rentner, also ab 65 Jahren, reisen. Absolute Ausnahmen wie Angela Merkel bestätigen die Regel, denn die meisten hatten nicht Merkels »Glück«. Die Grundnahrungsmittel, die Mieten, die Preise für Theater- und Konzertkarten, auch die Buchpreise hatte die Regierung subventioniert. Alles, was nach ein bisschen Luxus aussah, war allerdings wahnsinnig überteuert, beispielsweise Autos oder Unterhaltungselektronik. In der späten DDR nach dem Ende aller Utopien konnte man nur alt sein. So blieben lediglich die privaten Fluchten. Fahrradtouren in die Umgebung von Templin. Oder abenteuerliche Urlaube mit dem Zelt auf dem Rücken. So kannten auch Kollegen von Angela Merkel den Trick, mit einem Transitvisum nach Rumänien oder Bulgarien durch die UdSSR zu reisen, aber irgendwo unterwegs auszusteigen und illegal durch die Sowjetunion zu trampen, vor allem durch den Süden, durch Sowjetisch-Mittelasien. Denn auch Bürgern sozialistischer Staaten wurde nur gestattet, in angemeldeten Reisegruppen, deren Unterkünfte und Reiseroute festgelegt waren, durch das Vaterland der Werktätigen zu reisen. Auch Angela Merkel und Kollegen vom Institut nutzten den Trick, stiegen in der Sowjetunion aus und trampten durch Armenien, Georgien und Aserbaidschan, bis sie aufgegriffen wurden und zurückreisen mussten. Um die Sache wurde schon von den Milizionären nicht viel Aufhebens gemacht, man hatte sich an die kleinen Abenteuerurlaube junger Leute gewöhnt.

13. AUF DER GERONTOLOGISCHEN STATION

Mit einigem Talent spielte Angela Merkel die Rolle der Physikerin, doch sie passte immer weniger zu ihr. In den Biografien, die häufig in den Courths-Mahler-Ton der Bewunderung stürzen, tritt Ulrich Merkel als der zurückgezogen lebende Eigenbrötler auf, der für Angela Merkel zum Klotz am Bein wurde. Klotz am Bein mochte wohl stimmen, Eigenbrötler, ein Mensch, der einem zurückgezogenen Lebensstil den Vorrang gab, wohl eher nicht. Im Gegensatz zu Michael Schindhelm und auch zu Angela Merkel wollte Ulrich Merkel nichts anderes als ein Wissenschaftler sein, so wie ihre Kollegen am Institut auch. Sie hatten ihre Bestimmung gefunden.

Über seine Zeit mit ihr berichtet er dem *Focus* im Jahr 2004, dass sie oft Freunde getroffen, viele Ausflüge ins Grüne unternommen hätten, viel gereist und oft ins Kino oder ins Theater gegangen wären. Es besteht kein Grund, daran zu zweifeln. Auch besuchten sie oft die Eltern, weil ihnen dieser Kontakt wichtig gewesen sei. Doch eine andere, unerzählte Geschichte über Merkels erste Ehe skizziert seine lakonische Antwort auf die kleine Frage im *Focus*-Interview:

Focus: »Angela Merkel hat einmal gesagt, sie sei diesen Schritt gegangen, weil heiraten üblich war. Waren Sie einfach noch zu jung?«

Merkel: »Nein, der Satz hat mich gekränkt. Ich zumindest hatte mir die Heirat reiflich überlegt.«[160]

Und Angela Merkel, die behauptet, alles gründlich und vom Ende her zu bedenken, sicher auch. Weshalb sollte sie ausgerechnet in der wichtigen Frage der Ehe eine Ausnahme gemacht haben? Gekränkt mag Ulrich Merkel die Aussage haben, die Art und Weise, in der Angela Merkel ihre Vergangenheit bewirtschaftete. Nicht die Arbeit an der Dissertation, nicht die Akademie war trist, sondern Angela Merkel hatte für sich erkannt, dass sie etwas anderes wollte als die Karriere einer Wissenschaftlerin. Ulrich Merkels Antwort auf die Frage, die ihm der *Focus* 2004 stellte, ob er über die Karriere seiner Frau überrascht sei, widerspricht den Merkel-Legenden: »In der Rückschau wundert es mich nicht, dass ihr das gelungen ist. Angela hat einen sehr scharfen Verstand, eine ungeheure Energie und war schon immer sehr ehrgeizig. Sie hat schon damals gesagt, dass sie sich nicht vorstellen kann, ihr Leben lang als theoretische Physikerin zu arbeiten.«[161] Über die Trennung, die ihn verletzt hatte, dachte er später: »Die Chemie stimmte einfach nicht mehr. Das Leben, das sie heute führt, wäre nichts für mich. Im Nachhinein betrachtet, kann ich nur sagen: Es war richtig, dass es auseinanderging.«[162] Doch die Art, wie Angela Merkel die Trennung vollzog, charakterisiert die Art, in der sie auch politisch agiert, dass sie sich von niemandem in die Karten schauen lässt, sondern dem anderen nur ihren Entschluss mitteilt, den sie für sich getroffen hat, ihm aber keine Chance gibt, am Entscheidungsprozess mitzuwirken: »Natürlich ist es immer schmerzlich, verlassen zu werden. Zumal die Trennung ziemlich überraschend kam. Eines Tages packte sie ihre Sachen und zog aus unserer gemeinsamen Wohnung aus. Sie hatte das mit sich selbst ausgemacht und dann die Konsequenzen gezogen.«[163]

Sie ging zu ihrem Kollegen Hans-Jörg Osten und bat, bei ihm übernachten zu dürfen, weil es zwischen ihrem Mann und ihr einfach nicht mehr ginge.[163a] Untergekommen soll sie zunächst bei einer Kollegin sein. Schließlich »entdeckten« ihre Kollegen, schreibt Langguth, eine frei stehende Wohnung in der Reinhardstraße, die von der staatlichen Wohnungswirtschaft »vergessen« sein sollte, wie Langguth selbst in Anführungszeichen setzte.[164] Es ist wenig wahrscheinlich, dass bei der Wohnungsknappheit die staatliche Wohnungswirtschaft eine Wohnung vergessen haben sollte. Leer standen eigentlich nur Wohnungen, wenn ihre Mieter im Gefängnis waren oder wenn es sich um konspirative Wohnungen des Ministeriums für Staatssicherheit handelte. Aber vielleicht war diese Wohnung auch wirklich von der Wohnraumbewirtschaftung übersehen worden. Ein Zuviel an Ordnung schafft auch wieder Unordnung.

Dass Intellektuelle und Wissenschaftler die Diskussionen in den unterschiedlichen Kreisen über die Entwicklung der DDR eifrig geführt hatten, darüber geben nicht nur die Akten des Ministeriums für Staatssicherheit Auskunft. Die Literatur der DDR übernahm die Aufgabe, die kritische Auseinandersetzung voranzutreiben. Der dritte Band von Erwin Strittmatters Roman *Der Wundertäter* erschien zwar, aber in einer reduzierten Auflage, sodass er nur »unter dem Ladentisch« zu haben war. Um Volker Brauns *Hinze-Kunze-Roman* entstand eine große kulturpolitische Debatte, die sich mit einem Machtkampf im Politbüro verband. Der begabte Wolfgang Hilbig ging 1985 in den Westen. Nicht unterschätzen darf man auch den Einfluss der russischen Literatur, nicht die Wiederentdeckung von Andrej Platonow, nicht die Wirkung von Jewtuschenkos *Beerenreiche Gegenden,* von Daniil Granin, Juri Trifonow und Tschingis Aitmatow. Als 1985 mit Michail Gorbatschow in der Sowjetunion Reformen begonnen wurden, blickte man in der DDR sehr hoffnungsvoll gen Osten. Plötzlich wurden sogar verfemte Texte gedruckt wie Anatoli Rybakows *Kinder des Arbat* oder Filme gezeigt wie »*... und morgen war Krieg*« nach der Novelle von Boris Wassiljew.

Doch die SED-Führung schottete sich zunehmend ab und erklärte, dass Reformen wie in der Sowjetunion in der DDR nicht notwendig seien. Als dann noch 1988 das Readers Digest der sowjetischen Presse, der *Sputnik,* aus dem Vertrieb genommen wurde, steigerte das die wachsende Erbitterung. Alles, was in Merkels Biografie an kritischen Diskussionen, die sie geführt hatte, hineingeheimnist wurde, entsprach der Situation im Land. Sie stand damit nicht allein. Bizarr war, dass im *Neuen Deutschland* ein Verriss des Filmes von Tengis Abuladse *Die Reue* erschien, obwohl der sowjetische Film in der ARD lief, also nach offizieller Vorstellung von keinem DDR-Bürger hätte gesehen werden können.

Dass Angela Merkel viel in den Achtzigerjahren gelesen hatte, stellte keine Besonderheit dar, gelesen wurde generell viel. Wenn man Merkels Interviews und Reden hört, sieht oder liest, lassen sich allerdings kaum Rückschlüsse auf ihre Lektüre ziehen. Wichtiger ist aber etwas anderes. Die Bundeskanzlerin hatte immer behauptet, am Institut für die FDJ als Kulturfunktionärin tätig gewesen zu sein. Geradezu niedlich liest sich das bei Ralph Bollmann so: »Merkel engagierte sich in der FDJ-Gruppe ihres Instituts, die ihr Kollege Osten leitete. Dort übte sie, wie Osten sich erinnerte, die Funktionen einer ›Sekretärin für Agitation und Propaganda‹ aus. Sie selbst spricht davon, dass sie *Kulturbeauftragte* war, was die Praxis ihrer Tätigkeit vermutlich gut beschreibt …«[165] O Sancta Simplicissima. Wer Funktionär für Agitation und Propaganda war, besaß die Zuständigkeit für die politische Information, für das Studium der Beschlüsse der Partei, besonders der Parteitage, und schließlich für die Organisation des FDJ-Studienjahres. Bollmann erweckt bei manchem Leser den Eindruck, dass Merkel geradezu subversiv die Inhalte des FDJ-Studienjahres unterlief, indem sie Vorträge zu Themen organisierte, die tabuisiert waren, z.B. Suizid. Das Thema war so tabuisiert, dass ein wirklich systemnaher Schriftsteller wie Günter Görlich 1978 die Erzählung *Eine Anzeige in der Zeitung* publizierte, in der es nicht nur um Selbstmord, sondern um den Selbstmord eines jungen Lehrers ging. Die Erzählung erreichte eine Auflage von knapp einer Million Exemplaren und wurde 1980 vom DDR Fernsehen verfilmt.

Auch das Thema Ehescheidung gehörte in einem Land, in dem das Synonym für Scheidung »auseinanderschreiben lassen« lautete und Abtreibungen problemlos möglich waren, sicher nicht zu den Tabuthemen. Die Frage der Frauenrechte gehörte ebenfalls in der DDR mit einem sehr hohen Prozentsatz von Frauen, die ihren Berufen nachgingen, mit Frauenförderungsplänen, dem »Haushaltstag« einmal im Monat, der flächendeckenden staatlichen Kinderbetreuung, der Gleichberechtigung, die im Alltag sicher noch durch überkommene Rollenbilder, die sich aber langsam auflösten, gebremst wurde, nicht zu den Tabuthemen. Bereits 1973 wurde der vierteilige Spielfilm *Die sieben Affären der Doña Juanita* nach dem gleichnamigen Roman von Eberhard Panitz gesendet, in dessen Mittelpunkt die Frage der Selbstverwirklichung einer jungen Frau stand. Christoph Hein feierte seinen Durchbruch 1982 mit der Novelle *Der fremde Freund.* Maxie Wander öffnete geradezu die Tür zu einer neuen Dimension gesellschaftlicher Diskussion mit ihrem Protokollbuch *Guten Morgen, du Schöne* bereits 1977, dem 1985 Christine Müllers *Männerprotokolle* und 1986 Christine Lambrechts *Männerbekanntschaften. Freimütige Protokolle* folgten. Allerdings begann eine spezielle Reflexion des westdeutschen Feminismus in der DDR durch Irmtraud Morgner in *Amanda. Ein Hexenroman,* der 1983 erschien, und Christa Wolfs Erzählung *Kassandra,* die ebenfalls 1983 auf den DDR-Buchmarkt kamen und ein sehr geteiltes Echo auslösten. Heiner Müller hatte im Gespräch mit dem Verfasser zu bedenken gegeben, dass Wolfs Novelle *Kein Ort. Nirgends,* die 1979 herauskam, zwar Probleme behandele, aber dass es Probleme aus dem Intershop seien.

Die immensen Probleme in der Wirtschaft gehörten wirklich zu den Tabuthemen, wie auch ein Gespräch zwischen zwei führenden Funktionären belegt, die vom Ministerium für Staatssicherheit abgehört wurden und die der Historiker Hubertus Knabe im Archiv fand.[166] Das abgehörte und protokollierte Gespräch zeigte aber auch, dass über tabuisierte Themen bis tief in die SED hinein gesprochen wurde, wenn auch hinter vorgehaltener Hand. Hans-Jörg Osten, der Mann, vor dessen Tür sie stand und um Unterkunft bat, nachdem sie sich von ihrem völlig überraschten Ehemann getrennt hatte, schrieb in den Neunzigerjahren über Angela Merkel, die er im *Talk im Turm* erlebt hatte, an das *Neue Deutschland* einen Leserbrief, in dem es hieß: »Bis 1987 war ich an einem Berliner Akademie-Institut beschäftigt. An diesem Institut gab es eine rührige FDJ-Leitung mit einer Sekretärin für Agitation und Propaganda, jener heutigen Frau Minister. Frau Merkel organisierte FDJ-Studienjahre, in denen eifrig darüber diskutiert wurde, wie dieser DDR-Sozialismus noch besser und noch vollkommener zu machen sei. Insbesondere erinnere ich mich an ihre Begeisterung für die durch Gorbatschow eingeleiteten Reformen in der Sowjetunion. Mein letzter Kontakt mit Frau Merkel war im Dezember 1989. Auch da war noch immer nichts von einer Kämpferin gegen den Unrechtsstaat zu spüren …«[167]

Außerdem gehörte Angela Merkel der Betriebsgewerkschaftsleitung (BGL) des FDGB des Institutes an. Pharisäerhaft wäre die Kritik daran, dass sie diese Funktionen innehatte, vor allem von Journalisten oder Autoren aus der Bundesrepublik; historisch falsch ist es, die Dimension so weit aufzulösen, bis man den Eindruck bekommt, dass Mitmachen Widerstand ist, zumal man dadurch Merkels Impuls übersieht. Es erzählt viel über die Bigotterie der 68er und ihrer jüngeren Geschwister, dass eine linke Weltanschauung spätestens nach dem Historikerstreit Mitte der Achtzigerjahre in der Bundesrepublik en vogue war, so eine Art Kaviarsozialismus, aber diejenigen, die im Osten nicht weniger an den Sozialismus glaubten, ihn nur nicht in seiner politbürokratischen Realität erkennen wollten, weshalb Gorbatschow so viele und so große Hoffnungen auslöste, sich später für diese Illusionen schämen sollten. Schaut man sich Merkels Lebensweg bis zur Wende an, dann wird auffällig, dass sie in der Klasse, in der Seminargruppe und später am Institut nicht nur engagiert war, sondern auch Funktionen in der Pionierorganisation, in der FDJ, in der Gewerkschaft, wohl auch in der DSF wahrnahm. Das weist auf etwas anderes hin, nämlich auf den Wunsch, Politiker zu werden. Wenn Dantes *Divina Commedia* eines vor Augen führt, was von den meisten Kommentatoren übersehen wird, dann ist es, dass Dante eine menschliche Typologie geschaffen hatte. Es gibt wohl keinen menschlichen Charakter, der nicht in der Dichtung vorkommt. Menschliche Gemeinschaften zeichnen sich dadurch aus, dass in ihnen die gleichen menschlichen Grundtypen vorkommen, der Bastler, der Politiker, der Intellektuelle, der Bauer, der Handwerker, der Theoretiker, der Künstler, derjenige, der es liebt zu handeln, usw., auf einer zweiten Ebene alle charakterlichen Typen wie der Bescheidene, der Ruhmsüchtige, der Eitle etc. Nimmt man das ernst, dann entspricht Angela Merkel sehr klar und von Anfang an dem Typ des Politikers, der sich nur in der DDR nicht entfalten konnte. Wäre sie in der Bundesrepublik groß geworden, wäre sie wahrscheinlich Schulsprecherin geworden und hätte sich zu einer Partei bekannt, wahrscheinlich zu den Grünen. Ihr Problem dürfte darin bestanden haben, politisch wirken zu wollen, Politiker sein zu wollen, doch es nicht zu können, weil die DDR nicht den Politiker, sondern nur den Funktionär zuließ. Und Funktionär wollte sie nicht werden, so viel Distanz besaß sie dann schon. Funktionär zu werden galt als äußerst unattraktiv, vor allem in einer stalinistischen Kaderpartei, wie sie die SED war. Vielleicht besteht darin das Geheimnis ihres rasanten Aufstieges, dass sie sehr genau wusste, was sie wollte, nur in der DDR aus objektiven Gründen genau das nicht zu verwirklichen vermochte. Erst die Wende, Glück und persönliche Beziehungen ebneten ihr den Weg, zu dem der große Wille kam, endlich verwirklichen zu können, was sie tief im Innersten wünschte. Interessant ist, dass sie Politik immer als Serviceleistung für die Bürger verstand, allerdings als einen Service, den der Bürger zu akzeptieren hatte, so wie er war, und den er sich nicht aussuchen konnte. Mit der Vorstellung von der Politik als Serviceleistung verhielt es sich in der Vorstellung Angela Merkels so wie mit den Schildern am Eingang von Restaurants in der DDR: »Sie werden platziert.«

Im Jahr 1991, als Angela Merkel noch politische Kommunikation lernte, brach ihr Selbstverständnis im Gespräch mit Herlinde Koelbl heraus: »Politik hat ja auch etwas mit Dienstleistung zu tun, mit der schweren Aufgabe, ein Staatswesen in Ordnung zu halten. Sie wissen ja, wo ich herkomme. Mir dürfen Sie ruhig glauben, dass es mir vor allem darum geht, aus dieser manchmal verkommenen und verkorksten Gesellschaft im Osten irgendetwas zu machen.«[168] Da spricht erstaunlich viel Selbstvertrauen mit, sie wollte etwas aus »dieser manchmal verkommenen und verkorksten Gesellschaft im Osten« machen. Diese Gesellschaft läutern und erziehen? Die alten Griechen nannte diese Haltung Hybris. Augenfällig ist es nicht nur, dass sie so viel Distanz zum Osten etablieren will, wie sie kann, indem sie fast mit Ekel auf die »manchmal verkommene und verkorkste Gesellschaft im Osten« herabschaut, in der sie doch selbst so aktiv war – nicht in der beruflichen, sondern in der gesellschaftlichen Arbeit. Thomas Mann dachte immer wieder über die eigene Biografie als eine Ansammlung von Peinlichkeiten nach: »Alte peinliche Lebenserinnerungen, zwanghaft, wie oft. War nicht das ganze Leben peinlich? Es gab wohl selten ein solches Ineinander von Qual und Glanz.«[169] Aufschlussreicher als die Arbeit an der eigenen Biografie, als die Arbeit, aus sich den Politiker zu machen, der man gern sein möchte, zu einem, wie es Schindhelm 2005 pathetisierte »Deutscher neuen Typus«, ist Merkels Politikverständnis, das von Anfang an da ist und sich nicht mehr ändern wird. Der Politiker ist für sie der Dienstleister, der sich der schweren Aufgabe unterzieht, »ein Staatswesen in Ordnung zu halten«, etwas aus der »manchmal verkommenen und verkorksten Gesellschaft« zu machen. Verantwortlich ist der Politiker dafür nicht dem Demos, dem Volk, dem Bürger, sondern der Ordnung, der Ordnung des Staatswesens. Im Grunde ist Angela Merkel die fleischgewordene Idee der Bürokratie, das sollte ihren Erfolg in Deutschland ermöglichen. Wichtiger als die Demokratie ist die Ordnung des Staatswesens. Darum brauchen sich die Bürger nicht zu kümmern und darum sollen sie sich nicht bekümmern, dafür existiert die Politik als Dienstleister, wie sich das Facility Management um die Reinigung des Objekts kümmert und ein Dachdecker darum, dass es nicht reinregnet. Vermutlich hatte Schindhelm recht, wenn er lyrisierte: »Das Ich von Angela Merkel ist zwar immer dasselbe, aber es treibt sich unermüdlich an, ein anderes zu werden.«[170] Nur konnte sie in der DDR keine andere werden – und empfand daher ihre Situation am Institut als äußerst unbefriedigend – und floh, floh in die Beschäftigung mit der Literatur, mit dem Theater, dem Kino, den endlosen, möglicherweise rotweingesättigten Debatten und den großen Hoffnungen, die sich ab 1985 mit Michail Gorbatschow verbanden, und den großen Enttäuschungen, der Wut auch, die sich auf die Greise im Politbüro und die willfährigen Medien richtete. Es war wie in der bleiernen Zeit, wie Hölderlin dichtete, es war wie auf der gerontologischen Station, es war wie in der Zeit ohne Uhren. Auf eine wunderbar transponierte Weise drückte diese Stimmung der Hölderlin-Film *Hälfte des Lebens* aus, nämlich die Stimmung der Vergeblichkeit:

> »Weh mir, wo nehm ich, wenn
> es Winter ist, die Blumen, und wo

den Sonnenschein,
und Schatten der Erde?
Die Mauern stehn
sprachlos und kalt, im Winde
klirren die Fahnen.«[171]

Im Jahr 1981, in dem Jahr, in dem sie sich von ihrem Mann trennte, lernte sie den Wissenschaftler Joachim Sauer kennen, der gerade an seiner Habilitation arbeitete; langsam, aber sicher wurden sie ein Paar. Es wird ihr Geheimnis bleiben, wie sehr ihr Sauer bei der Arbeit an der Dissertation half, doch wird sie ihm für die kritische Durchsicht des Manuskripts[172] danken, wenn die Dissertation endlich fertiggestellt und 1986 verteidigt sein wird.

Doch, was nun? Die junge Doktorin der Physik wechselte die Abteilung, aber nicht das Institut. Alles blieb beim Alten.

Sie steckte, wie das ganze Land, in einer Sackgasse.

14. MERKELS WENDE

Der wichtigste Satz in der Merkel-Biografie von Gerd Langguth lautet: »Angela Merkel gehörte nicht zu den frühen Aktivisten, die die friedliche Revolution herbeiführten.«[173] Ein paar Sätze weiter enthüllt, vermutlich unbeabsichtigt, Langguth den häufig absurden Lauf der Geschichte: »Die beiden höchstrangigen Ostdeutschen in der Politik – Bundestagspräsident Wolfgang Thierse (SPD) und Angela Merkel – betraten erst zu einem Zeitpunkt die politische Arena, als die Bürgerrechtler unter großen Risiken bereits den Durchbruch gegen eine totalitäre Diktatur erkämpft hatten.«[174] An dieser Stelle könnte man die Biografie schließen; der Rest sind nur noch Fußnoten, Fußnoten am Ende einer Kanzlerschaft, Fußnoten von Deutschlands Niedergang.

Thierse, studierter Germanist, arbeitete im Kulturministerium der DDR und stürzte tief und tiefer, weil er sich weigerte, die Erklärung, die Biermanns Ausbürgerung befürwortete, zu unterschreiben; nein, er stürzte nicht in die Produktion, nicht in den Tagebau, nicht ins Gefängnis wie Gerulf Pannach von Renft, nein, Wolfgang Thierse stürzte sehr viel tiefer, nämlich in das Zentralinstitut für Literaturgeschichte der Akademie der Wissenschaften der DDR und arbeitete am *Historischen Wörterbuch ästhetischer Grundbegriffe* mit. Mit anderen Worten, dem Mann ging es gut. Die SED hatte seinen Widerstand hart bestraft. Der

Mühe, sich wissenschaftlich zu qualifizieren, an einer Dissertation zu arbeiten wie seine Kollegen, unterzog er sich nicht, er saß ja auf einem sicheren Versorgungsposten. Insofern ähneln sich Merkels und Thierses Lebenswege ein wenig, dort der biegsame Katholik, hier die alerte Protestantin.

Die künftige Politikerin Angela Merkel lernt man am besten in ihrem Verhalten in der Friedlichen Revolution kennen: Riskiert hatte sie nichts, gewonnen dafür alles. Von Pontius Pilatus hieß es über seine Zeit als Staathalter in Ägypten, bevor er nach Jerusalem ging: Arm kam er ins reiche Ägypten, reich ging er aus dem armen Ägypten. Nach 16 Jahren Kanzlerschaft Angela Merkels hat die Bundesbahn das Verspätungsniveau der Deutschen Reichsbahn der DDR endlich erreicht, und die Straßen und Brücken des Landes nähern sich dem DDR-Standard. Verspätete Züge, zerfallende Straßen, Brücken und Städte, der Niedergang der Wirtschaft kennzeichnen Deutschland nach Merkel. Insofern fällt es leicht, sich zu erinnern.

Das Verbot des *Sputniks* 1988, der Versuch, den Eindruck zu erwecken, dass Reformen zwar für die Sowjetunion in Ordnung gingen, die Sowjetunion diese wohl auch benötigte, in der DDR aber dank der weisen Führung des Genossen Honecker und seiner Mitstreiter im Politbüro und in den Blockparteien Reformen völlig unnötig seien, weil die DDR die beste DDR war, die wir jemals hatten, erbitterte immer mehr Ostdeutsche. Der Zusammenbruch konnte allerorten erlebt und besichtigt werden, auch die Zunahme des Mangels. Zuweilen fegten die Arbeiter den Fabrikhof, wenn es an Rohstoffen und Ersatzteilen mangelte, die sozialistische Form der Kurzarbeit. Doch davon bekam das politische Personal nichts mit. Abgeschottet durch einen Wall von Schönfärberei lebte die DDR Führung in ihrer eigenen Welt, zwar nicht in Berlin Mitte, sondern ihre Blase hieß Wandlitz. Kritik und Proteste versuchte man zu unterdrücken und nutzte dafür die Ressourcen des Staates.

»›Hände hoch, Maschine aus!‹ – Mit diesen Befehlen stürmte eine zehnköpfige Einsatzgruppe der Stasi mit einem Staatsanwalt in der Nacht zum 25. November 1987 die Umweltbibliothek in der Ostberliner Zionsgemeinde.«[175] Die Brutalität, mit der die Stasi gegen die Umweltbibliothek in der Berliner Zionsgemeinde vorging, stieß auf Ablehnung: »Der Stasi-Überfall hatte vor allem einen Effekt: Es kam zu einer DDR-weiten Solidarisierung mit den Inhaftierten. Sofort wurden Mahnwachen und Solidaritätsveranstaltungen in der Zions- und Eliaskirche in Ostberlin gehalten, an denen sich trotz zahlreicher ›Berlin-Verbote‹ bis zu 2000 Menschen aus der ganzen DDR beteiligten …«[176] Zumal der Umweltschutz in der DDR nicht nur ein Thema, sondern in der Tat auch ein Tabuthema war. Es ist nicht bekannt, ob die »Kulturfunktionärin« Merkel sich dieses Tabuthemas annahm, obwohl sie doch als Naturwissenschaftlerin Zugang zu dieser Thematik besaß. Wenn man in den Achtzigerjahren Franz Kuglers Volkslied aus dem Jahr 1826 »An der Saale hellem Strande« anstimmte, dann nur noch sarkastisch, denn Elbe und Saale wiesen eine Verschmutzung auf, dass selbst die Fische auf ihren Flossen behände flohen. Bitterfeld im mitteldeutschen Chemiedreieck galt so sehr als Synonym für Umweltverschmutzung, dass der Vers zur Chiffre wurde: »Und sehn wir uns nicht in dieser Welt/dann sehn wir uns in Bitterfeld.« Erschüttert über die Umweltverschmutzung im mitteldeutschen Chemiedreieck, schrieb damals die Industriereporterin Monika Maron den Roman *Flugasche,* in dem sie Bitterfeld als »die schmutzigste Stadt Europas«[176a] bezeichnete, der aber nicht in der DDR erscheinen konnte und deshalb 1981 bei Fischer in der Bundesrepublik herauskam. 1988 publizierte das Kirchliche Forschungsheim Wittenberg die Dokumentation *Pechblende – Der Uranbergbau in der DDR und seine Folgen* des mutigen Michael Beleites, der wegen seiner kritischen Haltung zu Merkels Politik 2018 vom *SPIEGEL* angegriffen wurde.[177, 178]

Die gemütlich-behäbige Folklore der SED-Oberen des Gedenkens an die Ermordung von Karl Liebknecht und Rosa Luxemburg, die jedes Jahr am Todestag der beiden Revolutionäre auf dem Zentralfriedhof Friedrichsfelde stattfand, wurde am 16. Januar 1988 durch den ebenso pfiffigen wie provokanten Protest der Bürgerrechtler gestört, die einen Ausreiseantrag gestellt hatten. Sie beabsichtigten mit Plakaten, auf denen der Satz von Rosa Luxemburg stand: »Freiheit ist immer Freiheit der Andersdenkenden«, an der Demonstration in Friedrichsfelde teilzunehmen. Doch die Stasi fing alle vorher ab. Dennoch wurde die Aktion bekannt und führte zu Protesten in der DDR und im Ausland. In seiner Gesamtheit lautet das Zitat, das Luxemburg als Marginalie an ihr Manuskript *Zur russischen Revolution* notiert hatte: »Freiheit nur für die Anhänger der Regierung, nur für Mitglieder einer Partei – mögen sie noch so zahlreich sein – ist keine Freiheit. Freiheit ist immer Freiheit der Andersdenkenden. Nicht wegen des Fanatismus der ›Gerechtigkeit‹, sondern weil all das Belebende, Heilsame und Reinigende der politischen Freiheit an diesem Wesen hängt und seine Wirkung versagt, wenn die ›Freiheit‹ zum Privilegium wird.«[179]

Die Pointe bestand nun darin, dass Rosa Luxemburg für die Leninisten, so auch für die SED, eine schwierige Heilige war. Lenin urteilte über Luxemburg: »Rosa Luxemburg irrte in der Frage der Unabhängigkeit Polens; sie irrte 1903 in der Beurteilung des Menschewismus; sie irrte in der Theorie der Akkumulation des Kapitals; sie irrte, als sie im Juli 1914 neben Plechanow, Vandervelde, Kautsky u.a. für die Vereinigung der Bolschewiki mit den Menschewiki eintrat; sie irrte in ihren Gefängnisschriften von 1918 (wobei sie selbst beim Verlassen des Gefängnisses Ende 1918 und Anfang 1919 ihren Fehler zum großen Teil korrigierte). Aber trotz aller dieser ihrer Fehler war und bleibt sie ein Adler.«[180] Stalin befand hingegen, dass der Luxemburgismus eine Art Trotzkismus sei, dass nicht Leo Trotzki, sondern Rosa Luxemburg die »Theorie der permanenten Revolution« aufgestellt habe und deshalb erbarmungslos zu bekämpfen sei.[181] Fred Oelßner, Chefideologe und Mitglied des Politbüros der SED, schrieb in der offiziellen Luxemburg-Biografie der SED 1952: »Denn so groß Rosa Luxemburgs Verdienste um die deutsche Arbeiterbewegung waren ... so dürfen wir nicht vergessen: Groß waren auch ihre Irrtümer und Fehler, die die deutsche Arbeiterklasse auf falsche Bahnen lenkten. Wir dürfen vor allem die Augen vor der Tatsache nicht verschließen, daß es sich nicht um einzelne Fehler handelt, sondern um ein ganzes System falscher Auffassungen (den ›Luxemburgismus‹). Diese Auffassungen waren eine der entscheidenden Ursachen für die Niederlagen der Kommunistischen Partei Deutschlands nach ihrer Gründung, für die Verfälschung der Rolle der Partei durch die Brandleristen, für die Unterschätzung der nationalen Frage und der Bauernfrage, die trotz der Bemühungen Ernst Thälmanns nicht überwunden wurde.«[182] Oelßner sah den Luxemburgismus als eine Abart des Sozialdemokratismus. 1986 kam in der Bundesrepublik der Luxemburg-Film von Margarethe von Trotta heraus, den die ostdeutsche Historikerin und Luxemburg-Expertin Annelies Laschitza beriet, die am Institut für Marxismus-Leninismus beim Zentralkomitee der SED tätig war, sich mit der Geschichte der deutschen Arbeiterbewegung befasste und die Schriften Rosa Luxemburgs herausgab. Nachdem der Spielfilm im Metropolis Kino im Bochumer Hauptbahnhof 1986 Premiere feierte, wurde er bereits im November 1986 im Kino Kosmos in Ostberlin aufgeführt. Rosa Luxemburg wurde zur Projektionsfläche und Galionsfigur der Linken in beiden deutschen Staaten, die als Heilige eines Sozialismus verehrt wurde, der weit im rosaroten Himmel schwebte und mit dem Erdenschmutz des »real existierenden Sozialismus« in der DDR nichts gemein hatte. Für Heiner Müller begann die Tragödie des deutschen Kommunismus, die Stalinismus hieß, mit der

Ermordung von Rosa Luxemburg und Karl Liebknecht, mit dem frühen Ende eines eigenständigen, deutschen Wegs in den Kommunismus, so hatte er es in dem fünfteiligen Lehrstück *Wolokolamsker Chaussee* und in *Germania. Tod in Berlin* dargestellt. Über den Film, den sie sicher gesehen hatte, hätte Angela Merkel in einem Interview, das Margarethe von Trotta am 29. November dem *Neuen Deutschland* gab, mehr erfahren können.[183]

Die junge Wissenschaftlerin, die fleißig *Prawda* las, um sich über den so gar nicht triumphalen Fortgang der Reformen in der UdSSR zu informieren, hatte in dem Kollegen Joachim Sauer den Mann fürs Leben gefunden. Im Gegensatz zu ihr gehörte Sauers Leidenschaft der Wissenschaft. Sie schufen sich ein privates Idyll zwischen der Liebe zu Wagners Musik und dem Landhäuschen in Hohenwalde in der Uckermark, das sie noch heute besitzen. Zwischendurch ergaben sich Forschungsaufenthalte in Prag. Wie sehr und wie weit Joachim Sauer Angela Merkel in ihrer schleppend vorangegangenen Dissertation unterstützte, gehört wohl bestenfalls ins Reich der Spekulation. Neben den üblichen kritischen Diskussionen im Kollegenkreis, der Lektüre, dem Theater und dem Kino beobachtete Angela Merkel die Entwicklung, wie auch Michael Schindhelm, ihr zeitweiliger Kollege, berichtete: »Es ging in ihren Gesprächen und in ihrem Denken nicht pausenlos um politische Verhältnisse, und schon gar nicht darum, sie zu verändern.« Sie hätten kein aggressiv kritisches Verhältnis zur DDR gehabt, eher ein distanziertes. »Sie hielten sich aus dem Glutkern heraus«, sagt er. Angela Merkels Lebensgefährte Joachim Sauer beispielsweise sei damals ein Vorbild für sie gewesen, ein Mann, der an der Akademie anerkannt war, ohne irgendwelche politischen Zugeständnisse zu machen. Sauer habe seine kleine Welt mit klassischer Musik ausgestaltet. Die Wagner-Oper als Nische. »Die Nische«, sagt Schindhelm, »war ein Inkubator für ihr heutiges Leben.«[184] Das ist insofern richtig, weil die Nische oder die insulare Situation von der Politikerin Merkel perfektioniert wurde; sie vertraut und traut nur sehr wenigen Menschen, drei Mitarbeitern, die bereits in den Neunzigerjahren zu ihr gestoßen sind.

So hätte es ewig für sie in der DDR weitergehen können, wenn nicht die Wirtschaft immer mehr verfallen wäre und die DDR abhängig von bundesdeutschen Krediten wurde, denn zur Wirtschaftsmisere gesellte sich die wachsende Staatsverschuldung. Man begann alles, was nicht niet- und nagelfest war, an den Westen zu verkaufen, wenn es Devisen brachte, und selbst was niet- und nagelfest war, wurde verscherbelt, beispielsweise auch historische Pflastersteine des berühmten Katzenkopfpflasters nach Japan.

Der Humor der Geschichte besteht gewöhnlich darin, dass nicht selten Ereignisse zum berühmten Tropfen werden, der das Fass zum Überlaufen bringt, Ereignisse, die nebensächlich und wenig aufregend wirken. Am 7. Mai 1989 fanden in der DDR Kommunalwahlen statt – und wie üblich wurden sie frisiert. Nichts Besonderes, Zettelfalten eben. Doch diesmal geschah etwas Unerhörtes. Mitglieder von kirchlichen Gruppen machten von ihrem Recht Gebrauch, die Wahlen in den Wahllokalen zu beobachten. Dabei stellten sie 10 bis 20% Gegenstimmen fest, dennoch verkündete Egon Krenz als Vorsitzender der Zentralen Wahlkommission zum gemeinsamen Wahlvorschlag der Nationalen Front, in dem von Anfang an feststand, welche Partei und welche Massenorganisation wie viele Mandate bekam, eine Zustimmung von 98,89 %. Wenn keine freien Wahlen existieren, bei denen man sich zwischen verschiedenen Parteien und Kandidaten, die demokratisch untereinander konkurrieren, entscheiden kann, wird die Höhe der Zustimmung zum entscheidenden Politikum. Hätten beispielsweise weniger als 70% der Wähler dem Wahlvorschlag der Nationalen Front zugestimmt, dann würde die Legitimation durch das Prinzip der Akklamation mit jeder Stimme darunter schwinden. Nüchtern betrachtet, stellte eine Zustimmung von 80 bis 90 % zunächst kein Problem dar, nicht einmal in der »Wirsindmehr«-Argumentation der SED, die sich auf die ganz große Mehrheit der Bürger berief, doch wussten die SED-Chefs, dass die bröckelnde Zustimmung in der Kommunalwahl nur den Anfang vom Ende bedeuten würde. Andererseits fühlten sich immer mehr Bürger durch die dreiste Fälschung verhöhnt. Der Unmut wuchs. Das merkte man auch im Politbüro. Als dann die chinesischen Studenten auf dem Platz des Himmlischen Friedens in Peking Demokratie forderten, leuchteten die Alarmsignale nur noch tiefrot im Politbüro. Ausgerechnet Egon Krenz gratulierte den chinesischen Machthabern zur blutigen Niederschlagung der Proteste der Studenten. Und dann kamen die Meisterdenker im Politbüro auch noch auf den famosen Einfall, die Bilder von der brutalen Niederschlagung des Aufstandes geradezu als Dauerschleife im DDR-Fernsehen zu senden, um die DDR-Bürger einzuschüchtern. Damit sendeten sie den Scheidebrief, nicht nur zu den Bürgerrechtlern, nicht nur zu den Oppositionellen, sondern auch zu Linken und Marxisten, die unbedingt die DDR erhalten wollten, aber nicht länger die gerontokratische Herrschaft des Politbüros mit dem bedauerlichen Mangel an Wissen, Kultur, Bildung, Toleranz und Weltläufigkeit ertrugen. In Hölderlins Diktum aus dem *Hyperion* fand man die bündige Formulierung für die DDR: »Es ist ein hartes Wort und dennoch sag ichs, weil es Wahrheit ist: ich kann kein Volk mir denken, das zerrißner wäre, wie die Deutschen. Handwerker siehst du, aber keine Menschen, Denker, aber keine Menschen, Priester, aber keine Menschen, Herrn und Knechte, Jungen und gesetzte Leute, aber keine Menschen – ist das nicht, wie ein Schlachtfeld, wo Hände und Arme und alle Glieder zerstückelt untereinander liegen, indessen das vergoßne Lebensblut im Sande zerrinnt?«[185]

Die Marxisten begriffen diese Phänomene als Entfremdung

und Selbstentfremdung. Aber nachdem diese Phänomene auf der Kafka-Konferenz 1963 auf Schloss Liblice diskutiert worden waren und der Prager Frühling 1968 unter die Ketten der sowjetischen Panzer geraten war, galten diese Begriffe als heißes Eisen, und Kafka wurde als Autor in der DDR nicht gelitten, die spärlichen Veröffentlichungen seiner Texte bekam man häufig nur unter dem Ladentisch zu kaufen. Immer mehr Menschen in der DDR gaben die Hoffnung auf Veränderung auf und wollten den Staat, die gerontologische Station DDR, nur noch verlassen. Allerdings war diese Station eine geschlossene Station. Unmut, Lethargie, Flucht ins Private, Widerstandsgeist und Fatalismus wuchsen.

Am 19. August 1989 fand im ungarischen Sopron an der Grenze zu Österreich das Paneuropäische Picknick statt. DDR-Bürger, die sich in Ungarn befanden, weil sie hofften, über Ungarn in die Bundesrepublik zu gelangen, erfuhren von dem Picknick. Überraschend tauchten sie an der für das Picknick geöffneten Grenze in der Nähe von Sopron auf und flohen nach Österreich. Der Riss im Eisernen Vorhang entstand in Sopron. Die ungarischen Grenzer wandten sich ab, schauten nicht nach Ungarn, sondern nach Österreich und ließen die Flucht geschehen. Deutschland hat Ungarn unendlich viel zu verdanken. Helmut Kohl wusste das noch. Es stellt schon einen Treppenwitz der Geschichte dar, dass ausgerechnet eine Bundeskanzlerin, die aus Ostdeutschland stammte, das vergessen hat. Aber ostdeutsch ist Merkel nicht, wollte sie auch nicht sein. In seiner wie immer intellektuellen Art kommentierte Erich Honecker die Massenflucht mit den Worten: »Habsburg verteilte Flugblätter bis weit nach Polen hinein, auf denen die ostdeutschen Urlauber zu einem Picknick eingeladen wurden. Als sie dann zu dem Picknick kamen, gab man ihnen Geschenke, zu essen und Deutsche Mark, dann hat man sie überredet, in den Westen zu kommen.«[186] So einfach war das in Honeckers Augen, die naiven

Ostdeutschen wurden mit Geschenken über die Grenze gelockt. Regierungen, die am Ende sind, halten das Volk immer für dumm. Wenig später forderte DDR-Außenminister Oskar Fischer in einem Brief an seinen ungarischen Kollegen Gyula Horn, dass Ungarn die DDR-Flüchtlinge, die sich dort befanden, an die DDR-Behörden übergeben soll. Doch die Ungarn antworteten am 8. September 1989, dass die »Regierung der Ungarischen Volksrepublik kein Hindernis stellen« wird, »wenn die Staatsbürger der Deutschen Demokratischen Republik, die sich in der Ungarischen Volksrepublik aufhalten und nicht heimkehren wollen, vom 11. September 0.00 Uhr an mit ihren DDR-Reisedokumenten das Territorium Ungarns in Richtung solcher Drittländer verlassen, die bereit sind, sie durchzulassen oder aufzunehmen«.[187] Damit war unmissverständlich Österreich als Transitland zur Bundesrepublik gemeint. Angela Merkel hatte später immer davon gesprochen, dass die Ultima Ratio für sie in der Übersiedlung in die Bundesrepublik bestanden hätte; doch es erhebt sich die Frage, womit sie in der Bundesrepublik ihren Lebensunterhalt hätte verdienen sollen, denn ihr Interesse galt der Physik nicht mehr – und einen so sicheren Arbeitsplatz wie an der Akademie der Wissenschaften, der nur einen äußerst überschaubaren Einsatz verlangte, würde sie schwerlich in der Bundesrepublik finden. Das wusste sie spätestens seit ihrem Besuch in Karlsruhe.

Sowohl am 11. September als auch am 18. September wurden Menschen verhaftet, die am Friedensgebet in der Leipziger Nikolaikirche teilgenommen hatten. Am 25. September fand dann die erste Montagsdemo in Leipzig statt, nachdem der Pfarrer Christoph Wonneberger in der Leipziger Nikolaikirche und beim Friedensgebet sagte: »Wer andere willkürlich der Freiheit beraubt, hat bald selbst keine Fluchtwege mehr.«[188] An der Demonstration, die im Anschluss stattfand, nahmen 5000 Menschen teil. Am 9. September wurde das Neue Forum gegründet, am

12. September Demokratie Jetzt, am 1. Oktober der Demokratische Aufbruch und am 7. Oktober die Sozialdemokratische Partei in der DDR (SDP).

Angela Merkel reiste zu ihren Eltern auf den Waldhof und stieß zu einem von ihrem Vater veranstalteten Pastoralkolleg, das vom 23. bis 25. September stattfand. In den Umbrüchen wollte sie nicht die Orientierung verlieren. Die Runde war recht lukrativ, zu ihr gehörte der junge Physiker Günter Nooke, der wenig später den Demokratischen Aufbruch mitbegründen sollte, Angelas Bruder Marcus Kasner, auch er Physiker wie auch Hans-Jürgen Fischbeck, der an der Aufdeckung des Betrugs in den Kommunalwahlen beteiligt war, Meik Hellmund und die Medizinerin Cornelia Matzke, die sich beim Neuen Forum engagierte. Aus Bochum reiste der Theologieprofessor Christofer Frey mit Ehefrau an. Doch die Dynamik der politischen Ereignisse schob das eigentliche Thema »Was ist der Mensch« beiseite, denn die Frage stand im Raum, ob der Staat Polizei und Armee gegen die Demonstranten in Leipzig einsetzte oder ob wie am 17. Juni 1953 die Russen eingreifen würden. Wie immer hörte Angela Merkel nur zu. Frey beschrieb sie als die Frau »mit dem runden, freundlichen, verschlossenen Gesicht«. Auf die Frage von Reuth und Lachmann, »wie das Verhältnis von Horst Kasner und Angela Merkel zum SED-Staat gewesen sei«, antwortete Frey: »Näher am Regime war offenbar die Tochter.«[189] Das sollte Merkel später anders nuancieren, wenn sie den Journalisten Arno Luik wissen ließ: »Ich hatte mit dem Sozialismus abgeschlossen. Diese Mischung aus Alternativität und einer anderen Form von Sozialismus hat mich nicht gereizt.«[190] Im Interview mit Gerd Langguth behauptete Merkel: »Ich will hier jetzt nicht als der Besserwisser dastehen, aber ich habe mich zum Beispiel auch viel mit meinem Vater darüber unterhalten und von einem Dritten Weg, von einem Sozialismus mit menschlichem Antlitz, nie etwas gehalten.«[191] Wirklich nie? Zur Ehefrau von Christofer Frey hatte sie Ende September gesagt: »Wenn wir die DDR reformieren, dann nicht im bundesrepublikanischen Sinne.« Sie »erinnert sich genau, weil sie mit Angela Merkel im Trabi zur Kirche fuhr«.[192] Die Deutschen dürften wohl die Einzigen auf der Welt gewesen sein, die tatsächlich glaubten, dass eine Wiedervereinigung nicht auf der Tagesordnung stünde. Doch für die Polen mit ihrem starken Nationalismus, auch für die Russen stellte die Existenz der Teilung einer Nation eine Anomalie dar. Auch daher erklärt sich die Stalinnote. Jedenfalls verwunderte es Angela Merkel, dass sie von Russen und von Polen davon hörte, dass Deutschland wiedervereinigt werde. Wie für viele andere deutsche Intellektuelle kam ihr diese Vorstellung befremdlich vor. Auf den ersten Demonstrationen hieß es auch noch nicht, »Wir sind ein Volk«, sondern »Wir sind das Volk!«. Doch auf diesen ersten Demonstrationen sah man Angela Merkel nicht.

In den Botschaften der Bundesrepublik in Budapest und in Prag saßen DDR-Bürger fest, die in die Bundesrepublik ausreisen wollten. Bundesaußenminister Hans-Dietrich Genscher erreichte, dass die DDR-Bürger in der Prager Botschaft mit einem Sonderzug, der allerdings ein Stück durch die DDR fuhr, ausreisen durften. Viele stiegen mit gemischten Gefühlen ein, denn die bange Frage lautete, ob Honecker, Krenz und Co. sich an die Absprachen hielten, wenn der Sonderzug die DDR passierte. Damit die Ausreisen die als glanzvoll geplante Feier zum 40. Jahrestag der DDR mit Großdemonstration, wie jetzt die gegen »rechts«, und mit dem Fackelzug der FDJ nicht stören würde, sollten die Ausreisewilligen in der Prager Botschaft am 1. und am 4. Oktober mit Sonderzügen in die Bundesrepublik fahren. Noch am 3. Oktober schloss die DDR die Grenze zur CSSR. Die Wirkung war niederschmetternd und deprimierend. Diese Willkür durch Honecker, Mielke und Co. erzeugte unsagbare Wut, weil man sich nun richtig eingesperrt fühlte, da man nicht einmal mehr in die wenigen Länder reisen durfte, die den DDR-Bürgern ohnehin offengestanden hatten. Dumm war diese Maßnahme schon deshalb, weil sie den Druck im Kessel erhöhte.

Die SED-Führung beging in dieser Situation des Massenexodus den nächsten großen Fehler, als sie über die ostdeutsche Nachrichtenagentur einen Kommentar verbreiten ließ, in dem den Ausreisewilligen vorgeworfen wurde, sie hätten mit ihrer Flucht aus der DDR die moralischen Werte mit Füßen getreten »und sich selbst aus unserer Gesellschaft ausgegrenzt. Man sollte ihnen deshalb keine Träne nachweinen.«[193] Unter denen, die in den Westen gingen, befanden sich viele junge Leute. Ihre Eltern aber, denen man erklärte, ihre Kinder taugen nichts und sie werden sie auch nicht wiedersehen, sie hätten sich ja »aus unserer Gesellschaft ausgegrenzt«, würden ihnen nicht nur eine, sondern viele Tränen nachweinen, wenn es so käme, wie es die SED androhte. Denjenigen, die geduldig die DDR ertragen hatten, erklärte man nun zynisch: Vergesst eure Kinder. Welchen Sinn ergibt ein Leben, wenn Eltern die Kinder genommen werden? Aber es gibt auch die anderen, die nicht weggehen, die stattdessen ihre Heimat verändern wollen. Dableiben und aufstehen. Auch Angela Merkel wollte bleiben, doch sie engagierte sich nicht, sie wartete ab. In die Bundesrepublik zu gehen bliebe ja immer noch als letzte Möglichkeit. Merkel beobachtete, wie immer ihrer ersten Frage folgend: Was nützt und was schadet mir? Eine Eigenschaft dürfte ihr selbst partiell und auch in besonderen Situationen abgehen: Selbstlosigkeit. Der ebenfalls aus Ostdeutschland stammende Reporter Alexander Osang, der am »Roten Kloster« in Leipzig Journalistik studiert hatte, lässt in einem sehr langen Stück im *SPIEGEL* Rainer Eppelmann, der einmal Chef des Demokratischen Aufbruchs war, mit dessen Erinnerungen an Angela Merkel zu Wort kommen: »Sie gehörte nicht zu den ersten 500, nicht zu den ersten 5000, nicht zu den 50 000, nicht mal zu den 2 Millionen, die vor dem 9. November auf der Straße waren, um zu sagen: ›Is allet Scheiße.‹ Is nicht schlimm, aber auch kein

Grund, alles zu vergessen. Ich weiß nicht, ob Angela und Thierse den Druck ausgehalten hätten, den wir aushalten mussten.«[194] Sie war nicht einmal ein »Novemberrevolutionär«, wie die Bürgerrechtler diejenigen nannten, die im November dazukamen, als der Protest zur Massenbewegung anschwoll. Am 4. Oktober griff die Polizei mit Schlagstöcken die Ausreisewilligen auf dem Dresdner Hauptbahnhof an, die hofften, mit dem zweiten Sonderzug mitfahren zu dürfen. Sie riefen »Wir wollen raus« und »Gorbi, Gorbi!«. Diese Szenen erschütterten viele Ostdeutsche, die sie in ARD und ZDF sahen, und steigerten den Zorn. Mehr als 200 Menschen wurden festgenommen. An diesem Abend zersprang Modrows Ruf, der als Reformer gesehen wurde, in tausend Splitter. Zwei Tage später verlas das Ensemble des Staatsschauspiels Dresden die Resolution »Wir treten aus unseren Rollen heraus«. Als der Dresdner Parteichef Modrow die Verlesung untersagte, trat das Ensemble schweigend vor das Publikum. Jeder wusste, was das bedeutete. Das Schweigen, das man nicht verbieten kann, erwies sich als wirkungsvoller. Die SED manövrierte sich in eine Lage, in der man nur noch alles falsch machen konnte, weil man selbst falsch war. Zur Begehung des 40. Jahrestages, den Honecker pompös feiern wollte, auch um die Proteste in der DDR zu überstrahlen, auch um der Opposition in der DDR zu erklären, ihr seid nur eine kleine Minderheit, seht her: Wir sind mehr, wir beherrschen die Gesellschaft und wir beherrschen die Straße, konnte sich Michail Gorbatschow nicht der Pflicht entziehen, daran teilzunehmen. Er wäre am 7. Oktober 1989 an jedem Ort der Erde lieber gewesen als in Ostberlin. Gorbatschow einigt sich mit seinen Leuten, so kurz als möglich zu bleiben. Polens Parteichef Mieczysław Rakowski saß mit Michail S. Gorbatschow in dem Auto, das sie vom Flughafen Schönefeld ins Zentrum der Hauptstadt der DDR brachte. Rakowski übersetzte dem Generalsekretär der KPdSU die unbestellten Rufe der bestellten Rufer: »Gorbatschow, hilf!«. Honeckers Fußvolk versagte dem deutschen Generalsekretär den Dienst. Gorbatschow begriff in diesem Moment, dass Honecker vor dem Sturz stand, wenn nicht einmal das »Parteiaktiv« noch zu ihm hielt. Später wird er mit Honecker unter vier Augen darüber sprechen, doch Honecker wird nichts verstehen. Auch Raissa Gorbatschowa, die ein eigenes Besuchsprogramm absolvierte, wurde aus den Gesprächen die Explosivität der Lage deutlich. Alle wussten inzwischen, was die SED-Führung nicht wissen wollte.

Dafür griff am Abend des 7. Oktober in der gleichen Stadt, in der Honecker seinen Gästen ein Bankett gab, die Polizei mit Schlagstöcken die friedlichen Demonstranten auf der Schönhauser Allee an. Bereits am Morgen hatte eine Zivilstreife eine 20-jährige Frau und deren zwölfjährige Schwester in der Mendelssohnstraße verhaftet, weil sie an Laternenpfähle und Häuserwände Zettel klebten, auf denen stand: »Werdet aktiv! Tausende von Bürgern verlassen unser Land, Demonstrationen werden niedergeknüppelt, eine Opposition ist illegal. Eine greise starre Regierung feiert sich in unglaublicher, verdächtiger Weise (Fackelzug usw.), stellt sich: blind – taub – stumm. Nur wenn alle endlich den Mund aufmachen und gemeinsam handeln, gibt es für unser krankes Land eine Hoffnung.«[195] Angela Merkel dachte nicht daran, aktiv zu werden, sie beobachtete weiter das Geschehen: »Ich war Beobachterin, ich hab dem Braten noch nicht so ganz getraut.«[196] Die junge Frau und das Mädchen wurden in das Polizeirevier in der Keibelstraße verschleppt. Die Mutter erfuhr fünf Stunden später von der Festnahme ihrer Töchter. Die 12-jährige Tochter wurde im Beisein der Mutter verhört, die darüber berichtete: »Im Rahmen der polizeilichen Untersuchungen erfolgte dann eine für uns unvorstellbare Maßnahme: Von den Geschwistern wurden jeweils Fingerabdrücke aller Finger und beider Hände, Porträt- und Profilfotografien gemacht und eine ›Geruchskonserve‹ sichergestellt.«[197] Nach neun Stunden auf dem Polizeirevier durfte das 12-jährige Kind die Polizeiinspektion mit der Mutter verlassen. Ihrer älteren Schwester hingegen wurde am 8. Oktober gegen 17.15 Uhr ein Strafbefehl verlesen, durch den sie zu einer dreimonatigen Gefängnisstrafe verurteilt wurde. »Während der Überführung musste sie durch die Polizisten schmutzige Beschimpfungen und Drohungen über sich ergehen lassen, Missachtungen und Herabwürdigungen übelster Art, die in einem Rechtsstaat zur Verurteilung dieser Personen führen müssten.«[198] In dem »Erlebnisbericht« eines Teilnehmers der gewaltfreien Demonstration durch die Berliner Stadtbezirke Mitte und Prenzlauer Berg, die von der Polizei Greifswalder Straße, Ecke Heinrich-Roller-Straße eingekesselt wurde, heißt es: »An dieser Stelle wurde ich Zeuge einer überaus brutalen Szene. Zwei Polizisten hatten einen Mann aus der Menge heraus verhaftet und wollten ihn zu einem LO zerren, der auf der anderen Fahrbahn, jenseits des Straßenbahnabsperrgitters, bereitstand. Der Mann klammerte sich an ebendiesem Gitter fest. Weitere Polizisten und Stasi-Leute sprangen den ersten beiden zu Hilfe, zerrten an beiden Beinen, beiden Armen des sich schon bald kaum noch Wehrenden in verschiedene Richtungen – einige wollten ihn über das Gitter, andere darunter hindurch, einige am linken Pfosten, andere rechst daran vorbeizerren. Auf diese Art und Weise machten sie Anstalten, den Mann in der Mitte auseinanderzureißen, schlugen überdies erbarmungslos auf ihn ein. Ich weiß nicht, wie die Sache ausgegangen ist, denn gerade in diesem Moment kam für die Einsatzkräfte offenbar das Signal zur Schlacht. Ohne Vorwarnung, wild losprügelnd, trieben sie den zu dieser Zeit ohnehin nicht mehr allzu großen Demonstrationszug auseinander. Das ging so schnell, dass ich daran keine konkrete Erinnerung mehr habe.« Der Verfasser des Berichts wurde verhaftet und auf einem Lkw mit anderen zum Rummelsburger Gefängnis transportiert. »Dort mussten wir unsere Ausweise abgeben und dann stundenlang auf dem Lkw sitzen bleiben ... Besonders von etlichen auf dem Lkw sitzenden Frauen und Mädchen wurde mit zunehmender Dringlichkeit die Möglichkeit gefordert, auf die Toilette zu gehen. Dieses Ansinnen wurde von unseren Bewachern auf dem Lkw und von zusätzlich hinter dem Fahrzeug postierten Bütteln mit Hunden mit ekelhaftesten Beleidigungen beantwortet.«[199] Professor Frey erinnerte sich an Angela Merkel auf dem ungefähr 14 Tage zuvor stattgefundenen Pastoralkolleg: »Angela Merkel hat sich überhaupt nicht an den Gesprächen beteiligt«, was er heute als strategisches Vorgehen bewertet. »Sie hat gewartet, und als die Männer einmal nackt in einen uckermärkischen See sprangen, hat sie seiner Frau anvertraut: Am meisten störe sie an der DDR, dass es keinen anständigen Joghurt gebe. Alles, was er politisch aus ihr herausholen konnte, war, dass sie es hier im Osten ganz anders machen müssten als in seiner Bundesrepublik.«[200]

In der Nacht vom 7. auf den 8. Oktober versammelte sich die sowjetische Delegation aus Sorge, abgehört zu werden, im Park der Residenz Niederschönhausen, in der sie nächtigten. Tiefe Ratlosigkeit herrschte vor. Nach langen Diskussionen, denn die Lage erwies sich als schlimmer als in ihren Informationen beschrieben, »einigen sie sich darauf, sich an das Programm des nächsten Tages zu halten, dann aber noch am Abend unter Vorwänden abzureisen.«[201] Am nächsten Morgen sprach Gorbatschow mit Honecker zunächst unter vier Augen, dann formuliert er seine Warnung noch einmal in einer kleinen Rede vor dem Politbüro, dass denjenigen, der zu spät käme, das Leben bestrafen würde. Krenz äußerte gegenüber dem Deutschlandexperten der Russen, Valentin Falin, resigniert: »Ihrer hat alles gesagt, unserer hat nichts verstanden.«[202] Auch an diesem Tag gingen Polizei und Stasi mit »einer unvorstellbaren Brutalität, die wir bisher nur aus Filmen über die Nazizeit kannten«, vor.[203] »Zwei zivile ›Sicherheitskräfte‹ führen einen jungen Mann ab, mit der freien Faust schlagen beide ihm pausenlos ins Gesicht. Eine etwas korpulente Frau wird im Laufschritt abgeführt, ein Schrei der Frau, sie knickt um und verliert einen Schuh, die restlichen 20 m bis zum Bus wird sie die Straße entlanggeschleift … in den Bus kann kaum ein Verhafteter einsteigen, die meisten werden von hinten so gestoßen, dass sie auf die Stufen fallen.«[204]

Die Schriftstellerin Christa Wolf schrieb am 18. Oktober 1989 an den Generalstaatsanwalt der DDR, Günter Wendland: »Ich kann Ihre Aussage, die Sie gestern in Ihrem Interview in der *Aktuellen Kamera* trafen, nicht unwidersprochen stehen lassen: Es entspricht nicht den Tatsachen, dass das gewaltsame Vorgehen der Polizei gegen Demonstranten und Unbeteiligte am 7. und 8. Oktober in der Hauptstadt der DDR durch Gewalttätigkeit vonseiten der Bürger provoziert wurde. Ich habe eine Reihe von Augenzeugenberichten, mündliche und schriftliche, die diese Behauptung widerlegen und darüber hinaus erschütternde Einzelheiten über brutale, teilweise sadistische Behandlung durch Polizisten bei der Festnahme, auf den Polizeirevieren, in Garagen usw. schildern.«[205] Sie kündigte an, die Berichte öffentlich zu machen und sich dafür einzusetzen, dass eine unabhängige Untersuchungskommission ihre Arbeit aufnimmt. Den Generalstaatsanwalt forderte sie auf, die Tatsachen weder zu verharmlosen noch zu leugnen und sich auf die »Seite der zu Unrecht misshandelten Bürger zu stellen«.[206] Wolfs Tochter Annette gehörte zu den vorübergehend Festgenommenen. Die Schriftstellerin wusste also aus erster Hand über den brutalen Einsatz von Polizei und Stasi Bescheid. Und Angela Merkel?

Auch sie musste darüber Kenntnis erlangt haben. Die Ereignisse sprachen sich über einen gut funktionierenden »Buschfunk« im ganzen Land herum. Was also tat Angela Merkel in dieser Zeit? In den Tagen um den 7. Oktober besuchte sie ein- oder zweimal die Gethsemanekirche in Prenzlauer Berg, sagt sie. Da war ihre Gemeinde, da war ihr Familienkreis, da ging sie auch manchmal zum Gottesdienst, aber nicht oft. »Zwischen Oktober und Dezember? Tja, ich weiß auch nicht«, sagt sie. »Ich war Beobachterin, ich hab dem Braten noch nicht so ganz getraut. Das war nicht meine Sache, so kurz vor Toresschluss noch abzuhauen. Aber ich war noch nicht entschlossen, mich zu organisieren. Ich konnte mich nicht aufraffen, bei den Bürgerbewegungen mitzumachen.«[207] Man wusste ja auch noch nicht, wie es ausgehen würde; das Ende, von dem aus sie denken konnte, war noch nicht zu sehen. Am 2. Oktober hatte die Staatsmacht in Leipzig noch Demonstranten festgenommen und teils auch misshandelt. Eine Woche später, am Montag, 9. Oktober, war die Stimmung in Leipzig bis zum Bersten gespannt. In dieser Situation rief Stardirigent Kurt Masur den Sekretär für Kultur der SED-Bezirksleitung Kurt Meyer an. Wenig später trafen sich Masur, Meyer, der Theologe Peter Zimmermann, der Kabarettist der Leipziger »academixer« Bernd-Lutz Lange, der SED-Sekretär für Agitation Jochen Pommert und der Sekretär für Wissenschaft in der SED-Bezirksleitung Roland Wötzel. Gegen 16.30 Uhr war der gemeinsame Aufruf verfasst, der sofort als Tonbandaufnahme, verlesen von Kurt Masur, über 200 Lautsprecherwagen in der Stadt und über den Stadtfunk Leipzig bekannt gemacht wurde. Die Botschaft verbreitete sich wie ein Lauffeuer: »Unsere gemeinsame Sorge und Verantwortung haben uns heute zusammengeführt. Wir alle brauchen einen freien Meinungsaustausch über die Weiterführung des Sozialismus in unserem Land. Deshalb versprechen heute die Unterzeichneten allen Bürgern, ihre ganze Kraft und Autorität dafür einzusetzen, dass dieser Dialog nicht nur im Bezirk Leipzig, sondern auch mit unserer Regierung geführt wird. Wir bitten Sie dringend um Besonnenheit, damit der friedliche Dialog möglich wird. Es sprach Kurt Masur.«[208]

An diesem Abend erlebte Leipzig eine machtvolle Demonstration mit 70 000 Menschen. Der Bann zerbrach. Wie es in Christoph Heins Paradestück *Die Ritter der Tafelrunde* heißt: »Verbote können nichts regeln.«[209] In Halle wurden hingegen Teilnehmer an der Montagsdemo am 9. Oktober noch verhaftet und geschlagen. Das Schauspiel Halle brachte im neuen theater Heins Stück *Die Ritter der Tafelrunde* ohne Striche heraus. Am 16. Oktober fand dann auch in Halle die erste Demonstration statt, zwar unter starker Präsenz der Stasi, aber dennoch ohne Behelligung der Teilnehmer. Am 17. Oktober versammelten sich die 25 Mitglieder und Kandidaten des Politbüros der SED zur Krisensitzung. Es fehlte nur Honeckers Freund, Armeegeneral Heinz Keßler, der sich auf Besuch in Nicaragua befand. Krenz hatte längst die Aktion Machtsicherung oder, wenn man so will, Bauernopfer gestartet. Der arglose Honecker fragte zu Beginn der Sitzung, wie es üblich war, ob es noch Vorschläge zur Tagesordnung gäbe. Er wollte schon wie immer fortfahren, als Willy Stoph den Antrag stellte, das ZK aufzufordern, Erich Honecker von seiner Funktion als Generalsekretär zu entbinden. Ebenfalls die Genossen Günter Mittag und Joachim Herrmann. Honecker forderte alle Anwesenden zu einer Stellungnahme auf, aber keiner sprach sich für ihn aus, alle stimmten dem Antrag zu. In der eilig einberufenen Tagung des ZK der SED am 18. Oktober bat Honecker das ZK, ihn aus gesundheitlichen Gründen »von seinen Funktionen zu entbinden«.[210] Die kommunistischen Rituale wurden eingehalten.

Doch noch immer traute Angela Merkel dem Braten nicht, auch nicht, als am 4. November die große Demonstration auf dem Alexanderplatz in Berlin stattfand, zu der sie nicht ging, denn Merkel absolvierte ihre zweite Reise in die Bundesrepublik, zu Großtante Emmi nach Hamburg, die ihren 75. Geburtstag feierte. Überhaupt hatten die DDR-Behörden ein bemerkenswert großes Verständnis für Angela Merkels Verwandte zweiten und dritten Grades. Und deren Feiern. Dem Besuch in Hamburg schloss sich wieder eine Fahrt nach Karlsruhe an, zum Engler-Bunte-Institut und dem Institut für Nanotechnologie der Universität Karlsruhe. Seit 1988 konnte Joachim Sauer zu Ahlrichs Institut nach Karlsruhe fahren und hielt sich wohl in den Tagen, als Angela Merkel von Hamburg nach Karlsruhe kam, auch dort auf. Am 9. November war sie allerdings längst wieder in Berlin, traute dem Braten immer noch nicht und erfuhr unmittelbar nach Schabowskis Pressekonferenz im Internationalen Pressezentrum nach 19 Uhr von der Sensation, dass der SED-Funktionär fast in einem Nebensatz die Öffnung der Grenzen verkündete. Sie ging dann wie regelmäßig mit ihrer Freundin in die Sauna, verzichtete aber diesmal auf das obligatorische Glas Bier hinterher und begab sich zur Bornholmer Straße, um zu schauen, ob es stimmte, ob man tatsächlich in den anderen Teil der Stadt gehen oder fahren konnte. Es stimmte! Viele Menschen nutzten den geöffneten Grenzübergang. Angela Merkel folgte dem Strom, wollte eigentlich im Westteil ihre Verwandtschaft in Hamburg anrufen, stellte fest, dass sie kein Westgeld bei sich hatte, fand sich im allgemeinen Trubel in der Wohnung einer Westberliner Familie wieder, durfte dort telefonieren und kehrte gesittet nicht allzu spät nach Ostberlin zurück, denn sie hatte am nächsten Morgen zu arbeiten.

Allmählich begann sie, dem Braten zu trauen. Nun konnte auch sie sich nicht länger der Frage nach ihrer Zukunft verschließen. Physikerin wollte sie nicht bleiben, weder in Berlin noch in Karlsruhe. Doch was dann?

ZWEITER TEIL: VOM WERDEN DER KANZLERIN

»Es ist eine wunderliche Kommode, die so zustande kommt. Die Urteile über Angela Merkel schwanken extrem – von ›mausgrau‹ und ›bieder‹ über ›schlagfertig‹, ›blitzgescheit‹ und ›selbstbewußt‹ bis zu ›überheblich‹ und ›herzlos‹. Daß sie unterschätzt wird, hält sie für einen beträchtlichen politischen Gewinn.«

Jürgen Leinemann
im *SPIEGEL* vom 02.01.1994

15. WIE MAN ANGELA MERKEL WIRD

Im Nachhinein wissen natürlich alle, dass mit der Grenzöffnung am 9. November der Weg zur Wiedervereinigung nicht nur offenstand, sondern die Wiedervereinigung nicht mehr verhindert werden konnte. Noch traute Angela Merkel dem Braten nicht ganz. Besonders unter Intellektuellen und Künstlern, aber auch unter den Bürgerrechtlern grassierte die Vorstellung von einem Dritten Weg, einem demokratischen Sozialismus, einer eigenständigen DDR, nur dass diese Vorstellung keinen Realismus, dafür aber sehr viel Romantik beinhaltete. Bei manchem erwachten Frühlingsgefühle, Prager Frühlingsgefühle. Christa Wolf fragte sich beispielsweise: »Die eigentliche Massenflucht begann ja erst, als die Mauerübergänge alle offen waren. Das hat mir Sorgen bereitet. Warum wollen die Leute weg, wo doch jetzt alles anfängt mit dem demokratischen Sozialismus?«[211] Vielleicht weil sie befürchteten, dass wieder Sozialismus folgen würde? Ob demokratisch oder nicht. Es ist diese Krankheit, für die zu allen Zeiten viele deutsche Intellektuelle anfällig waren und nach wie vor sind, nämlich, sich eine aparte Moral aus den staubigen Ballen ihrer Vorurteile zu schneidern, nicht von dem auszugehen, was ist, sondern von dem, was sie gern hätten. Sie sind meisterhafte Luftbaumeister des Gedankens, wie Immanuel Kant einmal spottete. Leute wie Christa Wolf übersahen dabei nur allzu leichtfertig, dass sie mit ihren Publikationen im Westen D-Mark verdienten und auch in den Westen Reisen durften, was den »Leuten« in ihrer Mehrzahl verwehrt wurde. Einige Berliner Künstler kauften problemlos, sooft sie wollten, in Westberlin im KDW ein und ärgerten sich nun, dass die Grenzübergänge so überfüllt waren, weil das jetzt auch alle anderen durften.

Merkel blieb indifferent, weil sich noch keine Richtung abzeichnete. Wenn sie später behauptete, die Dinge von ihrem Ende her zu bedenken, so darf man das schon deshalb nicht metaphysisch, nicht ontologisch und erst recht nicht teleologisch verstehen, weil Merkel für keine der drei Gebiete eine Begabung besaß, sondern viel banaler: Das Ende bedeutete für Merkel den Moment, an dem sich endlich die Richtung der Entwicklung zeigte, sodass ihre Entscheidung sie an die richtige Seite führte. Ihr Management bestand in der Eigenrisikominimierung. Nicht zu Unrecht fürchteten die Intellektuellen und Künstler, von der Entwicklung überrollt zu werden, dass sie in dem Augenblick, in dem sie endlich der Politbürogreise ledig waren, sie im nächsten Augenblick auch die DDR los sein würden, weil sich der göttliche Zustand ohne Herrschaft nicht einmal einen Wimpernschlag lang erhält. Ehe man es sich versieht, sind die nächsten Herren da, auch wenn sie Damen sind. Der kurze Moment völliger Freiheit, der Schwerelosigkeit dauert nicht an – und es gibt Charaktere, die ihn partout nicht ertragen. Angela Merkel dürfte zu diesen Charakteren gehören.

In dieser Situation, die zum Interregnum tendierte, regte der niederländische Pfarrer Dick Boer an, einen Aufruf zu starten, in dem aufgezählt würde, was an der DDR erhaltenswert wäre, um sich gegen die Vereinnahmung durch die Bundesrepublik zu wehren. Der Dichter Volker Braun, der von Boer angesprochen worden war, rief Christa Wolf an und bat sie, dabei mitzumachen, doch Wolf lehnte zunächst ab, weil sie glaubte, dass das alles zu spät käme und der Zug schon abgefahren wäre.

Dann las die Schriftstellerin in der Universität Leipzig. Nach der Lesung kamen Studenten zu ihr und berichteten, dass bei der letzten Montagsdemonstration in Leipzig neben der Losung: »Wir sind das Volk« zum ersten Mal die Losung auftauchte: »Wir sind ein Volk«. »Ich erinnere noch gut, wie die jungen Leute sagten: ›Könnten Sie nicht irgendwas dagegen tun? Das muss man aufhalten.‹ Die Studenten waren unglaublich engagiert für eine andere DDR, aber nicht für eine Vereinnahmung durch die Bundesrepublik.«[212] Da hatte man nun eine so schöne und aparte Revolution – und dann kam das Volk dazu und verdarb alles.

Außerdem kehrte der Bürgerrechtler Sebastian Pflugbeil gerade von einer Reise nach Bonn zurück und berichtete laut Christa Wolf: »Wie wir da von den Bundestagsabgeordneten behandelt wurden, davon könnt ihr euch gar keine Vorstellung machen! Da kommt was auf uns zu.«[213] Das gab für Christa Wolf laut ihrer Auskunft den Ausschlag, doch mitzumachen. Den Unterzeichnern[214] ging es um den Erhalt der DDR »in gleichberechtigter Nachbarschaft zu allen Staaten Europas« als »eine sozialistische Alternative zur Bundesrepublik. Noch können wir uns besinnen auf die antifaschistischen und humanistischen Ideale, von denen wir einst ausgegangen sind.«[215] Die Unterzeichner befürchteten den »Ausverkauf unserer moralischen und materiellen Werte« und beriefen sich dabei auf Werte wie »Frieden und soziale Gerechtigkeit, Freiheit des Einzelnen, Freizügigkeit aller und die Bewahrung der Umwelt«.[216] Innerhalb der ersten 14 Tage unterzeichneten zwar 200 000 Menschen den Aufruf, doch scheiterte er schließlich, und zwar bereits am Tag seiner Veröffentlichung. Den am 26.11.1989 verfassten Text verlas Stefan Heym am 28.11. auf einer Pressekonferenz. Doch am gleichen Tag trug Helmut Kohl das Zehn-Punkte-Programm als Stufenplan zur Wiedervereinigung im Bundestag vor – zur Überraschung aller, der eigenen Leute, des Koalitionspartners und der Opposition im Bundestag. Damit war der Aufruf, den Heym verlesen hatte, Makulatur, bereits Geschichte.

Kohl hatte den Plan im allerengsten Kreis erarbeitet, mehrmals mit Rupert Scholz besprochen und ihn am Wochenende des 25.11/26.11. am »heimischen Schreibtisch« in Zusammenarbeit mit seiner Frau überarbeitet.[217] Denn Kohl wusste, sollte der Plan vor seiner Rede im Bundestag bekannt werden, würde man ihn zerschießen, weil für das politische Establishment bis weit in die CDU hinein die Wiedervereinigung nicht auf der Tagesordnung stand. Der Demokratische Aufbruch kritisierte in einer Presseerklärung am 2.12. den Aufruf »Für unser Land!« und blickte selbst noch zaghaft in Richtung Einheit, wenn er formulierte: »Der Aufbruch des Volkes zur Demokratie birgt diese historische Chance, die wir nicht verspielen dürfen. Aus zwei Staaten kommend, die verschiedenen Militärblöcken angehören, kann unsere Nation eine bedeutende Mittlerfunktion für eine dauerhafte europäische Friedensordnung wahrnehmen. Es ist eine zukunftsweisende politische Rolle des Ausgleichs und des Friedens.«[218] Die Unentschlossenheit lag aber daran, dass sich im Demokratischen Aufbruch so unterschiedliche Intellektuelle engagierten, dass eine genaue politische Verortung noch schier unmöglich war, mit anderen Worten: viele bunte Federn, aber eben kein Vogel.

Nun begann auch Angela Merkel, aktiv zu werden. Mit ihrer Freundin Erika Hoentsch schrieb sie am 7. Dezember einen offenen Brief an Christa Wolf, in dem sie meinten, dass der Aufruf »Für unser Land« dem Projekt eines demokratischen Sozialismus schaden würde: »Wenn Sie noch an die Zukunft des Sozialismus glauben, dann wäre es notwendig gewesen, einen Entwurf für dessen Realisierung voranzustellen und nicht lediglich zu polemisieren. Gerade an gangbaren und einsichtigen Zukunftsvisionen mangelt es zur Zeit. Im Übrigen haben 40 Jahre DDR vielen das einstmals so hoffnungsvolle Wort ›Sozialismus‹ verleidet.«[219] Veröffentlicht wurde der Brief nie, doch stellte er den Versuch einer Positionsbestimmung dar. Merkel ging es auch nicht anders als den vielen, die sich nur schwer eine andere Gesellschaft vorstellen konnten, die nicht im geistigen Umfeld des Sozialismus stand. Zu tief saß die marxistische Vorstellung von einer gesetzmäßig verlaufenden Geschichte, die nach dem Prinzip des Fortschritts und der Höherentwicklung funktionierte – und in dieser säkularisierten Heilsvorstellung galt der Kapitalismus als alt, verfault, sterbend, parasitär, als Produzent aller Krisen und als das Reaktionäre, das zu überwinden wäre. Dass der Aufruf »Für unser Land« schließlich von Egon Krenz unterschrieben wurde, diskreditierte ihn völlig. Er wirkte jetzt wie ein trojanisches Pferd, das bewirken sollte, dass die alten Kräfte wieder an die Macht kämen. Jetzt ging, und das muss nach dem Verfassen des Briefes nach dem 7. Dezember gewesen sein, Angela Merkel mit ihrem Chef Klaus Ulbricht auf »Parteiensuche«; jetzt begann sie, dem »Braten zu trauen«: »Ich wusste, dass der Zeitpunkt gekommen war, sich zu engagieren. So bin ich mit meinem Chef Klaus Ulbricht auf Parteiensuche gegangen.«[220]

Man kann verstehen, dass das kreative Chaos des Neuen Forums Merkel befremdete. Basisdemokratische Prozesse empfand sie als Zumutung – das sollte sich im Laufe ihrer Kanzlerschaft sogar noch verstärken –, als Störung ihrer ordnenden Arbeit im Bau der Republik, geradezu als persönliche Beleidigung. Im Gespräch mit Anne Will über Merkels Migrationsdesaster fiel die erhellende Äußerung, dass sie genau wisse, wie es ginge, sie könne es nur nicht erklären, weshalb man ihr einfach vertrauen müsse. Sie zog weiter zur SDP, doch darüber lässt sie ihren Interviewer wissen: »Ein Ortsverein aus dem Westen hatte alles geregelt. Alle duzten sich, sie sangen ›Brüder, zur Sonne, zur Freiheit‹ – das war nichts für mich.«[221] Doch das klingt zu anekdotisch, als dass es ganz wahr sein könnte. Zur SDP ging man, weil die ein Programm hatten und man demzufolge wusste, woran man war.

Dass die ostdeutschen SDP-Leute »Brüder, zur Sonne, zur Freiheit« gesungen haben sollen, ist sehr unwahrscheinlich. Vielleicht taten es ein paar West-SPDler im Überschwang. Wichtiger aber war etwas anderes: Die Veranstaltung am 14. Dezember in der Treptower Bekenntniskirche in der Plessnerstraße 4 hatte die Biologin Angelika Barbe, die zu den Gründern der SDP gehörte und zweite Parteisprecherin war, organisiert. Daher kursiert auch eine andere Version, die sich allerdings nicht verifizieren lässt. Für die extrem ehrgeizige Angela Merkel, die sich vor allem mit dem Gedanken trug, eine politische Karriere einzuschlagen, dürfte, als sie die charismatische Angelika Barbe agieren sah, klar gewesen sein, dass sie es mit einer starken Konkurrenz zu tun haben würde. Im Demokratischen Aufbruch sah es hingegen anders aus, zumal wichtige Gründungsmitglieder wie Wolfgang Schnur, Rainer Eppelmann und Günther Nooke erst recht keine Unbekannten im Hause Kasner waren. Inzwischen hatte Angela Merkel begriffen, dass die Politik ihr eine berufliche Alternative, den Ausstieg aus der Wissenschaft bieten könnte, zumal sie die Funktionen in der Pionierorganisation und in der FDJ nicht aus ideologischen Gründen angenommen und ausgefüllt hatte, sondern weil ihr die Arbeit als Politikerin lag und Freude bereitete. Zwingen musste sie sich nicht dazu. Im Demokratischen Aufbruch, der gerade seinen turbulenten Parteitag in Leipzig hinter sich hatte, tobte noch der Richtungsstreit. Die junge Partei war noch eine Wundertüte. Merkel gesellte sich problemlos dazu, schwieg, vor allem zu den Richtungsdiskussionen, und machte sich erst mal nützlich, indem sie begann, Computer aus dem Westen auszupacken und zu verkabeln. Es sollte ihre Erfolgsstrategie werden, sich keine Feinde zu machen, Glaubenskämpfen auszuweichen, sich nicht festzulegen, sich nicht in den Mittelpunkt zu spielen, unterschätzt zu werden, hilfsbereit, unprätentiös und vor allem immer da zu sein, sodass sie auch nicht den richtigen Zeitpunkt verpasste, in dem Karrieren beginnen. Der kam schneller, als sie dachte, denn als Schnur einen Termin mit einem Bonner Journalisten verschluderte, sagte sie ihm, dass er einen Pressesprecher benötigte. Schnur erwiderte genau das, womit sie gerechnet hatte: »Dann machen Sie das«, sagte Schnur. »Können Sie das einfach so festlegen?«, fragte sie. »Selbstverständlich«, sagte Schnur.[222] Hilfsbereit zu sein, auch die Arbeit zu übernehmen, die keiner erledigen will, weil sie keinen Glanz versprach, freundlich, effektiv und nicht als Gefahr für die eigenen Ambitionen gesehen zu werden, ließ Merkel auf leisen Sohlen zum Erfolg gelangen. Joachim Sauer riet ihr zu, die erste Parteifunktion zu übernehmen. Dem Journalisten Alexander Osang erzählte sie, dass sie mit ihrem Mann darüber gesprochen habe, ob sie diesen Schritt machen sollte. »Er hat mir zugeraten«, sagte sie. »Er hatte die Sorge, dass wieder nur die Leute, die früher in der Politik waren, alles übernähmen. Er hat gesagt: ›Mach mal.‹ Es war klar, dass er von uns beiden der leidenschaftlichere Wissenschaftler war.«[223]

Im Februar 1990 ließ sie sich dann im Institut freistellen, um den Wahlkampf des Demokratischen Aufbruchs voranzutreiben.

16. IN DER AFD

In der DDR bildete Hans Modrow eine Übergangsregierung, der auch Lothar de Maizière von der CDU angehörte, Rechtsanwalt und begeisterter Bratschist. Sein Vater Clemens de Maizière hatte mit Angela Merkels Vater Horst Kasner zusammengearbeitet. Die Regierung Modrow beraumte Neuwahlen für den 18. März zur Volkskammer an – zum ersten Mal freie Wahlen – und verfügte, dass diejenigen, die sich im Wahlkampf für eine Partei engagieren, ab Februar von ihrer Arbeit freigestellt werden können. Angela Merkel nahm das Angebot an. Inzwischen hatte sich die Position des Demokratischen Aufbruchs weiter zur Mitte hin verschoben, nachdem prominente Linke und Mitbegründer wie u. a. Edelbert Richter und der Wittenberger Pfarrer Friedrich Schorlemmer ausgetreten und zur SPD gewechselt waren. Im Januar 1990 übernahm die SDP den Namen SPD. Am 23. Januar 1990 wurde der Berliner Landesverband des Demokratischen Aufbruchs gegründet; Angela Merkel kandidierte für das Amt des Pressesprechers des Landesverbandes und wurde knapp gewählt. Hinter dieser Kandidatur stand eine politische Entscheidung, denn dadurch brach sie mit den Vorstellungen von einem Dritten Weg, einem demokratischen Sozialismus, und votierte nun für die Wiedervereinigung und die Marktwirtschaft. Mit dem Gespür für den Zeitgeist hatte sie sich für konservativere

Positionen entschieden, wie sie Schnur und Eppelmann vertraten. Liest man Erinnerungen und Statements von Wegbegleitern aus der Zeit, stimmen sie letztlich in zwei Punkten überein: erstens, dass Angela Merkel, freundlich, höflich, unaufdringlich und farblos, ohne vehement vorgetragene Positionen, immer da war und sich zweitens nie in den Mittelpunkt drängte und dabei aufstieg, als fielen ihr die Ämter nur so zu. Sie spielte sich nicht in die Mitte, weil sie, ohne Aufsehen zu erregen, stets die Mitte einnahm. Still und leise baute Merkel ihre Kontakte und ihr Netzwerk im Demokratischen Aufbruch aus, ohne in den vielen Auseinandersetzungen zur Ausrichtung des Demokratischen Aufbruchs Partei zu ergreifen.

Kohl und die West-CDU hatte zwar den Zehn-Punkte-Plan, aber sie besaßen anders als die Sozialdemokraten keine Partnerpartei im Osten – und die Volkskammerwahlen rückten näher. Der Chef der Ost-SPD, Ibrahim Böhme, sah sich schon als neuer Ministerpräsident. Helmut Kohl wollte sich nicht mit der Blockpartei CDU einlassen. Schließlich gelang es Schäuble und Rühe, Kohl zu überzeugen, dass machttaktisch ein Bündnis wichtig wäre, zumal der Vorteil der Ost-CDU den neu gegründeten Parteien gegenüber darin bestand, dass sie über eine gewachsene Parteistruktur verfügte, die sich über das ganze Land erstreckte. Dieser Aspekt der grauen Praxis wurde gerade von den Bürgerrechtlern und den neuen Parteien übersehen. So kam es schließlich, dass Volker Rühe ein schwieriges Bündnis zusammenbrachte, das aus der Ost-CDU mit Lothar de Maizière, der Deutschen Sozialen Union (DSU) des Pfarrers Ebeling, die der CSU ähneln wollte, und dem Demokratischen Aufbruch bestand und abgekürzt unter dem Namen AfD firmierte: Allianz für Deutschland. Im Demokratischen Aufbruch schaute man auf die Blockflöten-CDU und auf Ebelings CSU-Imitat herab, sodass man zwar eine Wahlvereinigung gegründet hatte, aber eine gemeinsame Liste ablehnte. Dieser Hochmut sollte sich bitter rächen, doch auch

Wolfgang Schnur sah sich schon als neuer Ministerpräsident. Weder Ibrahim Böhme noch Wolfgang Schnur sollten dieses Amt erringen, sondern der CDU-Mann Lothar de Maizière, der zum Siegen und später zum Regieren getragen werden musste. Sowohl die SPD als auch der Demokratische Aufbruch blieben hinter den Erwartungen zurück. Doch im Falle des Demokratischen Aufbruchs trug ausgerechnet der Mann, der sich als erster frei gewählter Regierungschef der DDR sah, entscheidend zum Absturz seiner Partei bei. Kurz vor der Wahl wurde bekannt, dass Schnur für die Stasi gearbeitet hatte. Am 11. März, eine Woche vor der Wahl, ließ der *SPIEGEL* die Bombe platzen. Unter dem Titel »Das war 'ne Top-Quelle« schrieb das Hamburger Magazin: »Schwere Vorwürfe gegen den Chef des ›Demokratischen Aufbruchs‹ in der DDR Wolfgang Schnur. Der Anwalt – und Verbündete Kohls im Wahlkampf – soll über Jahre bezahlter Mitarbeiter der Staatssicherheit gewesen sein, Deckname ›Torsten‹. Das behaupten Aktenkenner in Rostock und zwei frühere Stasi-Offiziere.«[224] Als die Meldung in der Parteizentrale eintraf, hatte Angela Merkel an ihrer ersten Krisenbewältigung mitzuwirken. Ganz unvorbereitet traf sie der Artikel nicht. Kurz zuvor hatte der Demokratische Aufbruch Leute in die Stasi-Zentrale nach Rostock entsandt, um sich vor Ort ein Bild zu machen. Als sie in die Parteizentrale zurückkehrten, hatten, so erinnert sich Angela Merkel, sie alle Westberater aus dem Zimmer geschickt. Für den 11. März berief der Demokratische Aufbruch eine Pressekonferenz ein. »Als wir in der Nacht auseinandergegangen sind, stand für uns fest: Wenn Schnur am nächsten Tag seine angekündigte Pressekonferenz geben würde, wäre er vielleicht doch nicht bei der Stasi; wenn er vorher zusammenbräche, dann war er es gewiss.«[225] Schnur kam nicht zur Pressekonferenz, stattdessen aber erschien der *SPIEGEL*-Artikel. Auf der Pressekonferenz blieben nun nur noch Andreas Apelt und Angela Merkel übrig, die Betroffenheit des Vorstandes des Demokratischen Aufbruchs darüber, dass ihr Vorsitzender ein langjähriger Informeller Mitarbeiter der Stasi war, zu bekunden. Die Allianz für Deutschland siegte dennoch bei der Wahl am 18. März haushoch, weil die meisten Wähler Helmut Kohl und die deutsche Einheit gewählt hatten. Die Ost-CDU holte 40,8 % der Stimmen, die DSU 6,3 %, der Demokratische Aufbruch nur enttäuschende 0,9 %. Das lag jedoch nur zum Teil an Wolfgang Schnurs Stasi-Geschichte, denn Angela Merkel schätzte, dass ohne die Affäre ihre Partei auch nur maximal 1,2 % der Wähler von sich überzeugt hätte – und mit dieser Einschätzung lag sie sicher richtig.

Die SPD kam nur auf 21,9 %, was auch viel mit der West-SPD zu tun hatte, die der Wiedervereinigung ausgesprochen kühl bis ablehnend gegenüberstand. Die Ostdeutschen konnten und wollten gut und gerne darauf verzichten, zum Experimentierfeld für westdeutsche Linksliberale und Linksintellektuelle zu werden. Das Bündnis 90 überzeugte von sich 2,9 % der Wähler und die Liberalen 5,3 %. Das Ergebnis der Liberalen hing sehr stark mit dem Renommee und der Herkunft von Hans-Dietrich Genscher aus Reideburg bei Halle zusammen. Für den Demokratischen Aufbruch erwies es sich nun als verheerend, dass man eine gemeinsame Liste abgelehnt hatte. Da aber für die Volkskammer die Fünf-Prozent-Hürde nicht galt, zogen alle Parteien ein, die gewählt wurden. Entscheidend aber für Angela Merkel wurde der traurige Wahlabend dennoch, denn sie ging erst mal nicht zur Wahlparty ihrer Partei, sondern versuchte, zur Wahlparty der CDU zu kommen, um mit Lothar de Maizière zu sprechen, der plötzlich als der Mann der Stunde galt. Sie hatte verstanden, dass der Demokratische Aufbruch Geschichte war und der CDU die Zukunft gehörte. Ab hier allerdings gehen die Schilderungen auseinander, auch wenn sie zum selben Ergebnis führen. Die einen sagen, dass Angela Merkel, weil sie keine Einladungskarte hatte, von der Security nicht zur CDU-Party eingelassen wurde und sie dann erst zur Wahlkampfparty ihrer Partei gegangen wäre, bei der spät am Abend noch de Maizière auftauchte. Angela Merkel erinnerte sich, dass sie im Gegenteil Zutritt zur Wahlparty der CDU bekam und dort mit Lothar de Maizières Cousin Thomas de Maizière gesprochen hatte. Sie will Thomas de Maizière, der später ihr Kanzleramtsminister und dann ihr Innenminister wurde, ermahnt haben, nicht den Beitrag des Demokratischen Aufbruchs in der neuen Regierung zu vergessen. Ob sie den Beitrag der Partei oder ihren meinte, muss offenbleiben. Jedenfalls schlug Thomas de Maizière Angela Merkel zur Stellvertretenden Regierungssprecherin der Regierung der DDR vor. Ihre politische Karriere nahm Fahrt auf. Von nun arbeitete sie eng mit dem Regierungschef Lothar de Maizière zusammen und begleitete ihn auf Auslandsreisen, so auch zum Abschluss des Zwei-plus-Vier-Vertrages am 12. September 1990 in Moskau. Aber sie erlebte an der Seite des Chefunterhändlers der DDR Günther Krause im Juli und August auch die Fertigstellung des Einigungsvertrages und gewann als Regierungssprecherin seinen Respekt, was sich für sie auszahlen sollte.

Die neue Regierung löste keine Begeisterungsstürme aus, was zu einem nicht geringen Teil an Lothar de Maizière lag, dem man nicht zutraute, das Staatsschiff lenken zu können. Der Vergleich von Statur und Selbstsicherheit des Auftritts zwischen Helmut Kohl und Lothar de Maizière passte im Ergebnis zum Empfinden vieler DDR-Bürger. Jetzt erlebte der Wunsch nach Wiedervereinigung noch einmal einen weiteren Auftrieb. Nach 40 Jahren Experiment und Sozialismus wollte niemand wieder Objekt eines Feldversuches werden. Und nicht wenige von denen, die sich einen Dritten Weg erträumten, sagten sich, dass ein wiedervereinigtes Deutschland besser wäre, als eine Satrapie zu sein. Wenn es ohnehin auf ein einiges Deutschland hinauslief, dann besser so schnell wie möglich. Auf einem Sonderparteitag stimmte der aus der Bahn geworfene Demokratische Aufbruch am 4. August 1990 für eine Fusion mit der Ost-CDU. Wirklich faszinierend an

Angela Merkel ist ihr absolutes Gespür dafür, wann der Wind sich wohin dreht und zu wem man gehen und wie man sich zu positionieren hat und wann es überhaupt ratsam ist, aus der Deckung zu kommen und eine Position zu beziehen.

Ende Juni wurde im Vorstand des Demokratischen Aufbruchs die Vereinigung mit der CDU diskutiert. Das Problem bestand vor allem darin, dass die Partei nicht mit der West-CDU fusionieren konnte, sondern sie, wenn sie die Fusion wollte, der Ost-CDU beitreten musste. Eppelmann blieb skeptisch, Merkel sprach sich im Namen des Berliner Landesverbandes für den Beitritt zur West-CDU aus, doch schloss sie den Weg über die Vereinigung mit der Ost-CDU nicht aus. Auf dem Sonderparteitag am 4. August in Berlin rangen sich die Delegierten schließlich zum Zusammengehen mit der Ost-CDU durch. Es gelang Merkel, auf der Vorstandssitzung am 10. August eines der drei gesetzten Mandate für den Bundesparteitag der CDU am 1. und 2. Oktober in Hamburg zu erhalten. Sie wusste, wie wichtig es für sie war, auf dem Bundesparteitag auf sich aufmerksam zu machen, denn dass der Zug zur deutschen Einheit inzwischen ein rasantes Tempo aufgenommen hatte, wusste wohl kaum jemand besser als sie, da sie sich als stellvertretende Regierungssprecherin im Zentrum des Geschehens und der Entscheidungen befand. Wer konnte besser informiert sein als sie, die zu informieren hatte?

Sie war in der Politik angekommen! Sie hatte das Leben gefunden, das sie liebte; nun ging es für sie darum, nicht an der nächsten Kurve der Geschichte wieder aus dem Wagen geschleudert zu werden. Deshalb bat sie beherzt den sächsischen Volkskammerabgeordneten Hans Geisler, sie Kohl vorzustellen, weil sie wusste, dass Kohl Geisler kannte. Geisler erfüllte Merkels Bitte am Vorabend des Parteitages beim Presseempfang im Hamburger Rathauskeller. Kohl, der immer an Personalpolitik interessiert war und dessen Macht auf einem dichten Netzwerk in der CDU beruhte, zog sich mit ihr zu einem Gespräch zurück, in dem es Merkel gelang, Kohl neugierig zu machen. Jedenfalls beobachtete er ihre Entwicklung. Sie hatte etwas geschafft, das für jemanden, der aufsteigen will, ungemein wichtig ist, sie hatte zwar noch nicht die Förderung erlangt, aber die notwendige Vorstufe, die Aufmerksamkeit. Sollte sie also die nächsten Stufen erfolgreich bewältigen, stünde seiner Hilfe nichts mehr im Wege.

Auf dem Bundesparteitag der CDU glückte es ihr, sich in einer kurzen, nicht weiter bemerkenswerten Rede vorzustellen. Aber darum, nie gehörte Erkenntnisse zu vermitteln, ging es auch nicht, sondern schlicht darum, allen, die wichtig sind in der CDU, zu sagen: Ich bin die Angela, und dabei nicht negativ aufzufallen. Deshalb wählte sie einen einfachen, schlichten, schmucklosen Ton: »Ich bin Physikerin und habe vom Januar bis zum März dieses Jahres als Pressesprecherin des Demokratischen Aufbruchs gearbeitet. Seit April arbeite ich als stellvertretende Regierungssprecherin in der Regierung von Lothar de Maizière. Im letzten Jahr hat sich zumindest für uns aus dem östlichen Teil Deutschlands unendlich viel geändert. Ich habe mir heute vor einem Jahr nicht vorstellen können, Mitglied der CDU (Ost) zu sein … Ich möchte zwei Dinge nennen, die uns für unsere Arbeit wichtig sein werden. Das ist erstens die Aufarbeitung unserer eigenen Geschichte. Denn nur so können wir lernen, Demokratie aktiv zu gestalten. Zum Zweiten wollen wir uns um Kontakte zu unseren politischen Freunden in Osteuropa bemühen. Wir dürfen auch in einem geeinten Deutschland nicht vergessen, dass Europa nicht an der Ostgrenze Deutschlands endet. Wir dürfen den Blick für die Probleme anderer Völker nicht verlieren … Liebe Freunde, heute haben wir die gesamtdeutsche CDU gegründet. Ich glaube trotzdem, dass der Prozess der Einigung noch nicht beendet ist. Wir müssen uns gegenseitig von unseren Erfahrungen und von unserem Leben berichten. Nur so werden wir lernen, dass es mehr Gemeinsamkeiten in unserer gemeinsamen Geschichte gibt, als wir vielleicht auf den ersten Blick vermuten … Ich freue mich auf die gemeinsame Arbeit, und ich bin auf den gemeinsamen Weg gespannt.«[226] Der Beifall fiel spärlich bis freundlich aus, so wie man über die Bastelversuche der Kleinen schmunzelt. Aber Merkel wusste, und wo sie es nicht wusste, da spürte sie, sie wird sich anpassen, sich einpassen, aber irgendwann diese Welt auch eines Tages an sich anpassen, die CDU-Welt.

Einen Tag später existierte die DDR nicht mehr, am 3. Oktober erfolgte der Beitritt der DDR zur Bundesrepublik Deutschland nach Artikel 23 des Grundgesetzes. Angela Merkel war jetzt nicht mehr Bürgerin der DDR, aber auch nicht mehr stellvertretende Regierungssprecherin. Doch ihr wurde die Planstelle einer Ministerialrätin (A 16) im Bundespresse- und Informationsamt (BPA) zugeschoben. Die Akademie der Wissenschaften, an der sie zwölf Jahre gearbeitet hatte, wurde laut Einigungsvertrag abgewickelt. Ihr Ziel hieß nicht, im Bundespresseamt zu arbeiten, sondern – das wusste sie spätestens jetzt – sie wollte Politikerin werden, wollte Politik gestalten. Jetzt half ihr Günther Krause, indem er ihr als Landesvorsitzender der CDU von Mecklenburg-Vorpommern den Bundestagswahlkreis Stralsund – Rügen – Grimmen vermittelte. So ganz ohne Kampf ging das allerdings nicht ab, denn die drei Kreisverbände, die zum Bundestagswahlkreis gehörten, stritten um den Direktkandidaten. Zwei Kreisverbände hatten sich einen Bewerber aus dem Westen gesucht. Listenreich setzte Wolfhart Molkentin schließlich am 26. September gegen die anderen beiden Kreisverbände die dritte Kandidatin durch – die Kandidatin Angela Merkel. Noch vor der Wahl, Ende November, wurde sie vom Bundeskanzler überrascht, der sie zum Gespräch nach Bonn einlud. Kohl sprach mit ihr über den Wahlkampf, über den Wahlkreis, dann fragte er sie, wie sie sich mit Frauen verstünde, was ihr im Nachhinein seltsam vorkam.[227] In Kohls Kalkül würde für das erste gesamtdeutsche

Kabinett eine junge Frau aus dem Osten als Ministerin eine wichtige Geste bedeuten. Doch vorerst hatte sie die Bundestagswahl zu bestehen, und er wollte sich ihre Stasi-Akte anschauen, damit dort nicht böse Überraschungen lauerten wie bei Wolfgang Schnur und Lothar de Maizière.

Zur ersten gesamtdeutschen Bundestagswahl holte sie den Wahlkreis mit 48,5 % der Erststimmen. So erstaunlich, wie das klingt, ist es nicht, denn die CDU hatte hier einen Vorteil. Lafontaine als Kanzlerkandidat der SPD wurde zum besten Wahlhelfer der CDU im Osten.

Helmut Kohl teilte das Bundesministerium für Jugend, Familie, Frauen und Gesundheit auf. Die Bereiche Gesundheit und Familie und Senioren besaßen schon heftige Fallstricke und besaßen für die CDU eine besondere Bedeutung, sodass man sie nicht einer Anfängerin, die weder mit der Arbeit bundesdeutscher Ministerien noch mit dem bundesdeutschen Politikbetrieb vertraut war, überlassen konnte. Im Ressort Frauen und Jugend konnte Angela Merkel keinen großen Schaden anrichten, aber sich in den Regierungsbetrieb einarbeiten. So wurde sie am 18. Januar 1991 als jüngste Ministerin des Kabinetts Kohl vereidigt. Im Jahr 1992 stieß Beate Baumann zu ihr als Büroleiterin – und sollte es bis zum Ende ihrer politischen Karriere bleiben. Ihr schneller Aufstieg trug ihr nicht nur Freundschaften ein, zudem besaß sie keine Netzwerke in der CDU wie alle diejenigen, die sich über die Junge Union, über Orts- und Kreisverbände mühsam und teils auch trickreich hochgearbeitet hatten. Die junge Ministerin schützte nur Kohls Macht, was ihr den Spitznamen »Kohls Mädchen« einbrachte. Um sich eine eigene Hausmacht zu schaffen, bemühte sie sich 1991 darum, Landesvorsitzende in Brandenburg zu werden, doch scheiterte sie an ihrem Konkurrenten Ulf Fink. Im Dezember trat Lothar de Maizière vom stellvertretenden Parteivorsitz zurück, als Gerüchte über seine Stasi-Tätigkeit laut wurden. Kohl bot ihm an, dass er ein geachtetes Parteimitglied bliebe, wenn er lautlos zurückträte, er aber alles verlöre, wenn er zu kämpfen beabsichtigte. Lothar de Maizière akzeptierte Kohls Vorschlag, und Angela Merkel folgte ihm auf dem Bundesparteitag der CDU in Dresden als einzige stellvertretende Bundesvorsitzende der CDU. Die Frage der fehlenden Hausmacht stellte sich nun prekärer und gleichzeitig drängender. Im Januar brach sie sich das Bein – und nutzte nun die Zeit, die sie aus dem Politikbetrieb ausfiel, um über ihre heikle Position nachzudenken. Der Evangelische Arbeitskreis (EAK) gehört zwar nicht zu den großen Institutionen innerhalb der Union, aber er besaß dennoch als traditionsgeladene Vereinigung einiges an Gewicht. Weil sich nichts anderes fand, übernahm Angela Merkel ihn, um sich nach dem Debakel von Brandenburg zumindest den Schatten einer Hausmacht innerhalb der CDU zu schaffen. Eigentlich sollte man denken, dass die Pfarrerstochter als oberste Protestantin der Union eine Traumbesetzung für den Posten abgeben würde. Irgendwie wollte sie dem »C« im Parteinamen zu neuem Glanz verhelfen, aber wie, das wusste sie auch nicht so richtig. Sie wusste erstaunlicherweise nichts mit dem Evangelischen Arbeitskreis und der Evangelischen Arbeitskreis nichts mit ihr anzufangen.

1992 traten an ihre Seite drei weitere stellvertretende Parteivorsitzende. Nachdem ihr Förderer Günther Krause in Affären versunken war und am 6. Mai 1993 zurücktreten musste, bemühte sie sich um die Nachfolge Krauses als Landesvorsitzende der CDU von Mecklenburg-Vorpommern. Aus ihrer Niederlage gegen Ulf Fink hatte sie gelernt, deshalb bereitete sie ihre Kandidatur besser vor, sodass sie im Juni 1993 den Landesvorsitz übernahm. Angela Merkel begann, sich eine Hausmacht zu sichern. Und sie lernte, sie lernte intensiv von Helmut Kohl. Auch in ihrem Ministerium schuf sie sich eine kleine Gruppe ihr treu ergebener Mitarbeiter: Willi Hausmann und Beate Baumann. Zur Bundestagswahl im Oktober 1994 gelang es ihr erneut haushoch, das

Direktmandat zu holen. Sie hatte ihre erste Legislaturperiode in Bonn als Ministerin überstanden, wenn auch nicht glänzend, aber ganz solide. Kohl hatte sich nicht in ihr getäuscht. Sie lernte schnell und hatte sich für höhere Aufgaben empfohlen. Durch die Erfolge der Grünen wurde der Komplex Umweltschutz immer wichtiger. Zudem strebte die Antiatombewegung ihrem Höhepunkt zu. Der irrlichternde Töpfer enervierte Kohl zunehmend. Angela Merkel hatte ihre Loyalität bewiesen, sie hatte gezeigt, dass sie schnell lernt und ein Ministerium führen konnte, und sie besaß einen Doktor in Physik. So wurde sie für die politische Welt zwar überraschend, aber durchaus logisch im neuen Kabinett von Helmut Kohl 1994 zur Bundesministerin für Umwelt, Naturschutz und Reaktorsicherheit berufen. Nun war sie wirklich gefragt. Und geriet in ihre ersten ernsthaften Kämpfe.

17. DIE ATOMMINISTERIN

Angela Merkel zog nicht weniger kämpferisch in den Wahlkampf 1994 als die gesamte CDU. Noch Anfang des Jahres 1994 galt die Union mit ihrem Spitzenkandidaten Helmut Kohl in den Umfragen als weit abgeschlagen. Im Westen wucherte aufgrund explodierenden Wohlstands eine Wechselstimmung. Man sehnte sich in der Politik nach mehr Lifestyle. Hinzu kam, dass man sich als Sieger der Geschichte wähnte, wovon Francis Fukuyama in seinem Pasticcio *Das Ende der Geschichte* träumte.

Seit dem Historikerstreit Mitte der Achtzigerjahre eroberten die Linksliberalen, von denen immer mehr in den Postmodernismus abrutschten, und die Linken die Meinungshoheit in den Medien. Apokalyptische Wehklagen zumeist im Genre der Ökologie wie die Grenzen des Wachstums und das »Ozonloch« bestimmten immer häufiger die Debatte. Wer redet eigentlich heute noch über das Ozonloch? Tempi passati. Zudem empfanden viele Sozialdemokraten und viele Grüne die Wiedervereinigung als narzisstische Kränkung. Mit der Toskana verband sie mehr als mit Thüringen. Der politisch aus dem Maoismus stammende Jürgen Trittin bezeichnete 1993 in seinem Buch *Gefahr aus der Mitte. Die Republik rutscht nach rechts* die Wiedervereinigung als »Anschluss ohne Befragung der BRD-Bevölkerung«, wohl wissend, welche Bedeutung im historischen Kontext der Begriff

»Anschluss« hat.[228] Wie tief Trittins Hass auf die Ostdeutschen, die in einer friedlichen Revolution die Freiheit erkämpften, indes zu sein scheint, zeigte sich gerade in diesem Vergleich, den Trittin insinuierte, wenn er zuvor behauptete, der »Anschluss« habe stattgefunden, weil »die Bevölkerung der ehemaligen DDR dies wollte«. Damit war der Topos der »rechtsextremen« Ostdeutschen gefunden, denn den »Anschluss« Österreichs an Deutschland hatten die Nazis ins Werk gesetzt. Seitdem wurde von der Mehrzahl der Medien und der Politiker vor einem »Rechtsruck« gewarnt, währenddessen man die Achse der Republik immer weiter nach links verschob.

Den Wahlkampf der CDU erschwerte zudem, dass der Rausch der Flitterwochen im Osten einer großen Katerstimmung wich. Gerade in Ostdeutschland, wo man nicht nur die Wiedervereinigung ermöglicht hatte, weil man die Friedliche Revolution, zu der Angela Merkel erst Tage nach deren Sieg stieß, erfolgreich durchgekämpft hatte, zahlte man nun mit seiner Biografie auch noch die Kosten der Wiedervereinigung. Ostdeutsche verloren ihren Arbeitsplatz, einige ihr Haus, weil sie in der DDR keinen Grund und Boden erwerben konnten und sie ihre Häuser an die »Alteigentümer« übergeben mussten, die erstaunlich schnell zur Stelle waren. Professoren verloren ihre Professuren. Aufbau Ost wurde zu einem Wirtschaftsmotor für westdeutsche Firmen. Was man unter dem Begriff Transformation zu verstecken suchte, stellte im Grunde einen Raubzug dar. Um die Folgen abzumildern, bewahrte das westdeutsche Sozialsystem, insbesondere die inflationierenden ABM-Maßnahmen, viele Menschen, viele Familien vor dem völligen Absturz. Die Treuhand verwandelte sich, besonders nach der Ermordung von Detlev Rohwedder, unter Birgit Breuel zum Abwicklungs- und Umverteilungsgremium West. Der Stahlmanager Prof. Dr.-Ing. Dr. oec. Karl Döring beschrieb diesen Vorgang am Beispiel des Stahlwerks in Eisenhüttenstadt kürzlich in der *Berliner Zeitung* so. Rohwedder wollte den Stahlstandort Eisenhüttenstadt erhalten, der von ihm berufene Aufsichtsrat Dr. Otto Gellert ebenfalls. Zum Standort Eisenhüttenstadt muss man wissen, dass die Stadt künstlich geschaffen worden war aufgrund des Beschlusses der SED im Juli 1950 als sozialistische Wohnstadt für das Eisenhüttenkombinat Ost (EKO). Döring beschrieb die wirtschaftliche Situation der Stadt so: »Als es mit der DDR zu Ende ging, arbeiteten bei uns im EKO 12000 Leute. Ganz Eisenhüttenstadt, die gesamte örtliche Wirtschaft, ob Backwarenkombinat, Molkerei oder Friseursalon, lebten in irgendeiner Form vom Werk, und das gesamte dörfliche Umfeld natürlich auch.«[229] Doch der für die DDR-Stahlindustrie zuständige Vorstand in der Treuhand Hans Krämer »schwenkte, kurz nachdem Birgit Breuel dem am 1. April 1991 vermutlich von der RAF ermordeten Rohwedder als Vorstandsvorsitzende gefolgt war, auf die Position ein, es müsse in jedem Fall schnell privatisiert werden. Da ging der Kampf los.« Die Wirtschaftsvereinigung Stahl mit Sitz in Düsseldorf vertrat die Position: »Es gibt genug Stahl in Deutschland, die Stahlindustrie der DDR wird nicht gebraucht.« Und Thyssenchef Heinz Kriwet formulierte mal eben so frei von der Leber weg: »Das EKO ist so notwendig wie ein Kropf.« Letztlich wurde das EKO in Eisenhüttenstadt erhalten, weil die Unterstützer um Gellert und der Ministerpräsident von Brandenburg, Manfred Stolpe, sich durchsetzten.[230] Angesichts des Realitätsschocks in Ost und West erfüllten sich die Hoffnungen der Wahlkämpfer der CDU und der FDP nicht, obwohl die Union im Laufe des Jahres bis zur Wahl eine imposante Aufholjagd hinlegte. Die Union erreichte zwar immer noch 41,4% der Wähler, verlor aber an Zustimmung 2,4%. Die *taz* verkündete in einer Mischung aus Jubel und Bedauern: »Hätte die Republik wie Berlin gewählt, müsste Kanzler Kohl seinen Hut nehmen. Denn in der Hauptstadt muss die Union im Vergleich zu 1990 mit über acht Prozent eine drastische Einbuße hinnehmen und ist mit 31,2 Prozent nur noch zweitstärkste Partei in der Hauptstadt.«[231] Die FDP traf es hart, denn sie verlor 4,1 % der Stimmen und kam nur noch auf 6,9 %. In Ostdeutschland blieb die FDP unter der Fünf-Prozent-Marke, was aber sehr stark an der FDP in Ostdeutschland selbst lag, denn deren Mangel an zugkräftigem Personal konnte nicht einmal Genschers Popularität mehr ausgleichen, der ohnehin 1992 auf eigenen Wunsch aus der Politik ausgeschieden war und dem der weniger charismatische Klaus Kinkel folgte. In Ostdeutschland verlor die CDU 3,3 %. Als Gewinner aus der Wahl gingen insgesamt die SPD mit einem Plus von 2,9 %, also mit einem Ergebnis von 36,4 %, trotz ihres unpopulären und steifen Spitzenkandidaten Rudolf Scharping hervor, und die Grünen, die mit einem Plus von 2,2 %, also mit 7,3 % der Stimmen, die FDP überrundeten. Im Osten konnte die Partei der Wohlstandskinder trotz ihrer Fusion mit Bündnis 90 am 14. Mai 1993 nicht reüssieren. Damals wie heute sind die Grünen die einzige genuine Westpartei, die Partei der Dekadenz und des Postmodernismus. In dieser im Osten für viele sehr schwierigen Zeit gelang es der in PDS umbenannten SED, sich als Vertreterin ostdeutscher Interessen darzustellen und 19,8 % der Wähler von sich zu überzeugen. Das bedeutete einen Stimmenzuwachs von 8,7 % in Ostdeutschland. Die PDS zog als Gruppe in den Bundestag über die Grundmandatsklausel ein, weil es ihr gelang, in Berlin vier Direktmandate zu holen. Neben den Prominenten Stefan Heym und Gregor Gysi waren das die Wirtschaftswissenschaftlerin Christa Luft und der Landesvorsitzende der Gewerkschaft Handel, Banken und Versicherungen Manfred Müller. Statt des Gönnerhaften klang bei ihr das Fordernde durch. Ohne die Überhangmandate hätten Union und FDP nur über eine knappe Mehrheit von zwei Sitzen verfügt. Angela Merkel hingegen durfte mit sich zufrieden sein, denn sie hatte ihr Direktmandat mit einem bravourösen Wahlergebnis von 48,6 % der Erststimmen geholt und damit ihr Ergebnis von 1990 bestätigt.

Mitten in den Koalitionsverhandlungen fragte Helmut Kohl Angela Merkel, ob sie das Umweltministerium übernehmen wolle. Mit dieser Entscheidung schlug er mehrere Fliegen mit einer Klappe. Merkels Ministerium wollte er einem Neuling übergeben, nämlich Claudia Nolte, die ebenfalls aus dem Osten stammte. Kohl, der eine Legislaturperiode mit Angela Merkel als Kabinettsmitglied erlebt hatte, war zu der Überzeugung gelangt, dass sie an größeren Aufgaben wachsen musste, dass sie ein »Stahlbad«[232] benötigte. Last but not least konnte er sich von dem allzu ehrgeizigen Klaus Töpfer befreien, den er ins Bauministerium abschob. Kohls Frage erreichte Merkel, kurz bevor sie in den Flieger stieg. Merkel sagte zu, schwieg darüber aber eisern, denn sie wusste, dass dieser Wechsel großes Aufsehen erregen würde, und sie wollte diese von Kohl gebotene Chance nicht durch Geschwätzigkeit gefährden. Das Einzige, was sie sich leistete in ihrer Freude, war, dass sie im Flugzeug für sich und für ihre Mitarbeiterin Sekt bestellte.[233] Ansonsten schwieg sie so eisern, dass Kohl, der Bonns Gerüchteseligkeit sehr gut kannte und genau wusste, wer aus seinen Kabinettssitzungen brühwarm dem *SPIEGEL* berichtete, um zum Lohn eine Zeile mehr in dem damals mächtigen Magazin zu bekommen, sich schon über die Stille zu wundern begann. Er argwöhnte sogar, dass sie es sich anders überlegt hatte. Noch einmal von ihm angesprochen, bestätigte sie ihre Zusage. Fachlich fühlte sie sich als Physikerin weit kompetenter für dieses Ministerium als für das Frauenministerium. Zu ihren ersten Amtshandlungen gehörte es, einen personellen Schnitt mit der Vergangenheit des Ministeriums unter Töpfer zu machen. »Kaum war ihre Ernennung bekannt geworden, setzte sie ihre Pressereferentin *Gertrud Sahler* in Marsch, um den Schreibtisch von Töpfers langjähriger Pressereferentin *Marlene Mühe* zu besetzen. Zwar ist bei Ministerwechsel durchaus üblich und kaum zu beanstanden, dass auch die engsten Mitarbeiter eines Ressortchefs ausgetauscht werden, Eile und Form, in der Frau Merkel den Wechsel betrieb, waren allerdings so ungewöhnlich, dass man fast schon einen Regierungswechsel annehmen konnte«,[234] mokierte sich die *ZEIT.* Töpfers mächtiger Staatssekretär Clemens Stroetmann, den einige auch in den Medien für den heimlichen Umweltminister hielten, wurde zunächst von Merkel düpiert, als er wie gewohnt zum Minister in einer dringenden Angelegenheit ging und von Merkels Vorzimmer abgewiesen wurde, weil er keinen Termin habe, den er sich doch bitte vorher geben lassen möchte. Das kannte er noch nicht. Die *ZEIT* vermutete richtig, dass »sich Stroetmann diesen Umgang auf Dauer kaum bieten lassen« werde, und prophezeite mit hübscher Ironie, dass der Staatssekretär »bald schon einen Klimawechsel« anstreben würde. Doch schließlich ergriff Merkel die Initiative und versetzte den verdutzten Beamten nach einem Streit im Januar 1995 in den einstweiligen Ruhestand. Die *ZEIT* stellte fest, dass der neue Besen im Umweltministerium »eisern und zugleich eisig«, aber eben »nicht immer gut« kehren würde.[235]

In Bonn hatte sie in ihren ersten vier Jahren als Frauenministerin eher einen erfahrungsreichen Grundkurs Regierung absolviert, mehr aber nicht. Dennoch hegte sie nicht die geringsten Zweifel daran, dass sie sich in dem neuen Ressort gegen die Journalisten und gegen ihre männlichen Politikerkollegen durchkämpfen muss. Ein Umweltministerium war etwas andere als ein Frauenministerium, aber an Selbstvertrauen mangelte es ihr nicht. Oft täuschte man sich in Merkel, denn aus dem Umstand, dass sie sich zurückhielt, hilfsbereit war, schwieg und sich gern im Hintergrund hielt, zu schließen, dass es ihr an Selbstwertgefühl fehlte, erwies sich für manchen als folgenschwerer Irrtum. Merkel war zutiefst von sich überzeugt – bis hin zur Hybris.

Man hätte Kohls Bonn auch mit dem deutschen Titel von William Makepeace Thackerays berühmten Roman *Vanity Fair* als »Jahrmarkt der Eitelkeiten« bezeichnen können, allerdings auf Krähwinkels Niveau. Kaum erstaunte Merkels Ernennung zur

Bundesumweltministerin die Hauptstadtpresse, stach irgendwer die gehässige Anekdote durch, in der Jürgen Rüttgers als großer Zukunftsminister seine Eitelkeit spazieren führte: »Angela Merkel, 39, neue Umweltministerin, bekam den politischen Humor Bonns zu spüren. Die Politikerin suchte zum Aufwärmen ihres Büromittagessens eine möglichst strahlenfreie neue Mikrowelle. Einen wertvollen Tipp, wie sie das neue Stück zu behandeln hätte, bekam sie schon vor dem Kauf von Jürgen Rüttgers. Während einer Kabinettssitzung riet ihr der neue Zukunftsminister (Bildung, Wissenschaft, Forschung und Technologie), auf keinen Fall Hunde in dem Gerät aufzuwärmen. Rüttgers klärte die verständnislos blickende Kollegin auf, ihr Hund, der Atommülltransportbehälter ›Castor‹, strahle bereits.«[236] Der Humorwert des Witzes hielt sich zwar in Grenzen, doch verwies er gnadenlos auf Merkels größtes Problem, auf den Streitfall Atomenergie.

18. VERLIEBT INS KLIMA

Kaum hatte die Ministerin ihr Haus übernommen, erlitt sie eine nützliche Niederlage, nützlich deshalb, weil sie sehr schnell daraus lernte. Im Jahr 1995 fuhren noch rund 40 % der Fahrzeuge ohne Katalysator, und in diesem Jahr wurde ein bedrohlich hoher Ozonwert gemessen. Hinzu kam, dass prominente Mütter ihre Kinder nicht mehr im Freien spielen lassen wollten. Die prominenteste Mutter allerdings war unzweifelhaft die niedersächsische Umweltministerin Monika Griefahn, die zudem noch die Zuständigkeit besaß für das Endlager für Atommüll in Gorleben. Im Juli erschien dann die von einigen sehnsüchtig erwartete Studie »MAK- und BAT-Werte-Liste: Maximale Arbeitsplatzkonzentrationen und Biologische Arbeitsstofftoleranzwerte«, herausgegeben von der DFG. Als »begründet krebsverdächtig« wurde in der Schadstoffliste das Ozon aufgeführt. Während SPD-geführte Länder Fahrverbote und Geschwindigkeitsbegrenzungen erlassen hatten, existierten in Ländern wie Sachsen oder Bayern keine Beschränkungen. Klaus Töpfer hatte noch argumentiert, dass es einer bundeseinheitlichen Regelung bedürfe. Merkel machte die Frage der Sommersmogverordnung zur Chefsache und ließ ein Papier erarbeiten, das sie erst mal zum Nonpaper erklärte. Anfang Mai wurden Ozonwerte von 280 mg gemessen, im Sommer zuvor Spitzenbelastungen von 400 mg. In

Abstimmung mit dem Bundesverkehrsminister Matthias Wissmann (CDU) und Bundeswirtschaftsminister Günter Rexrodt (FDP) legte sie im Mai in der Kabinettssitzung den Entwurf einer Sommersmogverordnung vor. Fahrverbote sollten bei einem Ozonwert von 300 mg erlassen werden. Später hätte sich Merkel auch einen Grenzwert von 240 mg vorstellen können, doch: »Die Menschen müssen sich ja erst daran gewöhnen«, so Merkel.[237] Nach diesen Vorstellungen hätten bereits Anfang Mai Fahrverbote erteilt werden müssen. Das ging dem Verkehrsminister und dem Wirtschaftsminister zu weit, zumal es beiden ohnehin schon an der rechten Begeisterung für Merkels Verordnung mangelte. Wissmann gab sich in der Sitzung des Kabinetts plötzlich nachdenklich. In der Auseinandersetzung, die ungefähr 20 Minuten dauerte, wies der Verkehrsminister darauf hin, dass Fachleute den Sinn von Fahrverboten ohnehin kontrovers beurteilten. Wenn es zu Fahrverboten käme, wollte Wissmann zudem die Autobahnen ausgenommen wissen. Rexrodt warnte davor, dass Fahrverbote das Potenzial besäßen, ganze Wirtschaftssektoren stillzulegen. Außerdem wäre die Frage zu beantworten, was man mit den Urlaubern anstellen sollte, die auf der Autobahn plötzlich mit dem Ozonalarm konfrontiert würden. Merkel steigerte sich »nach und nach« hinein und konterte, dass von ihren Fahrverboten nur Fahrzeuge betroffen wären, die nicht für die Versorgung der Bevölkerung notwendig seien. Mit diesem Maß an Ablehnung hatte sie nicht gerechnet, vor allem nicht damit, dass Wissmann und Rexrodt sie im entscheidenden Moment im Regen stehen ließen. Ein inzwischen leicht genervter Kohl legte sich ins Mittel und versuchte, Merkel zu beruhigen, dass er die Ängste der Bevölkerung respektiere und die ökologische Notwendigkeit dieser Verordnung einsehe, doch es sei fraglich, ob die Koalitionsfraktionen einer eilig verkündeten Maßnahme zustimmten. Davon wollte Merkel nichts wissen, sondern beharrte darauf, dass die Beschlüsse jetzt getroffen werden müssten, damit im Sommer die Maßnahmen genutzt werden können. Jetzt hatte Merkel auch Kohls Geduld überstrapaziert. Was nun folgte, war eine Lehrstunde für Merkel, denn, so erklärte Kohl, die Verordnung würde nur die notwendige Zustimmung erfahren, wenn die Koalitionsfraktionen vorher einbezogen worden wären und sie hinter dem Vorschlag stünden – und diese Übereinkunft zu erzielen, hatte Merkel im Vorfeld verabsäumt. Ein Kabinettsmitglied stach der *WELT* Kohls Reaktion auf Merkels Initiative durch: »Kohl hat sich keineswegs rigoros gegen Fahrverbote und ein Tempolimit gewandt. Er hat nur in sehr ruppigem Ton ausgegorene Vorschläge verlangt.«[238] In der Tat hatte Merkel es unterlassen, die Bundestagsfraktionen der Union und der FDP einzubinden. Vor Wut, in die Falle gelaufen zu sein, sich einen Fehler in der Vorbereitung geleistet zu haben und sich nicht durchsetzen zu können, schossen ihr die Tränen in die Augen. Vor Wut, aus keinem anderen Grund. Möglicherweise fühlte sie sich auch wieder in einer Standardsituation gefangen, in der nun Kohl nolens volens die Rolle des Vaters eingenommen hatte, der sie zurechtwies und ihr ihre Unzulänglichkeiten verdeutlichte. Einmal, als der Vater seine Tochter in den Achtzigerjahren in Berlin besuchte, die an der Akademie der Wissenschaften arbeitete, in einer halblegalen Wohnung lebte, die sie jeden Tag mehr und mehr legalisierte, und lustlos seit Jahren vor sich hin an ihrer Dissertation herumschrieb, sagte er nur lakonisch zu ihr: »Na, weit hast du es ja nicht gebracht.« Eigentlich hielt sie es kaum aus, Erwartungen nicht zu erfüllen, nicht Klassenbeste zu sein. So vor den Kabinettsmitgliedern zurechtgewiesen zu werden, ließen ihr Tränen der Wut aus den Augen schießen. Sie stand ja nicht nur vor dem Kabinett blamiert da, sondern vor der politisch interessierten Öffentlichkeit, denn darauf konnte sie sich verlassen, dass Kollegen diese Episode genüsslich der Presse durchstechen würden. Die *WELT* berichtete jedenfalls gut informiert und mitleidlos lakonisch: »In der Kabinettssitzung kamen der Umweltministerin die Tränen, als der Kanzler unwirsch wurde.«[239] Ein Minister sagte über die Tränen der stellvertretenden CDU-Vorsitzenden: »Sie ist eben ziemlich sensibel.«[240] Der Fraktionschef der Grünen, Joschka Fischer, konnte sich eine gewisse Häme nicht verkneifen, als er kommentierte: »Die Ministerin denaturiert zur ökologischen Witzfigur.«[241] Trotz oder vielleicht wegen der Niederlage gab sie nicht auf, sondern einigte sich mit Wissmann und Rexrodt auf einen Kompromiss dergestalt, dass die Fahrverbote nur für Autos ohne Katalysator gelten würden.

Zwei andere Ereignisse in ihrer Zeit als Umweltministerin sollten allerdings grundlegender Natur sein und in einem Fall den vollständigen Wechsel ihrer Anschauungen dokumentieren: die Weltklimakonferenz 1995 in Berlin und die Problematik der friedlichen Nutzung der Atomenergie. In der Atomfrage wird Merkel die erstaunliche Verwandlung vom Paulus zum Saulus vollziehen.

Merkels erste Chance, sich auf internationalem Parkett zu bewegen, bot die Weltklimakonferenz, die vom 28. März bis zum 7. April 1995 in Berlin tagen sollte. Die erste Weltklimakonferenz fand auf Betreiben der Weltorganisation für Meteorologie (WMO) 1992 in Rio de Janeiro statt. Dort wurde die Klimarahmenkonvention beschlossen, die 1994 in Kraft trat; sie stufte den Klimawandel im Stil apokalyptischer Kommunikation als ernsthafte Bedrohung ein und wollte darauf hinarbeiten, dass die Staaten sich verpflichteten, gefährliche Störungen des Klimas zu verhindern. Im Gefolge der Klimakonferenz gewann eine politische Lobbyorganisation der UN, der Weltklimarat (IPCC), eine immer größere Bedeutung. Im Ergebnis konnte Merkel für sich als Erfolg verbuchen, dass die Konferenz, die Gefahr lief, ins Chaos zu fallen, zu einem Ergebnis kam, dem sogenannten Berliner Mandat. Dieses Berliner Mandat bildete die Grundlage dafür, dass die Verhandlungen über die Reduktion der Treibhausgasemissionen in Gang kamen und später das

Kyoto-Protokoll verabschiedet wurde. Leider führte die Entwicklung zu einer Klimaideologie, die den Menschen und die Benutzung fossiler Energieträger als einzigen Treiber des Klimawandels sahen, dabei die bedeutenden und vor allem wissenschaftliche Tatsachen ausschloss, das erstens der Klimawandel die Existenzform des Klimas ist, mit anderen Worten, das Klima selbst ist eine Größe, die den Wandel anzeigt, zweitens, dass das Klima ein komplexes System ist, das sich drittens über kurzfristige, aber auch über langfristige Zyklen entwickelt, wobei die Sonne, die Gravitation und die Bewegung des Erdkerns einen grundlegenden und auch wechselseitigen Einfluss auf das Klima haben. Richtig war und ist es, Emissionen zu reduzieren, doch falsch ist es, was erstaunlicherweise die Physikerin, die Naturwissenschaftlerin Merkel nicht bemerkte, durch dieses erratische Ziel Wirtschaft zu zerstören und den Menschen die Möglichkeit zu nehmen, auf Klimaveränderungen, auf die sie nicht genügend Einfluss haben, zu reagieren, sich vor ihnen zu schützen, weil die Forschung durch den »Klassenkampf« gegen das CO_2 blockiert wird und die notwendigen Ressourcen fehlen, um diese Aspekte zu untersuchen, und weil dadurch die wirtschaftliche Kraft zum Treffen von Vorkehrungen fehlt. Klassenkampf deshalb, weil Leute wie Fischer und Trittin erkannt hatten, dass sie mit den herkömmlichen Vorstellungen des Marxismus, mit dem Klassenkampf für die Befreiung der Arbeiterklasse, die gar nicht befreit werden wollte, die Gesellschaft nicht zu verändern vermochten. Sie begriffen, dass die Veränderung der Gesellschaft mit ökologischen Themen sehr wohl gelänge. Dafür brauchten sie lediglich die Konzepte des Marxismus mit der Arbeiterklasse als revolutionäre Kraft auf die Ökologie zu übertragen. Hauptfeind und Bösewicht blieb der Kapitalismus. In seinem 1989 erschienenen Buch *Der Umbau der Industriegesellschaft* schrieb Fischer bereits: »Die Energiefrage ist die Schicksalsfrage aller Industriesysteme. Die Durchsetzung und Finanzierung einer umweltverträglichen Energienutzung, eines ökologischen Energiesystems also, werden die zentralen Basisinnovationen eines ökologischen Umbaus der Industriegesellschaft sein.«[242] Auch bei Fischer ging es bereits um das CO_2, und auch von ihm wurde die Energiewirtschaft schon als Hebel für die Große Transformation der Gesellschaft ausgemacht. Aus Klassenkampf wurde Klimaschutz. Noch hatte man nicht die Mobilisierungsidee der Klimaneutralität, noch nicht das CO_2 als erbitterten Menschheitsfeind entdeckt, aber es wurde die Schaffung einer ökoindustriellen Lobby und einer unternehmerischen Linken proklamiert, die inzwischen als Erneuerbarer-Energien-Komplex existiert und die vor allem darin links ist, dass die Bereicherung der EEG-Aristokratie nicht über Wirtschaftlichkeit, sondern über Subventionierung und über staatliche Interventionen in das Marktsystem erfolgen. Genuin linke Wirtschaft funktioniert nur auf der Basis der Umverteilung. In seinem Buch nutzte Fischer bereits mit apokalyptischem Kitsch orchestriert die Angstkommunikation, die Angela Merkel ab 2011 in Verbindung mit der Behauptung der Alternativlosigkeit verband und sie erst politikfähig und dann zum einzigen Mittel der Politik erkor. Fischer forderte damals schon den Zwang, das Hineinregieren in das Leben der Menschen, den betreuenden Staat, wie es Angela Merkel spätestens seit ihrem Pandemie-Regime zur Regel im politischen Handeln ihrer Regierung machte und was die Ampel dankbar übernahm, um es zu forcieren: »Von ihr, von einem rationellen, die Energieumwandlung verknappenden, umweltgerechten Energiesystem wird auch der entscheidende kulturelle Impuls ausgehen, der das Verhalten der Menschen und der Gesellschaft und ihrer verschiedenen Subsysteme grundsätzlich verändern wird. Denn der ökologische Umbau wird die Industriegesellschaften auch zu einem kulturellen Umbruch nötigen, der unser Verhältnis zu unseren natürlichen Ressourcen völlig verändern wird.«[243]

Fischers Gesellschaft vom Reißbrett der Utopie benötigte dazu den im Bett des Prokrustes erzogenen Menschen. Es ging um den Totalitarismus der Sozialpädagogik, der auch Merkels Rücksichtslosigkeit und ihrer Liebe zur Strukturierung und zum Autoritarismus entgegenkam. Drei Jahrzehnte später sollte sie nämlich als Bundeskanzlerin der Bundesrepublik Deutschland, die längst in der Gedankenwelt Fischers und Trittins angekommen war, auf dem Weltwirtschaftsforum in Davos diese Vorstellung in die aktuellen, gerade en vogue seienden Phrasen kleiden: »Aber, meine Damen und Herren, das sind natürlich Transformationen von gigantischem, historischem Ausmaß. Diese Transformation bedeutet im Grunde, die gesamte Art des Wirtschaftens und des Lebens, wie wir es uns im Industriezeitalter angewöhnt haben, in den nächsten 30 Jahren zu verlassen – die ersten Schritte sind wir schon gegangen – und zu völlig neuen Wertschöpfungsformen zu kommen ...«[244]. Die Angewohnheiten müssen den Menschen abgewöhnt werden.

Auf der Berliner Klimakonferenz 1995 in Berlin trafen nun Vertreter von 170 Staaten zusammen.[244a] Kurz vor dem Ende drohte die Konferenz zu scheitern, als zu unüberwindbar zeigten sich die Differenzen hinsichtlich der Reduktion der Emissionen zwischen den USA und den Europäern. Der *SPIEGEL* spottete: »Angela Merkel, 40, Bundesumweltministerin, vollbrachte eine historische Leistung, ohne einen Strich dafür zu tun. Bei der aktuellen Karikaturen-Hitliste der meistgezeichneten Politiker schaffte es die stellvertretende CDU-Vorsitzende als erste Frau in der Geschichte der Bundesrepublik, unter die ersten zehn zu kommen. Dank der Reizthemen Klimakonferenz, Sommersmog und Castor Transporte landete sie mit 44 Karikaturen auf Rang sieben. Wie die Auswertung von 115 Tages- und Wochenzeitungen durch die Pressedokumentation des Bundestages ergab, ist und bleibt Kohl mit dickem Vorsprung die Nummer 1: 462-mal wurde der Kanzler gezeichnet.«[245] Sie stand vor einem Nervenzusammenbruch und wollte schon aufgeben, als ihre Vertraute Beate Baumann sie derb anblaffte: »Nun reißen Sie sich mal zusammen!« Und Merkel riss sich zusammen. So kam es kurz vor Schluss noch zu einer Einigung, kein Riesenschritt, aber immerhin ein erster, ein Mandat, auf dessen Grundlage weiterverhandelt wurde. Sie hatte ihren Ruf nicht beschädigt, sondern sich ersten Respekt erworben. Vor allem aber hatte sie über sich gelernt, dass ihre Stärke im kaltblütigen Verhandeln liegt, das vor allem dann zum Erfolg führt, wenn nicht der Inhalt, sondern der Erfolg im Mittelpunkt steht. Merkel lernte daraus, dass man dann nicht scheitert, wenn man erstens die Erwartungen nicht durch Hoffnungen steigert, sondern sie so tief als möglich ansiedelt, und dass zweitens ein Kompromiss, den man verkaufen kann, besser ist, als gar nichts erreicht zu haben, selbst wenn der Kompromiss für alle anderen problematisch ist; am Ende geht es nur um einen selbst, um die eigene Macht. Egal, wer die Zeche zu bezahlen hat, solange man es nicht selbst ist. Nur ein Schaden ist unverzeihlich, den man anrichtet, nämlich sich selbst zu schaden. Soll zahlen, wer muss, nur niemals man selbst.

Als folgenreich wird sich Merkels Begegnung mit der Klimapolitik und deren Akteuren erweisen. Noch mangelte es ihnen am wirtschaftlichen und am gesellschaftlichen Rückhalt. Merkel, die während der Konferenz zu den Diskussionen der Aktivisten ging und dort länger blieb, als Politiker sich für gewöhnlich dort sehen ließen, erkannte, dass sich eine neue Bewegung formierte, mit der eines Tages noch viel stärker zu rechnen sein würde. Es mag ihr gefallen und sie an ihre Jugend in der DDR erinnert haben, dass sich der Fokus von der Wissenschaft auf die Ideologie verschob. Seit der Apokalyptik der Berichte des Club of Rome, die auch in den intellektuellen und künstlerischen Kreisen der DDR heftig diskutiert wurden – hatte man doch die rücksichtslose Zerstörung der Umwelt, nicht nur im mitteldeutschen Chemiedreieck, nicht nur im Uranabbau der SDAG Wismut, nicht nur in den gewaltigen Tagebauen, die sich durch die Natur fraßen, tagtäglich vor Augen –, entstand eine industriekritische Bewegung, die richtige Beobachtungen mit Ideologie verquickte. Die Sensibilisierung für die Themen der Klimakonferenz hatte Angela Merkel in der DDR erfahren, und sie wurden für sie, die sich gern in der Natur bewegte, Fahrradtouren oder Wanderungen unternahm, zu einem echten Thema. 1997 stellte Merkel den 2. Klimaschutzbericht im Kabinett vor und wies auf einen Anstieg der CO_2-Emissionen hin. Auf der Weltklimakonferenz im November 1997 in Kyoto leistete sie gerade in den Verhandlungen und in der Verhandlungsführung einen unverzichtbaren Beitrag, der zum Gelingen der Konferenz beitrug. Kurz vor der Bundestagswahl 1998 legte sie im Frühjahr das umweltpolitische Schwerpunktprogramm »Nachhaltige Entwicklung in Deutschland« vor. Zwar hatte sie sich an den umwelt- und vor allem klimapolitischen Fragen festgebissen, doch verschob sich die Betrachtung von der wissenschaftlichen zur ideologischen Seite. Auf andere Art wurde für sie wie für Trittin und Fischer Umweltpolitik zu einer Art Sozialismusersatz. Während des Wahlkampfes in Hessen 1995, in dem Bundesland, in dem sich mit dem Flughafen in Frankfurt Deutschlands größtes Flugdrehkreuz befindet, verkündete Merkel plötzlich froh und fröhlich, dass Flugzeugbenzin teurer werden müsste. Kohl dürfte einen Wutanfall bekommen haben, jedenfalls verpflichtete er seine Umweltministerin zu einem Dementi, mit dem sie eine erste Kostprobe ihrer Schwurbelei bot, die in späteren Jahren Merkels Sprache kennzeichnete. Sie animierte einige Journalisten dazu, in der Übersetzung aus dem »Merkelischen« für das grobe Volk eine bemitleidenswerte Meisterschaft zu entwickeln: »Ich hatte in dem entsprechenden Beschluss auch gesagt, dass es nur um eine weltweite Lösung gehen kann, die überhaupt nur zu bestimmten Zeitpunkten in Anspruch genommen werden kann. Es ist der Eindruck erweckt worden, als sei dies jetzt irgendwie eine kurzfristige Aufgabe. Und da hat der Bundeskanzler gesagt, dass dem nicht so ist.«[246]

Doch bereits 1997 forderte sie in einem Interview mit der *Frankfurter Rundschau* auch noch am 17. Juni: »Energie ist heute zu billig … Es müssen aus meiner Sicht gezielt die Steuern auf Energie angehoben werden, sei es über Mineralöl, Heizgas oder Strom. Der gewünschte umweltpolitische Lenkungs- und Lerneffekt tritt freilich nur ein, wenn klar ist, dass die Steuersätze über Jahre allmählich angehoben werden.«[247] Die totalitäre Vorstellung der Volkserziehung durch staatlichen Eingriff in den privaten Konsum verband sie damals schon mit den Grünen. Merkels politisches Vorhaben, Energie zu verteuern, das von der Ampel-Regierung nicht nur fortgesetzt, sondern noch beschleunigt wurde, hatte durchschlagenden Erfolg. Deutschland ist heute führend, was die Energiepreise angeht; das Land befindet sich deshalb in der Rezession und in der De-Industrialisierung. In ihrer Regierungszeit hatte sie von Schröders Agenda 2010 gelebt, dessen Früchte sie verfrühstückte, und ihren Nachfolgern nur ein multipel zusammenbrechendes Land hinterlassen.

1995 befürwortete sie allerdings noch die friedliche Nutzung der Kernenergie, weil sie wusste, dass zur Senkung der CO_2-Emissionen kein Weg daran vorbeiführte. Das brachte sie in Konflikt mit der SPD, vor allem mit dem Ministerpräsidenten von Niedersachsen, Gerhard Schröder, und seiner Umweltministerin Monika Griefahn. Bereits Umweltminister Klaus Töpfer hatte angewiesen, dass Atommüll aus dem AKW Philippsburg in Baden nach Gorleben verbracht wird, doch ein Urteil des Verwaltungsgerichts Lüneburg stoppte den Transport aus verwaltungstechnischen Gründen. Nachdem der anstehende Transport auch verwaltungstechnisch nachgebessert wurde, erteilte Angela Merkel der sich sträubenden Griefahn eine ministerielle Weisung. So fuhr der erste Castor-Transport im April 1995 nach Philippsburg. Allerdings bot die Anti-Atom-Front alles auf, was sie an Protestpersonal aktivieren konnte, sodass der Transport von Beamten der Polizei und des Bundesgrenzschutzes geschützt werden musste. Als sich im Mai 1996 ein Transport aus dem französischen La Hague nach Gorleben auf den Weg machte, wurden Anschläge auf die Castor-Bahnstrecken verübt. Straßenblockaden und Sabotageaktionen fanden statt. Die Szene radikalisierte sich. Nicht geringer fielen die Proteste aus, als im März 1997 ein Transport vom baden-württembergischen Walheim aufbrach. 1998 setzte Merkel die Transporte aus, nachdem erhöhte Strahlenwerte bei Transportbehältern gemessen wurden. Die öffentliche Empörung war zu Recht groß, weil die Betreiber der AKWs die erhöhten Strahlenwerte verheimlicht hatten. Merkel fühlte sich von der Industrie hintergangen. Die AKW-Betreiber ihrerseits warfen Merkel vor, dass sie damit an die Öffentlichkeit gegangen war, wo man das Problem auch im vertrauten Kreis hätte regeln können. Mit der Untersuchung des Vorfalls beauftragte Merkel die Gesellschaft für Anlagen und Reaktorsicherheit. Sie lud die Umweltminister der Länder zu einem Krisengipfel ein. Die Bundestagswahl im Herbst warf bereits ihre Schatten voraus. Manche Umweltminister erschienen nicht, sondern schickten lediglich ihre zuständigen Abteilungsleiter in der Absicht, die Bundesumweltministerin vor der Öffentlichkeit bloßzustellen. Fischer forderte Merkels Rücktritt, weil sie ihre ministerielle Aufsichtspflicht verletzt hätte, die SPD blies allerdings nicht ganz so laut in ein ähnliches Horn. Im *SPIEGEL* erklärt die bedrängte Umweltministerin: »In Deutschland sind keine verstrahlten Behälter transportiert worden; alle Messergebnisse bei den Transporten durch Deutschland waren korrekt. Die radioaktiven Verunreinigungen sind in Frankreich festgestellt worden, und hier liegt auch das Problem: Wir hätten von den französischen Behörden früher unterrichtet werden müssen. Außerordentlich kritikwürdig und ärgerlich ist allerdings auch, dass die Energieversorger von den Problemen seit Jahren gewusst haben und uns nichts davon gesagt haben.«[248] Dass in Merkels Ministerium so lange tatsächlich niemand über die wirklichen Strahlendosen informiert war, bezweifelten nicht nur die Aktivisten von Greenpeace. Merkels französische Amtskollegin, Dominique Voynet, stahl sich aus der Verantwortung, ließ die deutsche Kollegin hängen und hielt es jedenfalls für »völlig unwahrscheinlich«, dass die Deutschen nicht auf dem Laufenden waren. Selbst die eigentlich der Union gewogene Polizeigewerkschaft empörte sich über den Vorgang, weil die Polizisten, die zur Sicherheit die Transporte eskortieren mussten, der verheimlichten Strahlung ausgesetzt wurden. »Es ist unglaublich, wie leichtfertig die Atomlobby mit Gesundheit und Leben von Menschen umgeht«, sagt der Chef der Polizeigewerkschaft, Hermann Lutz: »Das Vertrauen ist absolut im Keller.«[249] Der SPD-Umweltpolitiker Michael Müller warf Merkel entweder »Schlamperei« oder »Kumpanei« vor und sah die »Lüge von der risikofreien Atomindustrie« wie ein Kartenhaus zusammenbrechen.[250] Guido Westerwelle ging – mit Blick auf den Wahlkampf – vorsichtig auf Distanz. Für die Opposition war Merkels Atomskandal mitten im Wahlkampf ein Geschenk, doch auf verquere Art für Merkel auch, denn Kohl konnte es sich nicht leisten, seine Umweltministerin fallen zu lassen, weil das wie ein Eingeständnis der Schuld gewirkt hätte. So stützte und schützte er sie, so gut er konnte, sodass sie mit seiner Hilfe durch den ersten großen Skandal kam, aber selbst als Politikerin auch »Steherqualitäten« bewies. Das brachte ihr in der Union Respekt ein, besonders Kohls ewiger Kronprinz Wolfgang Schäuble begann, »Kohls Mädchen« ernst zu nehmen.

19. DIE NIEDERLAGE DER CDU WIRD ZU MERKELS SIEG

Das Menetekel, das mit Flammenschrift auf die Wände der Wahlkampfzentrale der CDU 1998 geschrieben stand, lautete »Reformstau« – das Wort, das die Gesellschaft für deutsche Sprache zum Wort des Jahres 1997 kürte. Ebenfalls im Jahr 1997 hielt Bundespräsident Roman Herzog am 26. April im Berliner Hotel Adlon seine berühmte Ruck-Rede, mit der er vielen Deutschen aus Herz und Seele sprach, und wohl auch so manchem CDU-Politiker. Weniger wohl Angela Merkel, die von jeher dachte, dass der »Ruck« organisiert von oben kommen müsse. Doch jeder, der einigermaßen mit den Interna der Union vertraut war, wusste, dass Roman Herzog in der Rede auf ein Interview antwortete, das Helmut Kohl gut drei Wochen zuvor in den Osterferien während seiner Fastenkur anlässlich seines Geburtstages am 3. April in Bad Gastein den ARD-Reportern Marion von Haaren und Sigmund Gottlieb gegeben hatte. Kohl mochte weder die Journalistin, die ihm zu links, noch den Journalisten, der ihm zu CSU-lastig war. Gottlieb fragte Kohl, ob er noch einmal zur Bundestagswahl 1998 antreten würde. Kohl fiel Gottlieb ungnädig ins Wort: »Deswegen sind Sie ja hier.« Gottlieb hakte nach: »Das Publikum möchte es wissen. Treten Sie 98 wieder an? Ja oder nein?« Als hätte Kohl nur auf diese Frage gewartet, antwortete er mit der größten Gewissheit wie selbstverständlich:

»Ganz klares Ja, unter der Voraussetzung, dass meine Partei und meine politischen Freunde dies so wollen.« Einige seiner politischen Freunde wollten es eigentlich überhaupt nicht. Sie befürchteten zu Recht, mit Kohl die Wahl zu verlieren. Seine politischen Freunde wünschten sich statt seiner Wolfgang Schäuble, seinen immer wieder annoncierten Kronprinzen. Kohl hatte noch im Interview hinzugefügt, dass er mit seiner Familie darüber gesprochen hatte. »Niemand in Bonn war vorab eingeweiht. Nicht der Chef des Kanzleramtes, Friedrich Bohl, nicht CDU-Generalsekretär Peter Hintze, auch nicht Kohls Familie, auch nicht Wolfgang Schäuble«, schrieb Günter Bannas in der *FAZ*.[251] Kohls ungewöhnliches Vorgehen erklärte sich damit, dass er beunruhigende Signale aus dem Inneren der CDU empfing. Anfang des Jahres kam ihm bereits eine *dpa*-Meldung unter die Augen, deren Überschrift lautete: »CDU-Reformer für Schäuble als Kohl-Nachfolger«. Der *Stern* wartete mit einem Cover auf, das Wolfgang Schäuble zwar im Rollstuhl, aber äußerst dynamisch und entschlossen zeigte. Unter dem Bild prangte die Schlagzeile »Ein Krüppel als Kanzler? Ja, die Frage muss man stellen. Wolfgang Schäuble über seine Zukunft und sein Verhältnis zu Helmut Kohl.« Im Interview im Innenteil des Magazins sinnierte Schäuble in seiner typisch indirekten Art, dass die Kanzlerschaft eine Versuchung wäre, der er nicht widerstehen könnte. Auch der *SPIEGEL* konnte der Versuchung, sich an den Spekulationen zu beteiligen, nicht widerstehen und behauptetete deshalb: »Daher steht eines schon mal fest: Mit Schäuble als Kanzler würde sich der Regierungsstil drastisch ändern. Vertraute glauben sogar, dass Schäuble sein Handicap nutzen würde, um sich unwichtigen Schnickschnack und lästige Schranzen vom Hals zu halten. Wenn er schon den Nachteil durch den Rollstuhl habe, ließ er wissen, ›dann will ich auch die Vorteile davon haben‹.«[252]

Beunruhigend für Kohl blieb, dass die Jungen in aller Vorsicht, aber dennoch für Schäuble votierten. Peter Altmaier bekräftigte zwar, dass die CDU hinter Kohl stünde – was sollte er auch anderes sagen, denn Helmut Kohl war schließlich Kanzler und Vorsitzender der CDU –, fügte aber hinzu, dass die Partei auch hinter Schäuble stünde. Der Hamburger Ole von Beust attestierte Schäuble, dass der das Zeug zum Kanzler habe. Und Günther Oettinger verwies darauf, dass Schäuble »in wichtigen Fragen der Innenpolitik der starke Mann der Regierungsparteien ist«.[253] Auf dem Parteitag der CDU im Oktober in Leipzig wurde dann Helmut Kohl zum Kanzlerkandidaten erklärt und gefeiert, wie es sich nun einmal gehörte, aber Schäubles Rede löste spontanen Jubel aus. Zwar hatte Kohl sichergestellt, dass er noch einmal zur Wahl antrat, und gnädig über Schäuble geäußert, dass er sich nichts sehnlicher wünsche, als dass Wolfgang Schäuble einmal Bundeskanzler wird, doch das konnte man auch so verstehen, wie es Kohl meinte, irgendwann einmal, zu einer anderen Zeit in einer anderen Galaxie, denn Kohl versicherte zugleich, dass er, wenn er antritt, dann für die gesamte Legislaturperiode. Zu diesem Zeitpunkt hatte Kohl ein Alter von 67 Jahren erreicht. Warum hielt er an der Macht fest?

Geordnete Machtübergaben sind selten in der Politik, vor allem wenn die Amtsträger dieses Geschäft schon eine Weile betrieben haben, dann verwechselten sie die Achtung vor dem Amt mit der Achtung vor ihrer Person, dann verfielen sie dem Glauben, dass nur sie in der Lage wären, die Probleme zu lösen, dass sie noch einmal antreten müssten, um den Hof geordnet zu übergeben – nur würde der Hof eben nie geordnet sein, weil die Existenz von Gesellschaften in der permanenten Krise besteht, die zugleich ihre Lebendigkeit, die Möglichkeit ihrer Weiterentwicklung beinhaltet. Das Gegenteil davon lautet Dekadenz, Tod, Siechtum, Zerfall. Den perfekten Zeitpunkt, um abzutreten und den Staffelstab zu übergeben, gibt es nicht. Oder wie der landläufige Spott lautet: »Er hinterließ eine so große Lücke, die sogleich von seinem Nachfolger gefüllt worden war.«

Kohl hätte zu Beginn der Legislaturperiode seinen Nachfolger aufbauen und ihn in der Mitte seiner Amtszeit die Amtsgeschäfte übergeben müssen. Damit hätte die Union zumindest die Chance besessen, die Macht zu verteidigen, denn die Macht, bildlich gesprochen, langweilte sich bei Helmut Kohl; sie hatte sich von ihm verabschiedet und suchte nach einem neuen Träger. Die Union hatte die Zeit des Herbstes des Patriarchen erreicht – und wenige zweifelten daran. Der Wahlabend bestätigte nur, was einige wussten, andere ahnten, wieder andere befürchteten, aber fast alle immer wieder in dem deprimierenden Wahlkampf zu verdrängen gesucht hatten.

Angela Merkel hielt sich aus allem heraus, beteiligte sich nicht an den Diadochenkämpfen, wahrte eine gewisse Distanz zu den »Reformern«, den »Jungen«, zumal sie auch nicht zu deren Netzwerken wie dem Andenpakt gehörte. Sie wusste, dass Kohl kandidieren würde und es ihm niemand in der Partei zu verwehren wagte – und es auch niemand konnte. Zu viel Macht besaß er innerhalb der Partei, als dass ein Putsch gelänge, und auf nichts anderes würde es hinauslaufen. Zu den politischen Grundsätzen gehörte es, dass man zwar den Verrat liebt, aber nicht den Verräter. Auch wenn sich viele in der Union einen Kanzlerkandidaten Schäuble wünschten, würde niemand politischen Selbstmord begehen und versuchen, Kohl zu stürzen, auch Schäuble nicht, der das hübsche Synonym Loyalität bemühte, wenn er eigentlich Feigheit meinte. Angela Merkel, die zu dieser Zeit neben dem Ministerposten noch den einer stellvertretenden Parteivorsitzenden innehatte, dürfte auch klar gewesen sein, dass sich Schäuble niemals gegen Kohl stellen würde; und vielleicht hatte sie damals schon erkannt, dass Schäuble ein exzellenter zweiter Mann war, kein Anführer, sondern ein getreuer Gefolgsmann, dem man die Attitüde des eigenständigen Denkers lassen musste, wenn man ihn auf Linie halten wollte. Schäuble fehlte die letzte, die kaltblütige, die rücksichtslose Entschlossenheit, die Loyalität einforderte, aber für sich selbst nicht kennt, eine letzte Kaltblütigkeit und Amoralität, über die Schröder verfügte, Kohls Gegenkandidat von der SPD, über die Kohl, über die Merkel verfügte, doch nicht Schäuble. Das Drama aus der Loge zu beobachten, nicht in Erscheinung zu treten, sich mit niemandem zu überwerfen, sich auch mit niemandem zu verbrüdern, dennoch Kontakte aufzubauen und sich still und heimlich ein Netzwerk zu schaffen, darin bestand der Part, den die Umweltministerin 1997 und 1998 spielte, ganz davon abgesehen, dass sie mit dem Castor-Skandal genügend um die Ohren hatte und selbst um das politische Überleben kämpfte, denn die Grünen und einige in der SPD wollten ihren Rücktritt. Im gewissen Sinne gehörte sie nicht zur CDU, partizipierte sie nicht an der Seele der Partei, deshalb tangierten sie auch die Kämpfe und die Ranküne nicht, die sich um sie herum ergaben. Aber all die Jungen, die sich engagierten, Peter Altmaier, Hermann Gröhe, Eckart von Klaeden, Friedbert Pflüger, Ronald Pofalla, mit denen sie jetzt noch wenig zu tun hatte, sollten später ihre Unterstützer, ihre Prätorianer werden.

Und noch eins ist im Rückblick und im Vergleich erstaunlich. Helmut Kohl verkündete zu seinem 67. Geburtstag, dass er noch einmal antreten wollte. Angela Merkel ging 2021 auf ihren 67. Geburtstag zu, als sie klarstellte, nicht noch einmal zu kandidieren. Wie Helmut Kohl würde sie 16 Jahre, wenn sie aufhört, Bundeskanzlerin gewesen sein. Kohls letzter Wahlkampf, seine Demontage, an der sie einen erheblichen Anteil hatte, beobachtete sie 1998 und 1999 aus nächster Nähe; so erlebte sie nur zu genau, wann der Zenit überschritten war. Wäre Angela Merkel 2021 noch einmal angetreten, hätte sie die Wahl verloren. Wie schädlich es ist, an der Macht zu kleben, wenn sie einen verließ, konnte sie an Helmut Kohl studieren. Mit der Macht ist es etwas Eigenartiges, zuerst hat man die Macht, dann hat die Macht einen, die ihren Träger kalt und erbarmungslos verlässt, nachdem sie sich gründlich in ihm ausgetobt hat, wenn sie beginnt, sich zu langweilen, weil nichts Neues mehr von ihrem Träger kommt. Doch letztlich hatte Merkel den Übergang und auch den Machterhalt genauso schlecht wie Kohl gemanagt. Vielleicht sogar schlechter, denn im Gegensatz zu Kohl verband sie mit der CDU nichts. Sie war und blieb nur Merkels Karrieremaschine. Wenn sie schon beschloss, nicht wieder als Kanzlerkandidatin anzutreten, wäre es da nicht ihre Pflicht aus Sicht der CDU gewesen, zum Zweck des Machterhalts den Übergang zu organisieren? Kohl konnte es nicht, weil er noch einmal kandidierte; Merkel wollte es nicht, weil sie die CDU verachtete. Die Frage, der nachzugehen sein wird, lautet, wann aus der kühlen Benutzung der Machtmaschine für den eigenen Aufstieg, für die Befriedigung des eigenen Ehrgeizes, erst Verachtung und dann womöglich Hass auf diese Machtmaschine wurde?

Die deutliche Reaktion auf Kohls Ankündigung der Kandidatur kam dennoch – und sie kam öffentlich. Drei Wochen nur, nachdem Kohl in Österreich während seiner Fastenzeit verkündet hatte, dass er noch einmal in den Wahlkampf zu ziehen gedachte, zeichnete der Bundespräsident Roman Herzog ein so realistisches wie deprimierendes Bild des Landes unter Kohl: »Was ist los mit unserem Land? Im Klartext: Der Verlust wirtschaftlicher Dynamik, die Erstarrung der Gesellschaft, eine unglaubliche mentale Depression – das sind die Stichworte der Krise. Sie bilden einen allgegenwärtigen Dreiklang, aber einen Dreiklang in Moll.«[254] Und er fragte: »Können unsere Eliten über die dogmatischen Schützengräben hinweg überhaupt noch Entscheidungen treffen? Wer bestimmt überhaupt noch den Gang der Gesellschaft: diejenigen, die die demokratische Legitimation dazu haben, oder jene, denen es gelingt, die Öffentlichkeit für ihr Thema am besten zu mobilisieren?«[255] Immer höher häufte sich auf, was Kohl in der Legislaturperiode hätte anpacken müssen, aber stattdessen entweder auf die lange Bank schob oder ignorierte; dabei listete ihm Roman Herzog all die Themen auf, die drängten: Senkung der Lohnnebenkosten, Reform des Arbeitsmarktes, Kürzung von Subventionen, eine Reform des Haushaltsrecht, die Sparen belohnt und Verschwendung bestraft, Deregulierung, Einhaltung des Lohnabstandsgebots, Reform der Krankenkassen und eine wirkliche Steuerreform. Alle seien aufgerufen, sich an den Reformen zu beteiligen und sich von lieb gewordenen Besitzständen zu verabschieden, denn durch Deutschland müsse ein Ruck gehen, mahnte der Bundespräsident.

In der Union hatte man gehofft, dass Oskar Lafontaine Spitzenkandidat der SPD würde, der in seiner Rechthaberei, in seiner dogmatischen Haltung leichter anzugreifen war als der wendige Gerhard Schröder. Doch mit Schröders glänzendem Wahlsieg in Niedersachsen blieb Lafontaine als Parteivorsitzendem der SPD nur übrig, Schröder die Kandidatur anzutragen. Schröders Wahlsieg in Niedersachsen besaß eine unverkennbare bundespolitische Pointe und nahm die Gestalt eines Menetekels für die Union an. Nach fast 16 Jahren Kohl existierte eine ausgeprägte Wechselstimmung im Land. Wer zum ersten Mal an die Wahlurne trat, hatte in seinem bewussten Leben nichts anderes als einen Bundeskanzler Helmut Kohl erlebt. Die Wähler in Niedersachsen wählten nicht nur Gerhard Schröder als Ministerpräsidenten, sie votierten auch für Schröder und gegen Kohl als Bundeskanzler. Noch in der Nacht der niedersächsischen Wahl am 1. März 1998 erklärte der SPD-Bundesgeschäftsführer Franz Müntefering Gerhard Schröder zum Kanzlerkandidaten der SPD. Die Niederlage von Christian Wulff in Niedersachsen galt auch Helmut Kohl, der sich sehr stark im Landtagswahlkampf engagiert hatte. Die Niedersachsenwahl konnte man auch als vorgezogene Bundestagswahl werten.

Als die jungen CDU-Politiker Peter Altmaier, Hermann Gröhe, Eckart von Klaeden, Armin Laschet und Friedbert Pflüger kurz nach der Wahl mit dem stellvertretenden Fraktionsvorsitzenden Rudolf Seiters nach Moskau flogen, versuchten sie, den

Älteren abends an der Bar zu überzeugen, mit Kohl zu reden, dass er für Wolfgang Schäuble Platz machen sollte. Es war ein Vorschlag, geboren aus purer Verzweiflung. Für Kohl wollte man eine bundesweite Kampagne organisieren »Deutschland dankt Helmut Kohl«, doch Seiters lehnte ab, denn er wusste nur zu gut, dass es aussichtslos war, Kohl die Wahl auszureden, schließlich glaubte der immer noch, das Ruder herumreißen zu können, was ihm bei der letzten Wahl 1994 tatsächlich gelungen war – und als Brutus wollte Seiters nicht in die Geschichte eingehen. Die Sache hatte dennoch ein Nachspiel, denn einer aus der Runde hatte von dem Gespräch in Moskau gegenüber der *Bildzeitung* geplaudert, die mit einer großen Geschichte aufwartete: »Putschversuch in der Union«. Aber die vermeintliche Sensation überstand kaum die Auslieferung der Zeitung.

Der Wahlkampf der Union zerfaserte immer stärker, die Partei wirkte alles andere als geschlossen, und auch Kohl unterliefen Fehler. Um die FDP zu warnen, spekulierte er öffentlich darüber, dass es sogar eines Tages zu einer schwarz-grünen Koalition kommen könnte. Obwohl ein Lapsus, hatte Kohl damit ausgesprochen, woran einige CDU-Abgeordnete der sogenannten Pizza-Connection schon dachten, wenn sie sich in Bonn mit jungen Politikern der Grünen trafen. Unter ihnen Hermann Gröhe, Armin Laschet, Norbert Röttgen, Peter Altmaier, Ronald Pofalla und Eckart von Klaeden seitens der CDU.

Wollte Angela Merkel nach Helmut Kohl noch eine Chance in der Partei haben und nicht – wie man später an anderen Ministern beobachten konnte – auf die Hinterbänke des Parlaments abgeschoben werden, durfte sie sich zwar nicht an verzweifelten Aktionen wie der Diskussion an der Moskauer Bar beteiligen, aber sie musste ihre Kontakte zu denen aufbauen, die in der Nach-Kohl-Ära wichtig sein würden. Sie traf sich vertraulich mit einigen ehrgeizigen Nachwuchspolitikern, zu denen Norbert Lammert und Horst Seehofer gehörten.

Nach Schäubles bejubelter Rede auf dem Leipziger Parteitag ging sie auf ihn zu, gratulierte ihm zu dieser Rede und sagte ihm, dass sie nach dieser Rede wieder wisse, warum sie in der CDU wäre. Mit diesem Satz hatte sie Schäuble ihre Loyalität versichert. Darin, dass Schäuble zumindest der Mann des Überganges sein würde, trog sie ihr Instinkt nicht. Und so kam es auch. Die Union verlor die Wahl, sie konnten nur noch 35,1 % der Wähler von sich überzeugen, die SPD holte hingegen 40,9 % der Stimmen. Da Grüne und FDP ungefähr gleichauf lagen mit 6,7 % bzw. 6,2 % und es für Rot-Grün reichte, zerstoben auch die letzten, hilflosen Träume in der Union, sich in eine große Koalition retten zu können. Die Union hatte 5,3 % an Wählern verloren. Die CDU, Helmut Kohls Partei, holte allein, ohne CSU, nur 28,6 % der Stimmen. Schaut man sich an, wie Ostdeutschland gewählt hatte, wird deutlich, dass sowohl FDP als auch Grüne unterhalb der Fünf-Prozent-Hürde blieben, die CDU sogar 11,2 % der Wähler verloren hatte und nur auf 27,3 % kam, während die SPD 3,6 % hinzugewinnen konnte und so auf 35,1% kam. Doch die PDS vermochte 21,6 % der Wähler auf sich zu vereinen. Vollkommen verspekuliert hatte sich die CDU mit Hintzes »Rote Socken«-Kampagne, vor der ostdeutsche Christdemokraten wie Angela Merkel gewarnt hatten. Angesichts zusammenbrechender Lebensentwürfe und eines nicht grundlos um sich greifenden Gefühls, wieder zum Deutschen zweiter Klasse gemacht zu werden, bewirkten platte Ideologiekampagnen wie die von Hintze eher das Gegenteil in Ostdeutschland. Während die Westdeutschen mit dem Marshallplan und mit dem Wirtschaftswunder belohnt wurden, mussten die Ostdeutschen Reparationen zahlen, wurden ganze Fabrikausrüstungen im Osten abmontiert und per Züge in die Sowjetunion transportiert. Schließlich wurden Freiheit und Freizügigkeit am 17. Juni 1953 und am 13. August 1961 beendet. Sie waren nicht weniger fleißig als die Brüder und Schwestern im Westen, sie hatte nur das Pech, in der falschen Gegend zu leben.

Und von denen verlangte man nun Dankbarkeit, Dankbarkeit dafür, dass der Westen sich den Osten aneignete?

Noch am gleichen Abend übernahm Helmut Kohl für das katastrophale Wahlergebnis die politische Verantwortung und trat als Parteivorsitzender der CDU zurück, denn die politische Verantwortung zu übernehmen bedeutete damals noch, Taten folgen zu lassen.

Wolfgang Schäuble und Volker Rühe erzielten bereits vorher eine grundsätzliche Übereinkunft, denn nach dieser traumatischen Niederlage benötigte die Partei eine klare und entschlossene Führung und keinen Machtkampf – und die beiden Politiker, die über ausreichend Reputation und Autorität in der Partei verfügten, hießen Wolfgang Schäuble und Volker Rühe. Doch Rühe verfolgte das Ziel, Ministerpräsident von Schleswig-Holstein zu werden, wofür er die besten Voraussetzungen besaß. Mit anderen Worten: Er hätte sich im Wahlkampf durchgesetzt, wenn ihm nicht der Spendenskandal der CDU auf die Füße gefallen wäre, mit dem im September 1998 noch niemand rechnete. Daran, dass der Vorsitzende der Unionsfraktion im Bundestag, Wolfgang Schäuble, Parteivorsitzender wird, zweifelte niemand; es stellte sich lediglich die Frage, wer sein Generalsekretär werden würde. Volker Rühe winkte ab, denn er sah für sich keinen Sinn darin, das zweite Mal dieses Amt zu übernehmen, und sicher nicht unter Wolfgang Schäuble, mit dem er sich zu Recht auf einer Ebene verortete. Annette Schavan gab dem designierten Parteivorsitzenden einen Korb, weil sie Kultusministerin in Baden-Württemberg bleiben wollte,[256] sich in der Hoffnung wog, Erwin Teufel als Ministerpräsidentin des damals noch starken Musterländle zu beerben. Die sogenannten »jungen Wilden« Roland Koch, Christian Wulff und Peter Müller planten ihre Karrieren über die Eroberung ihrer Bundesländer, und zwar von Hessen, Niedersachsen und dem Saarland, um von hier aus sich den Weg zur Kanzlerkandidatur zu bahnen, zumindest, was Wulff und

Koch betraf. Für sie schien unausgesprochen festzustehen, dass Schäuble das Momentum für eine eigene Kandidatur verloren hatte. Seine Aufgabe bestand aus ihrer Sicht nun darin, ihnen das Bett zu richten, die CDU wieder kampagnefähig zu machen. Vor allem beging Schäuble den großen Fehler – und alle weitere waren nur Folgefehler –, die Kohl-Zeit nicht aufzuarbeiten. Hätte die Spendenaffäre, die die CDU so tief erschüttern sollte, sie in der Zeit der Aufarbeitung getroffen, in der ohnehin vieles infrage gestellt werden musste, vor allem der Führungsstil von Kohl und die Verkrustungen innerhalb der Machtstrukturen der Partei, wäre der Umgang mit ihr leichter ausgefallen, denn die CDU wäre in der Phase der Aufarbeitung gewesen. So wurde ihr die Aufarbeitung von außen aufgezwungen, und das nach Regeln, die sie nur zu einem geringen Teil selbst bestimmen konnte. Laut Schäubles Erinnerungen dachte er sogar an die Chefin des Instituts für Demoskopie in Allensbach, Renate Köcher. Köcher war Wissenschaftlerin, Meinungsforscherin, doch keine Politikerin. Wie viele Runden musste Angela Merkel vor seinem Haus eigentlich auf und ab laufen, bevor er auf sie aufmerksam wurde? Schäuble suchte einen Generalsekretär, der mehr Sekretär denn General war. Die jungen Wilden kamen ihm sicher zu eigensinnig und vor allem zu machthungrig vor; Schavan hätte ihm den Rücken freigehalten. Damit, dass Rühe, dem er das Amt anbieten musste, das Angebot annehmen würde, konnte er nicht ernsthaft gerechnet haben. Merkel hatte ihrem frühen Biografen Wolfgang Stock, der Merkel selbst das abnahm, was sie nicht einmal sich selbst glaubte, erzählt, dass sie nicht damit gerechnet habe, dass Schäuble ihr das Amt des Generalsekretärs antragen würde. Sie hätte eher damit gerechnet, stellvertretende Fraktionsvorsitzende mit dem Schwerpunkt Forschung und neue Bundesländer zu werden.[257] Glaubhaft ist das nicht.

Der 56-jährige Schäuble vertrat wie niemand sonst in der Partei den Kompromiss zwischen Bewahrung und Erneuerung.

Zum einen musste die Partei mit dem System und der Zeit Helmut Kohls brechen, zum anderen wollte sie keinen Konflikt und keine Aufarbeitung. Was man wollte, war: »Wasche mir den Pelz, aber mache mich nass.« Diese Balance versuchte Schäuble zu halten, diese Balance hatte auch sein Generalsekretär hinzubekommen. Klar war, dass Kohls serviler und uninspirierter Generalsekretär Peter Hintze gefeuert werden musste. Das geschah, ohne dass jemand dem Pfarrer Hintze eine Träne nachweinte, dessen Kompetenz im Gesundbeten bestand, der sich aber in der intellektuellen Brillanz mit den Vorgängern Geißler und Biedenkopf nicht messen konnte und dem man zudem den katastrophalen Wahlkampf mit der Rote-Socke-Kampagne ankreidete. Merkel verdeutlichte, auf welche Art auch immer, dass sie die ideale Generalsekretärin der CDU sein könnte: jung, Frau, aus dem Osten stammend, von moderatem Erneuerungswillen, zwar durch Kohl gefördert und von Kohl »ausgebildet«, aber dem System Kohl nicht verhaftet, ihm nicht zugehörig. Wie die Journalistin Jacqueline Boysen wenige Jahre später, 2001, schrieb, dass sich die Christdemokraten, »wie auch Angela Merkel gemerkt hatte – noch in einem ›Schockzustand‹ befanden« und sich »zunächst personell neu sortieren« mussten. »Und darin nun erkannte Angela Merkel ihre Chance.«[258] Und nicht genug damit: »Übermäßig erstaunt war die Kandidatin von seinem Vorschlag tatsächlich nicht. Sie traute sich dieses Amt auch zu. Es reizte sie, die exponierte Stellung in der Partei zu übernehmen und damit einen festen Platz in der Bundespolitik einzunehmen.«[259] Wie sie Schäuble »half«, auf den Gedanken ihrer Nominierung zu kommen, lässt sich nicht ermitteln, weder Merkel noch Beate Baumann werden darüber sprechen. Gegenteiliges anzunehmen wäre naiv oder gehörte zum Merkel-Mythos, an dem Merkel seit einiger Zeit bastelt. Aber Boysen gelangen im Jahre 2001 noch zwei andere tiefe Beobachtungen. Dass Druck von außen und ihr persönlicher Ehrgeiz sie antreiben, stimmt zwar nur insofern, dass ihr Antrieb nichts außer persönlicher Ehrgeiz ist und alles andere nur immer wieder neue Bilder von Merkel sind, die hinzukommen, entsprechend den taktischen Wenden. Und sind diese Bilder nicht flüchtig wie all diejenigen, »die sie im Laufe der Zeit von sich gezeichnet hat«?[260] Denn, schreibt Boysen über Merkels Aspirantur auf den Posten des Generalsekretärs: »Weder sah sie in ihrer Nominierung einen Sieg der Sache der Frauen noch der ostdeutschen Christdemokraten. Zur Verwunderung vieler Beobachter stand Angela Merkel bei genauer Betrachtung nur für sich selbst.«[261] In einem fast diabolischen Kurzschluss passten die CDU und Merkel perfekt zueinander, ihr Interesse bestand ausschließlich an der Macht. Die CDU sah sich nicht als Programmpartei, sie frönte keinerlei intellektueller Betrachtung, sie sah sich als Kanzlerwahlverein, als reine Machtmaschine. Und sie war und ist kein Garant für bestimmte Werte, denn es existiert wohl kaum ein Wert, den sie nicht zugunsten der Macht aufzugeben bereit wäre. Im Anfang wies das Ahlener Programm sogar in Richtung eines zwar christlich konnotierten, dennoch aber eines Sozialismus. Dagegen hatte sich jedoch Ludwig Erhard durchgesetzt. Vieles war also möglich.

Über Angela Merkel verfasste ein CDU-Kollege am Anfang ihrer Kanzlerschaft ein Schmähgedicht, das so ging:

> »Sie ist nicht Mensch und nicht Maschine
> Was sie nicht kennt, das sind Gefühle
> Hobbys hat sie keine –
> das bisschen Bayreuth reicht nicht aus
> Sie kennt nur Arbeit, Macht – und aus.«[262]

Wie bei ihrem Ziehvater Helmut Kohl galt ihr Interesse der Macht, zu der sie wie nur wenige ein symbiotisches Verhältnis besaß. Das gelingt nur, wenn nicht tiefe Überzeugungen im Wege stehen.

Die Personalie Merkel diente Wolfgang Schäuble als sichtbarer Beleg für die Erneuerung der Partei nach der verheerenden Wahlniederlage. Was Wolfgang Schäuble nicht einmal ahnte, war, dass Merkel damals schon den Parteivorsitz in den Blick nahm. Sie wusste, dass sie nur Geduld aufzubringen hatte – und die besaß sie, die Gabe der taktischen Geduld, die häufig mit der Eitelkeit der Uneitelkeit einhergeht, sich unterschätzen zu lassen, um unbeobachtet die eigene Machtposition zu stärken und unbeargwöhnt die eigenen Netzwerke zu knüpfen, eitel genug zu sein, um nicht prahlen zu müssen. Am 7. November 1998 wurden auf einem Sonderparteitag im Bonner Maritim Hotel Wolfgang Schäuble zum CDU-Vorsitzenden und Angela Merkel zur Generalsekretärin gewählt; Helmut Kohl hoffte man als »Ehrenvorsitzenden« auf das Altenteil zu schieben. Doch Kohl, der seit seiner Kindheit, vielleicht auch wie Merkel im bescheideneren Rahmen der DDR (Pionierorganisation, FDJ, DRK und Gewerkschaft), nichts anderes tat, als nach Machtpositionen zu streben, der außer der Politik keinen Hobbys frönte, hatte nichts außer der Macht, ohne die er nicht sein konnte. So vergaß er sehr schnell, dass vor dem Wort Vorsitzender das Wörtchen »Ehren« stand und ein Kompositum nicht der Macht, sondern der Repräsentation anzeigte. Obwohl er nichts in der ersten Reihe im Plenarsaal des Bundestages zu suchen hatte, nahm er dort wie selbstverständlich Platz, strapazierte die Parteifreunde mit langen Vorträgen und wachte über alle Vorgänge in der Partei. Wahrscheinlich hätte er noch einmal eine Kanzlerkandidatur angestrebt, um es diesmal besser zu machen und es allen seinen Kritikern noch einmal zu zeigen. Die Partei konnte sich nicht ewig einen geheimen, einen eigentlichen Vorsitzenden leisten, doch Schäuble war nicht der Mann, Kohl in seine Schranken zu weisen. Und Merkel hatte für sich das Problem gelöst, indem sie als Erstes, wie sie es gewohnt war, die wichtigsten Positionen handstreichartig mit ihren Vertrauten besetzte. Bundesgeschäftsführer wurde Willi Hausmann, Pressesprecherin wurde Eva Christiansen und Büroleiterin Beate Baumann. Die beiden Frauen sollten als engste Vertraute Angela Merkel bis zum Ende ihrer Kanzlerschaft 2021 begleiten. Historikerträume: wenn eine der beiden Frauen als historische Quelle zur Verfügung stünde, vom Wunsch beseelt, die Wahrheit zu sagen, zumindest insoweit es einem Zeitzeugen möglich ist.

Mitten in die Weihnachtszeit platzte die Nachricht, dass der Spitzenkandidat der hessischen CDU für die Landtagswahl Roland Koch eine Unterschriftenaktion gegen die Reform des deutschen Staatsbürgerschaftsrechts plante, die zur Ausweitung der bis dahin nur als absolute und streng eingeschränkte Ausnahme möglichen doppelten Staatsbürgerschaft führen sollte, die von der rot-grünen Bundesregierung geplant war. Kochs Schachzug war insofern klug, weil er damit landespolitische mit bundespolitischen Themen verband. Sollte nämlich Hessen an die CDU fallen, konnte sie wieder über den Bundesrat mitregieren. Koch wollte sich die rasch einsetzende Unzufriedenheit mit Rot-Grün, vor allem mit dem durch den Siegesrausch geförderten protzigen Auftreten der Bundesregierung, zunutze machen. Der Bayerische Ministerpräsident Edmund Stoiber dachte sogar über Volksentscheide nach. Merkel kehrte aufgebracht vorzeitig aus den Weihnachtsferien zurück, denn sie war strikt gegen die Unterschriftenaktion. Vollkommen neben der Sache dröhnte sie, dass man dann ja auch gleich Unterschriften für die Todesstrafe sammeln könnte. Das eine hatte so viel mit dem anderen zu tun wie Kaffeesatz mit dem Satz des Pythagoras. Doch Merkels Behauptungen waren weniger sachlogisch als machtmotiviert, denn vor allem ärgerte sie, dass die Idee der Unterschriftenaktion Stoiber, Schäuble und schließlich Koch in ihrer Abwesenheit unter sich beschlossen und sie faktisch übergangen hatten. Ob ihr Protest so polternd ausgefallen wäre, wenn sie in die Beratungen darüber einbezogen worden wäre, ist doch recht fraglich. Vor allem ging es ihr darum, in der neuen Parteiführung ihre Stellung genau zu definieren; sie wollte unbedingt, dass nichts, aber auch gar nichts an ihr vorbeilief. Dass Stoiber Plebiszite in Erwägung zog, erzürnte zudem ihr eher eingeschränktes Demokratieverständnis, wie sie es 2019 veröffentlichte, als sie forderte, dass demokratische Wahlen rückgängig gemacht werden. Und wer fordert, dass demokratische Wahlen, weil man mit dem Ergebnis unzufrieden ist, rückgängig gemacht werden, den kann man nicht uneingeschränkt einen Demokraten nennen, und wenn dann noch vom Eingriff der Bundeskanzlerin in diese Wahl die SED, die inzwischen Die Linke heißt, profitiert, dann ahnt man, aus welchen tieferen Schichten diese Vorstellungen von Demokratie stammen.

Merkel versuchte, Kochs Unterschriftenaktion in Hessen aber nicht nur zu verhindern, weil sie sich übergangen fühlte, sondern weil sie damals schon die Veränderung des Staatsbürgerrechts und eine größere Einwanderung befürwortete. Vielleicht hatte sie am Ende doch die Vorstellung vom proletarischen und sozialistischen Internationalismus, wie er in der DDR gelehrt wurde, zu sehr verinnerlicht. Jedenfalls wurde durch die Ausweitung der doppelten Staatsbürgerschaft und durch Merkels Politik spätestes ab 2015 die deutsche Staatsbürgerschaft entwertet, wurde im Zusammenhang mit der doppelten Staatsbürgerschaft die deutsche Staatsbürgerschaft zu einer Art Sozialhilfeempfangsgarantie, zu einem Alimentierungsberechtigungsschein herabgemindert. Merkel konnte zwar Kochs Unterschriftenaktion nicht verhindern, aber sie nutzte ihr. Denn Roland Koch gewann im Februar die Landtagswahl und wurde in Hessen Ministerpräsident. So fiel Merkel der angenehme Part als Generalsekretärin zu, den Sieg der CDU bei der Landtagswahl in Hessen und etwas später im Saarland zu verkünden; außerdem wurden die CDU-Regierungen in Thüringen und in Sachsen bestätigt, die CDU steigerte ihr Ergebnis in Brandenburg und bei der Europawahl im Sommer 1999 errang die Union einen triumphalen Sieg mit 48,7 %, was einem Zuwachs von fast 10 % an Stimmen bedeutete, womit die Generalsekretärin in der Öffentlichkeit bella figura machen konnte.

Die CDU-Welt erholte sich erstaunlich schnell von dem unangenehmen Zwischenfall der verlorenen Bundestagswahl. Noch gar nicht wirklich in der Opposition angekommen, glaubte der eine oder andere bereits, sie auch bald wieder verlassen zu können. In der Regierung könnte jederzeit der schwelende Machtkampf zwischen Gerhard Schröder und Oskar Lafontaine zum Flächenbrand ausbrechen. Joschka Fischer, der mit Schaudern den Machtkampf der beiden Sozialdemokraten beobachtete und ursprünglich Lafontaine näherstand als Schröder, neigte inzwischen eher Schröder zu, weil in dem sich abzeichnenden wirtschaftlichen Rückgang Lafontaine, den die britische *Sun* als den »gefährlichsten Mann Europas« titulierte, diese Entwicklung mit seinem finanzpolitischen Dogmatismus noch befeuerte. Der Saarländer, zutiefst überzeugt von seinem politischen Genie, hatte zwar Schröder die Kanzlerschaft überlassen müssen, aber geglaubt, indem er sich durch die Veränderung des Zuschnitts des Bundesfinanzministeriums zum Superminister machte, dass Schröder unter ihm Bundeskanzler sein würde, und damit Schröders Entschlossenheit, Schröders »politische« Talente und letztlich die Richtlinienkompetenz des Bundeskanzlers unterschätzt. Lafontaines Rücktritt überraschte nicht nur von der Sache her, sondern auch in der Form, denn zuerst drangen am 11. März 1999 vom drohenden Rücktritt Gerüchte und Anfragen von der Wall Street an Schröders Ohr, der vergeblich versuchte, seinen Finanzminister zu erreichen. Selbst das Finanzministerium dementierte entsprechende Anfragen, weil man auch dort nichts wusste. Um 15.40 Uhr gab schließlich ein Bote einen Brief im Kanzleramt ab, der adressiert war: »Für den Herrn Bundeskanzler – persönlich«. In knappen Zeilen teilte Lafontaine

Schröder mit: »Sehr geehrter Herr Bundeskanzler, ich trete hiermit als Bundesminister der Finanzen zurück. Mit freundlichen Grüßen – Oskar Lafontaine.« Kurz darauf gab Lafontaine auch den SPD-Vorsitz auf. Und Schröder übernahm. Letztlich ließ sich der grundsätzliche Konflikt zwischen Schröder und Lafontaine nicht mehr vermitteln, nämlich die Frage, inwieweit man die Wirtschaft mit dem Ziel einer wie auch immer definierten sozialen Gerechtigkeit auszurichten vermag und ob man daran glaubt, dass die Konjunktur durch Massenkonsum anspringt oder dadurch, dass man die Investitionsbedingungen verbessert. Und das war keine theoretische Frage, denn in der kurzen Zeit seit dem Start der rot-grünen Koalition stieg die Zahl der Arbeitslosen um 500 000 Menschen, Tendenz weiter steigend, weil die Unternehmen, verunsichert durch Lafontaines Finanzpolitik, Investitionen zurückhielten. Lafontaine hatte kurz vor seinem Abgang noch vor der Parlamentarischen Linken, die sich in seinem Arbeitszimmer versammelte, gespottet: »Was ist der Unterschied zwischen Trittin und mir?«, habe er im Scherz gefragt. Und nach einer kurzen Pause prustend geantwortet: »Der fällt um, ich nicht!«[263] Er sollte recht behalten. Die Grünen hielten zu Schröder, denn der konnte sie durch die FDP ersetzen oder in eine große Koalition gehen, wenn er wollte. Davon träumten sie noch immer in der Union. Doch wurden sie dort heftig aus ihren Träumen gerüttelt.

Am 4.11. 1999 berichtete die *Tagesschau* um 22.45 Uhr, dass der frühere Schatzmeister der CDU Walther Leisler Kiep vom Amtsgericht Augsburg mit Haftbefehl wegen Steuerhinterziehung gesucht werde. Der Haftbefehl stünde im Zusammenhang mit der Affäre um den bayrischen Waffenhändler Schreiber, der kürzlich in Kanada festgenommen wurde. Leisler Kiep stellte sich am 5. November den bayerischen Behörden. Ihm wurde vorgeworfen, von dem Waffenhändler Karlheinz Schreiber eine Spende von einer Million DM für die CDU bekommen zu haben, die er nicht versteuert hatte. In einem Rundfunk-Interview räumte der frühere Generalsekretär Heiner Geißler ein, dass die CDU schwarze Konten geführt habe. Im Fernsehinterview erklärte Helmut Kohl schließlich, dass in der CDU schwarze Konten geführt worden sind, und übernahm die politische Verantwortung dafür, dass 2,1 Millionen DM illegaler Parteispenden an den Büchern der CDU vorbeigeführt wurden. Kohl weigerte sich, die Spender zu nennen, weil er ihnen sein Ehrenwort gegeben habe.

Als Angela Merkel am 5. November vor die Presse trat, wusste sie zwar nichts, da sie niemand ins Bild gesetzt hatte, doch sie besaß den ungemeinen Vorteil, dass sie nichts beschönigen, nichts verheimlichen konnte, da sie in der Tat auch nichts wusste, was man ihr glauben durfte, weil sie dem inneren Machtzirkel der Kohl-CDU nicht angehört hatte. Merkel versprach vollständige Aufklärung. Da sie niemanden schützen musste und in keinerlei Vorgänge involviert war, konnte und musste sie das tun, wollte sie die Partei retten. Denn die SPD, die Grünen und die *Süddeutsche Zeitung* witterten die Möglichkeit, die CDU zu vernichten, so wie fünf Jahre zuvor die mächtigste christdemokratische Partei Europas, die italienische Democrazia Cristiana, sich durch ihre Mafia-Affären auflöste. Der Reporter der *Süddeutschen Zeitung* Hans Leyendecker war erstaunlicherweise stets bestens zum Stand der Ermittlungen informiert, sodass kurioserweise auch die Generalsekretärin der CDU sich auf den aktuellen Stand durch die *Süddeutsche* brachte, denn in der Partei wurde gemauert, zumindest von den wenigen, die eingeweiht waren, zum System Kohl gehört und deshalb ihre Macht in der Partei verloren hatten. Schäuble fiel immer mehr unter der Last der Anschuldigungen aus. Noch in seinen Erinnerungen über zwanzig Jahre später dringt die Konfusion, die Panik, in die er stürzte, durch: »Kaum hatte man die Tragweite eines Vorwurfs realisiert, fiel der nächste Dominostein. Die Aufgabe, eine argumentative Verteidigungslinie zu entwickeln, wurde zusehends unmöglich …«[264] Schäuble vermochte es schon deshalb nicht, weil er zu sehr verstrickt in die Vorgänge war, auch wenn er von ihnen nicht die volle Kenntnis besaß. Am 22. November brach er während einer Präsidiumssitzung zusammen. In diesen Tagen wurde der kalt und klar analysierenden Generalsekretärin klar, dass Wolfgang Schäuble die Affäre nicht als Parteivorsitzender überstehen würde, dass für sie der Weg an die Spitze der CDU früher offenstand als geplant, freilich nur, wenn es danach noch eine CDU geben würde. Für Merkel ging es um die Existenz der Partei und um ihre eigene Existenz, denn sie hatte ihre berufliche Zukunft mit der CDU verbunden. Die Enthüllungen über den sich ausweitenden Spendenskandal beschäftigte die Öffentlichkeit. Jetzt rächte sich, dass man in der CDU, dass vor allem Wolfgang Schäuble davor zurückschreckte, kritisch die Ära Kohl aufzuarbeiten, um die Partei neu aufzustellen, zumal man jetzt dazu gezwungen wurde, allerdings ohne Herr des Verfahrens zu sein, von außen eben als Getriebener.

Sehr früh verstand Merkel, dass man erst dann nicht mehr Getriebener sein würde, wenn man selbst die Aufklärung vorantrieb, wenn man von der Rolle des Angeklagten in die des Anklägers schlüpfen würde. Niemand konnte das besser als sie, die aus dem Osten kam, erst 1990 zur CDU stieß und nie dem inneren Zirkel der Macht angehört hatte. In diesen turbulenten Tagen, in denen die Existenz der CDU auf dem Spiel stand, begriff Angela Merkel ihre Chance, wenn sie die schlechten Nachrichten benutzte, um ihren Aufklärungswillen zu zeigen und nun geradezu gezwungenermaßen die Aufarbeitung der Kohl-Ära vorantrieb. Langguth traf präzise den Nagel auf den Kopf, wenn er einschätzte: »Jetzt schlug die ›große Stunde‹ Angela Merkels, sich auch mit ›bad news‹ zu profilieren. Sie nutzte in den folgenden Wochen und Monaten jedes Mikrofon, um als unerbittliche Sauberfrau volle Aufklärung über Spendenvorgänge einzufordern, und zwar von einem Mann, den sie einst verehrt hatte: Helmut Kohl.«[265]

20. KAMMERSPIELE DER MACHT

Nur drei Politiker waren schließlich an dem Kammerspiel beteiligt, das von Dezember 1999 bis Februar 2000 gegeben wurde; der Rest kann unter Komparserie verbucht werden, und nur zwei von ihnen wussten, worum es wirklich ging, der dritte irrlichterte und stolperte trotz all seiner politischen Erfahrung durch die Affäre. Am 5.11.1999 stellte sich der wegen eines Ermittlungsverfahrens gesuchte ehemalige Schatzmeister der CDU Walther Leisler Kiep den Behörden, die ihn mit Haftbefehl suchten. Hintergrund des Verfahrens bildeten der Verkauf von 36 Fuchs-Panzern an Saudi-Arabien und ein Airbus-Geschäft mit Kanada. Alles begann mit einer Affäre Kiep, die sehr schnell zu einer Affäre Kohl und letztlich zu einer Bedrohung der Existenz der CDU anschwoll. Die Frage stand im Raum, ob Politik käuflich sei, die von einigen Medien und der politischen Konkurrenz auf die Frage reduziert wurde, ob die Politik der CDU käuflich ist. In Italien war sie das. Sehr viel Wasser war noch nicht den Fluss Po hinuntergeflossen, als die mächtigste christdemokratische Partei Europas, die italienische Democrazia Cristiana, unter der Last ihrer Affären zusammenbrach. Und auch darin erinnerte man sich bald schon mit Schrecken in der Union, dass das Ende der DC mit einem ziemlich unscheinbaren Anfang begann, mit Ermittlungen in Zusammenhang mit dem Chef des Altersheimes

Pio Albergo Trivulzio am 17. Februar 1992 in Mailand. So witterte man gerade in der SPD und bei den Grünen Morgenluft, zumal der Regierung Schröder-Fischer kein Erfolg beschieden war und sie in der Akzeptanz der Bevölkerung spürbar schwächelte, da kam der CDU-Skandal als Ablenkung von eigenem Versagen wie ein Geschenk des Himmels.

Eine zentrale Rolle in der CDU-Affäre spielte der in Kanada verhaftete Waffenhändler und Lobbyist Karlheinz Schreiber, dem die Ermittler Steuerhinterziehung und Bestechung vorwarfen. Bei den Ermittlungen stieß man bald schon auf ein System schwarzer Kassen, für die der Parteivorsitzende Helmut Kohl die Verantwortung trug. Diese Lesart, die im Wesentlichen auch stimmt, hatte sich durchgesetzt, weil im Verlauf der Affäre viele ein unterschiedlich motiviertes Interesse an ihr hatten und die Grünen und die SPD die Chance sahen, die CDU zu schleifen. Wie gewissenlos und ganz und gar nicht über jeden Zweifel erhaben die SPD dabei vorging, offenbarte die Intrige mit der der unionsnahe Medienunternehmer Leo Kirch zwei Jahre später in die Insolvenz getrieben wurde. Schröder wollte den schwarzen Riesen zu Fall bringen. Es lohnt eine Erinnerung daran, um sich vor Augen zu führen, mit welcher Härte der Kampf um die Macht, auch Deutungsmacht, geführt wurde. Laut *Süddeutscher Zeitung* trafen sich am 27. Januar 2002 bei einem Abendessen Bundeskanzler Gerhard Schröder, der Bertelsmann-Chef Thomas Middelhoff, der Deutsche-Bank-Chef Rolf Breuer und der Chef der *WAZ*-Mediengruppe Erich Schumann im »Wichmanns« in Hannover. Die Initiative zum Treffen ging von Middelhof aus, als Bertelsmann-Chef einer der wichtigsten Rivalen von Kirch.[266] »Ging es gar darum, Kirch unter der Ägide der Deutschen Bank aufzuteilen?«, fragte die *Süddeutsche.* Wollte man den schwarzen Riesen schleifen, »filetieren« und die Anteile meistbietend verkaufen? Kirch war auch an Springer beteiligt. »Das Springer-Paket sah Schröder, so Middelhoffs Eindruck, am besten bei Schumann und der eher liberalen Mediengruppe aufgehoben«, teilte die *Süddeutsche* mit. Das später der Bertelsmannkonzern und die Bertelsmannstiftung wie auch Springer zu Merkels wichtigen Verbündeten in der Beeinflussung der öffentlichen Meinung wurden, wirft ein bezeichnendes Licht auf Merkel. Was auch immer besprochen wurde, am 3. Februar, keine Woche später, äußerte Rolf Breuer in einem TV-Interview mit dem Wirtschaftsdienst Bloomberg zum Erstaunen der Fachwelt über Kirchs Kreditwürdigkeit: »Was alles man darüber lesen und hören kann, ist ja, dass der Finanzsektor nicht bereit ist, auf unveränderter Basis noch weitere Fremd- oder gar Eigenmittel zur Verfügung zu stellen.« Damit stellte Breuer »öffentlich und ganz und gar nicht im Gleichklang mit den Gepflogenheiten des Bankgeheimnisses die Kreditwürdigkeit der Kirch-Gruppe infrage«.[267] Jeder Profi musste nur zu genau gewusst haben, dass mit so einer Aussage der Kirch-Konzern zerstört würde, und nicht weniger klar dürfte gewesen sein, dass ein Banker diesen Satz niemals hätte öffentlich sagen dürfen. Im April 2002 stellte die Kirch-Gruppe Insolvenzantrag für ihr Kerngeschäft. Kirch kommentierte: »Erschossen hat mich der Rolf.«[268] Am 14. Dezember 2012 verurteilte das Oberlandesgericht (OLG) München die Deutsche Bank zum Schadenersatz. Die Kirch-Erben erhielten von der Deutschen Bank am 20. Februar 2014 925 Millionen Euro Schadenersatz. Wahrscheinlich hätten die Kirch-Anwälte mehr herausholen können, doch die Kirch-Witwe wollte nach Jahren des Prozessierens endlich Ruhe haben. Nicht nachgewiesen werden konnte, dass Breuer Kirchs Kreditwürdigkeit absichtlich haben erschüttern wollen, um der Deutschen Bank Vorteile zu sichern. Das rettete Breuer und weitere Deutsche-Bank-Manager vor dem Gefängnis. Interessant an der Geschichte ist nur, dass sie zeigt, wie weit man auch in der politischen Auseinandersetzung zu gehen bereit und wie wichtig Medienmacht war.

Eine wirkliche historische Aufarbeitung der Spendenaffäre der CDU, die alle Aspekte berücksichtigt, auch die Instrumentalisierung der Spendenaffäre im Machtpoker – ab einem bestimmten Zeitpunkt auch durch Angela Merkel –, steht noch aus. Walther Leisler Kiep jedenfalls gestand der Justiz, dass in seinem Beisein der CDU-Steuerberater Horst Weyrauch von Karlheinz Schreiber einen Koffer angenommen hatte, in dem sich eine Million Mark als Parteispende für die CDU befanden. Drei Tage später versprach die von den Meldungen überraschte Generalsekretärin der CDU, Angela Merkel, eine schnelle und lückenlose Aufklärung. In Kanada äußerte am 12. November 1999 Karlheinz Schreiber, dass dieses Geld als politische Spende gedacht gewesen sei. Zehn Tage später beschloss der Vorstand der CDU, sich von dem Finanzberater Horst Weyrauch und von der Kapp GmbH zu trennen. Die Vernehmung Weyrauchs durch die Staatsanwaltschaft Augsburg fand am 23. November von 9 Uhr morgens bis 16 Uhr statt. Auf die Frage nach der Transparenz der Parteifinanzen, die durch das Parteiengesetz gesichert werden sollte, antwortete Weyrauch vernichtend: »Auf die Frage, ob durch diese Praxis das Rechenwerk beziehungsweise der Rechenschaftsbericht der CDU unvollständig ist, erkläre ich, dass ich wahrheitsgemäß nur mit ›Ja‹ antworten kann«. [269] Blickt man von heute auf die Arbeit der Ermittlungsbehörden und auf die Gewaltenteilung, kann man mit Wehmut an einen funktionierenden Rechtsstaat denken, an dem heute mit Blick auf die Affäre von der Leyen oder an die Cum-Ex-Affäre des Bundeskanzlers schon Zweifel entstehen können.

Erst zwei Tage später, am 25. November abends, erfuhr Angela Merkel aus der *Süddeutschen Zeitung,* dass »bei dem langjährigen CDU-Berater Horst Weyrauch, einem Intimus des Altkanzlers Helmut Kohl, Unterlagen über ein weitverzweigtes System von sogenannten Treuhand-Anderkonten der CDU gefunden worden sein« sollen. »Es soll sich um etwa 10 Konten handeln.

Auf einem dieser Treuhand-Anderkonten war auch im August 1991 die Million des Waffenhändlers Karlheinz Schreiber angelegt worden.« Die *Süddeutsche* berief sich in ihrem Bericht auf »gut informierte Kreise«. Leyendecker schrieb – und hier entwickelt sich die Affäre Kiep zur Affäre Kohl –, dass Weyrauch die Anderkonten mit »Billigung« des damaligen CDU-Chefs Helmut Kohl angelegt habe. Transfers von diesen Anderkonten zu CDU-Organisationen sollten an der Geschäftsstelle der CDU vorbeidirigiert worden sein, und auf den Belegen fand sich häufig das Kürzel PV, das für den Parteivorsitzenden, also für Helmut Kohl, stand. Die Summen wurden gestückelt, um die Herkunft der Spenden und die Namen der Spender zu verheimlichen.[270]

Zudem las Merkel, als käme es nicht schon heftig genug, im *SPIEGEL,* dass der frühere Generalsekretär Heiner Geißler gegenüber dem WDR diese Praxis, die er immer für falsch gehalten habe, sogar bestätigte: »Neben dem Etat der Bundesgeschäftsstelle gab es auch andere Konten, das ist wahr. Das habe ich immer für falsch gehalten, und das muss jetzt eben abgeklärt und diskutiert werden. Das ist aber im Wesentlichen ein parteiinternes Problem.«[271] Mit Letzterem sollte sich Geißler täuschen, wenn der Politprofi überhaupt selbst daran glaubte, was er sagte, denn er hätte wissen müssen, dass genau diese geheimen, diese schwarzen Konten alles andere als ein »parteiinternes Problem« blieben. Allerdings hatte m. W. sich damals keiner die Finanzierung der anderen Parteien angeschaut bzw. anschauen können. Dann hätte aus der Parteispendenaffäre der CDU die Affäre Parteienfinanzierung werden können, doch daran hatte nicht einmal die CDU Interesse, das System grundsätzlich infrage zu stellen. Viel wahrscheinlicher ist, dass Geißler sich zu Wort meldete, um sich rechtzeitig aus der Schusslinie zu bringen und Helmut Kohl zu schaden. Von der losbrechenden Lawine geradezu überrollt, suchte Merkel nach ihrer Rolle in dem sich abzeichnenden Drama, in dem sie die Mise en Scène so ordnen musste, dass dieses Drama weder für sie noch für die CDU – was zu diesem Zeitpunkt das Gleiche war – zur Tragödie würde. Ihr dürfte blitzschnell klar geworden sein, was sie am 28. November auch im *SPIEGEL* nachlesen konnte: »Eine Gegenoffensive gegen das System Kohl fällt schwer. Denn die neuen Anführer sind meist alte Mitglieder aus dem Kabinett des Pfälzers. Schäuble ist als langjähriger Vertrauter ein Gefangener des Systems Kohl. Jedes Dementi wird da heikel.«[272] Nicht alle, könnte Merkel gedacht haben. Der *SPIEGEL* sollte, sieht man von der Generalsekretärin ab, nicht nur recht behalten, sondern so manchen in der CDU, vor allem Angela Merkel, einen Aspekt ins Kalkül rufen, der sich für sie günstig auswirken konnte. Schon in der DDR hatte sie sich angewöhnt, morgens, wenn sie zur Arbeit in die Akademie fuhr, die wichtigen Zeitungen zu besorgen, um bestens informiert zu sein. Das sollte sie beibehalten. Das Bild der Medien wurde für sie zur wesentlichen Größe für ihre Entscheidungen in der Politik. In ihrer Kanzlerschaft sollten allerdings die Medien in einem Ausmaß, das man vorher nicht in dieser Dimension kannte, vom Bild der Politik zum Treiber der Politik werden.

Und noch eins dürfte ihr siedend heiß eingefallen sein, nämlich dass sich die Affäre existenzbedrohend für die CDU, mithin nicht minder existenzbedrohend für sie auswirken konnte. Deshalb wählte sie den einzigen Ausweg, auf den sie die Medien, vor allem *SPIEGEL* und *Süddeutsche Zeitung*, implizit hinwiesen, der ihr auch wirklich offenstand und der sich als großes Glück erweisen sollte: Sie schlüpfte in die Rolle der bedingungslosen Aufklärerin der Affäre, doch kritisierte sie klugerweise gleichzeitig die Staatsanwaltschaft Augsburg, weil sie der CDU keine Akteneinsicht gewährte, um so zu demonstrieren, dass ihr Wissen vorenthalten wurde. Das war clever, denn sie konnte die Dimension der Affäre noch nicht sicher abschätzen. Sie hatte sich noch nicht vollkommen für eine Gangart entschieden; sie musste wie immer erst sehen, wo die Sache hinlief, bevor sie ihr Verhalten festlegte.

Seltsam stieß in der Tat auf, dass Leyendecker und die *Süddeutsche Zeitung* über bessere Informationen verfügten als die CDU, zumindest was die Generalsekretärin betraf. Inzwischen sprangen Grüne und die SPD auf die Affäre an. Wie die Kirch-Episode zeigte, empfand man wenig Hemmungen. SPD-Fraktionschef Peter Struck forderte, dass die CDU ihre Anwälte, Wirtschaftsprüfer und Steuerberater von der Schweigepflicht entbindet. Schäuble sicherte am 28.11. rückhaltlose Aufklärung zu, erklärte aber auch, dass die Anderkonten der CDU, die von der Kanzlei Weyrauch geführt wurden, keine schwarzen Kassen seien. Merkel beauftragte ihren Bundesgeschäftsführer Willi Hausmann, die Unterlagen von Weyrauch einzufordern, die am 29.11. dem Wirtschaftsprüfer Hollweg der Firma Ernst & Young übergeben wurden. Schäuble hatte für den 30.11. das Präsidium der CDU einberufen. Mit Kohl hatte er eine Presseerklärung vorbereitet, die der Ehrenvorsitzende der CDU auf der Pressekonferenz dann auch abgab. Zwar übernahm Helmut Kohl die politische Verantwortung für die verdeckten Konten und gab zu, dass er Spenden (»Sonderzuwendungen«) in schwarze Kassen (»getrennte Kontenführung«) gelenkt habe. Auch wenn er sein Verhalten bedauerte, wies er entschieden den Verdacht zurück, dass politische Entscheidungen gekauft worden waren. Im Präsidium hofften einige, dass damit die Sache ausgestanden war, zumindest beeindruckte Kohl mit seiner Presseerklärung das Präsidium; nur Angela Merkel blieb innerlich skeptisch, und auch Schäuble nahm Kohl nicht ab, dass er nichts von der Millionenspende gewusst habe. Feldmeyer schrieb in der *FAZ* zu Recht: »Die Gefühle der Mitglieder des CDU-Präsidiums gegenüber ihrem Ehrenvorsitzenden wären noch viel stärker strapaziert worden, wenn sie am 30. November geahnt hätten, was ihnen wenige Tage später bekannt wurde: das Vernehmungsprotokoll Weyrauchs vom 23. November, vor allem die Tatsache, dass es mit all seinen für die Partei so brisanten Einzelheiten aller Wahrscheinlichkeit nach schon im Besitz Kohls war.«[273] Kohl ließ die CDU sehenden Auges in die Falle tappen.

Am 2.12. setzte sich Merkels Bundesgeschäftsführer Willi Hausmann telefonisch mit Weyrauch in Verbindung und erkundigte sich, warum Weyrauch sich nicht über Dinge, die die CDU betreffen, eine Aussagegenehmigung für die Vernehmung durch die Staatsanwaltschaft Augsburg von der Partei habe geben lassen und zu diesen Themen dann auch gegenüber der Staatsanwaltschaft geschwiegen habe. Das verwunderte Weyrauch in doppelter Hinsicht. Erstens war er, nachdem die CDU eine lückenlose Aufklärung versprochen hatte, davon ausgegangen, dass ihm dadurch die Aussage genehmigt worden sei und er deshalb sehr wohl ausgesagt hätte. Zweitens habe er eine Kopie des Protokolls an die Geschäftsstelle der CDU geschickt. Nun staunte Hausmann, denn der hatte kein Protokoll erhalten. Nur dadurch erfuhr er und mithin die CDU-Spitze überhaupt von der Existenz des Protokolls. Erst auf Nachfrage erhielt Hausmann quasi durch Zufall Kenntnis darüber, dass die Kopie des Vernehmungsprotokolls an den Verwaltungschef der Parteizentrale gegangen war: an Hans Terlinden, einen engen Vertrauten Kohls. Hausmann versuchte, Terlinden über das Mobiltelefon zu erreichen, doch der befand sich im Zug. Als es Hausmann nicht gelang, mit dem Abteilungsleiter zu sprechen, rief Merkel ihn an, mit mehr Erfolg. Als Merkel ihn aufforderte, ihr das Protokoll auszuhändigen, entgegnete er, dass es sich nicht mehr in seinen Händen befand, weil er es sofort an Kohl weitergegeben habe. Daraufhin eilte sie sofort in den Reichstag, um Schäuble zu informieren, denn der würde für die CDU in der Debatte dem Untersuchungsausschuss zustimmen, den die Regierungsfraktionen einsetzen wollten. Offensichtlich tat Kohl über seine Helfer in der Partei alles, um eine Aufklärung zu verhindern. Terlinden wurde umgehend von seinen Aufgaben entbunden. Auf Anfrage des *SPIEGELS* sagte Merkels Pressesprecherin etwas später, dass sich die Partei am Donnerstag von Terlinden getrennt habe, weil er Wolfgang Schäuble »wichtige Unterlagen« vorenthielt.[274] Merkel begriff, dass Kohl am Ende auch die Partei mit in den Abgrund reißen würde, weil er die CDU mit sich und er sich mit der CDU identisch fühlte. Er verwechselte seine Selbstverteidigung mit dem Schutz der Partei, weil er nicht von dem in ihm zum Organ gewordenen Gedanken loskam, die Partei, das bin ich. Sie kannte ihren Mentor, ihren Förderer, ihren Lehrer nur allzu gut. Spätestens jetzt trennte sie in ihrem Denken Helmut Kohl und die CDU voneinander; während Kohl für die Vergangenheit stand, hatte die Partei nur eine Zukunft, wenn sie mit dieser Vergangenheit brach. Und der Gedanke, der sich ihr aufdrängen mochte und auch ein wenig maliziös genannt werden darf, verhieß ihr, dass ihr die Zukunft der CDU gehören könnte, wenn sie jetzt alles richtig machte. Ihrem Vater hätte sie dann bewiesen, dass sie es weit gebracht hatte, so weit wie überhaupt irgendjemand in Deutschland. Interessant und bezeichnend für Merkels Position ist, wie sich Feldmeyer in seiner zeitnahen Rekonstruktion der Vorgänge am 7.12.1999 ausdrückte: »Frau Merkel wies Schäuble an, Kohl sofort um die Herausgabe des Protokolls zu bitten.«[275] In dem einfachen Satz registrierte der fast schon symbiotisch mit der CDU verbundene Parlamentsberichterstatter Karl Feldmeyer eine beginnende Machtverschiebung in der Führung der CDU. In dem Moment, in dem Merkel Schäuble drängte, Kohl anzurufen, ihn »anwies«, rief Kohl, der von Terlinden bereits ins Bild gesetzt worden war, über das Parlamentstelefon Schäuble an. Schäuble forderte Kohl auf, das Protokoll herauszugeben, und teilte ihm mit, dass er dessen Vertrauten Terlinden von allen Funktionen entbunden habe. »Allein in dieser Entscheidung spiegelt sich das zerbrochene Verhältnis zwischen Vorsitzendem und Ehrenvorsitzendem«, kommentierte Feldmeyer.[276] Das parteiinterne Interregnum zwischen Kohl und Schäuble endete damit. Beide beschädigten einander in der nächsten Zeit in diesem Kammerspiel der Macht nur noch gegenseitig, ohne Angela Merkel auf der Rechnung zu haben, die als »lachende Dritte« aus dem Kampf der Männer hervorgehen wollte. Von den Franzosen hätte man lernen können: *Cherchez la femme!*

Während der Bundestagsdebatte unterlief Schäuble aus Mangel an Nervenstärke und wegen einer zu geringen Kaltblütigkeit ein schwerer Fehler. In dem Bestreben, als offen und ehrlich zu erscheinen, um sich von Kohl abzugrenzen und die Zukunft der CDU zu verkörpern, die neue, die Nach-Kohl-CDU, sagte er mehr, als er musste und auch sollte, indem er von sich aus eingestand, dass er Karlheinz Schreiber im Spätsommer oder Herbst begegnet war. Der grüne Abgeordnete Ströbele, vom Jagdeifer gepackt, hakte sofort instinktsicher nach: »Mit oder ohne Koffer?« Schäuble, aus der Fassung gebracht, ruderte herum: »Ohne Koffer, das heißt: Ich habe vielleicht einen Aktenkoffer dabeigehabt. Ich weiß es nicht mehr genau. Es ist jedenfalls im Spätsommer oder im Herbst 1994 weder von Panzern noch von Ähnlichem die Rede gewesen.«[277]

Mit diesem Fauxpas hatte sich Schäuble plötzlich selbst ins Rampenlicht der Affäre gerückt und dadurch angreifbar gemacht, was Merkel genau registrierte. In diesem Moment war Schäuble für sie nur noch ein Vorsitzender auf Zeit. Er hatte ungefragt und unverlangt seine Unschuld beteuert und damit die Frage seiner Unschuld selbst im Bundestag thematisiert. Ihr Instinkt riet ihr allerdings, Schäuble so lange wie möglich als Parteivorsitzenden zu halten. Jemand musste die Schuld übernehmen, jemand musste die Schuld aus der Parteizentrale tragen, damit Angela Merkel, die Sauberfrau aus dem Osten, die mit den Hinterzimmern der CDU, mit Kohls Bimbes-Wirtschaft nichts zu tun hatte, neu beginnen konnte. Die Partei benötigte jetzt noch die Schuldigen und die Unschuldigen gleichermaßen. Auf Merkel sollten sich die Hoffnungen in der CDU richten, das war der Plan, der sich für sie mehr und mehr herausschälte. Schäuble sollte aus ihrer Sicht zumindest so lange durchhalten, bis sie sich in der Öffentlichkeit als Aufklärer etabliert hatte und genügend Leute in der CDU mit ihr die Hoffnung verbanden, die Spendenaffäre einigermaßen unbeschadet hinter sich zu lassen. Außerdem reifte langsam die Erkenntnis, dass sowohl SPD als auch Grüne nicht an einer fairen Aufarbeitung interessiert waren, sondern an der Zerschlagung der CDU. Nun setzte Merkel mithilfe ihrer Pressesprecherin Eva Christiansen auf ein sehr geschicktes Pressemarketing, indem sie Journalistinnen ansprach, die von dem männerdominierten Politikbetrieb, von der Selbstherrlichkeit der Kohls und Schröders und von der Eitelkeit der männlichen Redakteure angeödet waren. Merkel kam der Zug der Zeit entgegen, dass die Frauen zur Macht drängten und nicht mehr als Ausnahmeerscheinungen auf einen Platz am Katzentisch verwiesen werden wollten. Eiskalt setzte Merkel über die Parteigrenzen hinweg auf die Geschlechtersolidarität in den Medien. Jüngere Journalisten liebäugelten mit der Vorstellung, dass ausgerechnet eine patriarchalische Partei wie die CDU eine Frau zur Parteivorsitzenden bekommen könnte. Geschlecht war für sie Inhalt. Eine ihrer ersten Panegyrikerinnen fand Merkel in der Journalistin Tina Hildebrandt, damals *SPIEGEL*, heute *ZEIT*, die schon am 12.12.1999 im *SPIEGEL* schrieb: »Mit sanfter Strenge mahnt sie das Parteivolk zum Abschied vom Übervater.« Damit hatte Merkel den Ton anschlagen lassen, aus dem sie zehn Tage später ihre Stretta gegen Kohl anstimmen würde. Und damit auch kein Zweifel bestand, dass sie sich auf dem richtigen Weg befand, fügte Hildebrandt im Stile von Backfischsätzen für Poesiealben der Zeit an: »Er müsse ›unbedingt ausrichten, wie toll Frau Merkel das macht‹, gab die niedersächsische Landtagsfraktion ihrem Chef Christian Wulff vergangene Woche mit auf den Weg.«[278] Aber die Journalistin konnte sich in ihrer Panegyrik nicht bremsen, sondern blies dann noch in die Posaune: »So wie das Selbstbewusstsein der CDU lange auf dem mächtigen Helmut Kohl ruhte, gründen viele Hoffnungen der Partei nun in fast rührender Weise auf der meist ungeschminkten Physikerin. Sie solle doch ›machen, dass das alles schnell vorbeigeht‹, bat ein Kreisvorsitzender im heimatlichen Stralsund, als sei Merkel eine gute Fee und die Vorwürfe gegen die CDU nur ein böser Traum.« Denn schließlich habe sie die *Bildzeitung* schon zur heimlichen Kanzlerkandidatin ausgerufen. Zwar sei sie das noch nicht aktuell, aber ihr Einfluss wachse. Und um das neue Merkel-Poesiealbum stilistisch zu vollenden, schloss die begeisterte Tina Hildebrandt mit dem Satz: »Als sie vergangenen Donnerstag von Bonn zurück nach Berlin flog, trug sie – ganz neue CDU – Nadelstreifenjackett und Jeans. Und dunkle Lackschuhe.«[279] Sätze wie aus Romanen von Hedwig Courths-Mahler oder Rosamunde Pilcher. Im Übrigen war das auch die Zeit, in der im deutschen Fernsehen keine Serie und kein Film mehr ohne eine »starke Frau« auskam und die ARD triviale Filmchen unter dem Label »Lauter tolle Frauen« produzierte. Man nannte das damals die »Süßstoffoffensive«. Sat 1 strahlte von 1994 bis 1997 die bis heute erfolgreichste Serie des Senders unter dem Titel: »Anna Maria – Eine Frau geht ihren Weg« mit Uschi Glas in der Hauptrolle aus. Erzählt wurde die Geschichte einer Mutter, die nach dem Tod ihres Mannes das Kieswerk der Familie, das zudem kurz vor dem Konkurs stand, übernehmen musste Die Bank verlängerte die Kredite nicht, Mitarbeiter kündigten, die fiese, natürlich männliche Konkurrenz kannte keine Skrupel. Doch Anna Maria Seeberger, gespielt von Uschi Glas, bewältigte alle Schwierigkeiten, die wirklichkeitsfremde Drehbuchautoren und in der Fernsehblase wohnende Redakteure und Redakteurinnen ihr in den Weg schrieben, weil sie eben eine toughe und lernfähige Frau war. Insofern stimmte sich der Zeitgeist immer stärker auf »Angela Dorothea – eine Frau geht ihren Weg in der Politik« ein. Ihr Kieswerk hieß CDU.

Inzwischen distanzierten sich immer mehr CDU-Politiker auch aus Überlebensinstinkt von Helmut Kohl. Von Schäuble gedrängt, gab Helmut Kohl am 16. Dezember in der Sendung »Was nun, Herr Kohl« dem ZDF ein Interview. In diesem Interview gestand Kohl zwar ein, dass er von 1993 bis 1998 Spenden bis zu zwei Millionen Mark entgegengenommen hatte, aber er weigerte sich, die Namen der Spender zu nennen: »Ich habe Spenden entgegengenommen in einem Umfang zwischen 1993 und 1998, der zwischen 1,5 bis 2 Millionen Mark liegt. [...] Das sind im Jahr ungefähr 300 000 Mark gewesen, die nicht angegeben wurden. [...] Die Spender haben mir ausdrücklich erklärt, [...] sie geben dieses Geld nur, wenn es nicht in die Spendenliste kommt.«[280] Im Grunde verstand Kohl die ganze Aufregung nicht – zumindest tat er so. Er räumte als einzige Schuld ein, von 1993 bis 1998 1,5 bis zwei Millionen Mark in bar angenommen und dann an die Schatzmeisterei weitergeleitet zu haben. Das wären 300 000 Mark im Jahr, die man für die ostdeutschen Landesverbände dringend benötigt hätte, rechnete Kohl mehrfach vor. Das Geld wäre einzig für die politische Arbeit, nie aber für ihn persönlich verwandt worden. Er weigerte sich, die Namen der Spender zu nennen, denn er habe ihnen sein Ehrenwort gegeben – und dabei blieb er, auch wenn alle, Parteifreunde und Parteifeinde, die Medien, Merkel und Schäuble, in ihn drangen, endlich die Namen zu veröffentlichen. Niemand sollte sie je von ihm hören, dieses Geheimnis würde Helmut Kohl mit ins Grab nehmen. Wörtlich antwortete er auf die beharrliche Nachfrage in der Sendung nach den Namen der Spender: »Ich habe nicht die Absicht, deren Namen zu nennen, weil ich mein Wort gegeben habe.«[281] Möglicherweise hatte es diese Spender nie gegeben, möglicherweise stammte das Geld nicht von Spenden, sondern irgendwie aus der Staatskasse oder aus der Staatsbürgerlichen Vereinigung. Aus dem Abstand der Zeit stellt sich doch die Frage, ob die Spender, so es sie gegeben hat, ob Merkel vielleicht nicht, aber ob nicht wenigstens Schäuble zumindest geahnt hatte, woher das Geld wirklich stammte, ob Kohls eisernes Schweigen nicht bei aller öffentlichen Erregung und Aufgeregtheit für die Partei die beste Lösung darstellte? Trotz aller Egozentrik hätte Kohl niemals wissentlich und willentlich die Partei zerstört, wenn er es verhindern konnte; die Frage lautete nur, ob er noch sich zwischen sich und der Partei zu unterscheiden vermochte.

Angela Merkel hatte das Interview natürlich auch gesehen. Ihr Biograf Bollmann behauptete, dass sie erkannte, unterzugehen mit Kohl, mit der CDU, wenn sie nichts tun würde. Die Frage mag sich für sie Ende November, spätestens Anfang Dezember noch gestellt haben, doch inzwischen hatte sie erkannt, dass die Chancen in der Affäre für sie die Gefahren bei Weitem überwogen. Immer perfekter spielte sie ihre Rolle in der Schmierenkomödie »CDU-Spendenaffäre« und immer stärker drängte sie die anderen Akteure, vor allem ihren Parteivorsitzenden Schäuble, an die Wand. Mise en Scène. Einerseits gab sie im perfekt evangelischen Menschlichkeitskitsch die Leidende, die Getäuschte, die Betrogene, deren zur Schau gestellte Bescheidenheit noch die von Molières Tartuffe überwog. Sogar der *SPIEGEL* bediente sich stilistisch bei Hedwig Courths-Mahler oder bei Julie Schrader und fiel auf die Täuschung der eiskalt agierenden Politikerin herein, wenn er am 7. Dezember schrieb: »Die Frau leidet fast körperlich … Sie selbst gilt als völlig unbelastet, weshalb ihr auch das Entsetzen über das Tarnen und Täuschen mit dem ›»Bimbes‹, so Kohls mundartliches Lieblingswort für Geld, von allen – auch von SPD, FDP und Grünen – abgenommen wird.«[282] Glaubte das der SPIEGEL tatsächlich? Aber er konstatierte nicht, wenn man genau liest, dass es so sei, sondern nur, dass ihr die Rolle abgenommen, also geglaubt wurde. So naiv konnte Angela Merkel nicht gewesen sein. Andererseits gelang es ihr, die zornige Aufklärerin zu geben, die aus Achtung vor den Regeln des Staates und der Demokratie tätig wird, aber auch aus dem

Grund, weil sie vorgab, wie viele ehrliche Christdemokraten auch von Helmut Kohl getäuscht worden zu sein. Denn so hieß es auch im *SPIEGEL* über Merkel: »Öffentliche Wutausbrüche und der Gebrauch von Kraftausdrücken sind nicht ihre Sache. Hinter verschlossenen Türen und im Kreise der ihr Vertrauten sollen aber schon sehr deftige Umschreibungen der gegenwärtigen Situation und der dafür Verantwortlichen gefallen sein.«[282a] Mit dieser Information sollte langsam, geradezu subkutan vermittelt werden, dass Angela Merkel über Führungsqualitäten verfügte. Obwohl sie öffentlich eine andere Kommunikation bevorzugte, war sie doch in der Lage, sich durchzusetzen, allerdings ohne Macho-Gehabe. Schließlich lief bereits die Geheimoperation Parteivorsitz. Wer und zu welchem Zweck plauderte wohl darüber aus dem »Kreise der ihr Vertrauten« dem *SPIEGEL* gegenüber, dass sie zu »sehr deftigen Umschreibungen« in der Lage war? Die Information konnte nur gezielt aus dem »Kreise der ihr Vertrauten«, der bis heute nicht sehr groß ist und sich personell nicht wesentlich veränderte, durchgestochen worden sein. In Betracht kommt eigentlich nur Merkels engstes Umfeld, das einen guten Kontakt zu Journalisten aufbaute, zu jüngeren Journalisten und vor allem zu Journalistinnen. Es scheint so zu sein, dass man die richtigen Hintergrundinformationen an diejenigen weitergab, in deren Weltbild die Information passte, sodass sie geschickt die Berichterstattung und vor allem das Hintergrundrauschen mitbestimmte.

Die große Karriere der Angela Merkel, der Sprung zur wirklichen Macht, begann für die eiskalt berechnende Politikerin, die nur eine Loyalität sich selbst gegenüber kannte, in diesen Dezembertagen des Jahres 1999; sie begann mit der großen Täuschung, der die Medien auf den Leim gingen, allen voran der *SPIEGEL* mit der Fehleinschätzung: »Als Politikerin erlebt Dr. rer. nat. Angela Dorothea Merkel gegenwärtig ihre schlimmsten Stunden. Den Vertrauensbruch kann die Frau, die in der DDR im Demokratischen Aufbruch groß geworden ist, kaum verwinden. Von nahezu allen Parteigliederungen wird ihre Haltung in den Zeiten des Skandals bewundert. Sie habe an Statur gewonnen, heißt es. Merkel muss in der CDU nicht mehr um Respekt kämpfen.«[283] Damit war der *SPIEGEL* vollständig Merkels Medienstrategie auf den Leim gegangen. Die Behauptung, dass Merkel in diesen Tagen »ihre schlimmsten Stunden« erlebte, verlangte geradezu nach einer Packung Tempotaschentücher und gehörte zu den großen Fehleinschätzungen, denn nicht die »schlimmsten«, sondern die besten Stunden erlebte sie, weil nämlich wohl niemand außer ihr sah, dass der CDU-Vorsitz, dass die Macht zum Greifen nahe lag; sie durfte nur nicht direkt zugreifen, nicht zu früh ihre Ambitionen zu erkennen geben. Der CDU-Vorsitz musste ihr aufgenötigt, angetragen werden. Er sollte den Retter und Aufklärer bekränzen. Sie hatte sich entschieden, den Aufklärer zu geben und für die Nach-Kohl-CDU zu stehen, spätestens seitdem die Ekloge von Tina Hildebrandt vom 12. Dezember im *SPIEGEL* erklang. Die Waage neigte sich ihr zu, Kohl verlor seine Anhänger. Er war bereit zu fallen, auch für die CDU, es bedurfte nur eines Stoßes – und den wollte sie ihm gern geben. Das Momentum war da. Ihr ausgezeichneter Machtinstinkt verriet er, dass sie nun dieses Momentum auch ergreifen musste, selbst wenn sie ins Risiko ging. Was Merkel plante, war nichts Geringeres als ein Putsch, ein Putsch nicht nur gegen Helmut Kohl, sondern vor allem gegen Wolfgang Schäuble, der sich in der Affäre als schwach erwies und in seinen Reaktionen als nicht verlässlich, wie sie in der Bundestagsdebatte am 2. Dezember beobachtete. Aus diesem Grund hatte sie sich nicht mit ihm in Verbindung gesetzt, weder um sich ihr Vorhaben genehmigen zu lassen, noch um ihren Plan mit ihm abzusprechen, so als existiere er als Parteivorsitzender schon gar nicht mehr. Auf seinen Vorwurf im Nachhinein antwortete sie bezeichnenderweise: Sie hätten es mir doch nicht erlaubt. Hieß im unausgesprochenen Klartext, ich werde ab jetzt nur noch das tun, was ich für richtig halte. Sie sind Schnee von gestern, gewöhnen Sie sich dran. Kohl hatte sofort verstanden, dass Merkel nach der Macht griff. Natürlich hatte er die Dramaturgie des Kammerspiels durchschaut, die immer stärker von Merkel bestimmt wurde. Aber was sollte er tun? Im Grunde hatte er Schäuble immer für zu schwach gehalten. Kohl akzeptierte wie alle political animals nur wahre Stärke, hierin ließ er sich auch nicht bluffen. In ihrem Machtwillen, in ihrem Machtverlangen, in ihrer Unbedingtheit, was die Macht betrifft, ähnelten Kohl und Merkel einander sehr. Auch das meinte Kohl später damit, wenn er sagte, dass die Hand, die füttert, zuerst gebissen wird – und zwar von dem, der statt seiner über den Futtertrog verfügen möchte. Der vorletzte Akt im Spiel der Macht wurde von Angela Merkel eingeläutet.

21. VATERMORD

Am Montag, den 20.12.1999, schrieb Angela Merkel einen Text, in dem sie öffentlich als Generalsekretärin der CDU mit Helmut Kohl brach – und mit ihm auch mit Wolfgang Schäuble – und ihren Machtanspruch stellte. Am Dienstag, den 21.12.1999, telefonierte sie mit Karl Feldmeyer, dem Chef der Parlamentsredaktion der *FAZ,* weil sie den programmatischen Aufsatz veröffentlichen wollte. Doch Feldmeyer blockierte wohl, sodass sie vermutlich die Veröffentlichung über die Herausgeber der *FAZ* durchsetzte; daraufhin erschien am Mittwoch ihr Machtanspruch in der *FAZ* unter dem Titel: »Merkel: Die Zeit Kohls ist unwiederbringlich vorüber« auf der ersten Seite.

Dieser Text, der wahrscheinlich noch niemals als Text analysiert worden ist, weil er allen so klar und logisch erschien in seiner Botschaft, in seiner Ansicht, in seiner Wirkung, erhielt seine Blendwirkung durch die spiegelglatte Oberfläche. In diesem Text wurde zum ersten Mal Merkels Talent zur Demagogie in seiner ganzen Kraft deutlich, das mit schiefen Bildern arbeitet, damals schon dreist einer scheinbaren, eben nur behaupteten Alternativlosigkeit, deren Zweck darin bestand, alle Diskussionen über Alternativen im Vorfeld schon par ordre du mufti abzuräumen, orchestriert in schlichter Sprache, aber damit nur in einem umso überzeugenderen Gestus in der Nähe des ersten Signalsystems, dass es gar nicht anders sein kann. Das, was zu diskutieren wäre, wird einfach als Resultat vorausgesetzt. Merkel besitzt wie alle großen Populisten die Gabe, Schlichtheit als Wahrheit zu verkaufen. Ihr gelänge es wohl, sogar Leuten vom Fach einen Fuhrpark unterzujubeln, der gar nicht existiert, geschweige denn, dass sie ihn besäße, wenn er existierte.

Merkels Text enthielt nur eine einzige, zudem noch schlichte Botschaft, und die lautete: ICH bin die ZUKUNFT. Natürlich kommt in dem Text das Personalpronomen »ich« nicht vor, dennoch bildet dieses Ich eine als Autorenperspektive verkleidete personale Situation, erzähltechnisch eine als auktorial getarnte personale Erzählperspektive, denn in der personalen Situation nimmt der Leser den Erzähler nicht wahr, auch wenn er die Vorgänge aus seiner Perspektive mit dem Zweck schildert, dass der Leser diese Perspektive unbemerkt, unterhalb der Wahrnehmungsschwelle zu seiner eigenen macht. Nicht anders funktioniert Merkels Text. Der Leser übernimmt die Sichtweise des personalen Erzählers, die Position der Person Merkel. Selbst wenn der Leser in Widerstreit zur Position des Erzählers gerät, so doch immer auf der Ebene der vorgegebenen Sicht, der er zustimmt oder die er ablehnt. Merkels Sicht selbst wird nicht infrage gestellt, nicht das gesetzte Thema, nicht die Setzung des Themas. Man lehnt die Position des Textes ganz oder in Teilen ab oder man stimmt ihr ganz oder in Teilen zu; was aber nicht geschieht, ist, dass infrage gestellt wird, ob überhaupt die Definition der Thematik stimmt. Um es an einem anderen, späteren Beispiel zu verdeutlichen: Als Merkel den eiskalt kalkulierten Satz formulierte: »Wir schaffen das«, den manche in ihrer Naivität für Zufall oder gar einen Ausrutscher hielten und halten, hatte sie populistisch die Diskussionsebene vorgegeben. Es ging dann nur noch darum, ob wir das schaffen oder ob wir das nicht schaffen, wiewohl nicht einmal geklärt war, was eigentlich »das« meinte und wer in diesem Zusammenhang »wir« war. Aber selbst wenn man sich auf die Diskussion einließ, wer das »wir« und was das »das« sei, blieb man in dem von Merkel vorgegebenen Muster oder Argumentationsfeld, denn die Frage hätte doch, von einer Demokratin gestellt, eigentlich ganz anders, und zwar so lauten müssen: Wollen wir das? Wobei mit »das« ganz klar eine vollkommen andere Gesellschaft, eine multitribalistische Gesellschaft gemeint war. Merkel hatte einfach im Alleingang entschieden, dass »wir« das wollen, und unter »das« war die Zerstörung der Gesellschaft durch die Veränderung ihrer Zusammensetzung und ihrer Werte zu verstehen. Diese Frage hätte Merkel stellen müssen, doch durch die Ansage »Wir schaffen das« hatte sie die grundsätzliche Entscheidung, die nur der Souverän fällen darf, bereits diktatorisch durchgesetzt und klargemacht, dass wir das schaffen werden, die Große Transformation, wie sie sie 2020 in Davos gefeiert hat, die Große Transformation von einem guten, demokratischen, wirtschaftlich erfolgreichen und liberalen Deutschland zu einem Zerfallsprodukt zu werden. Das haben wir in der Tat geschafft, wie der britische *Economist* im Oktober 2024 bestätigt: »Doch jeder Monat, der vergeht, erinnert uns daran, wie ihre Herrschaft Deutschland in den Sumpf stürzte.«[284]

Auch in dem Text vom 22. Dezember stellte sie ein Szenarium auf, in dem es um ihre Macht, um ihre Zukunft und um ihre Emanzipation von einem allmächtigen Vater geht, das zweite Mal in ihrem Leben. Merkels unpersönliches »man« in diesem Text ist die Maske ihrer Person, ihres Ichs. Man ist Merkels Farce im Kammerspiel der Macht. Für Merkel ist der 30. November 1999 das Ende der Ära Kohl. Es dürfte der Tag sein, an dem sie sich entschlossen hatte, Kohl fallen zulassen und über ihn und über Schäuble hinweg zum Parteivorsitz zu schreiten. Der intellektuell schlichten, aber appellativ zwingenden Formulierung, die den Text einleitet: »Den 30. November 1999 haben viele als das Ende der Ära Kohl bezeichnet«, vermögen sich nur wenige zu entziehen, schon durch das Zwingende des konkreten Datums und der Behauptung, dass »viele« das so formuliert hätten. Doch das ist Behauptung, denn es sind nicht »viele«, sondern Merkel, die den 30. November als das Ende der Ära Kohl bezeichnete. Im Gegenteil: Viele von denen, die das noch nicht so gesehen haben, werden nun durch die zwingende Formulierung, die fiktive Behauptung einer imaginierten Mehrheit (»viele«) dem zustimmen, und so mancher, der eine viel größere Meinung von seinen intellektuellen Fähigkeiten hatte, als er vielleicht haben sollte, glaubte beim Lesen dieses Satzes sogar, dass er das auch so sah, auch wenn es ihm noch nie zuvor in den Sinn gekommen war; schließlich möchte er nicht zu den wenigen, sondern zu den vielen gehören. In Deutschland gereicht es nun einmal zur Ehre, zu den vielen, nicht zu den wenigen zu zählen, denn darin besteht das Diktatur-Gen der Deutschen, ihre Empfänglichkeit dafür, sich einzureihen in eine Vielheit, in ein imaginiertes Wirsindmehr#. Wenn eine Mehrheit beispielsweise der »Wissenschaftler« das so sieht, muss es ja stimmen. An der Zustimmung zum ersten Satz aber hängt die ganze Akzeptanz des Folgenden wie bei einem Glaubensbekenntnis. Merkels Argumentation, wie nicht nur in diesem Text, geht häufig von einem Dogma aus und fordert Glauben ein; hinter der Physikerin, die sie nie wirklich war, wird die Pfarrerstochter sichtbar, die sie immer geblieben ist. Ihre Argumentation basiert nicht auf Logik, sondern auf dem Glauben. »Den 30. November 1999 haben viele als das Ende der Ära Kohl bezeichnet.« Merkel sagt nicht, dass der 30. November 1999 »das Ende der Ära Kohl« ist, sondern dass er von vielen, also auch von Merkel selbst, so bezeichnet wurde, denn viele meinen auch, »dass in diesem Ende der Ära Kohl auch eine Chance« läge, Merkels Chance, die Chance des personalen Ichs als »man« oder als »viele«. Doch wie eine gute Predigerin muss sie diesen Satz jetzt infrage stellen, um ihn am Ende als Gewissheit verkünden zu können. Sie behauptet: »So schnell aber kann nur sprechen, wer das volle Ausmaß der Tragik dieses 30. November 1999 nicht an sich heranlässt – der Tragik für Helmut Kohl, der Tragik für die CDU.« Mal abgesehen davon, dass der Begriff »Tragik« hier falsch verwendet wurde und Merkel tragisch mit traurig verwechselte, was natürlich der Schmierenkomödie erst die Dramatik verlieh, denn es handelte sich ja in der ganzen Angelegenheit nicht um King Lear, sondern in Wahrheit um den Grand Guignol, wird die Niederlage der CDU bei der Bundestagswahl 1998, für die Helmut Kohl, was jeder Leser des merkelschen Textes weiß, die Verantwortung, also die Schuld übernommen hatte, eindeutig bei Kohl verortet. Und die Erfolge der Nach-Kohl-Ära, der Ära Merkel, okay auch noch der Ära Schäuble, werden nun triumphal hervorgehoben, die »Wahlsiege 1999 – die Europawahl haushoch gewonnen, Bremen und Berlin klar gehalten, SPD-Bastionen in Hessen, im Saarland und in Brandenburg gestürmt, absolute Mehrheiten in Thüringen und Sachsen errungen, sensationelle Ergebnisse bei den Kommunalwahlen in Nordrhein-Westfalen erzielt«. Alle diese Erfolge gehören schon der Nach-Kohl-Ära an. Allen Mitgliedern wurde zugerufen: Wir waren schon wieder auf Erfolgskurs. Und obwohl Kohl die Schuld an der traumatischen Wahlniederlage von 1998 trägt, und wie aus einer Großzügigkeit heraus sogar noch einmal gefeiert wird: »Was für ein Comeback Helmut Kohls – vom abgewählten Kanzler zum Ehrenbürger Europas, umjubelt in Deutschlands Fußgängerzonen, gefeiert am zehnten Jahrestag des 9. November«, nutzt Merkel jetzt die Soap-Dramaturgie, die eine Figur als Helden nur deshalb hoch erhebt, um sie noch tiefer als Schurken stürzen zu lassen.

Man blicke auf die gesamte Perfidie der Dramaturgie, auf ihre populistische Mechanik, auf ihre geheuchelte Trauer, auf das geheuchelte Mitleid, auf die wirkliche Abscheu in einem affektierten, unechten Ton, aus dem das Beleidigtsein des personalen Ichs, Merkels Beleidigtsein, spricht, dessen Perspektive der Leser durch den rhetorischen Aufwand übernehmen soll. Der Leser soll die Enttäuschung und den Zorn teilen, die daraus entspringen, dass man für etwas, das man nicht selbst verursacht hat, mithaften soll und um die Erfolge seiner Arbeit betrogen wird: »Was für Wahlsiege 1999 – die Europawahl haushoch gewonnen, Bremen und Berlin klar gehalten, SPD-Bastionen in Hessen, im Saarland und in Brandenburg gestürmt, absolute Mehrheiten in Thüringen und Sachsen errungen, sensationelle Ergebnisse bei den Kommunalwahlen in Nordrhein-Westfalen erzielt. Was für ein Comeback Helmut Kohls – vom abgewählten Kanzler zum Ehrenbürger Europas, umjubelt in Deutschlands Fußgängerzonen, gefeiert am zehnten Jahrestag des 9. November. Und dann das: anonyme Spenden, getrennte Kontenführung, Rückzahlungen, Kohls Erklärung am 30. November 1999, Kohls Aussagen in der ZDF-Sendung ›Was nun, Herr Kohl?‹.« Der Titel der Sendung, ans Ende des Absatzes gerückt, leitet zu Kohls Sündenregister über, das Merkel nun voller Abscheu und Zorn über die unverständlichen Entgleisungen des geliebten Hausvaters penibel auflistet und mit der Behauptung verbindet: »Es geht um die Glaubwürdigkeit Kohls, es geht um die Glaubwürdigkeit der CDU, es geht um die Glaubwürdigkeit politischer Parteien insgesamt.« Geschickt an der Formulierung ist, den Fokus auf die Frage der Parteienfinanzierung zu legen und den anderen Parteien zu signalisieren, dass die CDU, auch wenn sie gerade Fragen des Personals und des Selbstverständnisses klärt, weder am Boden liegt noch wehrlos ist. Merkel wechselt die Argumentationsebene, spricht nun ausschließlich zur Partei und macht allen klar, dass Kohl die zwar glorreiche, aber dennoch die Vergangenheit ist, dass die CDU aber jetzt zu neuen Ufern aufbrechen muss, wohin sie Kohl nicht mehr begleiten kann. Dennoch darf sie die vielen in der CDU, die Helmut Kohl nach wie vor achten oder gar verehren, die Dankbarkeit empfinden, nicht verprellen. Sie darf nicht das missachten, was die »Seele der Partei« ist, dasjenige, worüber es ihr am schwersten fällt zu schreiben, weil ihr die

»Seele der Partei« fremd ist, weil sie, wie sie in ihren letzten Jahren als Bundeskanzlerin immer öfter durchblicken lässt, die »Seele der Partei« tief innerlich verachtet. Die CDU war für sie immer nur eine Machtmaschine. Das konnte sie schon in diesem Text nicht wirklich verbergen, obwohl es keinem auffiel. Und vielleicht hat sie sogar recht damit, denn wie kann man die Seele einer Partei achten, die sich selbst so wenig achtet, die sich von ihrer Parteivorsitzenden, von ihrer Bundeskanzlerin so sehr erniedrigen lässt und dennoch den Bruch mit ihr nicht wagt, wie Merkel in dem Artikel am 22. Dezember 1999 in der *FAZ*, in dem sie mit Kohl abrechnet? Wie fremd und vielleicht auch unangenehm ihr die Seele der Partei ist, offenbart sich in den gestelzten Worten, die sie an sie richtet, in den schiefen Bildern. Sie will beides, die Fehler Helmut Kohls aufklären und das Erbe Helmut Kohls bewahren, wobei Letzteres für sie allenfalls einen musealen Wert besitzt. Kohl ist für sie inzwischen nur noch Vergangenheit, Merkels Vorgeschichte. Deshalb bemüht sie das schiefe Bild: »Denn nur auf einem wahren Fundament kann ein richtiges historisches Bild entstehen.« Bilder entstehen nicht auf Fundamenten, das ist Unfug; auf Fundamente werden Häuser gesetzt, vielleicht Denkmäler, doch haben diese Denkmäler inhaltlich nichts mit ihren Fundamenten zu tun. Das Reiterstandbild Friedrichs des Großen Unter den Linden in Berlin, das von den DDR-Oberen abgebaut und versteckt und schließlich in den Achtzigerjahren wieder aufgestellt wurde, besaß keinen inhaltlichen Bezug zu seiner Unterlage. Verworrener wird es, wenn sie dann noch behauptet: »Nur auf einem wahren Fundament kann die Zukunft aufgebaut werden.« Wenn Merkel über die Seele der Partei spricht, wenn sie über Helmut Kohl sprechen soll, dann flüchtete sie in schiefe Bilder, in Phrasen, ins Nichtssagende. Weil sie eine Fremdheit überbrücken muss, stehen ihr nicht die richtigen Worte zur Verfügung, nur schiefe Metaphern. Doch dann holte sie zum Schlag aus, brutaler kann man jemandem und allen anderen seine Bedeutungslosigkeit nicht vorführen, als über ihn zu schreiben: »Auch in diesem Jahr haben wir die Wahlen nicht wegen und nicht trotz Helmut Kohl gewonnen. Wir haben sie vielmehr wegen unserer Geschlossenheit und unserer Kampagnen gegen Gerhard Schröders chaotische Politik gewonnen.« Und wieder teilte das personale Ich mit, an den Erfolgen des letzten Jahres hatte Kohl keinen Anteil. Da diese Erfolge vor dem Beginn der Affäre lagen, stellte Kohl in der Tat in den Wahlkämpfen keine Belastung dar, dass seine Popularität geholfen hatte, was Merkel brüsk wegschob, darf nicht nur angenommen werden. Hier widerspricht sie sich, was niemandem aufgefallen ist. Am Anfang des Textes behauptete Merkel: »Was für ein Comeback Helmut Kohls – vom abgewählten Kanzler zum Ehrenbürger Europas, umjubelt in Deutschlands Fußgängerzonen …« Das soll nicht geholfen haben, dieses Comeback soll nicht geholfen haben, die Wahlen zu gewinnen? Merkel versucht tatsächlich, den Eindruck zu vermitteln, dass die Zukunft triumphal erst mit Merkel begann. Was sie hier betrieb, war schlicht politische Erbschleicherei. Merkels Anteil an den gewonnenen Wahlen reduzierte sich auf die Tatsache, dass sie als Generalsekretärin die Wahlsiege, die andere erfochten haben, verkünden durfte.

Von den vielen, die über Merkels »Scheidebrief«, den man auch »Vatermord« nennen könnte, geschrieben haben, wurde eine zweite Ebene des Textes übersehen, weil sie die wichtigste Metapher des Textes nicht würdigten, weder die semiotische noch die linguistische Komponente. Bis jetzt ging es darum, dass ein Parteivorsitzender die CDU zu großen Erfolgen geführt, aber den Zeitpunkt, sich zurückzuziehen, verpasst hatte; zudem werden ihm Verfehlungen in der Parteienfinanzierung vorgeworfen, die der Partei zu großem Schaden gereichen konnten, und er verweigerte überdies wichtige Aspekte der Aufklärung. Doch jetzt, wo es nach der Logik des Textes an der Zeit ist, einen Schlussstrich zu ziehen, was man auch so ausdrücken kann, unterlaufen Merkel Metaphern, die aus einem ganz anderen Lexikon stammen. Plötzlich wird aus der Beziehung eines Politikers zu seiner Partei ein Problem individueller Entwicklungspsychologie, wird der Leser überrascht mit Worten aus dem Lexikon, das gleich neben den Werken von Sigmund Freud und C. G. Jung steht: »Die Partei muss also laufen lernen, muss sich zutrauen, in Zukunft auch ohne ihr altes Schlachtross, wie Helmut Kohl sich oft selbst gerne genannt hat, den Kampf mit dem politischen Gegner aufzunehmen. Sie muss sich wie jemand in der Pubertät von zu Hause lösen, eigene Wege gehen und wird trotzdem immer zu dem stehen, der sie ganz nachhaltig geprägt hat – vielleicht später sogar wieder mehr als heute. Ein solcher Prozess geht nicht ohne Wunden, ohne Verletzungen.« Plötzlich wird die Partei zur Tochter des allgewaltigen Vaters, die sich von ihm abnabeln, die Distanz zu ihm aufbauen muss. Für einen kurzen, untergründigen Moment verschwimmen die Bilder des bewunderten und beherrschenden Vaters im Waldhof mit dem politischen Vater, der sie gefördert und von dem sie vieles, vielleicht sogar alles gelernt hatte, was sie in der Politik benötigte, weil er in ihr die gleiche Leidenschaft für die Macht spürte, wie er sie empfand.

War es wirklich die Partei, die sich wie in der Pubertät von zu Hause trennen, die eigene Wege gehen, die alleine laufen lernen musste, oder war das nicht auch die Politikerin Angela Merkel, die ebenfalls die Emanzipation von ihrem politischen Ziehvater benötigte? Sicher, in dem Moment, in dem sie das Umweltministerium übernahm, begann für sie der Prozess, Distanz zum Übervater Kohl zu gewinnen, nicht erst am Abend der verlorenen Wahl 1998. Exakt hier kommt die Stelle im Text, in der sie ins Risiko geht: »Wie wir in der Partei aber damit umgehen, ob wir dieses scheinbar Undenkbare als Treuebruch verteufeln oder als notwendige, fließende Weiterentwicklung nicht erst seit dem 30. November 1999 begreifen, das wird über unsere Chancen bei den nächsten Wahlen in den Ländern und 2002 im Bund entscheiden.« In den Worten steckte auch eine Drohung an die Partei, an ihre Mandatsträger: Abnabelung oder Untergang. Genauso lautete die Frage: Sieht die Partei diesen Scheidebrief der Generalsekretärin Angela Merkel, den Brief von »Kohls Mädchen« an den Übervater Kohl, als Treuebruch oder als notwendige, fließende Weiterentwicklung? Vollkommen klar und unvermittelbar – ein Zwischenweg existiert nicht – formuliert Merkel die Alternative: entweder mit Kohl in die Vergangenheit oder mit mir in die Zukunft? Ihr habt die Wahl. Doch Merkels Kühnheit sollte man auch nicht überschätzen, denn hier schrieb nicht die Generalsekretärin, die ihren Parteivorsitzenden überging und sich überhob, hier schrieb die neue Parteivorsitzende, die sie bald schon sein sollte. Als Merkel sich vor Weihnachten zu diesem Brief entschlossen hatte, wusste sie bereits, dass Schäuble von Schreiber eine Spende von 100 000 Mark erhalten hatte, was er am 2. Dezember im Bundestag noch geleugnet hatte.[285] Als sie davon Kenntnis bekam, zweifelte sie nicht daran, dass Schäuble fallen würde. Langguth vermutete, dass sie nicht mit Schäuble stürzen wollte, weil jeder neue Parteivorsitzende sich seinen Generalsekretär suchen würde. Es mag sein, dass diese Konsequenz in ihrem Denken eine Rolle spielte, aber vieles spricht dafür, dass sie bereits Kurs auf den Parteivorsitz genommen hatte, denn in diesen Tagen öffnete sich durch das Machtvakuum eine gewisse Chance. Die Partei befand sich in einem Zustand der Verunsicherung. Der Riege der Älteren, wie Rühe beispielsweise, hing die Nähe zu Helmut Kohl, ihre lange gemeinsame Vergangenheit an. Die Jungen wie Koch oder Wulff beschäftigte der Machtaufbau in ihren Ländern, und anderen wie dem jungen Friedrich Merz fehlte es noch an stärkeren Netzwerken. Ob nun Schäuble von sich aus beschloss, die Annahme der Spende öffentlich zu machen, oder ob Merkel ihn gedrängt hatte, wird wohl nicht mehr zu ermitteln sein, aber so viel ist gewiss, dass sie seinen Entschluss unterstützte, am 10. Januar

2000 in der ARD-Sendung »Farbe bekennen« den sich ankündigenden Enthüllungen in der Presse zuvorzukommen und selbst die Annahme der Spende einzugestehen, ja ihn sogar zu diesem Entschluss ermunterte. Doch wie man es auch einschätzte, Schäuble hatte den Bundestag am 2.12.1999 belogen. Merkel wusste, dass Schäuble im Amt des Parteivorsitzenden nicht gehalten werden konnte. Doch so lange wie möglich sollte er noch nützliche Dienste leisten, zumal der Griff nach dem Parteivorsitz so kurz nach dem Artikel in der *FAZ*, der die CDU in Aufruhr versetzte, nicht ratsam war. Es hätte ihr Manöver bloßgestellt. Sie hätte damit die wahre Intention des Aufsatzes verraten. Das hätte ihre Ambitionen dekuvriert und am Ende durchkreuzt, weil man ihr die wahren Motive für den Scheidebrief verübelt hätte. Bis jetzt erschien sie für die Partei hochengagiert, aber persönlich ambitionslos, die uneigennützige Parteiarbeiterin, die alles dafür tat, den Karren wieder aus dem Dreck zu ziehen. Feldmeyer ging nicht fehl in seiner Analyse von Merkels Erfolg, wenn er schrieb, dass »das Auffallendste an ihr ihre Unauffälligkeit war – und ist«.[286]

Im Präsidium der CDU wurde Merkels Text gebilligt, sie hatte sich nicht verkalkuliert. Am 12. Januar kündigte Schäuble an, im April auf dem Parteitag wieder für den Vorsitz zu kandidieren. Das löste die ersten Distanzierungen von CDU-Politikern von ihm aus, zumal er sich in einen bizarren Kampf mit der Schatzmeisterin Brigitte Baumeister verstrickte.

Zwei Tage später räumte der früherer CDU-Chef von Hessen, Manfred Kanther, ein, dass die CDU Hessens seit 1983 geheime Auslandskonten führte. Damit begann die hessische Affäre um schwarze Konten und sogenannte jüdische Vermächtnisse, die den jungen Ministerpräsidenten Roland Koch vollkommen forderten und in der er, um sein Amt zu retten, den »brutalstmöglichen« Aufklärer gab. Auf einer Krisensitzung des Präsidiums am 18. Januar lehnten die Mitglieder Schäubles Angebot, zurückzutreten, ab und forderten Kohl auf, den Ehrenvorsitz so lange ruhen zu lassen, bis er die Namen der Spender bekannt gegeben hatte. Kohl reagierte prompt und gab den Ehrenvorsitz zurück. Die Partei besaß nun keinen Ehrenvorsitzenden mehr und einen Vorsitzenden, der nur bedingt aktionsfähig war, weil er selbst immer stärker in den Sog der Affäre geriet. Da nützte auch Schäubles Entschuldigung im Bundestag nichts. In dieser Situation wäre die CDU-Spitze handlungsunfähig gewesen, wenn es nicht die emsige Generalsekretärin gegeben hätte, die im Grunde schon wie eine Parteivorsitzende agierte; das wurde in den Medien, aber auch an der Basis immer stärker wahrgenommen. Gegen Kanther wurde ein Ermittlungsverfahren mit dem Verdacht der Untreue eingeleitet, und Hessens Ministerpräsident teilte mit, dass die CDU Hessens 1983 18 Millionen Mark ins Ausland gebracht hatte. Merkel, die daran arbeitete, den Parteivorsitz von Schäuble zu übernehmen, schlug in diesen Tagen ihrem Parteivorsitzenden vor, Regionalkonferenzen zu veranstalten, damit die Basis gehört und eingebunden werde. Schäuble gab sein Einverständnis, und die emsige Frau Merkel begann wie immer sehr uneigennützig auffällig unauffällig mit der Organisation der Regionalkonferenzen, zu denen sie dann auch fuhr, nach Neumünster, Bremen, Recklinghausen, Kaiserslautern usw., kreuz und quer durch das ganze Land – wie eine inoffizielle Parteivorsitzende. Viola Roggenkamp beschrieb eine dieser Regionalkonferenzen mit dem Höchstmaß an Sympathie, die die Zeitung für eine Politikerin der CDU aufbringen durfte, mit den Worten: »Man ist von sich selbst tief bewegt und sieht berührt auf die Befreite. Angela Merkel scheint in diesem Augenblick die gerettete Tochter, die Kopfgeburt des Vaters der Wiedervereinigung zu sein. Inbrünstig stimmt die Basis in das von oben intonierte Deutschlandlied ein.«[287]

Gerd Langguth zitiert in seinem Merkel-Buch den CDU-Politiker und Wahlkampfspezialisten Peter Radunski, der treffend einschätzte: »Angela Merkel setzt seit ihrer Inthronisierung als Parteivorsitzende mehr auf die Medien als auf die Partei. Die Medien haben sie zur Vorsitzenden gemacht. Dieses Erfolgsrezept hat sie nie verlassen.«[288] Blickt man auf die Artikel, die seit Beginn der Spendenaffäre bis zur Wahl Merkels zur Parteivorsitzenden der CDU erschienen sind, dann wird Radunskis Einschätzung bestätigt. Christiansens Medienstrategie funktionierte. So jubelte die damals jubelbereite Tina Hildebrandt: »Wo immer Angela Merkel sich in diesen Tagen auf Regionalkonferenzen den Parteimitgliedern stellt: Applaus ist ihr sicher. Verkehrte CDU-Welt: So kritiklos das Fußvolk früher den Patriarchen Kohl angehimmelt hat, so reflexhaft bejubeln jetzt viele Merkel als weibliches Anti-Modell. Ausgerechnet sie dient der orientierungslosen Basis als Ersatz-Kohl. Nur verläuft alles mit überhöhter Geschwindigkeit: Lange wurde Merkel unterschätzt, nun kann sie sich vor Lob kaum retten.«[289] Genau damit, das »weibliche Anti-Modell« zu sein, sicherte sich Merkel die Sympathie von Journalisten, vor allem von Journalistinnen.[290] Kohl hatte sich nicht gescheut, gegen die Medien zu regieren, ein Anti-Modell zu Kohl konnte demzufolge nur ein Politiker sein, der mit den Medien regierte, die begannen, sich selbst als »vierte Gewalt« zu überheben. Damit insinuierten Medien, dass sie demokratisch oder staatsrechtlich legitimiert seien, was sie nicht sind – und, was noch wichtiger ist, sie rutschten dadurch auf der schiefen Ebene vom Journalismus in den Aktivismus. Schleichend stellte sich eine bizarre Kumpanei zwischen Politik und Medien ein. Der Umzug nach Berlin trieb die Bildung der Eliten-Blase als Klub der Herrschenden, als eine Art Neo-Versailles voran.

Selbst die *taz* behandelte Merkel mit Sympathie. »An der Ostfrau als CDU-Vorsitzende kommt die Partei nicht mehr vorbei«, stellte sie fest.[291]

Auf den Konferenzen sollte sie allen alles versprechen – und die Mitglieder hörten auch nur das, was sie hören wollten. So berichtete Hildebrandt: »Die Botschaft ist klar. Niemand soll fürchten, dass unter ihrer Führung das konservative Traditionsgut abgeworfen würde.«[292] Genau aber das würde Merkel in den allzu langen Jahren ihres Parteivorsitzes gelingen, nämlich das abzuwerfen, was Hildebrandt »konservatives Traditionsgut« nannte, der CDU die »Seele« auszutreiben im Rahmen eines politischen Exorzismus und aus der CDU eine grüne Partei zu machen – eine Partei, in der stärker noch als unter Kohl der Wert in dem Posten bestand, den man ergattern durfte. Unterstützung erhielt Merkel von Annette Schavan, Peter Müller und Christian Wulff. Am 16. Februar gab Wolfgang Schäuble bekannt, nicht mehr für den Vorsitz in Partei und Fraktion zu kandidieren. Neuer Fraktionsvorsitzender wurde der 44-jährige Friedrich Merz. Der Weg für Merkel war jetzt frei, sie benötigte Schäuble nicht mehr: »Der Mohr hat seine Arbeit getan, der Mohr kann gehen.«[293]

Merkels Kalkül, als sie Schäuble die Regionalkonferenzen vorschlug, ging auf, denn »die Regionalkonferenzen, bei denen die verstörte Partei eigentlich nur Dampf ablassen sollte, entwickeln sich zu heimlichen Vorwahlen für den Parteivorsitz«. Und so endet der *SPIEGEL* seine erneute Panegyrik für Merkel mit dem Wahlbefehl: »Ausgerechnet der CDU-Vorsitzende aus Bergheim im Erftkreis, Rüttgers Wahlbezirk, flehte die ostdeutsche Pastorentochter an: ›Frau Merkel, es spricht alles für Sie – bitte treten Sie an!‹ Schließlich sagte ein Präsidiumsmitglied dem *SPIEGEL*: ›Wir können nicht sagen, wir fragen die Basis, um am Ende jemand anderen zu wählen.‹«[294] Es sollte auch Christian Wulff sein, der sich als Erster aus der Führung der CDU für Angela Merkel als Parteichefin öffentlich aussprach. Dafür wurde er später auch der jüngste und kürzeste Bundespräsident, was nur heißt, dass der Steuerzahler einen Politpensionär weit vor seinem Pensionsalter schon königlich zu bezahlen hatte.

Merz, Stoiber und Rühe, die sich Ende Februar im Lübecker Ratskeller trafen, versuchten vergeblich, Merkel als Parteivorsitzende noch zu verhindern und den sächsischen Ministerpräsidenten ins Gespräch zu bringen, doch die Regionalkonferenzen, bald schon »Angies Roadshow« genannt, und die Medien ebneten ihr den Weg. »Auf einmal scheint wirklich alles möglich, sogar eine Frau als Parteichefin. Das Old-Boys-Network der CDU wird von Angst befallen«, meint der *SPIEGEL.*[295]

Auf dem Parteitag in Essen am 10. April schlug das Präsidium der CDU in fast nordkoreanischer Manier nur einen einzigen Kandidaten für den Parteivorsitz vor, nämlich Angela Merkel, die dann ebenfalls mit einem Ergebnis, das nur knapp unter nordkoreanischen Resultaten mit 95,8 % der Stimmen blieb, auch erwartungsgemäß gewählt wurde. Dass sie ihre einstündige Eröffnungsrede verstolperte, sich zuweilen verhedderte, scherte die Delegierten nicht, die an den entsprechenden Stellen brav den Phrasen applaudierten. Man wollte getröstet werden, man wollte wieder stark sein, man wollte Zuversicht schöpfen. Im Ungelenken, in der fehlenden Eleganz, die mehr als ersetzt wurde durch die Unbedingtheit, die zur Schau gestellte Naivität, die Kraft und vor allem den unbezweifelbaren Willen, den stählernen Willen, wirkte sie auf der Bühne in Essen wie Schillers Jeanne d'Arc. Und genau wie Jeanne d'Arc dem zweifelnden König und den larmoyanten Höflingen wieder Begeisterung einhauchte, vermittelte sie den Delegierten im wahrsten Sinne des Wortes das Ende des Winters ihres Missvergnügens. Merkel versprach vor allem deshalb Absolution und Neuanfang, weil sie mit den Affären nichts zu tun hatte, und wenn auch nur aus dem einen und einfachen Grund, dass sie aus der Gnade der anderen Geburt mit den Skandalen und Affären der Kohl-CDU nichts zu tun haben konnte.

Was soll man sagen, der König ist tot, es lebe die Königin. Wieder suchte die Partei, die keine Programm- und keine Diskussionspartei war und ist und wohl auch nicht mehr werden wird, nach einem, dem sie folgen, dem sie ihr Vertrauen schenken konnte und der grosso modo schon alles richtig machen wird. Vielleicht liegt darin der Schlüssel zu ihrem für Deutschland im Ergebnis schädlichen Erfolg, dass sie aus den Kämpfen der kommenden Jahre, zuvor aus den Erfahrungen des Weges an die Parteispitze, die Lehre ziehen wird, dass die Mitglieder ihrer Partei, die noch eine Partei der Mitte ist, aber auch nicht weniger Deutsche, von Politik verschont bleiben und ihren Berufen und ihrem privaten Leben nachgehen wollen. Auf diese Erkenntnis wird sie als Kanzlerin ihren Pakt mit den Deutschen schließen. Die Deutschen, die eigentlich ein unpolitisches Volk sind, möchten sich lediglich in Sicherheit wiegen dürfen, dass alles in der richtigen Weise geschieht und die Politiker ihre Arbeit erledigen wie sie die ihrige. Bitter stellte im Oktober 2024 der britische *Economist* fest: Die Deutschen »sind diejenigen, die immer wieder dafür gestimmt haben, Reformen derart aufzuschieben, wie sie Merkels Vorgänger Gerhard Schröder Anfang der 2000er-Jahre eingeleitet hatte … Frau Merkel ihrerseits führte Deutschland wie in einer Scheinwelt und ließ es ein ausgedehntes Nickerchen genießen, aus dem es noch erwachen muss.«[296]

Oder wie der Verfasser dieses Buches im Jahr 2016 über Merkels Pakt mit den Deutschen, den Medien und über die politische Romantik der Deutschen, die für Merkels Entpolitisierung der Öffentlichkeit die Voraussetzung bot, geschrieben hatte: »Doch der politische Rationalismus, wenn er denn käme, würde an der Tür zur Debattierstube der Deutschen Republik womöglich das Schild lesen: ›Bitte nicht stören, wir träumen gerade so schön‹ und achselzuckend und auch ein wenig traurig weiterziehen. Vielleicht kehrt er ja zu einem späteren Zeitpunkt zurück, der gute, alte, verlässliche politische Rationalismus, und findet die Tür sperrangelweit offen – doch, zugegeben, diese Vorstellung ist pure Romantik.«[297]

Was die meisten erst jetzt zu begreifen beginnen, ist, dass für viele Politiker nicht der Dienst am Volk im Mittelpunkt steht, sondern der Dienst am eigenen Ego, und das umso mehr, umso pathetischer sie das »Gemeinwohl« im Munde führen. Mithilfe der Medien gelang es Merkel in der Folge, die Mär von ihrer protestantischen Arbeitsethik im Volke entstehen zu lassen, von der bescheidenen, uneitlen, fleißigen Politikerin, der auch ihre Biografen auf den Leim gingen. Nichts jedoch ist entfernter von der Wirklichkeit. Fleißig ist sie, aber das hat nichts mit der protestantischen Arbeitsethik zu tun.

Schwierig ist der Begriff der protestantischen Arbeitsethik ohnehin, da er weniger ins Lutherische als vielmehr ins Calvinistische spielt und dort die Prädestinationslehre streift. Wer Merkel im Begriffe eine protestantische Arbeitsethik unterstellt, müsste die Frage beantworten, ob sich Merkel im calvinistischen Sinne für prädestiniert hielt. Zur Vorstellung der Arbeitsethik gehört nämlich das Ausgreifen der Religion auf das gesamte Leben einschließlich der Arbeits- und Wirtschaftswelt und schließlich der Politik in Calvins Konzept des Wächteramts der Kirche, die diametral dem lutherischen Konzept der Zwei-Regimente-Lehre widerspricht. Grundlage von allem ist die Idee, dass der Mensch, was eigentlich unter »Fortschritt« verstanden und später säkularisiert worden ist, auf seinem Weg zu Christus in der Imitatio Christi seelisch immer besser, immer perfekter, immer Gott wohlgefälliger werden muss. Der Fortschritt besteht zunächst erst einmal darin, dass die Seele auf ihrem Weg zu Gott im Glauben fortschreitet. Der Kern der protestantischen Arbeitsethik findet sich also darin, nicht den Menschen, nicht dem eigenen Ego, sondern Gott wohlgefällig zu sein. Nur so konnte Max Weber davon sprechen, dass der Geist des Protestantismus zum Geist des Kapitalismus wurde, und nur auf diesem Weg konnte die Ethik vom Glauben zur Arbeit wandern. Für Merkel scheint Gott jedoch nicht absolute Existenz, sondern Funktion in der politischen Kommunikation zu sein, den sie immer dann benutzt, wenn sie eine umstrittene politische These der Diskussion, dem Streit entheben will, indem sie die Logik der Argumentation durch die Moral, die Evidenz durch den Glauben ersetzt. Auch wenn ihre Apologeten das protestantische Pfarrhaus, das in Wahrheit weniger ein Pfarrhaus als vielmehr eine Bildungsstätte der evangelischen Kirche war, ins Feld führen, haben sie dann stets Merkels Satz vergessen, dass man nicht dadurch gläubig wird, weil man in einem Pfarrhaus aufgewachsen ist. Ihre Arbeitsethik wurde nicht bestimmt durch den Dienst an und für Gott, auch nicht am Menschen, auch nicht durch Pflichterfüllung, sondern ihre Arbeitsethik bestand aus immensem Fleiß, der von der Leidenschaft, erfolgreich zu sein, von einem puren Machtwillen, sich durchzusetzen, es den anderen – vielleicht auch dem Vater – zu zeigen und die Beste zu sein, stets aufs Neue motiviert wurde. Frühzeitig wurde sie im Studium mit der Möglichkeit konfrontiert, dass es ihr womöglich in der Physik an dem Quäntchen Begabung ermangeln könnte, was auch Fleiß nicht wettzumachen vermag, das Besondere an einer Begabung, die sie bei ihrem Bruder Marcus, der Physiker geworden ist, beobachten durfte, oder später auch bei ihrem Mann Joachim Sauer. Nur weil Angela Merkel im Äußerlichen und in der Attitüde der Macht keine Eitelkeit besaß, bedeutet das noch nicht, dass sie keine besäße. Es existiert auch die Eitelkeit der Uneitelkeit, die Eitelkeit, die Beste zu sein. Und von Bescheidenheit, was vor allem heißt, sich zu bescheiden, kann man wohl kaum von jemandem sprechen, der nach acht Jahren Mitgliedschaft in der CDU deren Generalsekretärin, nach neun Jahren deren Vorsitzende und nach 15 Jahren Bundeskanzlerin geworden ist – und es für die nächsten 16 Jahre bleiben sollte.

Die These, dass alles von allein geschehen wäre, dass Merkel nicht seit dem Tag, an dem sie Generalsekretärin geworden war, diese Perspektive ins Kalkül gezogen und dass sie nicht seit dem Beginn der Spenden-Affäre auf diesen Tag immer bewusster hingearbeitet hätte, ist völlig naiv und unterschätzt und verkennt den Aufstiegswillen Merkels. In einem Interview über Merkel erinnerte sich Horst Seehofer, als er sie Anfang der Neunzigerjahre in der baden-württembergischen Landesvertretung in Bonn in einer Runde jüngerer Abgeordneter kennenlernte, dass ihm nur zwei Leute damals aufgefallen waren: Norbert Lammert und Angela Merkel. Merkel stach in der Runde hervor durch »ihre präzise Analysefähigkeit. Wenn sie sprach, dann hatte man eben nicht den Eindruck, dass sie ihre Meinung aus zehn Zeitungskommentaren mischt, die sie zuletzt gelesen hat.«[298] Merkel wollte vorwärtskommen – und sie hatte richtig erkannt, dass ihr das in keiner anderen Partei so gelungen wäre, wie es in der CDU glückte, weil sich in dieser Partei Politik mit Macht und nicht mit Debatte verband. Die CDU wollte geführt werden – und wenn die Führung erfolgreich war, interessierte der Rest nicht mehr.

Das Votum des Parteitages überraschte deshalb niemanden, denn seit März gingen die politischen Kommentatoren davon aus, dass Merkel gewählt werden würde. Feldmeyer hatte Ende März wie andere auch festgestellt, dass die Generalsekretärin Angela Merkel »die Regionalkonferenzen in Sachen Vorsitz längst zu ihrem Vehikel gemacht« hatte und deshalb »die Entscheidung zugunsten der Vorsitzenden Merkel faktisch gefallen« war.[299]

Zu ihrem Generalsekretär erwählte sie Ruprecht Polenz aus Münster, der inzwischen auf Twitter durch Posts auffällt, die sich von denen der Grünen nicht unterscheiden.

Merkels Wahl fiel in erster Linie auf Polenz, weil sie einen Mann aus dem mitgliederstarken und wichtigen Landesverband von Nordrhein-Westfalen an ihrer Seite wissen wollte, um diesen Landesverband im Blick zu behalten. Dass sie sich von ihm bald schon trennen musste, lag nicht an politischen Differenzen, auch nicht daran, dass sie das beabsichtigte, sondern schlicht daran, dass Polenz sich für diesen Job nicht eignete. Polenz' Demission gehörte zu ihren Niederlagen.

22. ANGELA ALLEIN ZU HAUSE

Für einen verschwindend kurzen Moment durfte sie zufrieden sein. Sie hatte allen bewiesen, dass sie es in nur neun Jahren an die Spitze der CDU schaffen würde. Nachfolgerin von Helmut Kohl war sie nun, aber das hieß nur, dass ihr bereits der schwierige und ungleich härtere Kampf bevorstand, sich länger als Wolfgang Schäuble im Amt zu halten. Sie hatte den Parteivorsitz, nicht aber die Partei gewonnen. Angela Merkel besaß jetzt dazu die Möglichkeit, aber nicht das Ergebnis. Der Parteivorsitz war für sie eben nicht Kohls geräumiges Möbel, sondern noch ein harter Schleudersitz. Nicht die zurückliegenden Affären der CDU gefährdeten die Frau ohne Vergangenheit in der Partei, die von der Basis gewählt worden war, sondern die Tatsache, dass in den Führungszirkeln der CDU so manch einflussreiche Politiker nur gute Miene zum Merkel-Spiel gemacht hatten. In ihrer Arroganz begingen sie den kardinalen Fehler, Merkel zu unterschätzen. Über Kohls Autorität verfügte sie noch nicht annähernd, zudem sah sie sich mit übergroßen Erwartungen und zu gering veranschlagter Anerkennung ihrer Fähigkeiten konfrontiert; dazwischen existierte wenig. Und noch weniger zählte eigentlich die Basis in der CDU, die sich im Unterschied zur CSU, die damals noch eine echte Volkspartei war, in erster Linie als Kanzlerwahlverein verstand, als Machtmaschine. In ihr hatte die Basis zumeist nur die Rolle der willigen Herde zu übernehmen, die den jeweiligen Hirten oder der jeweiligen Hirtin willig folgte. Ausnahmen bildeten nur große Krisen, wie die Spendenaffäre, als die CDU über Nacht ohne Führung dastand und Merkel kaltblütig in das Machtvakuum stieß.

Überlebenswichtig war für sie, dass ihr die Medien gewogen blieben. Unauffällig baute sie über Eva Christiansen ihre Medienmacht aus. Zu ihren großen Problemen zählte, dass die Bundestagsfraktion unter dem eigensinnigen Friedrich Merz sich als das eigentliche Machtzentrum in der Partei verstand und die Vorstellungen auf den unterschiedlichen Politikfeldern zuweilen in der Sache selbst, zuweilen in der Taktik des Agierens auseinanderstrebten, so beispielsweise in der Steuerpolitik. Während Merz einen konfrontativen Kurs gegen die rot-grüne Koalition anschlug, die Fundamentalopposition bevorzugte, hätte Merkel einen geschmeidigeren Kurs präferiert, wenn es nach ihr ginge, doch nach ihr ging es aber nur in sehr eingeschränktem Maße. Hinzu kam, dass die Mehrheit im Bundesrat Merkel im besten Falle nichts nützte, im schlechten allerdings ihr sogar schadete. Denn es gelang dem ausgebufften Schröder, zustimmungspflichtige Gesetze so zu gestalten, dass die unionsgeführten Länder aus eigenem Interesse nach dem Motto, dass ihnen das Hemd näher als der Rock ist, der Regierungsvorlage zustimmten. So bekam die rot-grüne Steuerreform durch CDU-geführte Länder am 14. Juli im Bundesrat entgegen der beschlossenen Konfrontationsstrategie die erforderliche Mehrheit. Als Friedrich Merz mehr aus Versehen von Einwanderern Zustimmung zu und Anpassung an »eine gewachsene freiheitliche deutsche Leitkultur« forderte, rebellierten auch CDU-Politiker. Merkel verteidigte halbherzig Merz, nahm jedoch das Wort »Leitkultur« nicht in den Mund. Obwohl Merz in der Sache richtig lag, wurde er vom inzwischen linksliberal beherrschten Feuilleton perfide missverstanden. Merzens Fehler bestand vor allem darin, dass er einen unpassenden Titel für ein Konzept wählte, dass überdies auch noch kein Konzept war. Wenn man in eine so grundsätzliche politische, kulturelle und gesellschaftliche Auseinandersetzung gegen linksliberale Kräfte zog, die inzwischen die Diskurshoheit erobert hatten, wie an der Debatte um den *Anschwellenden Bocksgesang* von Botho Strauß oder um den von Ulrich Schacht und Heimo Schwilk herausgegebenen Sammelband *Die selbstbewusste Nation* deutlich wurde, kann man Merzens Voluntarismus in dieser Angelegenheit nur als leichtfertig und selbstmörderisch bewerten. Seinem Anliegen hatte er jedenfalls nachhaltig geschadet. Und Merkel, die in einer unerklärlichen Distanz, vielleicht sogar Abneigung nicht nur gegen Ostdeutschland, sondern gegen Deutschland insgesamt lebte, wie sich später mehr und mehr herausstellte, wurde in Mithaftung genommen. Schon im Oktober 2000 nach kaum einem halben Jahr im Amt musste sie den von ihr geschätzten Polenz als Generalsekretär sanft zum Rücktritt auffordern, weil er den politischen Gegner zu wenig angriff und dadurch Merkel selbst zu sehr in die Schusslinie geriet. Geraten dazu hatte ihr die Pressesprecherin Eva Christiansen. Aber es lag letztlich wohl weniger daran, dass Polenz die Abteilung Angriff nicht liebte, wie euphemistisch versucht wurde, seinen Abgang zu bemänteln, sondern es scheint, dass Polenz eher ein Problem damit hatte, wen er angreifen sollte. Polenz wurde als »Parteilinker« beschrieben; die Frage lautete allerdings, in welcher Partei Polenz als Linker gelten durfte. Bei den Grünen? Bei der SPD? Bei denen, die er angreifen sollte? Rührten daher seine Hemmungen? Merkel wählte nun den nassforschen Laurenz Meyer, der auch aus NRW kam und Merkel schon bei seinem Antritt düpierte, als er auf seiner ersten Pressekonferenz zu Merkel frotzelte, dass sie sich einen »zweiten Fehlgriff« nicht leisten könne. Doch auf eigene Fehler öffentlich angesprochen zu werden, darauf reagierte Merkel höchst allergisch. Als die CDU auf einem Plakat den »Rentenbetrug« der

Ampel mit einem »Fahndungsfoto« von Bundeskanzler Gerhard Schröder anprangern wollte, musste die Parteiführung sich entschuldigen und das Plakat zurücknehmen. Offiziell stand Merkels General dafür gerade, doch eigentlich soll Merkel das Plakat genehmigt haben. Im Mai erlitt Merkel ihre zweite Bundesratsschlappe, denn die rot-grüne Koalition konnte mithilfe der großen Koalitionen in Berlin und Brandenburg ihre Rentenreform durchbringen.

In der Gesundheitspolitik vertrat Merkel eine richtige Position, doch hatte sie mit dem unglücklich gewählten Begriff »Kopfpauschale«, die auch den Begriff Kopfgeld oder Maragret Thatchers »Kopfsteuer« assoziierte, nicht nur gegen Schröders Bürgerversicherung einen schweren Stand, sondern auch in der Union selbst. Der Gesundheitsexperte der Unionsfraktion, Horst Seehofer, stand ohnehin der SPD-Vorstellung von der Bürgerversicherung näher als dem Konzept der Kopfpauschale und zog die CSU und Stoiber, die fürchteten, als unsozial dazustehen, mit sich. Seehofers falsche Vorstellung in Verbindung mit einem nicht gerade kleinen Ego wurde zum Problem für Merkel und in der Fraktion. Der öffentlich geführte Streit sollte bis ins Wahljahr anhalten. Im Juni 2001 zog sich als Reaktion auf den Berliner Bankenskandal die SPD aus der Großen Koalition zurück, Eberhard Diepgen (CDU) als Regierender Bürgermeister trat zurück, und Klaus Wowereit von der SPD wurde amtierender Bürgermeister. Zum CSU-Parteitag wurde Merkel in Nürnberg demonstriert, dass man nicht allzu viel von ihr hielt. Für die Neuwahl des Abgeordnetenhauses wollte die Parteichefin Wolfgang Schäuble als Kandidaten für den Regierenden Bürgermeister durchsetzen. Doch im Hintergrund gelang es Helmut Kohl, Schäuble zu verhindern. Stattdessen wurde ein unbekannter CDU-Politiker aus Berlin West, den man das Westberliner Hinterzimmer ansah, nominiert und erlitt voraussehbar eine empfindliche Schlappe. Die CDU stürzte in Berlin um

17 Punkte ab und erreichte nur noch 23,8 % der Stimmen. Die Macht formal zu erobern und sie inhaltlich zu behaupten und zu erhärten ist etwas völlig Verschiedenes, oder anders ausgedrückt, mächtig ist nicht der, der die Macht erobert, sondern der, der sie verteidigt und ausbaut. Man hat sich für ein Rennen qualifiziert, es aber noch nicht gewonnen.

Obwohl es bis zur nächsten Bundestagswahl nicht einmal mehr ein ganzes Jahr war, erreichte Stoiber, dass der gemeinsame Kanzlerkandidat erst im Frühjahr 2002 bestimmt werden sollte, weil er befürchtete, dass Merkel, die in der Tat als Parteivorsitzende der CDU ein Zugriffsrecht auf die Kanzlerkandidatur besaß, sich die Position sichern würde. Stoiber wusste, dass er noch etwas Zeit benötigte, um seine Kandidatur durchzusetzen. Außerdem meldete sich im Februar 2002 noch Friedrich Merz, der fand, dass ihm als Fraktionsvorsitzendem nicht minder das Recht der Kandidatur zustand. Merz und Merkel waren ja fast gleichaltrig, Merkel lediglich ein Jahr älter als Merz. Die offene Kandidatenfrage wurde Merkel als Schwäche ausgelegt. Aufmerken ließ Merkel am 8. Dezember 2001 ein Artikel im *Tagesspiegel,* der von einem angeblichen »Geheimplan« berichtete, den Peter Müller, saarländischer Ministerpräsident, im kleinen Kreis ausgeplaudert haben sollte. Es ging darum, dass einige aus der CDU, Ministerpräsidenten, Landesvorsitzende und Präsidiumsmitglieder, zu Merkel gehen würden, um sie zum Verzicht auf die Kanzlerkandidatur zu drängen. In diesen Kreisen favorisierte man Edmund Stoiber, allerdings wollte man einen öffentlichen Streit zwischen CSU und CDU vermeiden. Merkel spottete: »Die Angst vor mir muss groß sein«, und Müller dementierte nicht wirklich, wenn er den Artikel im *Tagesspiegel* eine Spekulation nannte.[300]

Was nun folgte, war eine der großen Lehrstunden für Merkel. Mit Christiansen und Baumann ging sie die wichtigen CDU-Mitglieder durch, um eine Liste zu erstellen, wer ihre Kandidatur unterstützen würde. Auf der Liste der Unterstützer landeten wie selbstverständlich auch Roland Koch und Christian Wulff. Sie sollte sich bitter täuschen. Am 9. Januar, mitten im Skiurlaub, rief Roland Koch von der Skipiste Merkel an. In einem lauten Streit sprach ihr Koch die »Berechtigung« zur Kanzlerkandidatur ab. Noch wusste sie nichts, ahnte nicht, wer oder was ihr entgegenstand, welche Kraft in der Partei ihr den Weg zur Kanzlerkandidatur verlegte.

Nicht nur dass die Fraktion von Friedrich Merz geführt wurde, sondern es stand auch ein informelles Netzwerk von wichtigen Politikern ihrer Generation gegen sie. Alle Mitglieder des Netzwerks teilten folgende Merkmale: Sie waren Männer, katholisch, westsozialisiert, gehörten der CDU schon seit den Tagen der Schüler Union an, begannen ihre Karriere in der Jungen Union in den nachachtundsechziger Zeiten, als der Zeitgeist links stand und es überhaupt nicht »cool« war, zur CDU zu gehen. »Cool« war es, bei den Jusos oder beim MSB Spartakus, beim Kommunistischen Bund (KB) oder bei den Internationalen Marxisten anzuheuern. Sie verbanden Kämpfe und der Kampfgeist ihrer Jugend, als sie dafür eintraten, was nicht en vogue war: Westbindung, Marktwirtschaft und ein konservatives Weltbild. Natürlich verfügte Angela Merkel nicht über die seit den Tagen der Jungen Union gewachsenen Beziehungen junger Politiker der CDU untereinander, von denen sich einige, wie Roland Koch oder Christian Wulff, zum legendären Andenpakt, auch Pacto Andino genannt, zusammenschlossen, über den der *SPIEGEL* im Jahr 2003 reißerisch berichtete. Und genau diesem Pakt war es geschuldet, dass Angela Merkel ihr Ziel, zu kandidieren, nicht durchzusetzen vermochte. Wieder einmal sollte sie Glück haben, denn genau aus dem Grund, dass sie 2002 nicht als Kanzlerkandidatin der Union antrat, öffnete sich ihr der Weg ins Bundeskanzleramt. Hätte 2002 Angela Merkel ihren Willen durchgesetzt, hätte sie die Wahl gegen Gerhard Schröder nicht nur verloren, sondern höher noch als Edmund Stoiber schließlich. Nach der Wahlniederlage hätte sie sich nicht mehr allzu lange im Parteivorsitz gehalten – und die Episode Merkel würde kurz nach dem Wahlabend vom September 2002 für die CDU abgeschlossen gewesen sein. Geradezu als Ironie des Schicksals sollte der Andenpakt das Gegenteil von dem erreichen, was er sich vorgenommen hatte. Das alles spricht nicht für den politischen und strategischen Weitblick seiner Mitglieder.

Der Pakt selbst wurde während einer Bildungsreise nach Südamerika im Juli 1979, die von der Konrad-Adenauer-Stiftung organsiert worden war, von zwölf Nachwuchspolitikern auf einem Nachtflug von Caracas nach Santiago de Chile gegründet. Neue Mitglieder stießen später zum Pacto Andino Segundo hinzu, als deren Generalsekretär der Braunschweiger Wirtschaftsanwalt Bernd Huck agierte. Schließlich gehörten dem Pakt u.a. an Christoph Böhr, Volker Bouffier, Elmar Brok, Jürgen Doetz, Franz Josef Jung, Roland Koch, Günther Oettinger, Friedbert Pflüger, Matthias Wissmann, Christian Wulff, seit 2005 Friedrich Merz.[301] Der *SPIEGEL* fasste die Regeln so zusammen: »Das Wichtigste: Kein Mitglied des Andenpaktes wird jemals öffentlich den Rücktritt eines anderen fordern – eine in Krisen womöglich überlebenswichtige Absicherung. ›Auch ein verstecktes Gemetzel wie bei Schröder und Lafontaine wäre bei uns nicht denkbar‹, sagt Wulff. Im Gegenteil. Die Mitglieder des Andenpaktes sind untereinander so loyal, dass schon mal einer für den anderen den Kopf hinhält.«[302] Auf den geheimen Treffen stimmte man sich in wichtigen Fragen der Partei-, besonders aber der Personalpolitik ab. Gegen den Andenpakt hatte Merkel anfangs nur das »Girls Camp«, wie der parteiinterne Spott lautete, mit ihren Vertrauten Baumann und Christiansen zu setzen, zu denen der getreue Bundesgeschäftsführer Willi Hausmann stieß. Baumann und Christiansen arbeiteten im Hintergrund, so diskret, als gäbe es sie gar nicht. Für Beate Baumann, die manche für die zweitmächtigste Frau in der CDU hielten, schien nur ein Lebensinhalt zu existieren: Merkels Erfolg, denn Merkels Erfolg schien für sie auch ihr Erfolg zu sein, den sie still genoss. Dass Wulff die Existenz des Paktes Merkel gegenüber aufdeckte, stieß im Bund auf Kritik und Ablehnung, und dass bald darauf Matthias Wissmann dann auch noch die Parteivorsitzende zum Gespräch einlud, zeigte die wirkliche Schwäche des Paktes, die sich Merkel zunutze machte, denn spätestens seit dem Abend des 20. Oktober 2002 beim Paktmitglied Jürgen Doetz im vierten Stock des Senders Sat 1 wusste Merkel genau, mit wem sie es zu tun hatte.

Die Schwäche des Paktes bestand in dreierlei Hinsicht. Erstens machten die Mitglieder des Andenpaktes selbst eine Entwicklung ihrer politischen Ansichten und Positionen durch, die nicht identisch verlief; so sollten Koch und Wulff Antipoden werden. Zweitens gerieten sie mit ihren persönlichen Ambitionen objektiv in Konflikte. Wissmann hatte Merkel wohl nur eingeladen, die sich auf Kosten von Friedrich Merz gerade zur Vorsitzenden der Unionsfraktion hatte wählen lassen, so wie es in Wolfratshausen beim berühmten Frühstück vereinbart worden war, um bei ihr Eindruck zu schinden und um sich für einen Posten im Fraktionsvorstand zu empfehlen. So kommentierte das ein Mitglied des Paktes: »Der wollte sich für einen Posten im Fraktionsvorstand empfehlen, nach dem Motto: Die stehen alle hinter mir.«[303] Drittens bestand die Stärke des Paktes darin, dass man – und eben auch nicht Merkel – weder etwas über die bloße Existenz noch über seine Mitglieder wusste. Doch jetzt besaß sie die wichtige Kenntnis darüber, womit und mit wem sie es zu tun hatte. Der Gegner war aus dem Diffusen, dem Halbdunkel getreten und jetzt sichtbar, einschätzbar und mithin besiegbar. Sie hatte das unterschätzt, doch die Mitglieder des Andenpaktes wie alle parteiinternen Gegner unterschätzten Merkels Konsequenz, Erbarmungslosigkeit, Gründlichkeit und Geduld mit den Gegnern, die sie nicht zu ihren getreuesten Paladinen machen konnte. Vielleicht hatte die FDJ-Funktionärin doch mehr von der marxistischen Dialektik von Strategie und Taktik gelernt, von der Lehre der nützlichen Idioten, offiziell Bündnispolitik genannt, und im Ganzen von der Lehre vom Klassenkampf und wie er zu führen ist.

Ihre Netzwerke in der Partei mussten dichter und belastbarer, die Informationen über Gegner oder über Absprachen, die gegen sie getroffen wurden, mehr und präziser werden. Die Absprachen ihrerseits hatten an Quantität und Qualität zuzunehmen. Ihr Hauptarbeitsgerät wurde das Telefon. Wesentlich stärker verstand sie, Differenzen ihrer Gegner zu erspüren, und die Möglichkeit, durch Postenvergabe Gegner für sich zu gewinnen, von sich abhängig zu machen, exzessiv zu nutzen.

Der erste Artikel über den Andenpakt, der dessen Existenz an das breite Publikum verriet, erschien am 29. Juni 2003 im *SPIEGEL*. Am 20. Oktober 2002 hatte Angela Merkel die Mitglieder des Andenpakts getroffen, drei Wochen nachdem Edmund Stoiber in der Bundestagswahl Gerhard Schröder unterlegen war und am Tag ihrer Wahl zur Fraktionsvorsitzenden. Es ist gut möglich, dass Merkels Pressesprecherin Eva Christiansen an dem Bericht nicht ganz unschuldig war, denn die Macht des Netzwerks bestand darin, dass es geheim und verschwiegen agierte. Merkel gestand sich ein, dass sie den Pakt unterschätzt hatte – ein so kapitaler Fehler sollte ihr nicht noch einmal unterlaufen. Im Jahr 2008 läutete die *WELT* das Totenglöckchen für den Pakt. Sie titelte: »Der Geheimbund der CDU-Männer ist am Ende.« In der Frage der Integrationspolitik hatten sich Friedbert Pflüger, der noch eine geduldete Existenz als Chef der CDU-Fraktion im Abgeordnetenhaus von Berlin fristete, und Niedersachsens Ministerpräsident Christian Wulff öffentlich gegen den Wahlkämpfer in Hessen Roland Koch gestellt. »Für CDU-Chefin und Bundeskanzlerin Angela Merkel ist das eine gute Nachricht:

Ihre schärfsten Gegner haben kapituliert. Sie hat den Pakt besiegt«, schlussfolgerte die *WELT*.[304]

Im Jahr 2010 schloss das Magazin, das die Berichterstattung über den Andenpakt begonnen hatte, das Kapitel. Der *SPIEGEL*-Redakteur Markus Feldenkirchen besuchte den Generalsekretär des Andenpaktes, der nicht zum Jubelparteitag nach Karlsruhe gefahren war. Das wollte er sich nicht antun. Von einem Parteifreund erfuhr er von Merkels umjubelter Rede und dass sie zur Parteivorsitzenden mit 90 % der Stimmen wiedergewählt wurde. »›Mutti hat sie alle um den Finger gewickelt‹, sagt Huck. ›Die Gegnerin hat gesiegt, die CDU gehört jetzt ihr. Es ist furchtbar.‹ […] In den Zeitungen steht an diesem Tag, Merkel habe die volle Macht über ihre Partei erobert. Sie sei jetzt ohne ernst zu nehmende Gegner. Die Gegner waren Huck und seine Paktbrüder.«[305]

23. AUF DEM SPRUNG INS BUNDESKANZLERAMT

Nachdem Angela Merkel nolens volens Stoiber den Vortritt in der Kanzlerkandidatur bei der Bundestagwahl von 2002 gelassen hatte – und damit, was sie nicht wissen konnte, auch in der Wahlniederlage –, stand nun der Weg für sie als Spitzenkandidatin der Union für die nächste Bundestagswahl offen. Aber es würde kein Wandeln auf besonnten Alleen am hellen Tage werden, sondern ein Tasten durch die moorigen Wege innerparteilicher Unwegsamkeiten. Merkel, die Schröder im Bundestag beim Schlagabtausch rhetorisch unterlegen war, setzte in ihrer Oppositionspolitik auf die Reform des strauchelnden Deutschlands. Ihr Problem bestand nun darin, dass sich Schröder selbst als Reformer präsentierte. Damit ging Schröder für alle auch öffentlich erkennbar ins Risiko, denn die Parteilinke und die Gewerkschaften liefen gegen Schröders Hartz-Reformen so sehr Sturm, dass er sich gezwungen sah, vom Parteivorsitz zurückzutreten und das Feld dem Vorsitzenden der SPD-Bundestagsfraktion, Franz Müntefering, zu überlassen. Doch der Schritt hatte ihn, auch wenn Merkel und andere das anders bewerteten, eher gestärkt denn geschwächt.

Um sich als die wahre Reformerin zu präsentieren, wurde unter Merkels Leitung schon 2001 ein Reformpapier ausgearbeitet, das der Öffentlichkeit ein alternatives Regierungsprogramm einer Kanzlerin Merkel darstellen sollte. Pompös nannte Merkel das Konzept »Neue Soziale Marktwirtschaft«, dessen Grundthese lautete, dass Deutschland mit Erhards Sozialer Marktwirtschaft die beste Gesellschaftsverfassung der Welt besäße und dass diese die Vorteile der freien Marktwirtschaft mit sozialer Verantwortung synchronisierte. »Die Soziale Marktwirtschaft ist wie keine andere Wirtschafts- und Gesellschaftsordnung in der Lage, unsere Grundwerte Freiheit, Solidarität und Gerechtigkeit zu verwirklichen.«[306] Allerdings sind bedingt durch die Veränderung von Wirtschaft und Gesellschaft seit den Fünfzigerjahren nun in den 2000er-Jahren Anpassung und Aktualisierung notwendig, weshalb es einer neuen Sozialen Marktwirtschaft bedurfte, wobei das »neu« kleingeschrieben werden sollte. Deshalb ging Merkels Diskussionspapier zwar davon aus, dass »Deutschlands Rang als eine führende Industrie- und Wissenschaftsnation und als ein wegweisendes Modell für sozialen Ausgleich und gesellschaftlichen Fortschritt weltweit unumstritten« war. Doch: »Heute, zu Beginn des 21. Jahrhunderts, ist diese Stellung Deutschlands in der Welt nicht mehr unangefochten. Epochale Veränderungen zeichnen sich ab, die Deutschlands Wirtschaft und Gesellschaft vor erhebliche Herausforderungen stellen: digitale Revolution: rasante Ausbreitung neuer Hochtechnologien, Globalisierung der Wirtschaftsprozesse: weltweite Vernetzung von Volkswirtschaften und Unternehmen, Alterung und Abnahme der Bevölkerung: steigende Lebenserwartung und rückläufige Geburtenzahlen, Erfahrungs- und Wertewandel: Zunehmende Individualisierung führt zu neuen Formen bürgerschaftlichen Engagements und reduziert die Bedeutung traditioneller normsetzender Institutionen.«[307] Im Papier wurde zum Thema Europa darauf Wert gelegt, dass die Stabilitätskriterien eingehalten werden, im Bereich Forschung sollte ein Dialog zwischen Gesellschaft und Wissenschaft stattfinden, der Wettbewerb zur Erteilung von Fördermitteln und die »Forcierung von Schlüsseltechnologien« verstärkt werden. Gefordert wurde gerade hier, was Merkel später selbst kaum und noch weniger die Ampel in ihrem Geiste und als ihr Erbe einhalten sollte: »Die Innovationsfelder der Zukunft – wie Bio- und Informationswissenschaften, Nanotechnologie, Umwelt-, Energie- und Verkehrstechniken sowie Dienstleistungsinnovationen – sollen im gemeinsamen Dialog von Wissenschaft, Wirtschaft, Politik und gesellschaftlich relevanten Gruppen identifiziert und eine Strategie zu deren Umsetzung erarbeitet werden. Diese ist dann ordnungspolitisch sauber von den einzelnen Akteuren – Staat, Wirtschaft, Wissenschaft – umzusetzen.«[308]

Mit der Energiewende und der einseitigen Förderung der erneuerbaren Energien, mit der garantierten Einspeisevergütung wurde die Ordnungspolitik gesprengt. In der Bildung wurde für das zwölfjährige Abitur plädiert, und in den Lehrplänen sollten Naturwissenschaften und Fremdsprachen eine größere Rolle spielen. Im Arbeitsmarkt setzte Merkel auf die Subventionierung des Niedriglohnsektors, die Rücknahme der Novelle des Betriebsverfassungsgesetzes und Lockerungen beim Kündigungsschutz. Arbeitslosen- und Sozialhilfe sollten zusammengelegt werden, in der Kranken- und Rentenversicherung strebte Merkel mit dem Fokus auf Eigenverantwortung eine Systemveränderung an. Im Steuerrecht schlug sie die Einführung eines Dreistufenmodells für alle Einkünfte unabhängig der Herkunft von 10, 20 und 35 % vor und die Abschaffung der Ökosteuer, mit der sie als Umweltministerin unter Kohl noch geliebäugelt hatte. Merkels Papier allerdings blieb in entscheidenden Punkten schwammig und ähnelte stark Clintons Überlegungen zum »Dritten Weg« aus dem Jahre 1992; es konnte seine Verwandtschaft mit dem Schröder-Blair-Papier »The Third Way«, in Deutschland unter dem Titel »Der Weg nach vorne für Europas Sozialdemokraten«, das Schröders Vertrauter Hombach und Blairs Famulus Mandelson verfasst hatten, nicht verbergen. Alle – ob Schröder, Blair, zuvor Clinton, später Merkel – blickten sich geradezu die Augen blind nach der Neuen Mitte. Kritik regte sich sofort von allen Seiten, am stärksten in der Union. Friedrich Merz, der eigentlich mit dem Papier hätte zufrieden sein müssen, stieß sich kleinlich an dem kleingeschriebenen Attribut »neu« und meinte darin die Abkehr von der Sozialen Marktwirtschaft zu entdecken, zumindest in der Außenwirkung. Alois Glück von der CSU sorgte sich, dass die Union als unsozial dastehen könnte, weil sie zu sehr die Ökonomie im Blick habe. Im Streit um das Gesundheitskonzept trat schließlich der für diesen Bereich zuständige Fraktionsvize Horst Seehofer zurück. Im Jahr 2004 legte auch Friedrich Merz in der eitlen Hoffnung, Merkel damit zu schaden, den stellvertretenden Fraktionsvorsitz nieder. Dass er letztlich seiner Kontrahentin einen Gefallen tat, sah er in seiner Selbstüberschätzung nicht, denn er hinterließ eine Lücke, die von Merkel dankbar sofort gefüllt wurde, und zwar mit ihren Leuten, mit Michael Meister für Finanzen und Ronald Pofalla für Wirtschaft. So baute sie Schritt für Schritt ihre Macht aus. Gefährlich in dem Machtpoker konnte ihr nur die Presse werden, die gerade auf Distanz zu ihr ging und sie als schwach erkennen wollte. Dabei hatte einer ihrer gefährlichsten Konkurrenten den Machtkampf aufgegeben, zwar in der Wahl des Zeitpunktes den für Merkel heikelsten Zeitpunkt gewählt, doch wer raus aus dem Spiel ist, ist eben raus. Im *SPIEGEL* beispielsweise spekulierte der Männerklub Nelles, Neukirch, Schult und Steingart darüber, dass in der Union die »Treibjagd auf Angela Merkel« begonnen haben sollte. Auf der Klausurtagung der CSU-Landtagsfraktion im Kloster Banz träumte Stoiber sogar noch einmal von einer zweiten Chance, noch einmal bei der Bundestagswahl gegen Gerhard Schröder antreten zu können: »Wenn ich noch einmal Kanzlerkandidat wäre, würde ich es anders machen«, schnaubte er los.«[309] Der *SPIEGEL* traf fast genau die Lage, wenn er schrieb: »Der Reformparteitag von Leipzig, als sie im Dezember die Entkoppelung der Gesundheitskosten von den Löhnen durchsetzte, war ihr größter Triumph. Viele lauern seither auf die Möglichkeit zur Revanche – nun scheint sie gekommen. Die ›Winterkönigin‹ *(Süddeutsche Zeitung)* findet sich abrupt im Fadenkreuz jener Gegner wieder, die sie etwas leichtfertig glaubte abgeschüttelt zu haben. Und es sind die üblichen Verdächtigen: Roland Koch, der selbst ernannte ›Raubauz‹, der sich geschworen hat, diesmal nicht als Erster loszuschlagen, Christian Wulff, der das Image des Harmlosen pflegt, und CSU-Chef Edmund Stoiber, dessen Sozialexperte Horst Seehofer die Kollegin von der Schwesterpartei in einen zermürbenden Streit über Zahnpauschalen und Gesundheitsprämien verwickelte.«[310]

Andere Zeitungen schreiben ähnlich, die *Süddeutsche* beispielsweise, die vom »Herbst der Winterkönigin« drauflosmetapherte. Dass Merkel 2003 listenreich Horst Köhler als Bundespräsidenten durchgesetzt hatte, der erstens im Gegensatz zu Schäuble, den die FDP ablehnte, ein Vorschlag der FDP war und zweitens noch dazu ein CDU-Parteibuch besaß, hatte sie als Bundeskanzlerin einer schwarz-gelben Koalition empfohlen, doch das galt nun nicht mehr viel. Merkel und Westerwelle, zu dem sie eine Beziehung aufgebaut hatte, wurden im Vergleich zu Schröder und Fischer von Stoiber als Leichtmatrosen abqualifiziert. Man überschätzte sich eben schnell in München. Stoiber spielte auf Zeit, Koch spielte auf Zeit, Wulff ohnehin, doch musste er seinen Andenpaktbruder Koch im Auge behalten, dass der ihm nicht zu guter Letzt den Schneid abkaufte. Wulff sah seine Chance auf das Bundeskanzleramt im Jahr 2010 für gekommen. Würde also Koch als Kandidat die Bundestagswahl im Jahr 2006 gewinnen, hätte Christian Wulff seine Karriereplanung in den Reißwolf stecken können. Eine im Wahlkampf von Schröder geschlagene Merkel würde ihm dagegen den Weg an die Macht freigeben. Die Dinge lagen nicht einfach. Es sollte Schröder sein, der den gordischen Knoten zerhauen sollte. Den Machtverlust und die Destruktion der Unionsfreunde hätte Merkel bis 2006 nicht durchhalten können. Schröder half ihr ungewollt aus der Misere. Als am 22. Mai 2005 die SPD die Landtagswahlen in NRW verlor, sodass es zu einer CDU-FDP-Regierung kommen sollte, verkündeten noch am Abend der Wahlniederlage Müntefering als Parteivorsitzender der SPD und Schröder als Bundeskanzler, dass sie sich um Neuwahlen bemühen würden, weil sie für die Durchsetzung der Hartz-Reformen, der Agenda 2010, klare Verhältnisse und klare Mehrheiten benötigten. Ihren Koalitionspartner, die Grünen, überrumpelten sie mit der Entscheidung, die Fischer und Co. für falsch hielten. Möglich, dass Schröder und Müntefering auf eine große Koalition unter Führung der SPD hofften, um den Widerstand gegen die Reformen im Bundesrat, der nun mit dem selbst ernannten »Arbeiterführer« von der CDU, Jürgen Rüttgers, als Ministerpräsident von NRW kommen würde, zu neutralisieren. Müntefering und Schröder wollten zum Zwecke des Machterhalts verhindern, dass die Union die Koalition am Nasenring durch den Bundesrat führte, das heißt, sie bis zur regulären Wahl 2006 erschöpfen und vor den Augen der Wähler als lame duck präsentieren könnte. In der Union wäre mit der sicheren Aussicht auf den Sieg der Kampf um die Kanzlerkandidatur ausgebrochen, und wer es am Ende auch geworden wäre, Koch oder Stoiber, eines stand fest, dass man Angela Merkel die Kanzlerkandidatur nicht gelassen hätte.

Merkel handelte schnell. Am 22. Mai verkündeten Müntefering und Schröder, dass es Neuwahlen geben werde, acht Tage später, am 30. Mai, kündigte Merkel nach einer gemeinsamen Sitzung der Präsidien von CDU und CSU ihre Kanzlerkandidatur mit dem Satz an: »Ich will Deutschland dienen.«[311] Stoiber sicherte ihr die volle Unterstützung zu. Da die Wahl schon am 18. September stattfinden sollte und die Union sofort in den Wahlkampfmodus schalten musste, blieb keine Zeit für eine kräfte- und zeitraubende Auseinandersetzung, für den Wettstreit der Aspiranten um die Kandidatur. In dieser Situation blieb der Union nur übrig, Merkel zu nominieren. Das rettete sie wieder einmal. Glück für Merkel, Pech für Deutschland.

24. DER SIEG IN DER NIEDERLAGE

Zu ihrem wieder einmal unverdienten Glück blieben für den Wahlkampf nicht einmal vier Monate Zeit, vier Monate, die nicht ausreichten, sie ganz zu entzaubern. Hätte der Wahlkampf nur ein halbes Jahr gedauert, dann hätte sie die Wahl verloren, und Deutschland wäre der Abstieg, der Kollaps des Gesundheitswesens, der inneren Sicherheit, der Infrastruktur und die tiefe Verfeindung im Land erspart geblieben, denn wenn Helmut Kohl der Kanzler der Einheit genannt wurde, so bleibt für Angela Merkel nur der Titel Kanzlerin der Spaltung, denn das berühmte divide et impera, das Gegeneinander-Ausspielen, beherrschte sie wie niemand sonst in Deutschland.

Im Wahlkampf, in dem sie es fertigbrachte, eine überaus günstige Ausgangslage zu verspielen und 40 plus in 40 deutlich minus zu verwandeln, überzeugte sie jedenfalls nicht, zumal sie dann auch noch ihre Kompetenz als Reformerin selbst infrage stellte und noch dazu dafür plädierte, die Mehrwertsteuer von 16% auf 18% anzuheben. Um sich als die wahre Reformerin zu präsentieren, wie sie es in ihrem heftig umkämpften Papier zur »neuen Sozialen Marktwirtschaft« dargestellt und wie sie es auf ihrem mutigen Reformparteitag intoniert hatte, verkündete sie: »Wir brauchen keine Agenda 2010 mehr, so richtig Schritte von ihr waren, wir brauchen eine Agenda Arbeit.« Um gleich darauf zu definieren: »Arbeit braucht Wachstum, und Wachstum braucht Freiheit.«[312] Zwar zeigte ihr Papier zur »neuen Sozialen Marktwirtschaft« in die richtige Richtung, blieb aber letztlich nur Lyrik, um Merkel den Bewegungsspielraum zu gewähren, der ihr erlaubte, unter dem Label auch das Gegenteil von dem zu verwirklichen, was im Papier anscheinend gefordert war.

Sie gab vor, das Land, das sie in Bürokratie, Arbeitslosigkeit, Armut und Rekordverschuldung versinken sah, wieder »auf Vordermann zu bringen«. Da die ersten Maßnahmen von Schröders Reformen zu greifen begannen und demzufolge ihre Schatten vorauswarfen, verunsicherten sie zunächst viele. Schröders Reformen, die Merkel verwässern und schließlich verfrühstücken sollte, brachten Deutschland die internationale Wettbewerbsfähigkeit zurück, allerdings nur um den Preis der inneren Abwertung Deutschlands, wie der britische Journalist Hans Kundnani es in seinem anregenden Buch *German Power. Das Paradox der deutschen Stärke* auf dem Höhepunkt von Deutschlands Macht im Jahr 2015 formulieren sollte, kurz bevor das Land in den Niedergang trudelte und Merkel aus Machterhalt und weil sie keinen Fehler zugeben wollte, die Gesellschafft spaltete. Dass die deutschen Arbeitnehmer nicht am Erfolg der inneren Abwertung nach angemessener Zeit beteiligt wurden, verdankten sie allein Merkels Politik, die unter den Bezeichnungen Energiewende, Klimaschutz und Willkommenskultur die größte Umverteilung in Deutschland in Gang setzte und das Land ruinierte.

Merkels Nominierung am 30. Mai löste zunächst Begeisterung aus, vor allem bei Frauen, die 52% der Wahlberechtigten damals ausmachten. Zeitweilig sahen Meinungsforscher die Union schon bei 49 %. Sie durfte anfangs sogar mit besten Chancen rechnen, da Schröders rot-grüne Koalition energiepolitisch zu Recht, was die Reform des Arbeitsmarktes betraf zu Unrecht, immer unbeliebter wurde. Laut Projektion des Politbarometers der Forschungsgruppe Wahlen lag im Juni 2005 die Union bei 44%

der Stimmen, die SPD bei 29 %, die Grünen bei 8 % und die FDP bei 7 %, wenn am Sonntag gewählt werden würde. Für eine schwarz-gelbe Koalition hätte es locker gereicht. Anfang Juli konnte die CDU laut Projektion ihren Stimmenanteil halten, während die SPD auf 27 % sank. Im August lag die SPD in der Projektion bei 30 %, die CDU nahezu bei 43 %. Neun Tage vor der Wahl und nach dem TV-Duell zwischen Merkel und Schröder erreichte die CDU 41 %, die SPD 34 %, die Grünen 7 % und die FDP 7 % der Stimmen in der Projektion.

Das Politbarometer kam am 9. September zu folgender Einschätzung: »In der politischen Stimmung legt die SPD in der Woche nach dem TV-Duell erneut deutlich zu und kommt jetzt auf 38 Prozent (plus 4). Die CDU/CSU verliert und erreicht noch 40 Prozent (minus 2), die Grünen verbessern sich leicht und kommen jetzt auf 7 Prozent (plus 1). Die FDP hingegen verliert leicht und erreicht jetzt 6 Prozent (minus 1).« Und fügte hinzu: »Bei der Frage nach dem gewünschten Kanzler kommt Gerhard Schröder jetzt auf 53 Prozent (plus 4) und Angela Merkel auf 40 Prozent (minus 1). Lediglich die über 60-jährigen Männer sprechen sich mit einer sehr knappen Mehrheit für Angela Merkel aus.«[313] Nicht allzu überraschend bekam Angela Merkel, die kalt kalkulierend, wann immer es hilfreich war, die Frauenkarte zog, aber vom Feminismus nichts wissen wollte, auch von bekannten oder mächtigen Frauen Unterstützung. Alice Schwarzer blies für sie ohnehin ins Horn. Dass die Filmproduzentin Regina Ziegler, die die treuen ARD-Zuschauerinnen mit Meisterwerken deutscher Fernsehkunst wie »Frauen, die Prosecco trinken« oder »Männer sind wie Schokolade« beglückte, Angela Merkel unterstützte, fiel nicht weiter ins Gewicht, stärker schon die beliebte und erfolgreiche Polittalkerin der ARD Sabine Christiansen, noch stärker natürlich die Frauen mit wirklicher Medienmacht wie Friede Springer und Liz Mohn von Bertelsmann.[314]

In Merkels Migrationsevent von 2015, von dem ab sie eine

Kultur zu entwickeln half, die den Deutschen täglich stärker zeigte, wie unwillkommen sie inzwischen im eigenen Vaterland waren, bekam sie heftige Unterstützung durch die Springer-Presse, die dadurch allerdings den Verkauf der *Bildzeitung* drastisch reduzierte. *Bilds* Merkel-Gefolgschaft in der sogenannten Willkommenskultur kostete die Zeitung im Verkauf »3.291.129 Exemplare oder umgerechnet 77,2 Prozent« der Auflage.[315] Paradox daran ist, dass Springer sich zwar immer und auch wirklich glaubhaft gegen Antisemitismus positionierte und dennoch 2015 und in den folgenden Jahren Merkels Willkommenskultur unterstützte, in deren Ergebnis es zu einem Import muslimischen Antisemitismus kam, wie man heute auf deutschen Straßen und an Berliner Universitäten beobachten kann. Aber nicht nur Springer verband sich mit Merkel, auch Bertelsmann. Die berüchtigten Bertelsmann-Studien sollten später Merkels Entscheidungen medial absichern helfen und ein ideologisches Werkzeug ihrer Kanzlerschaft werden. Zum einen haben diese Studien ihre Wirkung entfaltet, zum anderen haben sie dazu geführt, dass Bertelsmann-Studien immer weniger und immer wenigeren als seriös gelten.[316] So schrieb Alexander Grau beispielsweise 2017 im *Cicero:* »Denn die Bertelsmann-Stiftung ist wahrscheinlich die einflussreichste Stiftung Deutschlands. Manche würden vielleicht sagen: die unheilvollste. Ihre ideologische Agenda ist ein brachialer Vulgär-Modernismus. Gut und aus Gütersloh wissenschaftlich flankiert und finanzkräftig gefördert ist alles, was auf Globalisierung, Internationalisierung, Ökonomisierung und Digitalisierung hinausläuft. Unter dem Deckmäntelchen des ›zivilgesellschaftlichen‹ Engagements soll die Gesellschaft weltanschaulich auf Linie gebracht werden, sodass sie den Anforderungen einer globalisierten Wirtschaft genügt.«[317] Spätestens hier stimmte Merkels Image, das sie immer stärker imaginierte, von der einsamen Frau aus dem Osten nicht, die sich gegen eine knallharte Männerwelt des Westens durchsetzen musste. Feminismus war für Merkel nie ein Thema, das heißt erst ab 2021, rückblickend, schon im Modus der Selbstverklärung und Mythenbildung, wie sie es vermutlich in ihrem Selbstrechtfertigungsbuch unternehmen wird.[318] Möglicherweise erfahren wir aus Merkels Erinnerungen, dass sie schon vor Alice Schwarzers Geburt Feministin war und schon vor der Gründung der DDR und der Bundesrepublik gegen die Männerherrschaft in beiden deutschen Staaten gekämpft hatte.

Die Realität sieht indes glanzloser, prosaischer aus. Die Karriere von Angela Merkel nicht als Frau, sondern als Mann aus dem Osten wäre hingegen undenkbar gewesen. Kohl wollte eine junge Frau aus dem Osten, da er schon zwei ostdeutsche Männer mit Rainer Ortleb und Günther Krause, der Merkel sogar noch fördern sollte, in der Regierung hatte. Krause verdankte sie letztlich ihr Bundestagsmandat. Und das Angenehme für Helmut Kohl an Angela Merkel war, dass sie sich nicht in der Opposition engagiert hatte und mithin sicher kein Widerstands-Gen in sich trug. Evelyn Roll kam in ihrem Buch über Merkels Weg zur Macht ihr nie so nahe wie in diesem einen Satz über die Kurzzeitwahlkämpferin Angela Merkel im Jahr 2005: »Und deswegen ist sie auch wütend über Gerhard Schröder, dass er die Menschen nicht das gelehrt hat, was sie wissen müssen, um zu verstehen, warum welche Reformen passieren.«[319] Der mündige Bürger, der weder betreutes Denken noch Belehrungen benötigt, der aus der Fülle seiner Erfahrungen und Kenntnisse den Mut bezieht, sich seines »*eigenen* Verstandes zu bedienen«[320], kommt in Merkels Hybris nicht vor. Sie sieht, wie Roll es hier ungewollt auf den Punkt brachte, den Menschen nur als von der Regierung zu belehrendes Wesen, in vulgo als Untertan, oder als Kind, das ständig vom Vater oder von der Mutter, später von »Mama Merkel« oder von »Mutti« zu belehren ist, der Objekt betreuten Denkens ist. So wie sie es 1991 im Interview unfreiwillig preisgab: »Vielleicht habe ich da ein autoritäres Verhalten in mir.« Bis in Biografien hinein spürt man Merkels Bestreben, die Schuld für den misslungenen Wahlkampf von 2005 anderen in die Schuhe zu schieben.[321] Doch als Kopf der Kampagne trug sie die Verantwortung für den Wahlkampf.

Dass Merkel die Kanzlerkandidatin der Union geworden war, erfüllte Schröders Hoffnungen. Mit der vorgezogenen Wahl zwang er Merkel, ihr Konzept der neuen Sozialen Marktwirtschaft zu konkretisieren, und dabei unterliefen ihr wahlentscheidende Fehler, die Schröder schamlos ausnutzte. Das Chaos in Merkels Wahlkampf, das auch zeigte, welche Lücke der Rückzug von Friedrich Merz dann doch geschlagen hatte, brachte eine *dpa*-Meldung auf den Punkt, die Schröder sofort als Geschenk des Himmels empfand: »Paul Kirchhof ist mit Angaben zu seinem Steuermodell auf Widerspruch aus der CDU/CSU-Bundestagsfraktion gestoßen. Kirchhof hatte in der Neuen Presse in Passau am Dienstag gesagt, eine Sekretärin mit 40 000 Euro Jahresgehalt zahle in seinem Modell 4000 Euro Steuern. Dagegen rechnete der Unionsfraktionsvize Michael Meister am Mittwoch vor, für eine ledige Sekretärin betrage die Steuer nach Kirchhofs Modell 6750 Euro. Kirchhofs Mitarbeiter in der CDU-Zentrale erläuterte diese Diskrepanz: Gemeint sei keine ledige oder verheiratete Sekretärin, sondern gemeint sei eine rechnerische Größe, die ›Durchschnittssekretärin‹. Bei dieser Modellrechnung sei unterstellt, dass die Sekretärin 1,3 Kinder habe und zu einem gewissen Prozentsatz verheiratet sei. Dann ergebe sich eine durchschnittliche Belastung von 4000 Euro in den Steuern.«[322] Schröder ließ sich keine Gelegenheit entgehen, die *dpa*-Meldung zu verlesen und zu kommentieren, vor allem sie mit der antiintellektuellen Wendung, mit der man in Deutschland immer punktet, wo die Macht zumeist geistlos und der Geist allzu oft machtlos ist, vom »Professor aus Heidelberg« zu versehen. Inhaltlich stimmte alles in der *dpa*-Meldung, weder Meister noch Kirchhof hatten sich verrechnet, nur waren diese Feinheiten der Steuermathematik wahrlich nicht für den Wahlkampf geeignet. An dieser Stelle fehlte die Abstimmung.

Schröder hatte sich entschlossen, sich als Reformer zu präsentieren, der zwar anspruchsvolle, aber notwendige Veränderungen forderte, dabei aber um soziale Gerechtigkeit, soziale Abfederung und Verhältnismäßigkeit als Anwalt der kleinen Leute rang, während er Merkel als die Zerstörerin des Sozialstaates darstellte, die neoliberale Kälte verbreiten würde. Er behauptete, den Sozialstaat reformieren zu wollen, um ihn zu erhalten, während Merkel ihn reformieren würde, um ihn zu ruinieren. Bevor er mit dieser Wahlkampfthese auf Großveranstaltungen auftrat, probierte er seine Wahlkampfrede auf fünf kleineren Veranstaltungen, um die Wirkung zu testen. Erst als er wusste, dass Ton und Inhalt durchschlagen würden, tingelte er durch die Republik bis an den Rand seiner Kräfte von Großveranstaltung zu Großveranstaltung. Merkel verkündete hingegen ihr Dreiklängchen vom »Reformieren – Sanieren – Investieren«, doch ganz so ernst meinte sie es dann doch nicht, denn ihr erstes Regierungsprogramm trug den Titel: »Sanieren – Investieren – Reformieren«.

Das amtliche Endergebnis sollte dementsprechend der Union einen herben Schock bescheren, denn die Union hatte die Wahl zwar gewonnen, aber mit knapper Mehrheit mit 35,2 % der Stimmen vor der SPD, die 34,2 % der Stimmen holte, die FDP punktete mit 9,8 % und die Grünen erreichten 8,1 % nach der PDS mit 8,7 % der Stimmen. Für Schwarz-Gelb reichte es nicht. Angela Merkel hatte, bei Lichte besehen, eine große Niederlage eingefahren, von 40 % plus zu 35,2 %. Der Aufbruch wurde zum Einbruch, da Schröder eine beeindruckende Aufholjagd deshalb gelang, weil er den Bürgern seine Reformvorhaben, ihren Sinn, ihren Zweck und ihre Inhalte erläutern konnte, während aus der Union nur eine Kakofonie erklang. Dass die Union knapp, aber immerhin vor der SPD lag, kam Merkel erst einmal zugute, denn als »Wahlsiegerin« gab es keinen Grund für einen Rücktritt.

Merkel hatte erneut Glück, und für Deutschland kam das Pech dazu.

Ungewollt rettete sie schließlich kein Geringerer als Gerhard Schröder. Die Elefantenrunde am Wahlabend, die, schon während sie lief, das Zeug dazu besaß, legendär genannt zu werden, bedarf einer genaueren Analyse. Nachdem gegen 17 Uhr in den Parteizentralen die ersten Zahlen eintrafen, brach Jubel bei der SPD aus, denn das Ergebnis sollte weit besser ausfallen, als man es erwartet hatte, und vor allem bot es die Möglichkeit, dass die SPD in der Regierung bleiben und bei einigem Verhandlungsgeschick sogar die Inhalte der Regierungspolitik vorgeben würde. Während Merkel über ihre nächsten Schritte nachdachte, um nicht nur für den Tag und für die nächste Woche an der Macht zu bleiben, wichen die Anspannung und die Überbelastung der letzten Wochen von Schröder, und der hohe Adrenalinspiegel schien mit einem möglichen Alkoholspiegel eine interessante Verbindung eingegangen zu sein. Demensprechend großspurig erschien er in der Elefantenrunde, als er Merkel erstens den Wahlsieg und zweitens die Befähigung, eine Regierung zu führen, absprach. Alle Feministen in Deutschland und auch die, die es noch werden wollten, und auch die, die es nicht werden wollten, waren entsetzt, wie Schröder mit Merkel auch als Frau umsprang. »Glauben Sie im Ernst, dass meine Partei auf ein Gesprächsangebot von Frau Merkel bei dieser Sachlage einginge, in dem sie sagt, sie möchte Bundeskanzlerin werden? Ich meine, wir müssen die Kirche doch mal im Dorf lassen. Die Deutschen haben doch in der Kandidatenfrage eindeutig votiert. Das kann man doch nicht ernsthaft bestreiten.«[323]

Man konnte Joschka Fischer ansehen, wie peinlich berührt, wie verärgert er über Schröder war, doch bezog sich das nicht nur auf die Form, denn ein Machtpolitiker wie Fischer, dessen Lebensdilemma darin bestand, dass seine Partei für seine Ambitionen zu klein war, dürfte genau das gespürt haben, dass in diesem seltsamen Duell zwischen Schröder und Merkel, zwischen SPD und CDU, Fischer und die Grünen überhaupt keine Rolle mehr spielten, dass die Grünen Geschichte waren und blieben, bis Deutschland die Geschichte einholen sollte, dass es nämlich schon an diesem Abend um die künftige Regierung Deutschlands ging, um die Machtfrage. Nicht umsonst deplatzierte Schröder die Grünen und die FDP, als er sagte: »Frau Merkel wird keine Koalition unter ihrer Führung mit meiner sozialdemokratischen Partei hinkriegen.« Schröder ging es nicht um die Person Merkel, schon gar nicht darum, welchen Geschlechts sie war, auch wenn ihre Verehrerinnen und Verehrer vor allem in den Medien diese Melodie spielten und variierten. Es war Schröder darum zu tun, den Preis für die SPD hochzutreiben und den der Union zu mindern, indem er verdeutlichte, dass die Union die Wahl verloren und die SPD eigentlich die Wahl gewonnen hatte. Schröder trat dreist als Wahlsieger auf, als der er sich übrigens auch fühlte. Glaubt wirklich jemand, dass Schröder mit Edmund Stoiber oder mit Roland Koch pfleglicher umgegangen wäre? Er war an diesem Abend auf Krawall gebürstet und genoss es, das Enfant terrible zu spielen. Zu verlieren hatte er nichts, denn dass er nicht Kanzler werden würde, musste er gewusst haben, und dass Angela Merkel Bundeskanzlerin werden würde, wohl auch. Es ging an diesem Abend bereits darum, wer in der neuen Koalition die Inhalte bestimmte. Man könnte auch sagen, an diesem Abend begann die Sozialdemokratisierung der CDU. Angela Merkel lernte an diesem Abend, dass sie mit ihrem »Reformprogramm«, dass sie in der Rolle der Reformerin, die sie nicht durchhielt, die Wahl verloren hatte. Auf Programme oder Konzepte wollte sie sich nicht noch einmal einlassen. Für Merkel, die von Schröder brutal und rüpelhaft bloßgestellt worden war, ging es schon an diesem Abend nur noch um die Macht. Bereits zwei Tage später ließ sie sich in großer Hast zur Vorsitzenden der Bundestagsfraktion der Union wählen, um ihre

Macht zu sichern, bevor die Diskussion über die faktische Wahlniederlage womöglich in der Partei ausbrach. Allerdings zwang Schröders Angriff die Union, den Anspruch, die Regierung zu führen, auch durchzusetzen. Denn den hatte er massiv und für alle überraschend infrage gestellt. Daher konnte sich die Union keine Fehlerdebatte leisten, im Gegenteil: Sie sah sich gezwungen, sich gegen den von Schröder gesäten Zweifel zu behaupten. Das rettete Angela Merkel erneut. Indem Schröder Merkels Kompetenz als künftige Regierungschefin in Zweifel gezogen hatte, zwang er die Union, zu Merkel zu stehen. Da die Grünen nicht in ein Regierungsbündnis mit der Union und der FDP und die FDP nicht in eines mit der SPD und den Grünen gehen wollten, kam man an der Großen Koalition nicht mehr vorbei. Von heute aus gesehen wäre wohl für Deutschland, aber auch für die FDP eine Ampel unter Schröders Führung damals besser gewesen als alles, was danach folgte, einschließlich der schwarz-gelben Koalition.

Die These, dass im Grunde schon in der Elefantenrunde am 18. September die Sozialdemokratisierung der CDU eingeleitet wurde, bestätigte das Treffen zwischen Merkel und Müntefering drei Wochen nach der Wahl. Müntefering stellte als Bedingung für ein Gespräch, dass sich die CDU von dem Konzept der neuen Sozialen Marktwirtschaft verabschiedet. Das hatte Merkel schon längst getan. Ihr ging es, wie von da an immer, nicht um Inhalte, sondern um die Kanzlerschaft. Damit begannen die Verhandlungen. Schröder und Müntefering gelang es, im Grunde eine sozialdemokratische Regierung zusammenzubasteln. Als verhängnisvoll erwies sich, dass Stoiber an seinem Traum laborierte, Superminister für Wirtschaft und Technologie zu werden. Schröder schrieb über die Verhandlungen: »Mir war klar, dass ich meinen Führungsanspruch auch in unserer Großen Koalition aufrechterhalten musste, bis wir die inhaltlichen Fragen geklärt und die Ressortfragen vereinbart hatten.« Die Sottise konnte er sich dann doch nicht verkneifen: »Der Anspruch Stoibers auf das Wirtschaftsministerium und auf eine herausragende Rolle in einer neuen Regierung war dabei sehr hilfreich.«[324]

Für die verhandlungserfahrenen Sozialdemokraten war die Situation großartig, denn während Edmund Stoiber über seine Rolle in der Regierung nachdachte, gingen Merkels Überlegungen dahin, wie sie sich die Kanzlerschaft sicherte. Ihr wurde immer wieder die Fähigkeit bescheinigt, Verhandlungen zu einem Ergebnis führen zu können. Das lag daran, dass sie über eine einzige klare Priorität verfügte, die »Ich« lautete; über den Rest ließ sich jeder Kompromiss schließen – auf wessen Kosten auch immer.

Schröder behielt recht. Angela Merkel wurde zwar Bundeskanzlerin, aber das Programm war ein »gemäßigt sozialdemokratisches«.[325] Merkels Reformparteitag und ihr Reformprogramm fielen dem Vergessen anheim, man wollte sich in der Union nicht mehr daran erinnern wie an ein gemeinsames Anschauen von Pornos in pickliger Pubertät. Der Koalitionsvertrag trug den Titel: »Sanieren – Investieren – Reformieren«. Doch die Reformministerien überließ Merkel den Sozialdemokraten, die Bundesministerien für Arbeit und Soziales, Finanzen und Gesundheit. Merkel, die im Wahlkampf versprach, die Staatsverschuldung zu reduzieren, hinterließ nach 16 Jahren Kanzlerschaft Staatsschulden in Höhe von 2,476 Billionen Euro und eine Nachhaltigkeitslücke von 17,6 Billionen Euro, die eine tickende Zeitbombe für die Sozialsysteme ist. Die Mehrwertsteuer wurde nicht um zwei, sondern gleich um drei Prozentpunkte angehoben, die Ökosteuer nicht abgeschafft, das Antidiskriminierungsgesetz verabschiedet, Merkels Kopfpauschale war vom Tisch.

Mit Angela Merkel wurde zum ersten Mal in Deutschland eine Frau Bundeskanzlerin und zugleich eine Politikerin Regierungschefin einer sozialdemokratischen Regierung, die ein CDU-Parteibuch innehatte.

DRITTER TEIL: KANZLERIN DER SPALTUNG

»Es genügt nicht, wie die Franzosen zu sagen, ihr Volk sei überrumpelt worden … Solche Redensarten lösen das Rätsel nicht, sondern formulieren es nur anders. Es bleibt zu erklären, wie ein Volk von sechsunddreißig Millionen von drei Industrierittern überrascht und ohne Widerstand in die Gefangenschaft gebracht werden konnte.«

Karl Marx

25. MERKELS STAATSBONAPARTISMUS HEISST GROSSE TRANSFORMATION

Angela Merkels Vorstellung von Politik ist die Idee der Macht und des Machterhalts als gouvernementale Realität. Sie will im Voraus wissen, worauf sie sich einlässt; sie will vom erreichten Ziel »vom Ende her« zurückdenken. Was ihre Lobredner in den Medien als besondere Leistung feierten und geradezu metaphysisch umkränzt in den Himmel der Genialität erhoben, sind des Kaisers neue Kleider, eigentlich etwas ziemlich Banales, vielleicht die Grundfunktion menschlichen Denkens, was schon den ersten Menschen geläufig war, nämlich das Antizipieren, nämlich die im Geiste imaginierte Gestalt dessen, was wir zu schaffen gedenken, eine imaginierte Möglichkeit von Wirklichkeit, die die Voraussetzung für das bildet, was wir Planen nennen. Was also dem staunenden Publikum Merkels Presseherolde von der Medienhochschule aus Schilda mitteilten, war, dass Angela Merkel wie jeder andere in der Lage ist zu planen. Die Frage lautet eben nur, worin der antizipierte Zustand besteht, und der besteht bei ihr im Machterhalt über die Methode der Risikominimierung. Und das größte Risiko besteht in der Existenz einer wirklichen Opposition, einer Alternative. Wahlmöglichkeiten minimieren Macht, keine Wahl haben umschreibt das Adjektiv machtlos. Aus diesem Grund nutzten Merkel und ihre willigen Helfer drei Wege, die einander ergänzten:

1. Die Behauptung der Alternativlosigkeit von Entscheidungen, die sich als diktatorische Methode gegen die Demokratie richtete, weil das Wesen der Demokratie im Wettstreit der Alternativen besteht und immer mindestens eine Alternative existiert, über deren Sinnhaftigkeit letztlich der Souverän, also das Volk, über seine gewählten Vertreter oder über Plebiszite entscheidet. Auf die Forderung, auf Bundesebene Plebiszite durchzuführen, reagiert die classe politique allergisch. Wo kämen wir da hin, wenn das Volk direkt entscheiden könnte. Auf den Einwand des Verfassers dieses Buches, dass die »Verfassung« der Europäischen Union, der Vertrag von Lissabon, nicht demokratisch legitimiert sei, weil nicht das Volk befragt wurde, erwiderte ein hoher CDU-Politiker aus Merkels Umkreis, dass man, ließe man das Volk abstimmen, niemals die Zustimmung dafür bekommen hätte.
2. Die Sozialdemokratisierung und Vergrünung der CDU schließlich unter dem ideologischen Konstrukt der Großen Transformation, wodurch die Unterschiede zwischen den Parteien eingeebnet und Alternativen verhindert werden.
3. Die Delegitimierung und mediale Diskreditierung alternativer Angebote, mithin die Kombination von Eingemeindung und Ausgrenzung, divide et impera, die Methode der Spaltung und Einschüchterung. Die Konsequenz dieser reinen Machtpolitik besteht darin, dass die sich selbst demokratisch nennenden Parteien einen Block bilden, der immer mehr zu einer aktualisierten Neuauflage der Nationalen Front der demokratischen Parteien und Massenorganisationen der DDR werden muss, weil sonst die Ausgrenzung und Marginalisierung politischer Alternativen im öffentlichen Diskurs nicht aufrechtzuerhalten sind.

Angela Merkel geht eine Wette nur ein, wenn sie sie schon gewonnen hat. Unter Freiheit versteht sie das Funktionieren der Bürokratie, damit alles geordnet ablaufen kann. Ihre Vorstellung von Demokratie scheint im tadellosen Funktionieren der Bürokratie zu bestehen. Ihre Vorliebe für »europäische Lösungen« resultiert schlicht aus dem Umstand, dass es keinen Ort in Europa gibt, an dem die Herrschenden dem Beherrschten entfernter, enthobener sind als in Brüssel. Aus der Höhe der Brüsseler Bürokratie existieren keine Einzelmenschen, keine Familien, keine Bürger, sondern nur eine Masse. Das berühmte Brüssel-Pingpong, mit dem die deutsche Classe politique die Bürger an der Nase herumführt, besteht darin, dass alles, was man gegen die Interessen der Mehrheit der deutschen Bürger verfügt, als Erfüllung Brüsseler Vorgaben gerechtfertigt wird, an denen man zuvor fleißig mitgewirkt hat. Brüssel ist, wie man an Merkels Europolitik erkennen kann, also nur ein Synonym dafür, dem Bürger die demokratische Mitwirkung zu entwinden.

Um ihre Macht, die häufig genug bedroht war, auszubauen und abzusichern, schuf sie sich ein Netzwerk. Die Möglichkeiten, die ihr das neue Amt im Jahr 2005 boten, nutzte sie strategisch, um ihre Machtposition dahingehend zu zementieren, dass sie noch viel konsequenter ihr ergebene Helfer in der Fraktion, in den Medien, in den Lobbyorganisationen, später dann im Bundesverfassungsgericht und im Bundesamt für Verfassungsschutz installierte, also faktisch überall dort, wo man im Falle des Falles Unterstützer benötigte. Selbst der Verband der deutschen Automobilindustrie e. V. bekam irgendwann Merkels Vertraute Hildegard Müller vorgesetzt, die von 2005 bis 2008 Merkels Staatsministerin war, nachdem sie zuvor vom 25. Juli 2008 bis zum 30. April 2016 den Bundesverband der Energie- und Wasserwirtschaft e.V. leitete, dann in den Vorstand von RWE und schließlich zum einflussreichen VDA e.V. (Verband der Automobilwirtschaft) wechselte.[325a] Dass Müller ein tieferes Verständnis für die Automobilindustrie besaß, wird nicht kolportiert. Die deutsche Automobilindustrie bewahrte Müllers »frischer Blick« auch nicht vor ihrem Niedergang in Deutschland, für den Merkel mit ihrer Politik der Energiewende die Weichen stellte.

Merkels langjähriger Gehilfe Ronald Pofalla, der von 2009 bis 2013 Kanzleramtschef und Bundesminister für besondere Aufgaben war, »übernahm« 2014 bei der Deutschen Bahn »einen ›eigens geschaffenen Lobby-Posten‹, der mit einer Vergütung von mehr als einer Million Euro jährlich dotiert sein soll«. Pofalla war »von 2017 bis 2022 … Vorstandsvorsitzender des Infrastrukturbereichs der Deutschen Bahn«.[326] Niemandem in diesem Land, vielleicht mit Ausnahme der Bundeskanzlerin a. D. Angela Merkel und ihres früheren Vertrauten, des Vorstandsvorsitzenden des Infrastrukturbereichs der Deutschen Bahn a. D. Ronald Pofalla, dürfte der Zustand der Deutschen Bahn unbekannt sein. Von Verspätungen sind 51 % der Züge der Deutschen Bahn betroffen. Das gilt aber nur für die, die nicht ausfallen, für die, die tatsächlich losfahren, denn ein Zug, der nicht abfährt, kann deshalb auch keine Verspätung haben. Häufige Gründe für Verspätungen liegen im Personalmangel und in der schadhaften Infrastruktur, weil man, statt auf Werterhaltung zu achten, im wahrsten Sinne des Wortes auf Verschleiß gefahren war und fährt. Im Jahre 2018 gelang es Merkel, den ihr nahestehenden Bundestagsabgeordneten Stephan Harbarth zum Richter und zum Vizepräsidenten des Bundesverfassungsgerichts wählen zu lassen, trotz kritischer Einwände, die dagegen erhoben wurden. Einer davon war laut Wikipedia zum Beispiel: »Werner Rügemer wies unter anderem darauf hin, dass die berüchtigten Cum-Ex-Geschäfte in Harbarths ehemaliger Kanzlei ausgeheckt und dort, während Harbarth dort tätig war, ›zur Rechtsreife gebracht‹ worden seien. Zeitgleich war auch der Cum-Ex-Mastermind Hanno Berger in Harbarths Kanzlei tätig. Auch andere Medien berichteten, Harbarth habe in einer großen Kanzlei gearbeitet, in der die Cum-Ex-Steuermodelle erfunden worden seien.«[327] Erstaunliche Urteile des Bundesverfassungsgerichts wie beispielsweise das zum Klimaschutz im Jahr 2021 oder die zeitliche Streckung des Urteils zu Merkels Überschreitung ihrer Kompetenzen als Bundeskanzlerin zur Wahl in Thüringen 2019 verwundern vor dem Hintergrund der Förderung durch die Bundeskanzlerin vielleicht nicht mehr ganz so sehr.

Will man annähernd ein Bild vom System Merkel gewinnen, müsste man ein riesiges Schaubild all derer erstellen, die zu einträglichen Positionen kamen. Ihr größtes Problem sollte für sie die Bundestagsfraktion bleiben, zumindest bis es ihr gelang, Volker Kauder zum Vorsitzenden der Unionsfraktion zu machen, der sich vom Merkel-Kritiker zu ihrem Einpeitscher in der Fraktion entwickelt hatte, vom Paulus zum Saulus. Dank dieser über fast zwei Jahrzehnte gepflegten Personalpolitik, in denen Merkels Netzwerk wucherte, das inzwischen wie ein Myzel die Republik durchzieht, verfügt sie noch heute, drei Jahre nach ihrem Ausscheiden aus dem Regierungsamt, über beträchtliche Macht. Es gibt kaum jemanden in der CDU, dem in den über zwanzig Jahren ihrer Parteiführung eine Karriere in der Partei gelang, auf die Merkel keinen Einfluss gehabt hätte. Fast alle Funktionäre der heutigen CDU machten ihre Karrieren unter ihrem Parteivorsitz. Die heutige CDU ist die Partei, die Angela Merkel bearbeitet, verändert und in ihrer heutigen Form erschaffen hat. Deshalb vermag sie als Partei nicht, das einzig Richtige zu tun, ihre Geschichte der letzten 16 Jahre aufzuarbeiten und mit Merkel zu brechen. Um mit Merkel zu sprechen: »Die Partei muss also laufen lernen, muss sich zutrauen … den Kampf mit dem politischen Gegner aufzunehmen. Sie muss sich wie jemand in der Pubertät von zu Hause lösen, eigene Wege gehen«,[328] sie muss sich von »Mutti« lösen. Der politische Gegner der CDU sind die Grünen, doch solange sie sich nicht von Merkel und dem Merkelismus verabschiedet hat, wird sie nicht gegen die Grünen kämpfen können, weil sie gegen sich kämpfen müsste. In einem brutalen politischen Exorzismus hat sie der Partei den Konservativismus und den Liberalismus ausgetrieben.

Doch in der CDU findet man keine Angela Merkel und auch keinen Angelo Merkel, stattdessen nur einen zaudernden Vorsitzenden, der in der Tat an den letzten 16 Jahren CDU keinen Anteil hat und keine Schuld trägt. Dafür gibt es viele, die allzu sehr in die letzten 16 Jahre, besonders in Merkels Pandemie-Regime, verstrickt sind; sie sind über die Parteigrenzen so sehr mitschuldig geworden, dass sie, dass dieser Bundestag dem Volk nicht Frage und Antwort ermöglichen will und die Aufarbeitung unterdrückt. Damit delegitimiert sich der Bundestag, weil er sich aus der Verantwortung nimmt, wo er Verantwortung zu tragen hat, weil sich Abgeordnete des Volkes, so wie das Grundgesetz es vorsieht, in Abgeordnete sui generis verwandeln, wie sie es in der Merkel-Zeit erlernten. Was also gilt es aufzuarbeiten aus den vier Legislaturperioden der Angela Merkel?

Es gehört zum Wesen der Politik, dass Politik personalisiert wird, weil Politiker Politik machen. Biografien von Herrschern oder von Politikern fragen nach dem Anteil, den diejenigen, deren Leben beschrieben oder erzählt wird, am Lauf der Geschichte haben. Da jedoch die Veränderung Deutschlands so radikal durch das Ausreißen der Wurzeln erfolgte, dass sich viele fragen, wie das geschehen kann, während sie ihr Land immer weniger erkennen, wird diese Politik mit dem Namen dessen verbunden, der an der Spitze der Entwicklung stand – damit wurde Angela Merkel zum personalen Inbegriff dieses politischen Prozesses. Indem der Name aber vom Etikett zum Synonym für diese Veränderung wurde, setzte eine Dämonisierung Merkels ein, als habe sie das alles allein erfunden und ins Werk gesetzt. Die triste Wahrheit hingegen lautet, dass Deutschland Merkel erzeugt hatte, weil Deutschland sich seit der Erringung der Diskursherrschaft durch die Postmodernen, die sich in der Partei der

Grünen organisierten und von dort auf die SPD und die Linke ausstrahlten, auf der abschüssigen Bahn befand. Da Merkel die Überzeugung lebte, nicht gegen den Zeitgeist regieren zu können, wurde sie zum ersten Diener des Zeitgeistes; daher gewann sie ihre Macht. Ihre Methoden waren so altbacken wie effektiv. In seinem lesenswerten Werk *Der 18. Brumaire des Louis Bonaparte* hatte Karl Marx vor über 170 Jahren diese Methode als Staatsbonapartismus beschrieben. Sie besteht im Wesentlichen in der Besetzung wichtiger Positionen, Ämter, Medien etc. mit Gefolgsleuten, um die Macht zu erobern und – nachdem dies geglückt ist, werden in der Fortsetzung weiterhin Positionen, Ämter, Medien etc. mit Gefolgsleuten besetzt, um in einem ausgeklügelten System, von selbst handeln und für sich handeln zu lassen, die Macht zu verteidigen. Im Staatsbonapartismus wird der Staat zum Vollzugsorgan der Mächtigen. Wichtig ist deshalb, dass sich der Mächtige die Aura schafft, über den Parteien zu stehen. So wie sich Louis Bonaparte vom Präsidenten erhob und zum Kaiser krönen ließ, so unternahm Angela Merkel alles, sich mindestens in ihrer zweiten Legislaturperiode von der Kanzlerin einer Partei zur Präsidentin aller Deutschen zu erheben, allerdings mit der vollen Macht der Exekutivmittel der Bundeskanzlerin. Sie konnte zur Präsidentin aller Deutschen wie Louis Bonaparte zum Kaiser aller Franzosen werden, weil Kritiker, Gegner, wirklich Oppositionelle in der politischen, kulturellen und medialen Öffentlichkeit marginalisiert wurden.

Man kann Merkels Politik, die darauf abzielte, ihre Macht dadurch zu sichern, dass sie sich scheinbar aus dem Parteienkampf verabschiedete und sich als Präsidialkanzlerin inszenierte, als Ideologie mit dem Begriff der Großen Transformation definieren, als Sieg der Bürokratie über die Demokratie, als Sieg der Alternativlosigkeit über die Freiheit, als Sieg grüner Planwirtschaft über die freie Marktwirtschaft. Um Angela Merkel nicht zu dämonisieren, sondern um zu verstehen, auf welche reale

Situation sie reagierte, wer inzwischen in Deutschland den Ton angab, nämlich die politische Reaktion, die Untoten von 1968, die Postmodernen, muss man verstehen, was die Große Transformation ist, von der alle einschließlich Angela Merkel in Davos sprachen.

26. WAS IST MERKELS GROSSE TRANSFORMATION?[329]

Es ist völlig unerheblich, danach zu fragen, wie tief Merkel das Konzept der Großen Transformation durchdrungen hat – wahrscheinlich weniger, als man annimmt, weil sie nicht an Ideologien interessiert ist. Wichtig ist zu sehen, dass sie in diesem Konzept agiert.

Das Spektrum der Vorstellungen, die sich mit dem zur Metapher gewordenen Begriff der Großen Transformation verbinden, ist breit; es reicht von der »Reform« des Kapitalismus bis zu seiner Abschaffung. Bundeskanzlerin Angela Merkel warb 2020 in Davos für den großen Gesellschaftsumbau mit den Worten: »Das sind natürlich Transformationen von gigantischem, historischem Ausmaß. Diese Transformation bedeutet im Grunde, die gesamte Art des Wirtschaftens und des Lebens, wie wir es uns im Industriezeitalter angewöhnt haben, in den nächsten 30 Jahren zu verlassen – die ersten Schritte sind wir schon gegangen – und zu völlig neuen Wertschöpfungsformen zu kommen.«[330] So sagte Luisa Neubauer der *taz:* »Menschen, die sich mit der Klimafrage beschäftigen, stellen irgendwann auch die kapitalistische Wirtschaftsweise infrage.« Denn »die Klimakrise ist die Kumulation von multiplen Krisen auf der Welt ... ist auch eine Krise, die von Männern verursacht wurde.«[331] Genau hierin will Angela Merkel ihre Leistung sehen, dass sie den Planeten, zumindest

Deutschland, zu retten half, indem sie zeitlebens gegen die Herrschaft der Männer gekämpft und diese Herrschaft gebrochen hat. Man könnte jetzt lapidar fragen, ob ihre Herrschaft Deutschland besser und erfolgreicher gemacht hat? Man könnte sogar die Frage stellen, wenn man sich kurz auf Merkels Argumentation einlassen will, ob sie die Herrschaft der Männer einer aufgeklärten Kultur in der Regierung gebrochen hat, um die Herrschaft der Männer aus patriarchalischen Kulturen in der Gesellschaft zu ermöglichen? Aber genau mit dieser Argumentation will Merkel wieder einmal ablenken von der eigentlichen Frage, wie tauglich das Konzept von der Großen Transformation ist – und das hat mit dem Geschlecht nichts zu tun. Worum es in der Großen Transformation auch Merkel geht, hat Luisa Neubauer im Gespräch mit dem ZDF-Magazin *aspekte* auf den Punkt gebracht, als sie darauf bestand, »Wirtschaftssysteme zu erdenken«.[332] Auf dem Wahlparteitag der Grünen vor der Bundestagswahl 2021 beendete Annalena Baerbock ihre Rede mit den Worten: »Eine Ära geht zu Ende, und wir haben die Chance, eine neue zu begründen. Jetzt ist der Moment, unser Land zu erneuern, und alles ist drin.«[333]

Doch auch der Gründer des Weltwirtschaftsforums, Klaus Schwab, schwebte nicht weniger als Annalena Baerbock und Angela Merkel eine »gerechte Gesellschaftsordnung« vor. Er nannte die Große Transformation einfach Great Reset: »Der Great Reset wird von uns verlangen, alle Stakeholder der globalen Gesellschaft in eine Gemeinschaft mit gemeinsamen Interessen, Zielen und Handlungen zu integrieren.«[334] Zu den Stakeholdern zählen, laut Gablers Wirtschaftslexikon, nicht nur die Mitarbeiter eines Unternehmens, sondern auch die Kunden und Lieferanten, der Staat und die Öffentlichkeit.[335] Die gesellschaftlichen Aufgaben der Unternehmen rücken also beim Stakeholder-Ansatz in den Vordergrund, während beim Shareholder-Ansatz das Maximum für die Aktionäre als Schwerpunkt gilt.

An dieser Stelle wird Eigentum gegen Gemeinwohl, Verantwortung gegen Eigentum gestellt. Auch hier geht es um die ganz große Veränderung, darum, die Gesellschaft völlig umzubauen, alles, was wir uns im Industriezeitalter angewöhnt hätten, wie Merkel meinte, wegzuwerfen, auf dass die Deutschen dadurch glücklich würden wie Hans im Glück, dessen Glück darin bestand, nichts mehr zu besitzen, weil er andere reich gemacht hatte, Klaus Schwabs Klientel eben. Schwab fährt fort, was auch Merkel unterschreiben dürfte: »Wir brauchen ... den Übergang vom Aktionärskapitalismus zur Verantwortung der Stakeholder. Ökologische, soziale und Good Governance müssen ein angemessener Teil der Rechenschaftspflicht von Unternehmen und Regierungen darstellen.«[335a] Die Rechenschaftspflicht der Unternehmen auszuweiten ist nichts anderes als Bürokratieausbau – und als solcher ein Wettbewerbsnachteil für kleine und mittlere Betriebe, die nicht über große Verwaltungseinheiten verfügen, um immer absurderen Rechenschaftspflichten nachzukommen. Rechenschaftspflichten erzeugen keinen Wohlstand, sondern immer neue Rechenschaftspflichten. Es wäre der Übergang von der Ökonomie zur Bürokratie – gegen den Merkel, wie man noch sehen wird, nichts hat.

Das Konzept der Großen Transformation stammte von dem österreichisch-ungarischen Wirtschaftswissenschaftler Karl Polanyi, das er in dem 1944 publizierten Buch *The Great Transformation* entwickelt hatte. Bis in die Achtzigerjahre hinein fristete diese Theorie eine bescheidene Existenz auf dem Hinterhof der Unentwegten der antikapitalistischen Linken. Mit dem Zusammenbruch des Kommunismus 1989 und dem Sieg des liberalen Projekts schien Polanyis Theorie vollständig obsolet zu sein. Und auch Angela Merkel, damals noch gerade überzeugte Martkwirtschaftlerin geworden, hätte keinen Pfifferling für die Große Transformation gegeben und sie hart kritisiert. Doch tempi passati: Seit den 2000er-Jahren stieg Polanyis niedliche Theorie wie

Phönix aus der Asche und wurde immer mehr zum Gedanken- und Stichwortgeber für so heterogene Kräfte wie die Linke, die Linksliberalen, die Postmodernen, also von Luisa Neubauer über Robert Habeck bis Angela Merkel und Klaus Schwab. Man kann es auch so definieren, die Ideologie der Großen Transformation ist momentan die Ideologie der neuen Aristokratie, des Neo-Versailles. Die Kreise um Angela Merkel betrieben die Große Transformation als business as usual – und gerieten mangels eigener theoretischer Anstrengungen in das Fahrwasser der Postmodernen, Linksliberalen und sogar der Linken.

Polanyis Grundidee bestand darin, dass durch die Einhegung im ausgehenden 15. Jahrhundert in England ein Prozess in Gang gekommen war, der die Güter Arbeit, Geld und Boden zu Waren, genauer zu fiktiven Waren, gemacht hatte. Man nennt diese Phase allgemein Frühkapitalismus. Doch weder die Arbeit noch der Boden wird hergestellt, und weil sie erstens nicht hergestellt werden, können sie laut Polanyi keine Waren sein, und zweitens kann man sie, da sie nicht hergestellt worden sind, gerecht bepreisen. Ob das Kriterium der Herstellung zur Begründung des Warencharakters einer Ware stichhaltig ist oder nur den Zirkelschuss für die Vorstellung der fiktiven Waren in Polanyis Theorie ermöglicht, soll hier nicht weiter verfolgt werden. Der Mensch, der in der Ware Arbeitskraft verdinglicht wird, wird laut Polanyi entfremdet; alles, was ihn ausmacht, spielt keine Rolle. Der Markt schneidet alles andere ab und reduziert den Menschen auf seine Wareneigenschaft. Das Motiv des Lebensunterhalts wird durch das Motiv des Gewinnstrebens ersetzt. Karl Polanyi schreibt: »Die Marktform hingegen, die mit einer eigenen, spezifischen Zielsetzung verbunden ist, nämlich Austausch, Tauschhandel, ist imstande, eine spezifische Institution hervorzubringen: den Markt. Die ist letztlich der Grund, warum die Beherrschung des Wirtschaftssystems durch den Markt von ungeheurer Bedeutung für die Gesamtstruktur der Gesellschaft ist: Sie bedeutet nicht weniger als die Behandlung der Gesellschaft als Anhängsel des Marktes. Die Wirtschaft ist nicht mehr in die sozialen Beziehungen eingebettet, sondern die sozialen Beziehungen sind in das Wirtschaftssystem eingebettet.«[336] Polanyi geht davon aus, dass die Vorstellung von den sich selbst regulierenden Märkten automatisch dazu führt, dass staatliche Intervention ausgeschlossen wird; durch die Unterwerfung des Menschen – indem er gezwungen ist, seine Arbeitskraft auf dem Markt anzubieten – wird er selbst zur Ware, die Gesellschaft degeneriert zum Teilbereich der Wirtschaft. Die Große Transformation besteht für Karl Polanyi in dem Prozess, in dem die Politik ihr Primat gegenüber der Wirtschaft verliert und zum Anhängsel der Wirtschaft wird, vielleicht nur noch dazu geeignet, die Reparaturkosten für die Kollateralschäden der sich selbst regulierenden Märkte zu übernehmen. Der Wirtschaftswissenschaftler bestritt die Notwendigkeit selbst regulierender Märkte, indem er deren anthropologische, von Adam Smith formulierte Begründung verneinte, nämlich die These, dass der Mensch ein natürliches Interesse an Tausch und Austausch hat. Für ihn war der selbst regulierte Markt eine Utopie. Er beschrieb eine Doppelbewegung, die darin bestand, dass immer dann, wenn der Markt sich durchgesetzt hatte, die gesellschaftliche Katastrophe nur dadurch vermieden wurde, dass Regierungen oder starke gesellschaftliche Gruppen zugunsten der Arbeitnehmer eingegriffen und Sozialgesetze erlassen haben. Genau an diesen Punkt sieht sich Merkel in ihrer ersten Legislaturperiode als Bundeskanzlerin getrieben, als sie mit den Auswirkungen der Weltfinanzkrise konfrontiert wurde, die auch Deutschland erfasste und 2009 zu einem Konjunktureinbruch führte.

Anscheinend trat genau das ein, was Polanyi vorausgesagt hatte: Der nicht regulierte Markt hatte, getrieben von Gier, eine Krise verursacht, die nun von der Politik bewältigt werden musste. Niemand sprach darüber, dass diese Entwicklung durch die

Sozialpolitik der Regierung Clinton, durch Clintons Eingriff in den Markt ermöglicht worden war. Ausgelöst wurde die Weltfinanzkrise mit hochriskanten Anlagen, die interessanterweise im Immobiliensektor ihren Anfang nahmen, weil auf den sozialpolitischen Wunsch der Clinton-Regierung hin zunächst halbstaatliche Banken sogenannte Subprime-Kredite auch an sozial schwächere und schwache Käufer für den Erwerb von Wohnimmobilien vergaben, deren Rückzahlungen natürlich höchst unsicher waren. Diese unsicheren Kredite wurden in Paketen zum Teil mit anderen sicheren Finanzanlagen verpackt, genau genommen unter den anderen verborgen. Dies brachte die Ratingagenturen dazu, diesen Paketen eine gute Bewertung zu geben, und mit dieser positiven Beurteilung wurden sie in die ganze Welt verkauft – auch an deutsche Landesbanken. Es entstand eine Blase. Das Problem hatten schließlich die Banken und Käufer dieser Finanzprodukte, die sie noch in dem Augenblick besaßen, in dem die Blase platzte. Die große US-Bank Leman Brothers war über Nacht insolvent; die Banken misstrauten einander gegenseitig – die Zentralbanken sprangen mit Liquiditätshilfen ein, und die Regierungen sprangen kippligen Unternehmen mit Kredithilfen oder Teilverstaatlichungen zur Seite.

In Deutschland gerieten die erwähnten Landesbanken, deren Banker gern mal am großen Rad in den USA drehen wollten – weshalb das Spottwort vom »stupid german money« entstanden war –, unter Druck und mussten zum Teil wie die WestLB abgewickelt werden. Aber auch andere Banken wie die HRE, die Commerzbank oder die IKB gerieten in Schwierigkeiten und wurden vom Staat gerettet – mit Steuergeldern. In dieser Krise verhinderten Merkel und ihr Finanzminister Peer Steinbrück einen Bank Run, also dass verängstigte Bankkunden ihr Guthaben von ihren Konten holten aus Angst, dass die Banken fallierten, was dann tatsächlich zum Zusammenbeuch der Bank geführt hätte, mit der Lüge, dass die Sparguthaben sicher wären, weil der Staat dafür bürgen würde. Das konnte er angesichts der Sparvolumina auf den Bankkonten gar nicht.

Mit Staatsbürgschaften, Sanierung und Konjunkturpaketen und vor allem mit einer klugen Politik der Unternehmen selbst, die schnell die Kosten senkten und ausbleibende Kredite durch Kapitaleinlagen ersetzten, konnte die Krise in Deutschland schnell abgewehrt werden. Angela Merkel jedoch zog den falschen Schluss, dass selbstregulierende Märkte eine Utopie wären und es staatlicher Aufsicht und Regulierung bedürfe. Sie schwenkte auf Polanyis Wirtschaftsbürokratismus ein. Ihr Übergang von marktwirtschaftlichen zu gemeinwirtschaftlichen Positionen erfolgte schleichend, und er verlief über die Griechenland-Rettung und die Energiewende. Im Grunde näherte sie sich der Vorstellung an, dass die Wirtschaft wieder der Gesellschaft, was hieß der Politik, unterworfen werden müsse. Von der Angela Merkel der neuen Sozialen Marktwirtschaft war nicht mehr viel übrig geblieben, und es sollte auch immer weniger übrig bleiben.

Was Merkel übersah, war, dass der Primat der Politik über die Wirtschaft, über den Markt, dazu führt, dass die Politik wirtschaftliche Probleme provoziert, Krisen, die politisch nicht gelöst werden können, deren wirtschaftliche Lösung aber gleichzeitig verhindert wird, weil der gebundene Markt nicht die kreativen Kräfte freisetzen kann, die im Rahmen der kreativen Zerstörung notwendig sind, um das Notwendig-Neue zu schaffen. Die Durchsetzung des Primats der Politik über die Wirtschaft führt dazu, dass wie in einer bösen Groteske die Politik zum Gefangenen einer nicht funktionierenden Wirtschaft wird, die umso weniger funktioniert, umso mehr der Staat sie als Funktion der Politik begreift. Das ist, was wir gerade in Deutschland erleben, eine Wirtschaftspolitik, die Probleme erschafft, die sie mit den Mitteln zu lösen gedenkt, die diese Probleme erst produziert haben, wodurch sie noch größere Probleme hervorbringt, weil sie die Wirtschaft darin blockiert, Wege zur Lösung zu gehen, sondern sie stattdessen zu Maßnahmen zwingt, die diese Probleme noch verschärfen. Das System ist autoregressiv. Die Aufklärung hatte das schöne Bild von der Dialektik von Herr und Knecht geschaffen, die sich bei Denis Diderot dahin verschiebt, dass der Knecht zum Herrn seines Herrn wird, nicht indem er Herr wird, sondern indem er Knecht bleibt; so ungefähr ergeht es einer Politik, die die Wirtschaft beherrschen will. Die Pointe lautet: Polanyis Doppelbewegung läuft auf eine doppelte Verknechtung hinaus.

27. MERKEL VERWANDELT DIE KRISEN IN DEUTSCHLANDS KRISE

In diesen Tagen der Weltfinanzkrise hatte sich Angela Merkel bereits eines Trupps jüngerer postenhungriger Knappen versichert und sie entsprechend postiert.

Zu ihren frühen Helfern zählten Ronald Pofalla als Generalsekretär der CDU, Hermann Gröhe als Justiziar der Bundestagsfraktion, Hildegard Müller als Staatsministerin, Norbert Röttgen, den man bald ironisch »Muttis Klügsten« nannte, doch hat er bis heute nichts Nennenswertes zuwege gebracht, als 1. Parlamentarischer Geschäftsführer der Bundestagsfraktion, Eckart von Klaeden, der im Jahr 2013 nach einem Skandal als Cheflobbyist bei der Daimler AG anheuerte, als außenpolitischer Sprecher und Peter Altmaier als parlamentarischer Staatssekretär im Innenministerium. Als Chef des Kanzleramtes agierte Thomas de Maizière, der Cousin von Lothar de Maizière und Neffe von Clemens de Maizière, mit dem Merkels Vater in der evangelischen Kirche für eine Kirche im Sozialismus gekämpft hatte. Zuweilen wirkt ein engmaschiges Netzwerk, das zum Zentrum hin immer dichter wird, wie ein Echo, bei dem zurückschallt, was man hineingerufen hat, oder wie ein Spiegel, der einem die Illusion vermittelt, dass die Welt so aussieht wie man selbst.

Angela Merkel, die das neue Deutschland nie zu Fuß, sondern von Anfang an nur vom Dienstwagen aus kennengelernt hatte, verlor mehr und mehr den Kontakt zur Wirklichkeit. Ihr Bild von der Realität setzte sich immer stärker aus der Realität der politischen Blase in Berlin und Brüssel zusammen und vor allem aus den Bildern und Berichten der Medien. Sie begann ihre Tage damit, sich einen Überblick darüber zu verschaffen, wie die Medien ihre Politik kommentierten, was ankam und was weniger. Ihr lag daran, das Bild, das die Medien von ihr vermittelten, mitzubestimmen. Ihr wurde klar, dass sie den Medien auch einen Blick in ihr privates Leben, aber auch in ihre Vergangenheit gewähren musste, wenn die Menschen ihr vertrauen sollten – und genau das wollte sie, nicht mit Sachthemen überzeugen, sondern als Person des Vertrauens die Wahlen gewinnen. Deshalb begann sie jetzt sparsam und sehr kontrolliert über ihre Zeit in der DDR zu sprechen. Diese Döneken waren für das westdeutsche Publikum gedacht, im Osten befremdeten sie eher.

Wenn sie in den Wahlkampf 2013 mit dem Slogan ziehen sollte »Sie kennen mich«, mussten die Menschen sie tatsächlich kennen oder zumindest glauben, dass sie Angela Merkel kennen würden. Wie genau, wie konsequent Merkel an ihrem Bild in der Öffentlichkeit arbeitete, wird immer noch unterschätzt. Macht wächst mit Vertrauen; absolute Macht entsteht, wenn man nicht mehr überprüft wird, wenn einem absolut vertraut wird. Doch Vertrauen wird nur in Diktaturen eingefordert, während Demokratien, um zu funktionieren, das Misstrauen benötigen, die steten kritischen Nachfragen von Opposition und Bürgern. Diesem Modell schien Angela Merkel nicht allzu viel abzugewinnen. Ihre Vorstellung, die bis 2016 funktionierte, bestand darin, einen Pakt mit den Bürgern zu schließen. Sie würde die Bürger mit Gezänk und Politik verschonen, wenn die Bürger ihr vertrauen würden und sie in Ruhe Politik machen ließen. Und weil dank der schröderschen Reformen, zu denen sie nur den einen Beitrag leistete, sie einzuschränken, es Deutschland gut ging und die Deutschen ein unpolitisches Volk sind, ließ man sie gewähren. Diese Strategie hatte zunächst Erfolg. In der Bundestagswahl 2013 verfehlte sie haarscharf die absolute Mehrheit. Die FDP flog aus dem Bundestag. Merkel stand kurz vor dem Höhepunkt ihrer Macht.

Im Jahr 2009 sah das noch ganz anders aus. Merkel hatte zwar ihre Macht so weit ausgebaut, dass nicht die Frage im Raum stand, wer als Kanzlerkandidat der Union in den Wahlkampf zieht, zumal die Union schlecht ihre eigene Kanzlerin in die Wüste schicken und stattdessen einen anderen Kandidaten ins Rennen schicken konnte. Zu Merkels Erleichterung erkor die SPD Merkels Außenminister Frank-Walter Steinmeier zum Kanzlerkandidaten, der sich in seiner Amtszeit in ihrer Regierung um das Erstarken des Mullah-Regimes im Iran bleibende Verdienste erworben hatte.[337] Steinmeiers Versuch, den Walter in seinem Vornamen wegzulassen, um weniger bräsig, sondern schnittiger als Frank Steinmeier rüberzukommen, brachte ihm nur den verdienten Spott ein. Am Ende fuhr Merkel wieder Verluste mit einem Wahlkampf ein, den sie diesmal nur auf sich als Person zugeschnitten hatte, wie sie es von jetzt an immer tun sollte; sie holte nur 33,8 % der Stimmen, die SPD fiel mit Steinmeier auf 23 % herunter, was nach 34,2 % ein Debakel darstellte. Die Grünen und die FDP überraschten mit 10,7 % bzw. mit sogar 14,6 %. Einer schwarz-gelben Koalition stand nun nichts mehr im Wege. Merkel hatte zwar als Regierungschefin nicht unbedingt überzeugt, aber ihr blieb in doppelter Weise wieder einmal das Glück hold, denn in Steinmeier hatte sie einen schwachen Gegenkandidaten und in der Weltfinanzkrise stand den Deutschen nicht der Sinn nach einem Kanzlerwechsel. Doch die vergleichsweise hohen Werte für Grüne und vor allem für die FDP zeigten die Unzufriedenheit mit der Großen Koalition, die den einen nicht sozial, nicht ökologisch genug und den anderen nicht liberal genug war. Zumal Angela Merkel auf Empfehlung des Wahlforschers Matthias Jung von der Forschungsgruppe

Wahlen des ZDFs das Mittel der asymmetrischen Demobilisierung einsetzte, das kurz gesagt darin besteht, Polarisierungen zu unterlassen, indem man sowohl strittige Positionen vermeidet als auch Positionen des Gegners übernimmt, um dessen Wähler abzuhalten, zur Wahl zu gehen. Dieses Mittel lässt sich natürlich nur anwenden, wenn man selbst die Regierung stellt, weil man dann nicht anzugreifen hat, sondern eine Art präsidialen Wahlkampf führen kann, wie es Merkels Stil werden sollte. 2013 zog sie sogar mit dem Slogan ins Rennen: »Sie kennen mich«, aufmerksame Beobachter verstanden das zu Recht als Drohung.

Ein Problem sah sie in der asymmetrischen Demobilisierung aus zweierlei Gründen nicht, weil es ihr erstens nichts ausmachte, Vorstellungen und auch Ideologien der Sozialdemokraten oder der Grünen zu übernehmen, und zweitens, weil es ihrer »autoritären Ader« entsprach, ihre Politik zunehmend als alternativlos zu definieren und andere Meinungen und Alternativen von ihren Helfern in den Medien an den Rand der Gesellschaft schieben zu lassen, sogar über den Rand hinaus bis zur Kriminalisierung Andersdenkender. Was gestern noch normal in der Diskussion geäußert werden konnte, war am nächsten Tag schon verdächtig und am übernächsten zu ahnden. Rechts wurde immer stärker dem Begriff rechtsextrem angenähert, bis es nur noch synonym gebraucht wurde, weil die immer linker werdende CDU plötzlich zum Maß wurde, wie weit man rechts sein durfte. Überhaupt wurde in der Zeit von Merkels Kanzlerschaften aus der normalen politischen Verortung »rechts« eine Diffamierung. Doch dort, wo man nicht mehr rechts sein durfte, befand man sich bereits in einer linken Diktatur – das gilt umgekehrt genauso. Und rechts war bald schon alles, was nicht grün war. Mit Merkels Alternativlosigkeit setzte die Moralisierung von Politik ein. Obwohl das von ihren Kritikern hilflos oft als DDR-Relikt bezeichnet wurde, hatte es weniger mit der DDR, sondern mehr mit dem totalitären Denken der Westlinken, vor allem der Grünen, zu tun, zu denen sie sich schon damals hingezogen fühlte. »Nur in Augenblicken wie diesem ließ Angela Merkel kurz aufblitzen, dass sie sich noch etwas anderes hätte vorstellen können. Etwas anderes als Schwarz-Gelb oder Schwarz-Rot, die beiden Alternativen, auf die der Wahlkampf am Ende zuzulaufen schien. Dass es sie durchaus gereizt hätte, zur ersten schwarz-grünen Kanzlerin der Republik zu werden … Merkels Leute in der CDU rechneten vor, wie das gehen könne. Eine Union, die dank ihres populären Wirtschaftsministers Stimmen von der FDP zurückholt und der Marke von 40 Prozent nahe rückt. Grüne, die einen kraftvollen Wahlkampf für ökologische Modernisierung führen und die geschwächte FDP überholen. Beides hat nicht geklappt.«[338] Merkels grüne Ambitionen ahnten sie in der FDP nicht einmal. Westerwelles größter Fehler bestand darin, dass er nicht das Finanzministerium, sondern das Auswärtige Amt übernahm, und der zweite, sieht man von Rainer Brüderle ab, dass er mit sehr jungen Ministern wie Philipp Rösler und Daniel Bahr antrat, bei denen man sich fragte, wodurch sie Westerwelle überzeugten.

Zwar hatten sich für Deutschland die schwarzen Wolken der Weltfinanzkrise verflüchtigt, doch hingen sie über anderen europäischen Ländern noch tief, und vor allem tiefschwarz. Mitten in den Koalitionsverhandlungen erfuhr Merkel, dass der am 6. Oktober 2009 als neuer Ministerpräsident Griechenlands vereidigte Georgios Papandreou den Euro-Staaten mitteilte, dass die Finanzsituation Griechenlands sich als weitaus schlechter erwies, als bisher allgemein angenommen worden war. Das Jahresdefizit übertraf mit 12,7 % des BIP um ein Vierfaches die Stabilitätskriterien des Euros, während sich die Staatsverschuldung auf 410 Milliarden Dollar aufaddierte. Zum Vergleich belief sich das gesamte Budget der Bundesregierung für das Jahr 2010 auf 319,5 Milliarden Euro. Die Kreditwürdigkeit Griechenlands wurde daraufhin auf BBB+ herabgestuft.

Zunächst berührte Merkel das nicht weiter, auch weil sie mit den großen Problemen, die dem Euro schon seit seiner Entstehung innewohnten, nicht vertraut war und daher nicht ahnte, dass Griechenland den Euro und auch Deutschland in Turbulenzen zu bringen vermochte.

28. VIER SARGNÄGEL FÜR DEUTSCHLAND:

1. DIE EURO-KRISE[339]

Am Anfang des Euros stand ein Telefonat. Nach dem Fall der Mauer hatte der französische Präsident François Mitterrand der britischen Premierministerin Margaret Thatcher gesagt: »Ohne eine gemeinsame Währung sind wir alle – Sie und ich – dem Willen der Deutschen unterworfen.«[340] Durch eine gemeinsame Währung sollte Deutschland wirtschaftlich unter Kontrolle gehalten und die Macht der Bundesbank gebrochen werden. Das ist gelungen. Nur dass die Macht der Bundesbank nicht von den Franzosen zerstört wurde, auch nicht von den Engländern, sondern von den Deutschen selbst, und zwar von Angela Merkel in ihrer zweiten und dritten Amtszeit als Bundeskanzlerin.

Die Schaffung des Euros stellte so gesehen die Bedingung Frankreichs für das Einverständnis zur deutschen Wiedervereinigung dar. Der Abschaffung der D-Mark stand zunächst das Grundgesetz im Wege. Aus dem Beitrittsparagrafen 23 wurde – von vielen unbemerkt – überraschend schnell 1992 der Europaparagraf. Die Neufassung erhob die europäische Vereinigung zum Staatsziel und eröffnete die Möglichkeit, dass Hoheitsrechte des Bundestages und der Bundesregierung auf die EU übertragen werden. Damit hatte man die rechtlichen Grundlagen geschaffen, den Vertrag von Maastricht, der die Rahmenbedingungen für den Euro regelte, zu schließen. Doch das Vertragswerk stellte letztlich nur einen faulen Kompromiss zwischen deutscher und französischer Wirtschaftskultur dar, die im Grunde unvereinbar sind. Diese Unvereinbarkeit wurde dadurch überwunden, dass Angela Merkel im Verlauf der Krise der Eurozone die deutschen Positionen geräumt hatte.

Die Unterschiede der Wirtschaftskulturen gipfeln in der Vorstellung darüber, was Geld ist. Während die Deutschen im Geld ein Mittel zum Tausch und zur Aufbewahrung von Werten sehen, ein Mittel, das von Bürgern für Bürger zur wirtschaftlichen Interaktion geschaffen wurde, also Bürgergeld, verstehen die Franzosen unter Geld ein Mittel zur Verfolgung politischer Ziele, also Staatsgeld, das zur Wirtschaftsentwicklung oder zur Finanzierung des Staates eingesetzt werden kann.[341] Kritiker warnten schon damals, dass eine gemeinsame Währung durch die Abschaffung der Wechselkurse zu Ungleichgewichten innerhalb eines vereinten, aber heterogenen Währungsraumes führen wird. Sie befürchteten zudem, dass in einer gemeinsamen Währung unterschiedlicher Staaten einige Länder für die Schulden anderer aufkommen mussten. Helmut Kohl vermochte diese Sorge nur dadurch zu entkräften, dass er diesen Fall in der No-Bail-Out-Klausel ausschloss, die besagte, dass kein Staat der Eurozone für die Schulden eines anderen Staates der Eurozone haftet. Es sollte Merkel und Schäuble vorbehalten bleiben, das zentrale Versprechen der CDU-geführten Bundesregierung an das deutsche Volk als Bedingung für den Verzicht auf die D-Mark und für die Einführung des Euros zu brechen. Mit dem Rechts- und Wortbruch einher ging Merkels Politik, die über eine ever close union schließlich in den Vereinigten Staaten von Europa münden sollte, worüber man aber nicht öffentlich sprach. Obwohl es kein Referendum darüber gab, ob die Bürger das Aufgehen der Bundesrepublik in einen Brüsseler Zentralstaat wünschen, wurden bereits 1992 dafür die Weichen gestellt, indem mit dem Vertrag von Maastricht die rechtlichen Rahmenbedingungen für den Euro geschaffen wurden. Helmut Kohl scheiterte mit seinem Vorschlag, zuerst die politische, danach die wirtschaftliche und erst zuletzt die fiskalische Einigung durchzusetzen, das heißt zuvörderst ein politisches Gebilde Europa, anschließend einen Wirtschaftsraum und schließlich eine gemeinsame Währung zu schaffen, am Widerstand Mitterrands. Allerdings hätte Kohls Konzept den Vorteil besessen, dass die Bürger Europas an dem Prozess der Einigung aktiv mitwirken konnten. François Mitterrand bestand jedoch darauf, mit der Einführung der Gemeinschaftswährung zu starten. Kohls großer Irrtum war, nicht ins Kalkül zu ziehen, dass der Club Med die No-Bail-Out-Klausel als Absichtserklärung verstand. Kommt Zeit, kommt Vertragsbruch. Zum einen wollte Mitterrand das wiedervereinigte Deutschland wirtschaftlich binden, zum anderen gefiel dem Franzosen die Vorstellung nicht, nationale Kompetenzen von Paris nach Brüssel abzugeben. Was Mitterrand anscheinend übersah, war, dass eine gemeinsame Währung einen gemeinsamen Staat erzwingen würde, wenn sie nicht an den nationalen Widersprüchen des Euroraumes scheitern sollte. Angela Merkel hatte diese Konsequenz inzwischen im Auge, als sie im Jahr 2010 wie häufig kühl technokratisch formulierte: »Scheitert der Euro, dann scheitert Europa, dann scheitert die Idee der europäischen Einigung.« Interessant an Merkels Äußerung ist, dass sich für sie die Idee der europäischen Einigung im Euro erschöpfte und Europa nicht mehr als der Euro, also Brüssel, also Bürokratie war. Was hochtrabend die Idee der europäischen Einigung genannt wurde, war bei Lichte besehen nur das Programm der Reduktion von Demokratie zugunsten einer europäischen Neo-Aristokratie, die immer absoluter herrschte.

In der Folge wurde der Euro auch ein glänzendes Geschäft für die Finanzindustrie. Die Wirtschaftswissenschaftler Markus Brunnermeier, Harold James und Jean-Pierre Landau diagnostizierten die Ursachen der 2010 sich abzeichnenden Krise: »Die gegenwärtigen Probleme haben ihren Ursprung im Vertrag von Maastricht, dem Dokument, das den Rechterahmen für den Euro schuf.«[342] All die Probleme, ob das die Griechenlandkrise, allgemein die Staatsschuldenkrise, die faktische Außerkraftsetzung der Haftung von Staaten der Eurozone für die Schulden anderer Staaten (No-Bail-Out), die Bindung von Krediten an die Haushaltskonsolidierung, die monetäre Staatsfinanzierung der EZB für Mitgliedsländer, die eigentlich verboten war, der Aufkauf von Staatsschulden, die Niedrigzinspolitik der EZB, gehen auf das Problem einer Einheitswährung für einen sehr unterschiedlichen Wirtschafts- und Sozialraum zurück. Für die einen war der Euro zu stark, für die anderen zu schwach. Staaten gerieten in die Krise, weil sie nicht abwerten konnten. Dafür allerdings bestehen handfeste fiskal- und wirtschaftspolitische Gründe. Dass eine gemeinsame Währung letztlich einen – wie immer man ihn auch nennt – gemeinsamen Staat erzwingt, bestätigten die Notenbankpräsidenten von Deutschland und Frankreich, Jens Weidmann und François Villeroy de Galhau in einer gemeinsamen Stellungnahme 2016, in der sie für einen Zentralstaat warben. Als ersten Schritt in diese Richtung schlugen sie die »Schaffung eines gemeinsamen Finanzministeriums für den Euroraum« vor. Sie stellten fest, dass angesichts der hohen Defizite und der ökonomischen Ungleichgewichte sich die EU an einem Scheideweg befände. Es sei daher notwendig, dass die Mitgliedstaaten der EU »in erheblichem Maße Souveränität und Befugnisse auf die europäische Ebene« übertragen. Geschähe das nicht, müsste der Euro abgewickelt werden.[343] Im Verlauf der Krise der Eurozone entwickelte sich unter Mario Draghi die EZB zur »Schattenregierung« eines »Euro-Schattenstaates«[344]. Aus Macrons Sicht, der neue Finanzierungsmöglichkeiten des französischen Staates dringend benötigte und übrigens jetzt mehr denn je braucht, war die Vergemeinschaftung der Schulden und der erhöhte Kapitaltransfer der Deutschen, wie sie im Koalitionsvertrag der großen Koalition von 2013 und vom designierten Finanzminister Olaf Scholz bereits versprochen wurden, verständlich, und aus Draghis Sicht, der durch Niedrigzinsen und den exzessiven Ankauf von Staatsanleihen Italien über Wasser hielt, noch mehr. Nicht verständlich war, dass die Bundesregierungen unter Angela Merkel sukzessive alle deutschen Positionen räumten. Der No-Bail-Out-Grundsatz wurde in der Griechenlandhilfe faktisch preisgegeben. Auch wenn die Medien aus durchsichtigen Gründen nicht mehr darüber berichteten, war die Staatsfinanzierung Griechenlands vor allem mit deutschem Geld inzwischen zur europäischen Normalität geworden. In Athen wusste man immer: Trotz allen Disputs um die Hilfspakete zahlt Deutschland am Ende, mag die Bundesregierung zwischendurch sagen, was sie will, um ihre Bürger zu beruhigen. Der Grund für diese ruinöse Nachgiebigkeit bestand nicht zuletzt darin, dass sich Deutschland durch die Hilfe, durch den Europäischen Stabilitätsmechanismus ESM und durch die Target2-Salden im hohen Maß erpressbar gemacht hatte. In ihrem Euro-Buch schrieben die Autoren Brunnermeier, Landau und James: »Allein Deutschland hatte fiskalische Kredite über 116 Milliarden Euro an die Länder der europäischen Peripherie und Griechenland vergeben. Außerdem hatte die EZB aufgrund von Target2-Ungleichgewichten hohe Forderungen angehäuft. Deutsche Regierungsvertreter waren sprachlos, als ihnen 2012 eröffnet wurde, welche Summen an öffentlichen Geldern notwendig seien, um einen Schuldenschnitt zu finanzieren.«[345]

Unter Target2 wird ein Verrechnungssystem verstanden, das für den Zahlungsverkehr in der EU steht. Banküberweisungen von einem EU-Land in ein anderes erfolgen über Gutschriften der jeweiligen Zentralbank bei der EZB. Wenn ein Käufer ein Produkt aus einem anderen Euroland kauft oder eine Überweisung dorthin tätigt, wird dem Land ein Negativsaldo bei der EZB angerechnet, während das Land des Verkäufers bzw. in das die

Überweisung geht, ein Positivsaldo erhält. Aufgrund von Exporten, Kapitalflucht aus Südländern und den massiven Aufkäufen der EZB geriet das Target2-System in eine extreme Schieflage. Während Italien im November 2017 insgesamt ein Minussaldo, also Schulden von 435,9 Milliarden, und das kleine Griechenland von 60,6 Milliarden bei der EZB hatten, betrug das Positivsaldo, das Guthaben der Bundesbank bei der EZB, im gleichen Zeitraum 855,5 Milliarden Euro, im Dezember 2017 übrigens schon 906,941 Milliarden Euro. Stand 30. September 2024 betragen die Targetsalden Deutschlands +1.073.511.585.763,02 Euro. Dem gegenüber stehen allgemein Negativsalden Italiens und Spaniens von -439,1 und -441,19 Milliarden Euro. Die Brisanz der Target-Salden besteht darin, dass beim Verlassen eines Eurostaates die Forderungen der Bundesbank ihm gegenüber null und nichtig sind, beim Platzen des Euros als Währung bliebe die Bundesbank auf 1.073.511.585.763,02 Euro sitzen, die dann der Steuerzahler zu übernehmen hätte. Ungleichgewichte im Zahlungsverkehr entstehen auch durch das Anfa-Abkommen, das die EZB zunächst geheim zu halten suchte. Das Anfa-Abkommen gestattet in Notfällen den Zentralbanken der Euroländer, vorübergehend Geld zu drucken. Nun hatten aber die Franzosen und die Italiener im Rahmen des Geheimabkommens 2017 und 2018 exzessiv Geld mit der Notenpresse erschaffen, ohne dass jemand davon wusste, denn einen Notfall löste für sie jeder anbrechende Tag aus.

Wie hoch das »Erpressungspotenzial« ist, kann man bestenfalls nur ahnen. Im Europäischen Stabilitätsmechanismus (ESM), der in Schwierigkeit geratene Staaten der Eurozone mit Liquidität versorgen soll, haftet Deutschland mit 190 Milliarden Euro. Es gelten für die Mitglieder des leitenden Gouverneursrates besondere Geheimhaltungsregeln, und sie sind durch Immunität davor geschützt, für ihre Handlungen jemals Verantwortung übernehmen zu müssen. Der Vertragstext war im feinsten Juristenenglisch verfasst und wurde auf Merkels Wunsch in nur drei Tagen durch den Bundestag gepeitscht. Bewundernswert die profunden Englischkenntnisse aller Abgeordneten des deutschen Parlaments, die sicher wussten, was sie verabschiedeten, nämlich den Anfang vom Ende des Königsrechts des Parlaments, über den eigenen Haushalt souverän zu entscheiden. Mit dem ESM hatte Angela Merkel das Haushaltsrecht des Parlaments zugunsten der EZB zum Papiertiger gemacht. Unter all den bisher aufgezählten Engagements und Risiken tickt zusätzlich noch eine Zeitbombe. Für den Kauf von Staatsanleihen in der Eurozone muss kein Eigenkapital hinterlegt werden, weil man davon ausgeht, dass es bei einem Staat der Eurozone keinen Zahlungsausfall geben kann. Seit der Griechenlandkrise weiß man, wie falsch die Annahme ist. Da die Staatsanleihen der Südländer höher verzinst sind als die der Bundesrepublik Deutschland, legten deutsche Rentenversicherer Pensionsgelder in südeuropäische Staatsanleihen an. Konservativ geschätzt, darf man davon ausgehen, dass ein Drittel der deutschen Pensionen und Renten in Staatsanleihen südlicher Euroländer wie Italien, Spanien und Portugal stecken.

Italien aber entging dem Finanzkollaps vor allem dadurch, dass Mario Draghis EZB immer neues Geld druckte, um Staatsanleihen zu kaufen, und durch die Niedrigzinspolitik die deutschen Sparer enteignete. Bereits am 26. Juli 2012 hatte Mario Draghi in London die Sturmrede zur Schleifung deutscher Interessen gehalten, als er sagte: »Im Rahmen unseres Mandats ist die EZB bereit, alles Notwendige zu tun, um den Euro zu erhalten. Und glauben Sie mir, es wird genug sein.« Schäuble und Merkel hatten gegen die Interessen Deutschlands dem Italiener Draghi signalisiert, dass sie ihn in der versteckten Staatsfinanzierung im Rahmen des OMT-Programms (Outright-Monetary-Transaction-Programm) unterstützen werden. Damit war der Rechtsbruch institutionalisiert, und am 16. September 2012 wurde er von Merkel kanonisiert: »Die deutsche Regierung hat klargestellt, dass Sorgen um die Währungsstabilität die jüngsten Entscheidungen der EZB rechtfertigen.«[345a] Das war wie alles, was Merkel tat, alternativlos, alternativlos im Sinne des Finanzkapitals, in dessen Interesse sie agierte, wenn sie Draghis Politik folgte. Dazu muss man wissen, was Merkel bekannt war, dass Mario Draghi in der Zeit, in der er bei Goldman Sachs arbeitete, Goldman Sachs Griechenland half, in den Euro zu kommen. Im Jahr 2010 klagte der Wirtschaftsdienst Bloomberg Finance LP vor dem Europäischen Gerichtshof (EuGH) auf die Herausgabe eines Dossiers, in dem Experten der EZB das Währungsgeschäft mit der US-Bank Goldman Sachs analysierten, das zwischen 1998 und 2001 Griechenland die Aufnahme in die Eurozone ermöglichte. Zwar haben bzw. hatten die Bürger der EU grundsätzlich Zugang zu jedem Dokument der EZB, doch verwehrte der EuGH die Herausgabe an Bloomberg. Warum wohl? Die Erfahrung besagt, dass der EuGH nicht unparteiisch urteilt, also weniger Recht spricht, als den Standpunkt der EU-Institutionen in ein scheinjuristisches Gewand hüllt. Der CDU-Haushaltspolitiker Klaus-Peter Willsch kommentierte 2012 der *WELT* gegenüber den Vorgang so: »Interessant ist dabei auch die Frage, ob der heutige EZB-Präsident Draghi in seiner damaligen Funktion bei Goldman Sachs an den Machenschaften beteiligt war … Die Öffentlichkeit habe einen Anspruch darauf zu erfahren, mit ›welchen Tricks‹ sich Griechenland den Zugang zum Eurowährungsraum ›erschlichen‹ habe. Gerade Deutschland als Hauptgläubiger der milliardenschweren Kredite und Bürgschaften an Griechenland muss auf vollständiger Aufklärung bestehen.«[346] Doch daran besaß Angela Merkel nicht das geringste Interesse, im Gegenteil: Genau das wollte sie nicht. In ihrem Sinne verkündete der von ihr installierte stellvertretende Chef der Bundestagsfraktion der Union Michael Meister: »Ich respektiere die Unabhängigkeit der Europäischen Zentralbank und die des Europäischen Gerichtshofs. Die EZB stellt im Rahmen ihres Mandats bereits weitreichende Transparenz her. Die Grenze liegt dort, wo ihr Auftrag gefährdet wird.«[347] Welchen Auftrag aber verfolgte die EZB, wenn ein Dossier, das möglicherweise Auskunft darüber erteilt, wie Griechenland in den Euro kam, ihren Auftrag gefährdet? Oder noch konkreter gefragt: In wessen Auftrag und für wen handelt die EZB? Deutlicher wurde damals die Bundestagsabgeordnete der Linken Sahra Wagenknecht: »Dieses Urteil ist ein schlechter Witz. Man kann doch keine Informationen von öffentlichem Interesse zurückhalten, nur weil man sich vor den Reaktionen der Finanzmärkte fürchtet. Mit einer solchen Begründung lässt sich die Herausgabe aller möglichen Informationen verweigern. Schlimmer noch: Mit derselben Logik lassen sich genau jene Täuschungsmanöver rechtfertigen, mit denen Goldman Sachs seinerzeit die Öffentlichkeit über das Ausmaß der griechischen Schuldenprobleme an der Nase herumgeführt hat.«[348] Sollte gerade Deutschland, sollte gerade die Bundesregierung, sollte gerade die Bundeskanzlerin nicht das allergrößte Interesse an der Aufklärung dieser Vorgänge haben. Allein, sie hatte es nicht. Angela Merkel hatte sich gegen deutsche Interessen entschieden. Man könnte auch sagen, dass sie nach dem Motto handelte, alles für Brüssel, nichts für Deutschland. Die Griechenlandrettung, die EZB-Politik, die schuldenfinanzierten Programme der EU, wie der New Green Deal und der Fonds NextGenerationEurope der Merkel-Vertrauten Ursula von der Leyen leben auf Deutschlands Kosten. Eine Bundesregierung, die im deutschen Interesse, im Interesse der deutschen Mütter, der deutschen Väter, der deutschen Kinder, der deutschen Familien, der Alten handelte, hätte spätestens in der Griechenlandkrise erkennen müssen, dass das Konzept der ever close union das Konzept zur Ausplünderung Deutschlands ist.

Im Frühjahr 2013 wurde die AfD als Reaktion auf Merkels Europolitik gegründet.

Den Höhepunkt der Ausplünderungspolitik bildete von der Leyens Fonds NextGenerationEurope, der inzwischen ein Volumen von 812,1 Milliarden Euro umfasst. Davon sind 421,1 Milliarden Euro direkte Zuschüsse, die von den Empfängern nicht zurückgezahlt werden müssen. Zur Finanzierung dieser direkten Zuschüsse gibt die EU Anleihen heraus und hat Zinsen zu zahlen. Die EU unterließ es, einen Tilgungsplan aufzustellen, und muss nun eine veränderte Zinslast tragen, das heißt, es muss zusätzlich Geld in den Fonds eingezahlt werden. Nach Berechnungen des Bundesrechnungshofes kommen deshalb »auf den EU-Haushalt im Zeitraum von 2028 bis 2058 nominal Ausgaben für den Schuldendienst von insgesamt mindestens 574 Milliarden Euro (frühe Tilgung) und höchstens 752 Milliarden Euro (späte Tilgung)« zu. »Auf den Bundeshaushalt würden dann – je nach Tilgungsplan – mindestens 138 bis 180 Milliarden Euro entfallen.«[349] Das bedeutet, dass zusätzliche Ausgaben ab 2028 von 4,6 bis 6 Milliarden Euro allein für von der Leyens Wiederaufbaufonds für den Bundeshaushalt anfallen. 191,48 Milliarden Euro bekommt Italien als Spitzenreiter unter den Empfängern von der EU im Rahmen des Programms NextGenerationEurope überwiesen, davon sind 70 Milliarden Euro nicht rückzahlbare Hilfen, also ein Geschenk, für das Deutschland weit mehr als das Geschenkband im wahrsten Sinne des Wortes beisteuert. Die Zuwendungen entsprechen ca. 10,79 % des BiP Italiens. Deutschland erhält aus dem Fonds stolze 26,36 Milliarden Euro, also 0,73 % des BiP. Ein nicht geringer Teil des Programms wird schuldenfinanziert, und am Ende zahlt der die Schulden zurück, der noch zahlen kann. Das Ende der Party wird erreicht sein, wenn Deutschland das AAA+ verloren hat. Noch ist die Einstufung für alle Beteiligten vorteilhaft.

Es war auch Angela Merkel, die ihre Vertraute und langjährige Ministerin als Kommissionspräsidentin nach Brüssel entsandte, als es für Ursula von der Leyen in Deutschland wegen der

Berateraffäre eng wurde. Aber Spitzenpolitiker und Regierungsmitglieder scheinen seit der Präsidialkanzlerin Angela Merkel über dem Gesetz, zumindest über den Regeln zu stehen. Was von der Leyens Berateraffäre betrifft, kam der Verteidigungspolitiker der Grünen Tobias Lindner zu dem Schluss: »Ursula von der Leyen hat zu Beginn ihrer Amtszeit Berater als Allzweckwaffe ins BMVg geholt. Die Wunder blieben aus, stattdessen wurde jede Menge Steuergeld verschwendet.«[350] Es ging um Millionen. Ein Wirtschaftsminister Jürgen W. Möllemann ist noch wegen der Verwendung eines falschen Briefbogens zurückgetreten. Daran konnte sich Merkel sicher nicht mehr erinnern, obwohl sie damals als Frauenministerin schon der Bundesregierung angehört hatte.

29. VIER SARGNÄGEL FÜR DEUTSCHLAND:

2. DIE ENERGIEWENDE[351]

Wie wenig Angela Merkel naturwissenschaftlich oder speziell physikalisch dachte, offenbarte ihr Einschwenken in ihrer zweiten Legislaturperiode auf den Plan zur Deindustrialisierung Deutschlands, der der Ideologie und dem Irrationalismus der Energiewende folgte. Ihr hätte auffallen müssen, dass die Prämissen irrational sind und dort, wo anscheinend wissenschaftlich argumentiert wurde, das Gegenteil von Naturwissenschaft stattfand, nämlich Ideologie, weil alle Argumente nicht auf der vornehmlich in den Naturwissenschaften angewandten Methode der Falsifikation beruhten, sondern auf dem ideologieanfälligen Verfahren der Verifikation. Während in den Naturwissenschaften nur dann eine These als richtig gelten darf, wenn alle Versuche, sie als falsch darzustellen, gescheitert sind, und sie auch nur so lange als richtig gilt, wie Prozesse und Phänomene nicht besser als durch diese These oder Theorie erklärt werden können, wird in der Verifikation mit allen Mitteln der Versuch unternommen, eine These oder eine Theorie als richtig zu beweisen. Was für die Geisteswissenschaften in einem gewissen, eingeschränkten und in einen kritischen Apparat eingebetteten Maße sinnvoll ist, ist für die Naturwissenschaften falsch, weil die These dadurch ideologisiert, das heißt, einem ideologischen Ziel untergeordnet wird, was nunmehr die wissenschaftlichen Methoden mit Blick auf die gewünschten Resultate betrifft. Wissenschaft wird dadurch zum Vollwaschautomaten, man bekommt heraus, was man einschaltet. Es sagt alles über das Konzept der Energiewende, dass es aus dem Geist der Ideologie und des Aktivismus entstanden ist und letztlich nur als Mittel zur Veränderung oder Transformation der Gesellschaft angesehen wurde.

Das speziell deutsche Konzept der Energiewende entstand mit seinem Kern der Utopie der erneuerbaren Energien aus der Anti-Atomkraft-Bewegung. Mit der Anti-Atomkraft-Bewegung bot sich Ex-Maoisten, Ex-Trotzkisten, Ex-Kommunisten wie Fischer und Trittin an, den revolutionären Klassenkampf zum Anti-Atomkraft-Kampf zu transponieren. Für die Akzeptanz in der Öffentlichkeit leistete das Reaktorunglück von Tschernobyl unschätzbare Dienste. Mit der Verabschiedung des »Gesetzes über die Einspeisung von Strom aus erneuerbaren Energien in das öffentliche Netz« schuf der Bundestag zugleich das interventionistische Instrumentarium für die Subventionswirtschaft der erneuerbaren Energien. Das Gesetz verpflichtete die Elektrizitäts-versorgungsunternehmen, Strom aus dem Bereich erneuerbarer Energien abzunehmen.

Unter Schröders Kanzlerschaft gelang es den Grünen maßgeblich unter Jürgen Trittin, den Atomausstieg und die Ökosteuer durchzusetzen und das Erneuerbare-Energien-Gesetz (EEG) zu verabschieden. Trittin hatte selbstherrlich wie immer geprahlt, dass durch die Energiewende für die Deutschen im Monat nicht mehr Kosten anfallen würden, als eine Kugel Eis kostete: »Es bleibt dabei, dass die Förderung erneuerbarer Energien einen durchschnittlichen Haushalt nur rund 1 Euro im Monat kostet – so viel wie eine Kugel Eis.«[352] Wenn die Legislatur der Ampel-Koalition nun für die Schussfahrt in den wirtschaftlichen und gesellschaftlichen Niedergang auf Grün steht, wenn Trittins Jünger Robert Habeck das Werk des Meisters vollendet haben wird, dann wird sich bis auf die EE-Aristokratie und Angela

Merkel niemand mehr in Deutschland eine Kugel Eis leisten können. Ging es beim »Gesetz über die Einspeisung von Strom aus erneuerbaren Energien in das öffentliche Netz« noch darum, dass die Stromversorger Strom den EE-Baronen abnehmen müssen, so verpflichtet das EEG die Stromversorger, Strom aus sogenannten erneuerbaren Quellen, also aus dem Erneuerbare-Energie-Bereich, bevorzugt abzunehmen. Das Ende der freien Marktwirtschaft im Energiebereich wurde mit der garantierten Einspeisevergütung besiegelt. Fragt man nach dem tieferen Grund dafür, dass Deutschland sich in die Rezession gräbt, dann kann man als maßgebliche Faktoren die garantierte Einspeisevergütung und den Einspeisevorrang sogenannter Erneuerbarer nennen, die zu immer höheren Energiepreisen, zur Energieunsicherheit und zu märchenhaften Gewinnen der EEG-Aristokratie über die EEG-Umlage und der Ökosteuer auf Kosten der Bürger geführt haben. Hinzu kam, dass dieses Subventionsgesetz zulasten der Bürger und des Umweltschutzes in Merkels Amtszeiten jeweils in den Jahren 2009, 2012, 2013, 2014, 2016/17 novelliert, das heißt für die Bürger und die Industrie teurer und für den EEG-Komplex lukrativer gemacht wurde. Um den Bürgern zu verheimlichen, dass die erneuerbaren Energien – sehr zur Freude der Branche – jedes Jahr teurer werden, wurde schon in Merkels letzter Amtszeit darüber nachgedacht, aber dann von der Ampel verwirklicht, die EEG-Umlage von der Energierechnung des Stromkunden zu nehmen und in ihrer Gesamtheit aus dem Bundeshaushalt an die EEG-Unternehmen zu überweisen. Der Bürger zahlte damit weiter als Steuerbürger die EEG-Umlage, nur es fiel ihm nicht mehr auf, weil der steigende Kostenpunkt nicht mehr auf seiner Stromrechnung erschien. Mit diesem Hütchenspielertrick wollten Merkels Erben die Akzeptanz fur die erneuerbaren Energien in der Bevölkerung erhöhen. Im Jahr 2024 sah sich die Bundesregierung gezwungen, einen Nachtragshaushalt aufzustellen, weil im Juni die Rückstellung für die

EEG-Umlage, die man in den Staatshauhalt übernommen hatte, von ca. 10 Milliarden Euro aufgebraucht war, sodass schuldenfinanziert ca. 9 Milliarden Euro nachgeschossen werden mussten. Die Kostenexplosion, die das Wohlleben der EEG-Aristokratie garantierte, betrug das Doppelte der von der Bundesregierung geschätzten Kosten. Der Bundesbürger merkte davon nichts unmittelbar, weil es sich nicht auf seiner Energierechnung wiederfindet. Doch er wird genau das spüren, wenn die Beiträge in den Sozialsystemen wie Renten-, Pflege- und Krankenversicherung steigen, wenn die Straßen unbefahrbarer und der öffentliche Verkehr immer unberechenbarer wird, weil genau das Geld fehlt, das man in der Erneuerbarer-Energien-Sause verfeiert.

Angela Merkel, empfänglich für die Klima-Ideologie und dem Erneuerbaren-Energien-Komplex durchaus zugetan, weil das so toll modern aussah – und überhaupt alle so sehr dafür waren –, wusste immerhin so viel, dass hinter jedem Windrad und hinter jeder Fotozelle ein konventionelles Kraftwerk als Back-up stand, entweder auf der Grundlage von Gas, Kohle oder Uran. Wenn Habeck und Co. und die gesamte Ampel Windräder bis zum Mond stapeln und wieder zurück, wenn sie den Ausbau der EE-Anlagen auf 90, auf 100, auf 120, auf 400 % hochgetrieben haben, fehlt ihnen dennoch der Strom, wenn die Sonne nicht scheint und der Wind nicht weht. Das ist inzwischen auch bei Robert Habeck angekommen, dessen Bundesnetzagentur darüber nachdenkt, dass die Industrie nur arbeiten und die Bürger nur Strom verbrauchen sollen, wenn die Sonne scheint und der Wind weht. Die Erneuerbare-Energien-Utopie führt dazu, dass Deutschland vom Nettostromexporteur zum Nettostromimporteur wurde.

Damit die Grundlast im Netz gesichert ist und es nicht zu Blackouts kommt, müssen in der Zeit, in der die Sonne nicht scheint und der Wind nicht weht, konventionelle Kraftwerke den fehlenden Strom produzieren bzw. muss dann der Strom sehr teuer aus dem Ausland gekauft werden. Deshalb bewertete Angela Merkel die AKWs als tragende Säule der Energiewende, umso mehr, wenn man mittelfristig aus der Kohleverstromung aussteigen wollte. Sie hielt vollkommen zu Recht den Atomausstieg von Rot-Grün als allein ideologisch motiviert und in der Praxis als einen schweren Fehler. Im Wahlkampf 2009 sprach sich Angela Merkel deshalb für den Ausstieg aus dem Atomausstieg aus, und im Koalitionsvertrag zwischen Union und FDP wurde festgehalten: »Die Kernenergie ist eine Brückentechnologie, bis sie durch erneuerbare Energien verlässlich ersetzt werden kann. Andernfalls werden wir unsere Klimaziele, erträgliche Energiepreise und weniger Abhängigkeit vom Ausland nicht erreichen. Dazu sind wir bereit, die Laufzeiten deutscher Kernkraftwerke unter Einhaltung der strengen deutschen und internationalen Sicherheitsstandards zu verlängern. Das Neubauverbot im Atomgesetz bleibt bestehen.«353

Wenn Angela Merkel als pragmatisch, als unideologisch dargestellt wird, ist das nur ein Drittel der Wahrheit. Deshalb ist die Einschätzung aus dem Jahr 2011: »Die wahre Merkel«, sagt einer, der sie ziemlich gut kennt, »die gibt es immer nur in Abhängigkeit von bestimmten Situationen«,[354] zwar richtig, aber eben nicht ganz. Ein zweites Drittel besteht darin, dass nicht die Partei, nicht das Land, nicht ein Glauben, nicht der Mensch oder der Humanismus das Maß aller Dinge für sie ist, auch nicht der Kampf für die Rechte der Frauen, für ihre Emanzipation, sondern das Maß aller Dinge ist für Angela Merkel Angela Merkel. Zum Dritten – und das mag erstaunen – existieren dennoch Ideologeme, an die Merkel glaubt, Ideologeme und Abneigungen. Zu den Abneigungen zählt die offene Disputation, weil sie risikoreich ist, vor allem aber hegt Merkel eine tiefe Abneigung gegen Ostdeutschland und die Ostdeutschen, auch eine Reserve gegenüber Deutschland schlechthin. Woran sie aber glaubte, waren die Klima-Ideologie seit den Tagen ihrer Klimakonferenz und die erneuerbaren Energien, denn die Kernenergie sah sie nur als »Brückentechnologie, bis sie durch erneuerbare Energien verlässlich ersetzt werden kann« an. Entgegen aller physikalischen und aller technologischen Wahrheit kann man daran eben nur glauben: credo quia absurdum.

Am 11. März 2011 sollte es zu zwei größten anzunehmenden Unfällen kommen: Erstens wurde das Atomkraftwerk Fukushima in Japan durch ein enormes Seebeben schwer beschädigt, und zweitens stimmte in der Nacht in Brüssel Merkel dem Europäischen Stabilitätsmechanismus (ESM) zu und opferte letztlich damit die Souveränitätsrechte des deutschen Parlaments in der für alle anderen grundlegenden Frage der Haushaltshoheit, denn ein Automatismus würde ermöglichen, dass Deutschland im Notfall 167,8 Milliarden Euro an Brüssel zu überweisen hat. Gemäß dem EZB-Schlüssel beträgt der deutsche Finanzierungsanteil am ESM rund 26,7 Prozent, in Summen rund 21,7 Milliarden Euro an eingezahltem und rund 167,8 Mrd. Euro an abrufbarem Kapital.[355] Hatte Merkel eine Zeit lang sich gegen das Volumen des ESM gestemmt, wie es Frankeich vorschwebte, rief sie noch am Tag der NRW-Wahl Nicolas Sarkozy an, um dem französischen Präsidenten mitzuteilen, dass die Summe für den ESM, die von den Franzosen vorgeschlagen und von ihr immer als zu hoch kritisiert worden war, ihrer Meinung nach nicht ausreichen würde. Mit den 440 Milliarden Euro, die nun Merkel ihrerseits vorschlug, übertraf sie die kühnsten Träume des Franzosen.[356] Für Merkel kein Problem, es ging für sie ja nur um die Steuergelder der schon länger hier Lebenden. »Wir wären bereit gewesen, weniger zu akzeptieren«, sagte später ein Mitarbeiter des Élysée.[357] Inzwischen umfasst der ESM ein Volumen von 500 Milliarden Euro.[358]

Ralph Bollmann ging wahrscheinlich haarscharf an der Wahrheit vorbei, als er vermutete, dass »die Kanzlerin auf einen eigenen Fehler durch eine Art Überkompensation« reagierte, um sich nicht »ein weiteres Mal korrigieren« zu müssen.[359] Es ging jetzt wie früher nicht darum und es würde sich auch später für Merkel nicht darum drehen, sich korrigieren zu müssen, sondern es durfte nicht einmal der Eindruck entstehen, dass ihr ein Fehler unterlaufen war. Außerdem brauchte sie nur die Wahlen in NRW abzuwarten, um der Opposition keine Munition zu liefern, um auch in Europa, in Brüssel die Nummer eins zu sein, der Klassenprimus oder die Klassenprima, es kostete ja nur das Geld der länger schon in Deutschland Lebenden.

Nicht weniger spektakulär sollte ihre Reaktion zur Zukunft der Atomenergie in Deutschland ausfallen. Merkel verfolgte die Ereignisse in Japan und beobachtete die öffentliche Stimmung. Für die Grünen und die Anti-Atomkraft-Bewegung war der Super-GAU in Fukushima Wasser auf ihre Mühlen, zumal in Baden-Württemberg Landtagswahlen anstanden. Die Bundeskanzlerin traf sich gegen 21 Uhr am 13. März 2011 mit den Spitzen der Koalition und einigen Vertrauten. Auch Westerwelle und die FDP beschlossen mit Merkel an diesem Abend die Aussetzung der Laufzeitverlängerung und die Stilllegung der sieben ältesten Kernkraftwerke. Man fand dafür den Begriff »Moratorium«. Am nächsten Tag in der Präsidiumssitzung trumpfte Röttgen damit auf, in der Atomfrage recht behalten zu haben, obwohl er falschlag, und die CDU-Präsiden, einschließlich der Kanzlerin, teilten Röttgens Einschätzung, auch wenn ihnen seine penetrante Rechthaberei auf den Nerv ging. Unpassenderweise benutzte Röttgen das Wort »Tsunami«, der politisch auf sie zukäme. Kaum hatte er es ausgesprochen, platzte in die Runde die Meldung, dass Westerwelle sich nicht an die Schweigevereinbarung gehalten,[360] sondern nach der Sitzung der Koalitionsspitzen am Vorabend sich der dpa gegenüber geäußert hatte, dass »eine neuen Risikoanalyse« vonnöten sei. Auf die Nachfrage, ob er sich ein Moratorium vorstellen könne, antwortete Westerwelle dann auch noch: »Ja, das kann ich mir vorstellen.«[361] Um Klarheit zu schaffen und um als Regierung mit einer Stimme zu sprechen, wurde rasch für den Nachmittag um 16 Uhr eine Pressekonferenz mit Merkel und Westerwelle vereinbart.

Das Präsidium kam zu dem gleichen Schluss wie am Abend zuvor die Spitzen der Koalition. Wenn man etwas Populismus nennen kann, dann die Haltung der schwarz-gelben Bundesregierung zur friedlichen Nutzung der Kernenergie in Deutschland. Zumindest einen Vorwurf wird man der Bundeskanzlerin ersparen müssen. Wahrscheinlich hätte sie etwas vorsichtiger in der AKW-Frage agiert, vielleicht sich sogar eine Hintertür offen gehalten, denn sie wusste nur allzu gut, dass die Zukunft der Energiewende, was die Grünen in ihrer ideologischen Verbohrtheit niemals begriffen hatten, an der Kernenergie hing, wenn man gleichzeitig aus der Kohleverstromung aussteigen wollte. Westerwelles unbedachtes Geschwätz bedeutete das Aus für die deutsche Kernenergie. Auch für die Forschung. Bedeutende deutsche Kernphysiker und Techniker gingen ins Ausland, wo sie die Forschungsgelder bekamen, die ihnen in Deutschland verwehrt wurden. Dafür ist Deutschland jetzt führend in den Gender-Studies. Im Grunde war es unanständig von den Grünen, dass sie dafür Guido Westerwelle nie ausreichend gedankt hatten. Als Merkel am 14.03.2011 mit Guido Westerwelle vor die Presse trat, verkündete sie das Atommoratorium und fügte hinzu, dass die Lage nach dem Moratorium eine andere sein werde als vor dem Moratorium. In klaren Sätzen: In Deutschland wurde die Nutzung der Kernenergie abgewickelt und die Bezahlbarkeit und Händelbarkeit der Energiewende allein auf die Lieferung von billigem Erdgas aus Russland gestellt. Die Abhängigkeit vom russischen Erdgas wurde hier zur Regierungspolitik. In diesen Tagen kritisierte der britische *Economist* Merkel in der Kolumne »Angela wer? Merkels Vermächtnis sieht immer schrecklicher aus. 16 Jahre ohne Reformen fordern ihren Tribut von Deutschland und Europa« dafür hart: »Warum ließ sie zu, dass russisches Gas einen immer größeren Anteil des deutschen Verbrauchs ausmachte – und erlaubte sogar den Bau einer neuen Pipeline aus Russland *nach* 2014? Abgesehen davon, dass Frau Merkels impulsiver Aufruf, Deutschlands verbleibende Atomkraftwerke nach der Kernschmelze in Fukushima 2011 abzuschalten, das Land noch stärker von Russland abhängig machte.«[362] Nord Stream 1, von der rot-grünen Regierung beschlossen, befand sich noch im Bau, die Planungen von Nord Steam 2 als Erweiterung von Nord Stream 1 als logische Folge des Atomausstiegs liefen an.

Jahrelang, während Merkels Kanzlerschaften bis zum Ende des Jahres 2021, dämpfte das billige Erdgas die ohnehin schon zu hohen Energiepreise in Deutschland, stabilisierte die Stromversorgung und verdeckte die einfache Tatsache, dass die deutsche Energiewende als ideologisches, letztlich utopisches Projekt nicht gelingen konnte. Mit dem Überfall Russlands auf die Ukraine und spätestens mit dem Terrorakt der Sprengung von Nord Stream, den aufzuklären die Ampel wenig Ehrgeiz zeigt, änderte sich alles. Die Vereinbarungen der Energiewende galten nicht mehr. Die Folge ist ein beispielloser Niedergang des Wirtschaftsstandortes Deutschland, dessen Ursachen die Regierung nicht erkennen will, weshalb sie mit ihren Maßnahmen ihn sogar noch verstärkt. Da aber jemand an der Rezession schuld sein muss, die Grünen es aber nicht sein können, bleiben nur die Vorgängerregierung, die plötzlich irgendwie nur aus der Union bestand, und vor allem die beste Kanzlerin, die die Grünen je hatten, übrig: Angela Merkel, die Deutschland angeblich in die Abhängigkeit von Russland geführt hatte, weil sie zwar viele, aber letztlich zu wenig Windräder aufstellte. Es lohnt ein Blick auf den Versuch grüner Geschichtsschreibung.

Das Paradoxon lautet, dass nicht der Skandal des Baus von Nord Stream 2, wie von grünaffinen Medien behauptet, der eigentliche Skandal ist, sondern stattdessen ein ganzes Bündel von Skandalen existiert, an denen Angela Merkel, die CDU, die SPD mit Gerhard Schröder, Olaf Scholz, Manuela Schwesig, sehr prominent Frank-Walter Steinmeier und auch die Grünen mit Annalena Baerbock und Jürgen Trittin beteiligt sind. Steigen wir mit dem Medien-Skandal und den Grünen ein, denn der dient einzig und allein, Robert Habeck darin zu unterstützen, das Scheitern seiner Wirtschafts- und Energiepolitik zu verschleiern und Angela Merkel zuzuschieben.

Grob gesagt, besteht der AKW-Habeck-Skandal darin, dass mit Tarnen, Tricksen und Täuschen in einer Zeit der dramatischen Gefährdung der deutschen Energieversorgung die letzten drei AKWs aus rein ideologischen Gründen vom Netz genommen wurden; die Öffentlichkeit wurde getäuscht, und mit der deutschen Energiesicherheit wurde Roulette gespielt, und zwar russisches oder ukrainisches Roulette.

Zur gleichen Zeit, als mit aller Macht die wesentlich sicheren deutschen AKWs abgeschaltet werden sollten, lobte Robert Habeck die Sicherheit ukrainischer AKWs und befand, dass diese selbstverständlich am Netz bleiben können. Die Nord-Stream-2-Akten wurden zusammengestellt und der *Süddeutschen Zeitung* zugänglich gemacht. Man dürfte sich das im Habeck-Umfeld so schön vorgestellt haben: Am 31. Mai 2024 kommt die *Süddeutsche* mit einem reißerisch aufgemachten Artikel, der investigativ wirken soll unter der Überschrift: »Die Akte Nord Stream 2«, das brisanteste an der »Akte« ist die Aufmachung durch die *Süddeutsche,* die vollmundig die »Chronik eines historischen Irrtums« darstellen will. Ihr Hauptanklagepunkt lautet: »In Berlin und der Welt ist Russlands imperiale Aggressivität da natürlich längst bekannt. Und doch treibt die Bundesregierung den Bau von Nord Stream 2 voran, als könne man Russlands Präsident Wladimir Putin vertrauen.« Die CDU und Merkel seien blind gegenüber Putins Aggressivität gewesen. Das ist die Vorlage für Habecks Inszenierung auf dem Grünen Parteitag, der im Grunde nur das Ausmaß offenbarte, mit dem die Grünen ihre

Parallelwelt vor jedem Einbruch der Wirklichkeit abgedichtet haben. Auf ebenjenem Parteitag in Potsdam gefällt sich Habeck in der Rolle von Deutschlands Retter. Habecks Ziel dürfte vor allem darin bestanden haben, den AKW-Untersuchungsausschuss zu verhindern, die katastrophale Bilanz seiner Wirtschaftspolitik zu verschleiern und die Schuld an dem von ihm und seinen Leuten maßgeblich verursachten Desaster den Vorgängern, der CDU, in die Schuhe zu schieben. Natürlich trägt die CDU daran eine Mitschuld, aber nur insofern sie grüne Wirtschaftspolitik gemacht hat und Angela Merkel die beste Politikerin ist, die die Grünen je hatten. Habeck behauptete hingegen auf dem Kleinen Parteitag: »Friedrich Merz, die Union ist verantwortlich für die schwerste Wirtschaftskrise seit Jahrzehnten.« Ganz davon abgesehen, dass Merz nicht Merkels Großer Koalition angehört hatte, regiert die Ampel nun seit Ende 2021. Habeck holte weit aus, verhob sich komplett und wurde nur nicht ausgepfiffen, weil er sich mitten im grünen Paralleluniversum befindet: »Und stellt euch vor, Bündnis 90/Die Grünen wären nicht Teil dieser Bundesregierung gewesen.« Allen Ernstes fährt Habeck fort: »Deutschland wäre im Sommer 22 in eine Energiekrise geschlittert, die diesem Land den Boden unter den Füßen weggerissen hätte. Deutschland hätte sein Wohlstandsmodell abschreiben können. Und man darf sagen, Putin hat genau das vorgehabt.«[362a] Habeck ging sogar so weit zu behaupten: »Die Ursache der Krise war: Es kam kein Gas aus Russland mehr.« Reichte Robert Habecks Gedächtnis nicht einmal in das Jahr 2022 zurück, als im April Annalena Baerbock in Riga tönte, dass Deutschland keine russischen Energieimporte mehr haben wollte: »Wir werden bis zum Sommer das Öl halbieren und bis Ende des Jahres bei null sein. Und dann wird Gas folgen, in einem gemeinsamen europäischen Fahrplan – denn unser gemeinsamer Ausstieg, der vollständige Ausstieg mit der Europäischen Union, ist unsere gemeinsame Stärke.«[363]

Die gemeinsame Stärke Europas sieht nur so aus, dass Polen noch bis ins Frühjahr 2023 russisches Erdöl durch die Druschba bezog, was Deutschland zum eigenen Schaden ab 1. Januar 2023 ablehnte. Österreich, Frankreich, Ungarn, die Slowakei und Tschechien bezogen fröhlich weiter Erdgas aus Russland. Nicht Putin hatte die Energielieferungen eingestellt, sondern die deutsche Außenministerin hatte den Weg in die Energiekrise freigeräumt. Zu diesem Zeitpunkt, als Baerbock die Backen aufblies, wussten weder sie noch Habeck, noch sonst jemand in der deutschen Regierung, woher man Erdöl und Erdgas beziehen wollte. Habecks Bückling beim Emir von Katar erwies sich bald schon als Luftnummer. Doch Habeck stellt sich und die Grünen als Retter Deutschlands dar, die Deutschland vor der Energiefalle gerettet hätten, in die sie Putin gelockt habe und in die Merkels Große Koalition willig und blind gelaufen sei – und genießt dabei die parteipolitische Begleitmusik der *Süddeutschen,* die resümierte: »Sieben Jahre lang haben zwei große Koalitionen diese Pipeline als rein ›privatwirtschaftliches Projekt‹ dargestellt, während sie mit allen Mitteln dafür kämpften. Sieben Jahre lang haben sie Vorbehalte ihrer Partner abgewehrt wie lästige Fliegen.« Doch die Darstellung der *Süddeutschen* enthält mehr Lücken als Fakten. Denn wer in der Darstellung der *Süddeutschen* fehlt, sind die Grünen. Am 25. 12. 2018 schrieb der *SPIEGEL* als Einleitung zu seinem Interview mit Jürgen Trittin: »Bundeskanzlerin Angela Merkel (CDU) hält zwar noch an dem Bau fest, doch der außenpolitische Sprecher der Union geht schon öffentlich auf Distanz und bringt die Möglichkeit von Sanktionen gegen Russlands Gasindustrie ins Gespräch.«[364] Es ist nicht Angela Merkel, sondern Baerbocks und Habecks einflussreicher Parteifreund Jürgen Trittin, der im Interview sagt: »Das Grundargument, man würde sich von den Russen abhängig machen, ist falsch. Pipelinegas führt zu einer gegenseitigen Abhängigkeit, weil die Bindung zwischen Produzent und Konsument groß ist. Der Produzent ist sogar abhängiger, wenn der Konsument auch andere Quellen hat.« Auf die Frage des *SPIEGELs:* »Würde ein Energieboykott durch Europa Russlands herrschendes Regime nicht stark treffen?«, antwortete Trittin: »Die Idee, der Russe würde aus Jux und Tollerei eben mal den Gashahn zudrehen, ist deshalb absurd: Der Kreml würde sich vorsätzlich selbst schädigen. Das hat nicht einmal die Sowjetunion im Kalten Krieg getan.«[365] Noch im Oktober 2020 verteidigte Trittin Nord Stream 2 gegen die Androhung von Sanktionen aus den USA. Im April 2020 hatte Jürgen Trittin als Fraktionschef der Grünen im Bundestag den Baubeginn von Nord Stream 2 ausdrücklich als »ein Stück mehr Versorgungssicherheit« gelobt. Im Januar 2021 schrieb Trittin in der »Internationalen Politik«: »Ja, Europa ist abhängig – es hängt an der Nadel der fossilen Energien. Die fossile Abhängigkeit gefährdet die europäischen Klimaschutzziele. Und sie gefährdet Europas Souveränität. Falsch ist, dass Deutschland deswegen von Russland abhängig ist. Das ist Blödsinn. Über Jahrzehnte lieferte Russland, lieferte die Sowjetunion selbst über den eigenen Zusammenbruch hinaus verlässlich Gas.« Und: »Für Europas Souveränität ist nicht Russland das Problem.« 13 Monate später überfielen Putins Truppen die Ukraine. Es mag sein, dass man in der *Süddeutschen* andere Medien nicht zur Kenntnis nimmt, muss man auch nicht; Michael Bauchmüller, einer der Autoren des Artikels »Die Akte Nord Stream 2«, hätte nur im eigenen Blatt oder im eigenen Computer nachschauen müssen, denn am 14. März 2018 hatte er ein Interview mit Jürgen Trittin geführt, dessen Unterzeile lautet: »Als grüner Umweltminister hat Jürgen Trittin gegen die erste Ostseepipeline gekämpft. Die zweite Leitung sieht er anders.« Im Interview kritisiert Trittin die Ausweitung der Sanktionspolitik aufgrund der Besetzung der Krim: »Darum sind ja auch gerade zu Recht die Sanktionen verlängert worden. Aber Russland zu isolieren ist nicht in unserem Interesse. Sicherheit in Europa gibt es nur mit, nicht gegen Russland. Und in der globalen Energiepolitik ist

Russland neben Saudi-Arabien und den USA ein Machtfaktor. Es wäre naiv, das zu ignorieren.« Und: »Schurkenstaat: Das haben Sie gesagt! Ob es uns gefällt oder nicht, Russland ist unser Nachbar. Und nein, hier geht es nicht um Erpressbarkeit.«

Die *Süddeutsche* warf der CDU und Merkel vor, dass sie »diese Pipeline als rein privatwirtschaftliches Projekt« dargestellt hätten, »während sie mit allen Mitteln« als Staat »dafür kämpften«. Doch im Interview mit Bauchmüller 2018 bestätigte Trittin die Sicht der Bundesregierung: »Der Gasmarkt ist liquide, und keiner kann erpresst werden. Die Kommission versucht nun, das privat finanzierte Nord Stream 2 auszubremsen, zum Teil mit Mitteln jenseits des Völkerrechts.« Der weitaus größere Skandal, den man zu vertuschen sucht, bestand darin, dass Nord Stream 2 letztlich nur eine Erweiterung von Nord Stream 1 war – und Nord Stream 1 wurde von der rot-grünen Koalition Schröder-Fischer vorangetrieben. Der wahre Grund für die gestiegene Erdgas-Abhängigkeit findet sich in dem Kardinalfehler deutscher Energiepolitik, von Schröder, Fischer und Trittin ins Werk gesetzt und von Merkel, Steinmeier und Scholz übernommen und vorangetrieben, der unter dem Namen Energiewende firmiert. Es stellt gewiss keinen Zufall dar, dass das BMWK die Nord-Stream-2-Akten sehr freigiebig an die *Süddeutsche,* an das *Handelsblatt* und dadurch auch notgedrungen an den Autor dieses Buches herausgegeben hat, aber es an dieser Großzügigkeit missen lässt, wenn es um die Nord-Stream-1-Akten geht.

Gerhard Schröder hatte erkannt, dass für jede, aber in besonderem Maße für die deutsche Wirtschaft die Sicherung von genügenden Mengen verlässlicher und bezahlbarer Energie notwendig ist, was voraussetzt, dass Deutschland den garantierten Zugang zu Energieträgern besitzt. Das Interesse eines Teils der politischen Klasse an erneuerbaren Energien, übrigens nicht nur der Grünen, aber bei denen besonders, führte dazu, dass in Deutschland ein teils von staatlichen, teils in der Hauptsache von amerikanischen Geldern finanziertes Geflecht von Thinktanks und NGOs entstand, das im weiteren Energiewendekomplex genannt werden soll. Initiiert und unterstützt wurde diese Entwicklung vom Umweltministerium unter Jürgen Trittin. Ich hatte bereits in meiner Gorbatschow-Biografie 2005 gewarnt: »Ein sozialdemokratischer Bundeskanzler schweigt zu Menschenrechtsverletzungen in Tschetschenien, zu Verletzungen der Bürgerrechte und nennt den Mann, der all das ins Werk setzt, einen ›lupenreinen Demokraten‹ …Wir wollen nicht hoffen, dass Deutschland und die deutsche Wirtschaft die Zeche hierfür eines Tages in Russland zu zahlen haben.« Sich allzu tief in Putins Abhängigkeit zu begeben war damals schon ein Fehler, ein Fehler, der durch die grüne Energiewendepolitik, die Merkel übernommen hat, stetig vergrößert wurde. Der *FAZ*-Korrespondent für Polen und die Ukraine, Konrad Schuller, schrieb am 15. November 2015 in der *Frankfurter Allgemeinen Sonntagszeitung*, Nord Stream 2 sei »aus der Sicht osteuropäischer Regierungen weiter ein Instrument russischer Erpressung. Es soll nach ihrer Lesart vor allem dazu dienen, die ukrainischen Transitleitungen auszutrocknen und damit dem ohnehin von Krieg und Krise geschüttelten Kiewer Haushalt noch einmal 1,8 Milliarden Euro im Jahr abzugraben.« Der Ministerpräsident der Ukraine, Arsenij Jazenjuk, sprach von einem antiukrainischen Projekt. Was also die Akten über Nord Stream 2 wirklich erzählen, ist, wie die Große Koalition, wie Merkel, Altmaier, Steinmeier, Heiko Maaß und sehr prominent auch der damalige Finanzminister Olaf Scholz, mühselig und listenreich dem Widerstand gegen den Bau von Nord Steam 2 begegneten und das Projekt schließlich auf nicht allzu geraden Wegen durchsetzten. Dabei hatte die Okkupation der Krim 2014 die Spielregeln gründlich verändert, nur Merkel, Scholz, Steinmeier, Maaß und auch Trittin verschlossen davor fest die Augen. Trittin wollte im Jahr 2018 im Widerstand der USA gegen den Bau von Nord Steam 2 reine Interessenpolitik sehen: »Jetzt aber geht es um ›America First‹: Europas Gas soll teurer werden … jede zusätzliche Pipeline macht das teure Flüssiggas weniger wettbewerbsfähig.«[366] Als im Jahr 2020 drei US-Senatoren aus Trumps Umfeld den Betreibern des Hafens von Saßnitz auf Rügen mit wirtschaftlichen Sanktionen drohten, wenn sie den Bau von Nord Stream 2 unterstützen, wetterte Trittin, »dass hier die Mobster-Methoden aus den Gangkriegen in New York Einzug halten«.[367] Inzwischen wandte sich Trittin auch gegen das Nabucco-Pipeline-Projekt, um Nord Stream abzusichern, mit den Worten: »An entscheidender Stelle dieser Pipeline sitzt dann Herr Erdogan und entscheidet, wie viel vom Gas zu uns durchgeleitet wird. Guter Autokrat, böser Autokrat – dieses Spiel ist unklug.«[368] Obwohl das Projekt, wie die Akten minutiös belegen, von der Bundesregierung vorangetrieben wurde, stellte die Bundesregierung es in der Öffentlichkeit so hin, als handele es sich um ein rein privatwirtschaftliches Unternehmen. Doch im Jahr 2020 schlug der Bundesfinanzminister seinem US-Kollegen Steven Mnuchin vor, eine Milliarde Euro für die Errichtung deutscher LNG-Terminals an der norddeutschen Küste auszuschreiben, an denen LNG aus den USA gelöscht werden kann. Was wie Diversifizierung aussah, war in Wahrheit nur ein Kuhhandel, um den Widerstand der US-Regierung gegen Nord Stream 2 aufzulösen. Doch die Trump-Regierung ging auf den Deal nicht ein. Wenig später bedankt sich Selenskyj beim US-amerikanischen Außenminister dafür, dass die US-Regierung Sanktionen gegen den Bau der Pipeline verhängte. Um die Sanktionen zu umschiffen, wurde nun in Schwesigs Mecklenburg-Vorpommern die »Stiftung Klima- und Umweltschutz MV« gegründet, die inzwischen Gegenstand eines Untersuchungsausschusses im Landtag ist. Der Schachzug zeigte Wirkung. Die US-Regierung erkannte die Stiftung als Regierungsstelle an und gestand ihr zu, von den Sanktionen ausgenommen zu sein. Im Einzelnen zeigen die Akten, auf welchen verschlungenen Pfaden der Bau von Nord Stream 2 vorangetrieben wurde – gegen eine Vielzahl von Widerständen, die von der dänischen Regierung bis zur polnischen, zur ukrainischen und zur US-amerikanischen reichen – und wie trick- und variantenreich bis hin zur Gründung einer Klimastiftung man vorging. Gegen den Bau von Nord Stream 2 war auch die damalige umweltpolitische Sprecherin der Grünen, Annalena Baerbock, doch zu dieser Zeit vertrat sie auch die Ansicht, dass es keiner Speicher bedürfe, weil das Netz der Speicher sei. Deshalb glaubte sie vermutlich, dass man keine planbaren Energien benötige. Um es kurz zu machen, die realistischeren Grünen waren für die Pipeline, die verträumten dagegen – doch sie alle einte der Glaube an die Energiewende. Merkels Ur-Sünde bestand darin, nachdem sie den Ausstieg vom Atomausstieg richtigerweise verkündet hatte, ihn kurze Zeit später wieder zu kassieren angesichts der Katastrophe von Fukushima. Daraus folgte, dass sie auf die desaströse Energiewende der Grünen einstieg, sich nur mit den Sozialdemokraten gemeinsam bemühte, sie finanzierbar zu halten – und aus diesem Grund wurde Nord Stream 2 benötigt. Von den einzelnen, auch verwaltungstechnischen Schritten sprechen die Akten – von nichts weiter, von den Schleichwegen, eine falsche Idee zu ermöglichen. Brisant aber, wirklich brisant dürften die Nord-Stream-1-Akten sein, denn in ihnen findet man das Zustandekommen des Ur-Deals, denn beschlossen wurde der Bau von Nord Stream von der rot-grünen Regierung – doch diese Akten hält das BMWK noch unter Verschluss – aus guten oder schlechten Gründen, je nachdem, aus welcher Perspektive man blickt.

Nach dem Ausstieg aus der Kernenergie und der Festlegung auf die Energiewende verursachte Angela Merkel Deutschlands wirtschaftlichen Niedergang – ihre Erben forcieren diesen Vorgang nur.

Legendär sind die Bilder, wie Merkels Außenminister Heiko Maaß den US-Präsidenten Donald Trump in der Vollversammlung der UNO auslachte, weil der Deutschland vor der Energieabhängigkeit von russischem Gas warnte. Anstatt hier zu handeln, versuchte Merkel, zur Klimakanzlerin zu werden, übernahm die Klimaapokalyptik und traf sich mit so beeindruckenden Fachkräften wie Luisa Neubauer. Die neue Aristokratie war im neuen Versailles unter sich. Doch inzwischen wurden die Große Transformation und die Klimaideologie von einem Komplex aus NGOs und mehr oder weniger fragwürdigen Instituten vorangetrieben, die zu einem großen Teil mit amerikanischem Geld finanziert werden. Robin Hood, der Sheriff von Nottingham und Prinz John hatten sich gegen das Volk verbündet. Nach dem Platzen der Immobilienblase 2008 suchte die Finanzindustrie nach einer neuen Blase, in die sie investieren konnte. Schnell begriff sie, dass Grün, das die grüne Transformation die neue Blase werden konnte, und investierte. Wenn diese Blase eines Tages platzen wird – und platzen wird sie –, dann war gemessen an dem Sturm, der dann heraufziehen wird, die Weltfinanzkrise von 2008/2009 nur ein laues Lüftchen. Indem aber Angela Merkel die erneuerbaren Energien und die grüne Transformation so sehr vorangetrieben hat, zeitgleich aus der Kernenergie ausgestiegen ist, wird das Platzen dieser Blase Deutschland besonders hart treffen. Wenn man die heillosen, realitätsblinden, geradezu delirierenden Forderungen nach Staatsfinanzierungen der Ampel hört, kann man sich des Eindrucks nicht erwehren, dass das Platzen der Blase in Deutschland zumindest nicht mehr in weiter Zukunft liegt. Robert Habeck will der sich abzeichnenden Wirtschaftskrise dadurch entgegenwirken, dass er die Wirtschaft subventioniert durch einen Fonds, für den er Schulden von 400 Milliarden Euro aufnehmen will. Saskia Esken reicht das nicht, sie will Deutschland um 600 Milliarden Euro verschulden. Alles das sind nur die Folgen von Merkels Wirtschafts- und Energiepolitik, für die sie sich nie besonders interessiert hat und die nun ihre nicht allzu begabten Nachfolger beschleunigen und vergröbern.

Man kann dem *Economist* nur zustimmen: »Wer sich fragt, wie Europa in diese missliche Lage geraten ist, wird sich zu Recht auf Frau Merkels Amtszeit berufen. Die Deutschen könnten die Veröffentlichung ihrer Memoiren jedoch dazu nutzen, um in sich zu gehen. Sie sind diejenigen, die immer wieder dafür gestimmt haben, Reformen der Art aufzuschieben, wie sie Merkels Vorgänger Gerhard Schröder Anfang der 2000er-Jahre eingeleitet hatte (wobei über sein Vermächtnis als gut bezahlter Kumpel Putins nach seinem Ausscheiden aus dem Amt besser weniger gesagt wird).«

In der Wirtschaftspolitik lebte Merkel von Schröders Reformen. Doch hatte sie die nicht genutzt.

30. VIER SARGNÄGEL FÜR DEUTSCHLAND:

3. MIGRATION

An diesem 22. September 2013, dem Tag der Bundestagswahl, in die sie mit dem Slogan zog: »Sie kennen mich«, dürfte Angela Merkel ein paar bange Stunden durchlebt haben, denn für einen Moment sah es so aus, als habe die Union die absolute Mehrheit errungen. Was für die Christdemokraten zum ausgelassenen Jubel führte, mochte Merkel den Schweiß auf die Stirn getrieben haben. Allein regieren hieß, auch allein die Verantwortung für alles zu tragen. Alle Entscheidungen hätte sie auch gegenüber ihren Leuten aus ihren eigenen Gründen heraus und nicht als Resultat von Vermittlungen begründen müssen, ohne dass sie sich hinter einem Koalitionspartner, der zu berücksichtigen war, verstecken konnte. In einer Ein-Parteien-Regierung würde ein Stück nicht auf dem Spielplan stehen: Die Präsidialkanzlerin schwebt über den Parteien der Koalition. Doch am Ende – welch Aufatmen vermutlich – stand ihr wieder ihr sprichwörtliches Glück zur Seite. Zur absoluten Mehrheit fehlten wenige Stimmen. Während die Union bei 41,5 % landete, holten die Sozialdemokraten 25,7 %, die Grünen 8,4 % und lagen damit knapp hinter der Linkspartei. Die FDP verfehlte die 5 % Hürde. Für Merkel bot dieses Ergebnis die Möglichkeit, in der Partei zu sein, in der sie auch am liebsten wäre, bei den Grünen, wenn auch nur in der Koalition. Trotz allgemeiner Skepsis in der Partei begann die

Union Mitte Oktober 2013 auch Sondierungsgespräche mit den Grünen. Man weiß nicht, wie lange Merkel darauf schon gehofft hatte. Untergründig mag Merkels fast atavistische Sympathie für die Grünen auch damit zusammenhängen, sieht man von einigen Folklore-Ossis wie Katrin Göring-Eckardt ab, dass die Grünen die westdeutsche Regionalpartei sind. In den Landtagswahlen 2024 flogen sie aus den Landtagen von Thüringen und Brandenburg und rutschen in Sachsen gerade so vor allem dank Leipzig, Dresden und Chemnitz in den sächsischen Landtag.

Nach dem ersten Sondierungsgespräch im Jahr 2013 zeigte sich Jens Spahn verhalten optimistisch, wahrscheinlich immer den Wunsch seiner Parteivorsitzenden und Bundeskanzlerin im Hinterkopf habend: »Mein Herz sagt Schwarz-Grün, mein Verstand Schwarz-Rot in diesen Tagen. Ich fände das mutig, das mal zu probieren. Allerdings haben die letzten Monate es nicht eben leichter gemacht mit dem Linkskurs der Grünen.«[369] Mit Letzterem spielte Spahn auf die Linken bei den Grünen an, auf Trittins Truppe an. Beim zweiten Sondierungsgespräch im Jahr 2013 stand wie ein Vorbote für Kommendes die Turbomigration in die deutschen Sozialsysteme auf dem Programm, nämlich wie Göring-Eckardt ausführte: »Da gehört dazu, dass Migrantinnen und Migranten in unserem Land so leben können, dass sie sich zuhause fühlen … Willkommenskultur ist da ein wichtiges Stichwort, über das wir geredet haben, über das auch weiter zu reden sein wird … Über Flüchtlinge beispielsweise haben wir auch nur in zwei Sätzen gesprochen, auch das wird weiter ein Thema sein.«[370] Sechs Stunden lang verhandelten sieben Vertreter der CDU, sieben der CSU mit acht der Grünen beim zweiten Sondierungsgespräch in der Parlamentarischen Gesellschaft. Nach anderthalb Stunden, die die Grünen ein Stockwerk höher dann untereinander berieten, entschieden sie sich gegen die Koalition. »Die neu gewählte Grünen-Fraktionschefin Katrin Göring-Eckardt meinte, es habe »Überraschungen gegeben – aber es reicht nicht«.[371] Trittin, der wohl letztlich den Ausschlag gab, dass es nicht zu dieser Koalition kam, drückte sich irgendwie an den Journalisten vorbei, Anton Hofreiter eilte ins Bundestagsgebäude, Kretschmann wollte keinen Kommentar abgeben. »Die Chef-Unterhändler der Grünen zeigen sich in den Minuten nach der zweiten Sondierungsrunde mit CDU und CSU ungewöhnlich wortkarg. Vielleicht weil ihnen nun klar wird, dass sie ihrer Partei vier weitere Jahre in der Opposition beschert haben.«[372] Jedenfalls wirkten sie wie Lausbuben, denen langsam aufging, dass ihr Streich nach hinten losgegangen war.

Bis heute bedauert es Angela Merkel, dass die Koalition mit den Grünen im Jahr 2013 nicht zustande kam – und vollkommen richtig hatte sie eingeschätzt, dass sich dieses schmale Zeitfenster, das sich aufgrund einer vorübergehenden Stärke der Union geöffnet hatte, sich mindestens für lange Zeit wieder schließen würde. Hätte eine schwarz-grüne, inhaltlich eine grün-schwarze Koalition an den Ereignissen von 2015 etwas geändert? Hätte es noch schlimmer für Deutschland kommen können? Schlimmer noch als unter Deutschlands grüner Kanzlerin, die nun dem Höhepunkt ihrer Macht an der Spitze einer Großen Koalition zustrebte?

Mitten in der Diskussion um neue Hilfen für Griechenland, auch über einen möglichen Grexit, zeichnete sich bereits der Migrantenansturm ab, über den Merkel im ZDF Sommerinterview 2015 orakelte: »Diese Fragen werden uns sehr viel mehr noch beschäftigen als die Frage Griechenlands und die Stabilität des Euros.«[373] Kaum jemand verstand die Brisanz dieser Nebensätze, denn niemand kannte die Berichte der Geheimdienste und die DVD vom Chef der Bundespolizei, Dieter Romann, die ebenjene Migrantentrupps zeigten, die nach Europa aufgebrochen waren. Wie in einem schlechten Traum versuchte Merkel, das Problem zu verdrängen, indem sie sich mit dem Versuch ablenkte, die Migranten auf Europa zu verteilen, was niemand wollte, anstatt

Maßnahmen zu entwickeln, Migranten wirkungsvoll abzuweisen, die Länder, die für die Außengrenzen zuständig waren, wirksam zu unterstützen und Frontex konsequent zu stärken. Doch im Laufe des Jahres strömten immer mehr Migranten aus dem muslimischen und afrikanischen Raum nach Europa, insbesondere nach Deutschland, denn in Deutschland, so sprach es sich im sogenannten »globalen Süden« herum, bekommt man so viel Geld geschenkt, dass man davon die ganze Familie daheim finanzieren konnte. Für einige afrikanische Länder bilden die Überweisungen aus Deutschland bereits einen eigenen Wirtschaftsfaktor, deshalb entwickeln diese Länder verständlicherweise wenig Neigung, ihre Staatsbürger zurückzunehmen. Im Jahr 2016 überwiesen Migranten umgerechnet 17,7 Milliarden Euro aus Deutschland in ihre Herkunftsländer.[374] Von Anfang an vermengte Angela Merkel, und die ihr gewogenen Medien sollten ihr darin folgen, zwei Rechtsinstitute, nämlich das Asylrecht und die Genfer Flüchtlingskonvention. Wenn Merkel gegen die bald schon geforderte Obergrenze argumentierte, dass das Asylrecht keine Obergrenze kenne, stimmte das zweifelsohne, doch nach dem Asylrecht dürften die meisten »Asylbewerber« gar nicht in Deutschland sein, denn das gilt nur für politisch Verfolgte, nicht aber für Kriegsflüchtlinge: »Politisch Verfolgte genießen Asylrecht«,[375] wie es im Grundgesetz heißt. Für den Umgang mit Kriegsflüchtlingen beispielsweise gilt die Genfer Flüchtlingskonvention, die allerdings Kontingentierungen, mithin Obergrenzen kennt. Doch weder Angela Merkel noch die Medien machten auf diesen Unterschied aufmerksam.

Es scheint so zu sein, dass Merkel den Druck auf Außenstaaten wie Italien, Griechenland und Ungarn beispielsweise unterschätzte. Kalt wurden diese Länder mit dem Schutz der EU-Außengrenzen allein gelassen. In ihren Sommerinterviews sprach Merkel munter davon, dass das Dublin-Abkommen, das besagte, dass »Flüchtlinge« sich in dem EU-Staat registrieren lassen mussten, wo sie zum ersten Mal EU-Territorium betraten, nicht mehr funktioniert. Da Deutschland von sicheren Drittländern umgeben war, bestand für Deutschland unmittelbar kein Problem. Aber sich in dieser sich zuspitzenden Situation ins deutsche Fernsehen zu setzen und darüber zu philosophieren, dass die Dublin-Regel von der Praxis überholt ist und Staaten wie Italien oder Ungarn allein zu lassen, deutete auf Weltfremdheit hin. Ungarns Ministerpräsident sprach das Problem an, wurde aber nicht gehört. Schließlich bauten die Ungarn einen Grenzzaun, um sich nicht dem Vorwurf auszusetzen, das Abkommen von Schengen nicht einzuhalten. Die Migranten, die in Ungarn eintrafen und in den von der ungarischen Regierung errichteten Aufnahmelagern registriert werden sollten, wollten ohnehin nach Deutschland weiter. Viele von ihnen verließen Ende August die Aufnahmelager und kamen aber am Bahnhof Keleti in Budapest nicht weiter. Am 31. August und am 1. September ließ Viktor Orbán noch Sonderzüge mit Migranten nach Wien und München fahren. In München trafen am 31. August 900 »Flüchtlinge« ein, am 1. September kamen schon mehr als 2400 »Flüchtlinge« an. Sie hielten Schilder mit Germany und Bilder von Angela Merkel hoch. Auf einer Pressekonferenz sprach Merkel, ohne es vielleicht wirklich durchdacht zu haben, schon gar nicht von seinem Ende, quasi eine Einladung an die »Flüchtlinge« aus: »Deutschland ist ein starkes Land. Das Motiv, mit dem wir an diese Dinge herangehen, muss sein: Wir haben so vieles geschafft – wir schaffen das! Wir schaffen das, und dort, wo uns etwas im Wege steht, muss es überwunden werden, muss daran gearbeitet werden.«[376] Im Wege standen die Kritiker, die Realisten, sie wurden medial »aus dem Weg geräumt«. Auf dem Keleti-Bahnhof stürmten derweil »Flüchtlinge« Züge, die nach Deutschland fuhren. Für Ungarn entstand eine ernsthafte Bedrohung der öffentlichen Sicherheit. Die *ZEIT* behauptete, dass »2.000 Asylbewerber auf Budapester Bahnhöfen festsäßen, weil ihnen das offenbar überforderte Einwanderungsamt keine Lager mehr zuweise.«[377] Doch das stimmte nicht, denn die »Flüchtlinge« wollten nicht in ein ungarisches Aufnahmelager, sondern nach Deutschland, was die *ZEIT* im Rahmen der kognitiven Dissonanz sogar im selben Artikel zugab, wenn sie schrieb: »Nach den gemeinsamen EU-Asylregeln ist Ungarn verpflichtet, alle dieser Einreisenden zu registrieren. Viele Flüchtlinge wollen dies aber verhindern und stattdessen gleich nach Österreich oder Deutschland weiterreisen.« In dieser Situation bat Ungarn Deutschland um Hilfe. Die deutsche Seite zog die Entsendung von Sonderzügen nach Budapest in Erwägung, verlangte aber, dass die »Flüchtlinge« am Bahnhof Keleti sich registrieren ließen, was diese aber verweigerten, weil sie darin eine Falle witterten. Sie weigerten sich deshalb, sich in Ungarn registrieren zu lassen, weil sie sich nur in Deutschland registrieren lassen wollten, da sie befürchteten, dass sie in Ungarn bleiben müssten, wenn sie sich hier registrieren ließen. So entstand eine Pattsituation, während immer mehr »Flüchtlinge« zum Keleti-Bahnhof strömten. Es war die deutsche Seite, die für Verwirrung sorgte. Das Bundesamt für Flüchtlinge und Migration (Bamf) hatte am 25. August über einen Sprecher mitgeteilt: »«Dublin-Verfahren syrischer Staatsangehöriger werden zum gegenwärtigen Zeitpunkt vom Bundesamt für Migration und Flüchtlinge weitestgehend faktisch nicht weiter verfolgt.« Die noch nicht abgeschlossenen Verfahren würden in Deutschland bearbeitet.«[378] Kurz darauf dementierte ein Sprecher des Bundesinnenministeriums diese Darstellung: »Wer nach Ungarn kommt, muss sich dort registrieren lassen und das Asylverfahren dort durchführen«, hieß es. »Deutschland hat Dublin nicht ausgesetzt.«[379] Was nun? Wie sollte sich Ungarn verhalten? Auf der einen Seite wurde jeder ankommende Migrant in München bejubelt wie ein Wunder Gottes. Auf der anderen Seite protestierte die deutsche und die österreichische Regierung in Budapest dagegen, dass Orbán Sonderzüge mit »Flüchtlingen« schickte,[380] auf der einen Seite galt Dublin, auf der anderen eigentlich nicht mehr so recht. Was wollte Merkel und was wollte Merkel nicht? Sie wusste es selber nicht und stolperte dadurch in eine Krise, die sich bis heute in Deutschland täglich vergrößert. Die Deutsche Welle beschrieb am 3. September die Situation so: »Am Ostbahnhof in Budapest spielen sich chaotische Szenen ab: Mehr als 1000 Menschen strömten in das Gebäude, nachdem sie tagelang auf dem Vorplatz auf eine Weiterreise nach Westeuropa gewartet hatten. Auf Fernsehbildern war zu sehen, wie sich Flüchtlinge auf den Bahnsteigen und vor den Zügen drängten. Viele hatten Fahrkarten in der Hand. Einige stürmten einen Zug. Sie versuchten, ihre Kinder durch die Fester und Türen in die Wagen zu drängen. […] Offenbar stoppte die ungarische Polizei aber den Zug noch vor der Grenze und zwang die Passagiere heraus, um sie zu einem Flüchtlingsheim zu bringen. Die Flüchtlinge sollen gegen die Zugscheibe geschlagen haben und ›No camp, no camp!‹ gerufen haben. […] Auf dem Bahnsteig in Budapest waren nach wie vor viele Flüchtlinge, die auf die Weiterreise in Richtung Westen warteten. Ein zweiter Zug nach Sopron war angekündigt, stand aber zunächst noch nicht am Gleis. Die ungarische Eisenbahngesellschaft MAV hatte am Vormittag erklärt, es gebe keine direkten Züge von Budapest nach Westeuropa. Auf dem Bahnhof gab es entsprechende Durchsagen.«[381] Die Ungarn sahen sich gezwungen, den Zugverkehr ins Ausland einzustellen. Merkel schien weiter abgetaucht zu sein. Im Kanzleramt versuchte man sich einzureden, dass Orbán den Migranten am Keleti-Bahnhof eine Falle gestellt habe.[382] Doch was sollte das für eine Falle sein? Zu glauben, dass Viktor Orbán einen wichtigen Bahnhof der Hauptstadt zum Aufnahmelager umfunktionieren wollte? Zu halluzinieren, dass der ungarische Ministerpräsident die Zustände am Keleti-Bahnhof herbeigeführt hätte, entsprach nicht dem politischen Handeln von Viktor Orbán, sondern der zynischen Weltsicht im Kanzleramt. Den Beweis dafür lieferte der nächste Tag.

Am 4. September, einem Freitag, begab sich die Bundeskanzlerin nach der Morgenlage im Kanzleramt auf eine Dienstreise, die sie nach Bayern und nach Köln führen sollte. Freitagsstimmung dürfte geherrscht haben, Kanzleramtsminister Altmaier in Gedanken schon bei einem hübschen Termin in Genf, wohin er aufbrechen sollte, alle anderen bereits in Wochenendstimmung. Nichts Besonderes schien anzuliegen, außer die von Stunde zu Stunde katastrophaler werdende Situation am Keleti-Bahnhof in Budapest, doch die interessierte Merkel und ihre Leute offensichtlich nicht. Hätte nicht spätestens jetzt die Bundeskanzlerin alle Termine absagen und sich mit dem österreichischen Kanzler Faymann und dem ungarischen Ministerpräsidenten Orbán um eine Lösung bemühen müssen, wenn ihr die Menschlichkeit so sehr am Herzen lag?

Doch Merkel kam mit ihrer Idee der Verteilung der Migranten in Europa nicht weiter, also sollten die Ungarn mit dem Problem selbst fertigwerden. Es schien sie nicht zu kümmern, nicht, dass die Ungarn in die Zwangslage gerieten, sich an das Schengen-Abkommen und die Dublin-Regel zu halten, aber nicht mehr wussten, wie, an die Regel, von der Merkel schon seit Wochen behauptete, dass sie nicht mehr funktionieren würde, ohne freilich eine Lösung anzubieten. Und während sich Merkel auf die Reise nach Bayern begab, beschlossen Tausende von Migranten, die am Keleti-Bahnhof festsaßen, sich ebenfalls auf die Reise zu begeben, und zwar nach Deutschland. Merkels Biograf Bollmann griff angesichts dieser Verantwortungslosigkeit seiner Heldin nach dem Strohhalm, den Merkels Presseleute willigen Journalisten reichten, als er betreten schrieb: »Da sie fürchtete, dass die Lage in Ungarn eskalieren könnte, hatte sie ihren stellvertretenden Büroleiter mitgenommen.«[383] In seinem vorzüglich recherchierten Buch über die Flüchtlingskrise entzauberte Robin Alexander jedoch die Rechtfertigungsversuche: »Bei den historischen Ereignissen, die sich in wenigen Stunden vollziehen werden, ist das Kanzleramt also zumindest auf der Kommandobrücke unbesetzt. Später wird Merkels Umfeld versuchen, diesen Eindruck zu relativieren, indem man Reportern erzählt, die Kanzlerin habe aus Vorahnung darum gebeten, den ganzen Tag von ihrem stellvertretenden Büroleiter Kotsch begleitet zu werden. Aber das ist Unsinn: Der treue Beamte begleitet Merkel routinemäßig auf Terminen, die sie als Kanzlerin im In- und Ausland absolviert.«[384] Und auch das ist noch nachsichtig formuliert, denn spätestens seit dem 31. August hätte jedem verantwortlichen Politiker in Österreich und vor allem in Deutschland bewusst sein müssen, dass die Lage eskalieren würde und man eine schnelle provisorische und anschließend eine grundsätzliche Lösung finden musste. Nicht so Merkel. Sosehr man über ihre Motive für ihr verantwortungsloses Handeln rätselt, kommt man genau auf diesen Punkt: Sie wollte keine Verantwortung für eine Entwicklung übernehmen, die sie nicht abschätzen konnte. Der Mythos der Willkommenspolitikerin Merkel wurde nur mit großer medialer Kraft erzeugt, um ihre Fehler und ihre Flucht vor der Verantwortung in diesen Tagen vergessen zu machen, zu bemänteln. Alexander schreibt: »Später wird Merkel erzählen, sie habe sich in den Tagen zuvor gefragt, wann die Flüchtlinge aus der Falle ausbrechen und sich zu Fuß auf den Weg machen würden.«[385] Welch Zynismus. Wenn sie die Muße besaß, sich das zu fragen, warum hat sie dann nicht die Zeit gefunden, um zu handeln? Oder war am Ende Orbáns Falle in Wahrheit Merkels Falle?

Der ungarische Botschafter József Czukor versuchte an diesem 4. September, an dem sich Merkel zu Wohlfühlterminen nach Bayern und nach Köln begab und die »Flüchtlinge« vom Bahnhof Budapest-Keleti sich auf den Weg nach Deutschland machten, die zuständige Staatssekretärin im Bundesinnenministerium Emily Haber zu erreichen, doch die ging nicht ans Telefon. Deshalb schrieb er ihr einen dringlichen Brief. Er teilte der Staatssekretärin mit, dass etwa 3000 »sich als syrische Staatsangehörige bezeichnende Menschen zu Fuß« auf der Autobahn Budapest–Wien und auf den Geleisen unterwegs sind. »Nach gegenwärtigem Kenntnisstand will die entscheidende Mehrheit der Personen, die sich als syrische Staatsangehörige bezeichnen, nach Deutschland weiterfahren. Sie verweigern jegliche Kooperation mit den ungarischen Behörden, indem sie sich darauf berufen, dass sie in Deutschland aufgenommen würden. Ebenso verweigern sie sich einer Beförderung in ein ungarisches Flüchtlingslager durch die ungarischen Behörden.« Angesichts dieser Situation schreibt der ungarische Botschafter an die deutsche Staatssekretärin: »Es werden die österreichischen und deutschen Behörden wiederholt gebeten, mit den ungarischen Behörden zusammenzuarbeiten und sich um eine gemeinsame Lösung der gegenwärtigen Situation zu bemühen, die allerdings unaufschiebbare Maßnahmen erfordern.«[386]

Anschließend rief József Czukor Kanzleramtsminister Peter Altmaier an, um ihn darüber zu informieren, dass die Ungarn sich in der sich stündlich zuspitzenden Situation nicht mehr an Schengen und Dublin halten könnten. Man müsse Busse organisieren, um die Migranten an die österreichische Grenze zu bringen.[387] Deutsche Medien haben versucht, Merkels Versagen in eine Hinterlist von Viktor Orbán umzudichten, der angeblich Merkel eine Falle gestellt hatte. Aber was ist das für eine Falle? Jeder sah doch den Druck, der sich auf die EU-Außengrenzen geradezu stündlich erhöhte, jeder sah doch die Situation am Keleti-Bahnhof, jeder, auch Angela Merkel und ihre Regierung. »Wiederholt« haben die Ungarn Österreich und Deutschland um Zusammenarbeit gebeten, wiederholt! Was tat also Angela Merkel, die allzu menschliche Kanzlerin, die Kanzlerin mit dem »freundlichen Gesicht«? Sie verschloss in ihrer Ratlosigkeit die Augen vor der sich abzeichnenden Katastrophe. Nachdem sich die Migranten vom Keleti-Bahnhof zu Tausenden, von 4000 bis 6000 war schließlich die Rede, auf den Weg über Straßen und

Gleise gemacht hatten, versuchte nun auch Viktor Orbán, Angela Merkel telefonisch zu erreichen. Es ging ihm nicht darum, Hilfe von Merkel zu erbitten, sondern sich mit ihr abzustimmen, wie man in dieser eskalierenden Situation weiterverfahren sollte. Doch Merkel ging nicht ans Telefon. Sie könnte sich zwischen den Terminen mit Viktor Orbán verbinden lassen. Sie könnte, aber sie will für das, was sich zusammenbraut, keine Verantwortung übernehmen, denn es ist doch komfortabler, vom hohen moralischen Ross dem Ungarn die Schuld für alles zuzuschieben, was jetzt geschehen wird. Nach Terminen in Bayern, die auch dazu dienten, den einen wichtigen Termin in Bayern demonstrativ zu schwänzen, den 100. Geburtstag von Franz Josef Strauß, flog sie nach Köln. Unterwegs erfuhr sie von den Flüchtlingskolonnen, die sich vom Keleti-Bahnhof in Richtung ungarische Grenze aufgemacht hatten. Doch Merkel war immer noch nicht bereit, mit Orbán zu telefonieren, stattdessen sonnte sie sich in Köln in wohlfeiler Moralität, als sie in ihrer Rede zum 70. Jahrestag der NRW-CDU verkündete: »Die Würde des Menschen ist unantastbar. Wer vor Not, vor politischer Verfolgung flieht, da haben wir die Verpflichtung, auf der Grundlage der Genfer Flüchtlingskonventionen, unseres Asylrechts und des Artikel 1 unseres Grundgesetzes Hilfe zu leisten – ob es uns passt oder nicht.«[388] Es passte ihr aber nicht, mit Viktor Orbán zu telefonieren. Man kann lange darüber streiten, ob Merkels Satz schlicht falsch oder demagogisch ist. Denn natürlich muss »politisch Verfolgten« Hilfe geleistet werden, nicht aber allen Kriegs- und Wirtschaftsflüchtlingen, nicht allen, die in Not sind, sondern genau hier dürfen »wir« bestimmen, was uns »passt«. Man nennt es im Staats- und Völkerrecht Souveränität. Doch Merkel, obwohl sie die Bilder vom Bahnhof Keleti gesehen hatte und auch den Zug der Migranten auf die österreichische Grenze zu, hatte bisher nichts weiter getan, als die Leidende zu geben: »Es ist schon schwierig zu sehen, dass diejenigen, die uns vor 25 Jahren die Grenzen aufgemacht haben, heute doch zum Teil sehr hart sind zu denen, die nun erkennbar aus Kriegsumständen zu uns kommen.«[389] Hart war nur Merkel, und zwar harthörig. Noch immer telefonierte sie nicht mit Viktor Orbán und wich dem Finden einer Lösung, der Übernahme von Verantwortung aus. Überdies war Merkels Argumentation an Perfidie und Demagogie kaum zu überbieten, weil sie davon ablenken wollte, dass sie sich vor der Verantwortung drückte. Denn eines steht fest: Es gehört zur existenziellen Definition des Staates, zu seiner Souveränität, dass er bestimmen kann, wer einreist. Ein Staat, der nicht mehr über die Souveränität verfügt, seine Hoheitsrechte durchzusetzen, ist kein Staat mehr. Ein Staat besitzt aber keinerlei Recht, seine Bürger daran zu hindern, dorthin zu reisen, wohin sie wollen, denn das Recht auf Freizügigkeit gehört zu den Freiheitsrechten der Staatsbürger. Alexander schrieb: »… der Ungar war von der EU kritisiert worden, als seine Polizei Flüchtlinge mit Gewalt in den Lagern zurückhielt, später aber genauso dafür, dass seine Polizei die Flüchtlinge einfach durchwinkte.«[390] Aber auch der österreichische Bundeskanzler Werner Faymann drückte sich vor der Verantwortung wie Merkel und nahm ebenfalls Orbáns Anruf nicht an. Stattdessen versuchte Faymann, Merkel telefonisch zu erreichen, doch vergeblich, denn die redete. Danach plauderte sie noch ein bisschen mit den Parteifreunden. Inzwischen hatte Orbán, weil Faymann für ihn nicht zu sprechen war, eine Verbalnote ans österreichische Außenministerium gesandt, die offiziell die österreichische Regierung darüber informierte, dass sich »Flüchtlinge« auf dem Weg nach Österreich befänden, und fragte nach, wie Ungarn sich verhalten solle. Weil Faymann jetzt reagieren musste, aber weiterhin keine Verantwortung übernehmen wollte, antwortete der Sozialdemokrat, dass er mit Orbán telefonieren werde, aber erst am nächsten Tag gegen 9 Uhr. Doch die »Flüchtlinge« legten derweil Kilometer für Kilometer Richtung Österreich zurück, und die Nacht drohte.

Sie alle würden nicht in weichen Betten, genauer gesagt in überhaupt keinen Betten schlafen, wie Faymann in einem weichen Bett schlafen würde, bevor er sich am nächsten Tag bereitfand, sich mit seinem ungarischen Amtskollegen über die Flüchtlingsfrage abzustimmen. Doch der Ungar publizierte Faymanns Antwort, der nun natürlich nicht Orbán, sondern Merkel anrief. Jetzt endlich ging Merkel ans Telefon, aber auch nur, weil Faymann drängelte. Er schlug ihr vor, dass Deutschland und Österreich jeweils die Hälfte der Flüchtlinge übernehmen. Merkel stimmte noch nicht zu, sondern hielt Rücksprache mit Steinmeier und Gabriel, Seehofer erreichte sie nicht mehr. Würde man die Flüchtlinge aufnehmen, würde man die Dublin-Regel brechen. Doch als absolute Ausnahme in dieser Notsituation wäre das nach der Selbsteintrittsklausel möglich. Der Chef der ungarischen Staatskanzlei entschied gegen 21.15 Uhr, Busse zu schicken, um die »Flüchtlinge« zur Grenze zu bringen, weil deren nächtlicher Marsch auf der Autobahn zu gefährlich sei. Gegen 22.30 Uhr informierte Merkel Faymann, dass sie zustimmt. Jetzt endlich meldete sich der österreichische Bundeskanzler bei Viktor Orbán und teilte ihm mit, dass er Busse zur Grenze schicken würde, um die »Flüchtlinge« abzuholen. Als Viktor Orbán versucht hatte, Angela Merkel zu erreichen, wollte er nicht um Hilfe bitten, noch nicht einmal unbedingt, dass Deutschland die »Flüchtlinge« übernahm, sondern zuallererst, um sich abzusprechen, Lösungen zu finden, wie man mit dem faktischen Zusammenbruch von Dublin 3 umging, zu diskutieren, auf welche Vorgehensweise man sich einigte. Doch Merkel, der das Problem bekannt war, wollte es so lange wie möglich aussitzen – so wurde aus dem Problem eine Krise.

Trotzdem stellte nicht dieser einmalige Akt, der Grenzöffnung genannt wurde, Merkels großes Desaster dar. Es erfolgte eine gute Woche später.

Um den Flüchtlingsstrom zu stoppen, der immer stärker anschwoll, hatte die Bundesregierung beschlossen, Einheiten der Bundespolizei an die Grenze nach Bayern zu verlegen, um Grenzkontrollen durchzuführen und alle zurückzuweisen, die nicht einreiseberichtigt sind, selbst wenn sie ein Asylgesuch stellen wollten. Mit der Schließung der Grenze hätten Österreich und andere Staaten nachgezogen. Der Dominoeffekt, der eingetreten wäre, hätte den Migrantenstrom gestoppt, die Außengrenzen entlastet und Zeit geschenkt, den Schutz der Außengrenze zu verbessern und Frontex auszubauen. Die Einheiten der Bundespolizei befanden sich schon in ihren Bereitstellungsräumen, die Befehle waren geschrieben. Doch bei der abschließenden Beratung im Bundesinnenministerium brachten die Beamten, die für Zuwanderung zuständig waren, Zweifel vor. Anstatt dass Thomas de Maizière die Debatte beendete, verständigte er sich mit Merkel. Zwischen der Debatte wechselte de Maizière immer wieder ins Telefonat mit Merkel. Schließlich fragte er, ob man die Bilder aushalten würde, wenn Migranten mit Waffengewalt zurückgewiesen werden müssten, weil sie sich nicht anders aufhalten ließen. Niemand in der Runde stellte die Frage, wie Deutschland die schon damals ahnbaren Bilder vom Breitscheidplatz aushalten würde. Die Möglichkeit unschöner Bilder brachte Merkels Entscheidung ins Wanken, sie verständigte sich mit Sigmar Gabriel. Doch am Ende ist sie die Regierungschefin, am Ende muss sie die Entscheidung treffen und auch verantworten. Gern würde sie die Verantwortung auf die SPD abwälzen, doch die zeigte sich nur bereit, sie mitzutragen, nicht aber sie zu übernehmen. Dazu war Merkel nicht bereit. Sie war nicht bereit, die Verantwortung für eine riskante, wenn auch richtige Entscheidung zu übernehmen. In dem Moment, wo Merkel staatsmännische Größe zeigen musste, versagte sie vollkommen. Noch am selben Tag wurden die Befehle umgeschrieben. Es hatte etwas von Karneval. Die Bundespolizei kontrollierte, aber nur um den Asylwunsch aufzunehmen, abgewiesen durfte niemand werden, auch wenn er sich nicht ausweisen konnte. Das deutsche Sozialsystem stand von nun an der ganzen Welt offen.

Da Angela Merkel niemals einen Fehler beging, musste nun dieser, ihr Kardinalfehler, begraben werden, unter einer triumphalen Ideologie der Menschlichkeit, der selbst die pathetischsten Töne nicht peinlich waren. Aus der kinderlosen Bundeskanzlerin wurde plötzlich Mama Merkel. Wer auch nur die geringste Kritik wagte, verlor seine Stellung, mindestens jedoch seine Reputation. Mit der Willkommenspolitik ging die Schleifung des konservativen Flügels in der CDU einher. Konnte Angela Merkel schon nicht mit den Grünen gemeinsam regieren, so machte sie, so gut es ging, aus der CDU eine grüne Partei, in Fragen der Klimapolitik, der Energiepolitik, der Migrationspolitik, der EU-Politik, schließlich der Pandemie-Politik. Sie hätte sogar mit der Partei den Schwenk nach links machen können, wenn sie gleichzeitig als Gegengewicht den konservativen Flügel gestärkt hätte, um zu einer zwar schwierigen, dennoch aber einer Balance zu kommen. Stattdessen gab sie das politische Feld Mitte-Rechts frei. Immer weniger Bürger fühlten sich von der Politik Angela Merkels vertreten, immer weniger ernst genommen, immer weniger sahen von ihr ihre Interessen vertreten.

In der Silvesternacht von 2015/2016 belästigten und nötigten in Köln auf der Domplatte Migranten aus dem nordafrikanischen und arabischen Raum Frauen und Mädchen sexuell. Die Polizei musste später sowohl über Sexual- als auch Eigentums- und Körperverletzungsdelikte sprechen. In der Folge wurden 1200 Strafanzeigen erstattet. Zeitweilig hatten die Bundespolizei und die Polizei die Kontrolle verloren. Das verwundert nicht, denn die von Merkel ermöglichte Turbomigration in die deutschen Sozialsysteme führte zu einem Kontrollverlust des Staates. Obwohl man vom nahen WDR aus die Vorgänge hätte beobachten können, versuchten die Medien diese massenhaften Übergriffe, diesen Kontrollverlust, totzuschweigen, weil von Merkels

Gästen, vom edlen Geflüchteten keine Gefahr und keine Gewalt ausgehen konnte, denn, so die weltfremde Begründung: Wie könnten diejenigen, die vor Gewalt und Terror geflohen sind, gewalttätig sein? Als schließlich über die sozialen Medien nach und nach die ganze Ungeheuerlichkeit öffentlich wurde, begann endlich – verharmlosend und framend natürlich – die überregionale Berichterstattung am 4. Januar. Der Kolumnist der liberalen *New York Times* zeigte sich erschüttert über die Realitätsblindheit der Merkel-Regierung: »Doch die deutsche Regierung scheint sich nach wie vor mehr darum zu kümmern, unruhige Einheimische zu kontrollieren – zuletzt durch eine Vereinbarung mit Facebook und Google zur Einschränkung fremdenfeindlicher Posts –, als um die Kontrolle der Migration. Erst letzte Woche lehnte Merkel einen Vorschlag ab, die Aufnahme von Flüchtlingen (die letztes Jahr über eine Million betrug) im Jahr 2016 auf 200.000 zu begrenzen.«[391] Er kam in seinem Artikel »Deutschland am Abgrund« zu dem Schluss: »Es bedeutet, dass Angela Merkel gehen muss – damit ihr Land und der gesamte Kontinent für ihre hochgesinnte Torheit keinen zu hohen Preis zahlen müssen.« Angela Merkel ging nicht, und das Land zahlt noch heute den Preis für ihre Politik, zuletzt in Solingen. Merkels Empörung drückte sie gegenüber der Kölner Oberbürgermeisterin am Telefon aus und ließ ihre Empörung über ihren Pressesprecher verbreiten.

Drei Wochen später sollte es für die studierte Physikerin eigentlich ein Wohlfühltermin werden, da sie zur Eröffnung des neuen Fraunhofer-Instituts für Mikrostruktur von Werkstoffen und Systemen (IMWS) in Halle sprechen sollte. Doch mitten in ihrer Rede erhob sich der Chemiker Prof. Dr. Thomas Rödel von der Hochschule Merseburg, hielt ein CDU-Plakat hoch, auf dem stand »Keine Experimente«, und hielt der Bundeskanzlerin entgegen: »Ich mache mir Sorgen um die Zukunft meiner Kinder, meine Kinder sind zwei, vier und neun Jahre alt. Sie machen einen Versuch und wissen nicht, wie das Experiment ausgeht.

Ich mache mir ernsthafte Sorgen. Von ihnen als Physikerin erwarte ich verantwortungsvollere Entscheidungen.« Nach einer Schrecksekunde verweigerte Merkel die Diskussion, wiegelte ab und behauptete: »Okay, danke schön, ich werde meiner Verantwortung gerecht, und werde auf alles achten, dass Deutschland eine gute Zukunft hat.«[392] Der Professor wurde ganz im Sinne von Merkels »Freiheit« aus dem Saal geführt. In einer ersten Reaktion wollte die Hochschule den Professor entlassen, doch da stand das Beamtenrecht dagegen. Außerdem erhielt der Professor viel Zustimmung. »Auf mz-web.de schrieb ein Leser: »Hut ab für den Mut, den er aufgebracht hat.« Ein anderer meint, Rödel sei »endlich mal einer, der sich nicht abschrecken« lasse. »Nicht die Aktion war peinlich, sondern die Reaktion der Hochschule«, kommentiert ein Leser…. Der Professor habe als »mündiger Bürger und selbstständig denkender Wissenschaftler« seine Meinung gesagt, wird unter anderem geschrieben. »Er sollte ein Vorbild für alle Studenten sein«, so ein anderer Beitrag. »Mich interessiert zu erfahren«, schreibt ein Leser, »was eine Bildungseinrichtung, die durch die Steuergelder der Bürger finanziert wird, von Zivilcourage und Freiheit der Meinungsäußerung hält.«[393] Doch das Jahr endete schlimmer noch, als es begonnen hatte, als am 19. Dezember 2016 der islamistische Terrorist Anis Amri auf einem Weihnachtsmarkt 13 Menschen tötete, 54 teils schwer verletzte. Nachdem er den polnischen Fahrer des Sattelschleppers ermordet hatte, fuhr er das Fahrzeug in die Besuchermenge des Berliner Weihnachtsmarktes an der Gedächtniskirche. Seitdem existieren in deutschen Innenstädten die hässlichen Merkel-Poller. In ihrer floskelhaften Reaktion kam Angela Merkel nicht umhin, zu befürchten, dass ein »Flüchtling« der Täter war, denn: »Dies wäre besonders widerwärtig gegenüber den vielen, vielen Deutschen, die tagtäglich in der Flüchtlingshilfe engagiert sind.«[394] Es hat den Anschein, dass darin Merkels tiefste Sorge bestand, denn die Angehörigen der Opfer, die mühsam um Entschädigung kämpfen mussten, wurden von ihr erst ein Jahr später nach einem offenen Brief im Kanzleramt empfangen. Man kann sich des Eindrucks nicht erwehren, dass die Bundeskanzlerin den Opfern verübelte, dass sie die falschen Opfer waren, Opfer einer falschen Politik, die mit medialer Kraft, mit der Kraft von NGOs, die vom Staat mindestens teilfinanziert wurden, jegliche Kritik zu delegitimieren suchte. Damals hatte der Autor dieses Buches unter anderen diesen Artikel geschrieben:

Staatsversagen tötet:
Die Regierung steht in der Aufklärungspflicht

Die Summe aller Einzelfälle ergibt ein Symptom. Ein Symptom ist ein Anzeichen im Medizinischen für eine Erkrankung, im Gesellschaftlichen dafür, dass etwas nicht stimmt. In der Medizin kann das Symptom vom Arzt als Befund gefasst werden, vom Patienten als Beschwerde. In der Gesellschaft äußert sich die Wahrnehmung von Symptomen als Beschwerde, als Sorge, als Kritik. Politik und Medien, die Bürger als besorgte Bürger heruntermoralisieren, setzen sich darüber hinweg, dass die Sorge nichts anderes ist als die Wahrnehmung von Symptomen, davon, dass etwas in unserer Gesellschaft nicht mehr stimmt, dass etwas aus dem Ruder läuft. Alles Verharmlosen, alles Vertuschen, alle Propaganda wird am Ende nichts nutzen, weil auch ein Ukas der Bundeskanzlerin die Wirklichkeit nicht außer Kraft setzen kann, obwohl sie das zu meinen scheint. Es ist keine Frage, dass man am Ende die Realität doch wahrnehmen muss, es ist die Frage, wie hoch der Preis dafür sein wird.

Die Wirklichkeit findet nicht im Poesiealbum statt und auch nicht auf Parteitagen. Sie findet auf der Straße statt, in Häusern, Zügen und Restaurants, bisweilen auch neben Bahngleisen oder in einem Waldstück. In einem schwer zugänglichen Waldstück wurde der tote Körper eines vierzehnjährigen Mädchens gefunden, nach dem schon seit Tagen gesucht worden war, gefunden. Die Polizei geht von einem Sexualdelikt aus und von einem Mord, um möglicherweise eine Vergewaltigung zu vertuschen. Während ein 35-jähriger Türke bereits am Mittwoch festgenommen wurde, befindet sich der zweite Tatverdächtige auf der Flucht. Dem mutmaßlichen Mörder gelang es mit seiner achtköpfigen Familie unter »offenbar falschen bzw. der Polizei bisher nicht bekannten Namen« »überhastet« mit dem Flugzeug von Düsseldorf nach Istanbul, von dort weiter nach Erbil zu fliehen. Die Tickets sollen bar bezahlt worden sein. So weit einige Fakten, doch darin erschöpft sich nicht die Ungeheuerlichkeit des Vorganges, der drängende Fragen aufwirft, weil in ihm sich, wenn schon kein Staatsversagen, so doch immerhin ein schwerwiegender Kontrollverlust offenbart. In was für einem Staat leben wir, in dem es kein Problem für Menschen, vornehmlich aus dem muslimischen Bereich darstellt, ohne Papiere einzureisen, unter vielfachen Identitäten zwei-, drei-, vierfach Sozialleistungen zu beziehen und unter falschen Namen oder ohne Ausweisdokumente auszureisen. Die Feststellung der Identität von Flüchtlingen oder Migranten findet nicht statt. Niemand weiß, wer im Lande ist, niemand weiß, wie hoch der Sozialleistungsmissbrauch ist. Der flüchtige Tatverdächtige. reiste 2015 über die Route Irak–Türkei–Griechenland nach Deutschland ein, wo er am 16. Oktober 2015 registriert worden sein soll. Im September 2017 wurde der Asylantrag abgelehnt wurde. Dass er sich weiter in Deutschland aufhalten konnte, verdankte er einem vom Steuerzahler finanzierten Anwalt, der Einspruch gegen die Klage erhob. Im Grunde hätte er erst gar nicht nach Deutschland einreisen und erst recht nicht in Deutschland bleiben dürfen, wenn Thomas de Maizière mit seiner mündlichen Weisung, die auch unter einem Innenminister Horst Seehofer weiter gilt, nicht geltendes Recht ausgehebelt hätte oder wenn bei einem abgelehnten Asylantrag auch die Abschiebung erfolgt wäre. Susanna F.s mutmaßlicher Mörder hätte von Rechts wegen gar nicht in Deutschland sein dürfen. Dass von ihm keine Integration zu erwarten war und ist, belegen die Angaben der Polizei. So soll er an einer Gruppenschlägerei, an einer Körperverletzung gegen einen Mann und an einem Überfall mit einem Messer beteiligt gewesen sein. Außerdem soll er eine Polizistin angerempelt und bespuckt haben. Im Raum steht der Verdacht, dass er in einem Flüchtlingsheim zuvor ein elfjähriges Mädchen vergewaltigte. Zu dem Vorwurf heißt es, dass er sich nicht erhärtet habe. In Zeiten, in denen vertuscht wird, um die Folgen einer falschen Politik zu kaschieren, bleibt oftmals das tastende Fragen übrig, um wenigstens in die Nähe der Wahrheit zu kommen. Wurde der Fall des elfjährigen Mädchens untersucht? Wollte man ihn untersuchen? Denn jede Ermittlungsbehörde hat es unter diesen Umständen auch mit Dolmetschern, privaten Wachdiensten und »Zeugen« zu tun, die womöglich den patriarchalischen oder frauenverachtenden Vorstellungen der Täter näherstehen. Werden der Rechtsstaat und das Machtmonopol des Staates in den Flüchtlingsheimen konsequent durchgesetzt? So wie es aus heutiger Sicht genauso möglich ist, dass der mutmaßliche Mörder bereits im Flüchtlingsheim ein Mädchen vergewaltigt hat, so kann es auch ein anderer getan haben. Diese Ungewissheit weist auf ein schweres Aufklärungsdefizit hin, denn offensichtlich scheint eine Vergewaltigung stattgefunden zu haben. An dieser Stelle ist absolute Transparenz erforderlich, weil auch nur der geringste Versuch, etwas unter den Teppich zu kehren, die Glaubwürdigkeit des Staates schwer schädigt, denn nichts ist für einen Staat zerstörerischer als die Missachtung der eigenen Rechtsgrundlage. Nicht umsonst hatte Augustinus am Ende des Römischen Reichs, das in die Dekadenz taumelte, gewarnt: »Nimm das Recht weg – was ist dann ein Staat noch anderes als eine große Räuberbande?«

Wenn all das, was aus der Biografie des flüchtigen Tatverdächtigen an die Öffentlichkeit drängt, sich bestätigt, dann hat der Staat darauf verzichtet, schwere Straftaten zu verfolgen, Recht und Gesetz durchzusetzen, und eine kriminelle Karriere ermöglicht, die schließlich zur Vergewaltigung und zum Mord an einem 14-jährigen Mädchen führte.

All das skizziert ein erschütterndes Bild der Sicherheitslage in Deutschland. Zieht man die Vorgänge am BAMF hinzu, stellt sich die Frage, ob man es nicht nur mit einem Kontrollverlust, sondern auch mit Staatsversagen zu tun hat.

Die Regierung ist in der Aufklärungspflicht, da helfen keine fragwürdigen Statistiken weiter. An der Realität führt kein Weg vorbei. Jede

Form von Beschönigung tötet und erschüttert die Grundfesten unserer Demokratie.

Susanna F. war Mitglied der jüdischen Gemeinde. Der Zentralrat der Juden schreibt in seiner Pressemitteilung: »Mit tiefer Betroffenheit hat der Zentralrat der Juden in Deutschland die Nachricht von dem Gewaltverbrechen an der 14-jährigen Susanna aus Mainz vernommen. Einem jungen Leben wurde auf grausame Weise ein Ende gesetzt.« Es wird also auch zu untersuchen sein, ob ein antisemitisches Motiv eine Rolle spielte.

Von all denen, die die Realität wie der Teufel das Weihwasser fürchten, wenn sie die Träume ihrer Ideologie zerplatzen lässt, wird die Drohung erschallen, dass man den Tod von Susanna F. nicht politisch missbrauchen darf. Welch Heuchelei? Welch Egoismus? Welche Selbstgerechtigkeit?

Man kann einen Tod nicht missbrauchen, er ist ein Faktum. Wichtig ist es, genau zu ermitteln, was wirklich geschah, wie exakt zu analysieren sein wird, welchen Anteil die Politik daran trägt. Das sind wir alle Susanna schuldig. Sie ist nicht das erste Opfer und sie wird nicht das letzte sein, wenn nicht endlich eine Politik auf den Prüfstand gestellt wird, die Bedingungen geschaffen hat, die diese abscheulichen Verbrechen ermöglichen. Wird man die Politik nicht befragen, wird man die Bedingungen nicht ändern. Sie müssen aber geändert werden, wenn wir wollen, dass Frauen und Mädchen in diesem Land frei und selbstbestimmt leben können, dass sie nicht in Gruppen joggen und ständig Armlängen einhalten müssen. Was wir brauchen, ist im besten aufklärerischen Sinne Aufklärung, um den Obskurantismus zu wehren, der unsere Freiheit täglich mehr einschränkt.

31. VIER SARGNÄGEL FÜR DEUTSCHLAND:

4. DIE SPALTUNG DER GESELLSCHAFT

Die Ergebnisse der Wahl im Jahr 2017 alarmierten Angela Merkel, indizierten sie doch auch, dass sie den Höhepunkt ihrer Macht überschritten hatte. Die CDU vermochte zwar immer noch 32,9 % der Wähler von sich zu überzeugen, doch hatten fast 9 % der Merkel-Union den Rücken gekehrt, und die AfD zog mit 12,9 % in den Bundestag ein. Die FDP erzielte mit 10,7 % ein beachtliches Comeback, die Grünen bekamen 8,9 % der Stimmen und die SPD 20,5 %. Doch nicht nur die Wahlergebnisse zeigten ihr den Machtverlust an. Im Wahlkampf schlug ihr bisweilen ein kalter Wind ins Gesicht. Es kam vor, dass sie auf Wahlkampfveranstaltungen ausgebuht und ausgepfiffen wurde – und das nicht nur im Osten, dort aber mit großer Verlässlichkeit. »Hau ab«-Rufe schallten ihr in Berlin, in Brandenburg an der Havel, in Annaberg-Buchholz, in Dresden, in Quedlinburg, aber auch im hessischen Gelnhausen und in München entgegen, in denen ihre Rede unterzugehen drohte. Schnell waren Merkels Freunde in den Medien dabei, die Proteste als Aktionen eines rechten Mobs abzutun, grenzten sie weiter unverdrossen andere Meinungen und den Wunsch nach wirklichen Alternativen aus, was erst zu diesen Protestformen führte, weil substanzielle Kritik an Merkel, schon gar an ihrer Turbomigrationspolitik, in der veröffentlichten Meinung nicht vorkam. Neue Medien, die entstanden und nicht auf

Merkel-Linie waren, nicht dem Common Sense der Medien entsprachen, der Berliner Blase, der sich als Elite dünkenden neuen Aristokratie eines neuen Versailles von Berlin-Mitte, stiegen auf, erwiesen sich als verlässlicher und wurden dementsprechend diffamiert. Die »Willkommenskultur« musste in immer höheren Tönen gefeiert werden, je deutlicher Merkels gigantischer Fehler wurde und je weniger die Berichterstattung aktivistischer Medien mit der Lebenserfahrung vieler Bürger im Alltag übereinstimmte und Opposition und Kritik zum und am grünen Mainstream nicht zugelassen wurden. Dadurch radikalisierte und spaltete Merkel das Land, anstatt Brücken zu bauen, indem sie und ihre Helfer zunehmend den normalen demokratischen Austausch blockierten und die Regularien der Demokratie partiell außer Kraft setzten. Schon im September 2015 hatte sie ihre Grenzöffnung auf der gemeinsamen Pressekonferenz mit dem österreichischen Bundeskanzler Werner Faymann mit den Worten gerechtfertigt: »Es gibt Situationen, in denen muss entschieden werden. Ich konnte nicht zwölf Stunden warten, die Leute sind auf die Grenze zumarschiert.«[395] Nichts an diesem Satz ist wahr. Sie hatte mehr als zwölf Stunden Zeit, zu warten und zu überlegen; sie hatte Tage und sogar Wochen, sie hätte seit Ende August 2015 eine tragfähige Lösung mit Werner Faymann und Viktor Orbán suchen und finden können. Dass Faymann darauf antwortete: »Ich bin dir sehr dankbar, dass du nicht zögerlich warst«,[396] stellte angesichts der Chronologie der Ereignisse schlicht den Gipfel der Heuchelei dar. Stattdessen suchte sie, das Problem auszusitzen und sich der Verantwortung zu entziehen, einen Schuldigen zu finden, falls ihre Entscheidung zu größeren Problemen führen würde. So wurde aus Merkels Flucht vor der Verantwortung keine einfache Fehlentscheidung, sondern der Anfang einer Katastrophe. In der Bundestagsfraktion der Union im September, die einen »Zwergenaufstand« kurz wagte, sagte sie einen Satz, der ihr Verantwortungsgefühl hinreichend charakterisierte: »Ist mir egal, ob ich schuld am Zustrom der Flüchtlinge bin, nun sind sie halt da.«[397] »Ist mir egal« – kein Kommentar notwendig. Merkel ging es immer nur um Merkel.

Wenn sie dann auf der Pressekonferenz mit Faymann auch noch pampte, wie immer, wenn sie sich in die Ecke gedrängt fühlte, und auch ein Tränenausbruch vor versammelter Mannschaft wie in Kohls Kabinett oder zu den Verhandlungen über den Euro zum G20-Gipfel in Cannes im Jahr 2011 als Ultima Ratio nicht opportun war:[398] »Ich muss ganz ehrlich sagen, wenn wir jetzt anfangen, uns noch entschuldigen zu müssen dafür, dass wir in Notsituationen ein freundliches Gesicht zeigen, dann ist das nicht mein Land«,[399] dann fühlen sich gerade viele Ostdeutsche an Bertolt Brechts Gedicht *Die Lösung* zum 17. Juni 1953 erinnert, in dem es hieß:

> »Nach dem Aufstand des 17. Juni
> Ließ der Sekretär des Schriftstellerverbands
> In der Stalinallee Flugblätter verteilen
> Auf denen zu lesen war, daß das Volk
> Das Vertrauen der Regierung verscherzt habe
> Und es nur durch verdoppelte Arbeit
> zurückerobern könne. Wäre es da
> Nicht doch einfacher, die Regierung
> Löste das Volk auf und
> Wählte ein anderes?«[400]

Aber Merkel war einen Schritt weiter als Brecht, sie wählte kein anderes Volk, sie schuf durch die Massenmigration in die deutschen Sozialsysteme eine neue Soziologie, eine andere Struktur des Volkes innerhalb der deutschen Grenzen, einen Multitribalismus.

Einmal wollte sie es nach der Wahl im Jahr 2017 noch wissen, einmal wollte sie noch versuchen, mit den Grünen in eine Regierungskoalition einzutreten, doch benötigte sie die FDP dazu. Lange wurde verhandelt, doch die FDP bemerkte in den Verhandlungen, wie einig sich Merkel und die Grünen waren und dass die Liberalen nur als Mehrheitsbeschaffer benötigt wurden. Deshalb beendeten sie die Gespräche mit dem starken Satz: »Es ist besser, nicht zu regieren, als falsch zu regieren.« Merkel musste Abschied von ihrem Traum nehmen, denn sie wusste, dass es ihre letzte Legislaturperiode werden würde. Zwar liebte sie die Macht, aber eben die Macht und nicht die Demontage. Sie hatte beobachtet, wie Helmut Kohl ohnmächtig seiner Entmachtung zusehen musste – und sie wusste es nur zu gut, hatte sie doch daran den entscheidenden Anteil gehabt. Für die Macht in einer Demokratie sind zwei Dinge entscheidend, dass man seine Leute in allen Bereichen postiert hatte und dass man Wahlerfolge einfuhr, denn das – und nur das – führte dazu, dass man Jobs und Posten verteilen konnte. Wer keine Posten zu vergeben hatte, wurde schnell zum König ohne Land. Geschickt hatte Merkel das Gerücht gestreut, dass sie eigentlich schon zu dieser Wahl nicht mehr antreten wollte, doch dass kein Geringerer als Barack Obama sie dazu überredet hätte, weil sie als Führerin der freien Welt die Einzige wäre, die Donald Trump als Präsidenten der USA entgegentreten könnte. Soll man das wirklich glauben? Es klingt doch nur allzu hübsch. Es könnte allerdings auch sein, dass sie nicht gehen wollte nach ihrer Migrationspolitik, die im Nachhinein moralisiert, teleologisiert, theologisiert, ideologisiert, vor allem aber so sehr überhöht wurde, dass sie dadurch das Land spaltete und der politische Raum von Mitte-Rechts, den sie freigegeben hatte, gefüllt wurde.

Doch der Wahlkampf hatte ihr gezeigt, dass sie nicht mehr die allseits beliebte Präsidialkanzlerin war, dass sie inzwischen bei Wahlkampfauftritten auch ausgebuht wurde – und das nicht nur im Osten, sondern auch im Westen, sogar in München. Noch einmal würde sie nicht die Stimmen holen, das nächste Ergebnis würde unter diesem liegen. Sie wollte nicht wie Kohl in der Wahlnacht die politische Verantwortung übernehmen und zurücktreten. Die Migrationskrise hatte sie nicht gelöst, sondern vertuscht, wie es ihr immer mithilfe der Medien gelang, sich aus der Aufmerksamkeit der Öffentlichkeit zu nehmen. Sie schwelte.

Doch reichte ihre Macht noch dazu aus, mithilfe ihrer grünen und linken Freunde die demokratische Wahl in Thüringen rückgängig zu machen. Dabei wurde nicht einmal ein AfD-Politiker zum Ministerpräsidenten gekürt, sondern ein FDP-Mann, der mit den Stimmen der FDP, der CDU und schließlich der AfD gewählt worden war. Und genau die Tatsache, dass auch die AfD diesen Ministerpräsidenten mitgewählt hatte, empfand Merkel als »unverzeihlich«. Im Ergebnis blieb die Regierung Ramelow einfach im Amt. Das Pikante daran war, dass Ramelow der Linkspartei vorstand, die im Grunde nur die mehrmals umbenannte SED war. Merkel war es gelungen, eine demokratische Wahl »rückgängig« zu machen – das stellte einen Tiefpunkt ihrer Kanzlerschaft dar, doch sollte er nicht der tiefste Punkt bleiben, denn in der Corona-Pandemie etablierte sie ein bis dahin in der Bundesrepublik unbekanntes System der Kanzlerdiktatur.

Als in China am 31. Dezember 2019 die Corona-Pandemie ausbrach, beunruhigte sie das nicht. Noch im Februar 2020 behaupteten deutsche Zeitungen, dass die Corona-Pandemie nur Propaganda der AfD wäre, und der Coronavirus wurde zum rechten Virus. Doch Ende Februar 2020 begann ein Umdenken, und am 13. März 2020 versetzte eine im Grunde panische Bundeskanzlerin die Deutschen in Unruhe, als sie die Bundesbürger dazu aufforderte, »alle nicht notwendigen Veranstaltungen abzusagen und auf Sozialkontakte zu verzichten«.[401] Kaum hatte das Gesundheitsministerium vor dem Gerücht gewarnt, dass massive Einschränkungen des Lebens bevorstünden, da verkündete sie Merkel auch schon. Damit begann Merkels Corona-Diktatur. Man kann ihr nicht vorwerfen, dass sie sich in einer Situation, mit der noch niemand Erfahrung besaß, wissenschaftlichen Rat einholte, doch vorwerfen muss man ihr, dass sie nicht – und das als gelernte Naturwissenschaftlerin – die Breite der wissenschaftlichen Theorien und Vorschläge zur Kenntnis nahm, dass im Gegenteil sogar alle bekämpft wurden, die nicht den Theorien von Drosten und Co. folgten, sondern andere Thesen verfochten haben. Doch passten Drostens Theorien und Vorschläge am besten zu Merkels Vorstellung, staatsbonapartistisch durch die Krise zu kommen.

Freiheitsrechte wurden eingeschränkt, Bürger verfolgt, weil sie ihre Rechte wahrnahmen, Demonstranten mit einer Brutalität bekämpft, die man von der Polizei weder im Umgang mit dem schwarzen Block der Antifa noch jetzt mit antisemitischen Demonstrationen dieser Tage erlebte. Alte starben allein, eine ganze Generation von Schulkindern geht mit psychologischen Beeinträchtigungen aus Merkels Pandemie-Diktatur. Inzwischen belegen die RKI-Protokolle, dass nicht das RKI wissenschaftliche Vorschläge unterbreitet hat, die dann umgesetzt worden sind, sondern dass die Merkel-Regierung Maßnahmen erlassen wollte, der das RKI nur ein wissenschaftliches Mäntelchen umhängen sollte. Der Bundestag verweigert die Aufarbeitung der Pandemiezeit. Unter Merkel wurden die Migration, die Pandemie-Gesetzgebung und der Kampf gegen rechts vorangetrieben als Abbau der Demokratie und der Reduzierung der Freiheit. Deutschland wird immer diktatorischer.

Dem Urteil, das der Kolumnist des britischen *Economist* im Blick auf Merkels Memoiren fällt, ist wenig hinzuzufügen, denn er fasst die Kritik zusammen, die in den letzten Jahren auch der Verfasser dieses Buches immer wieder publiziert hatte: »Das Vermächtnis der Eisernen Frau wird am 26. November in den Mittelpunkt rücken, wenn sie ihre 736 Seiten starken Memoiren veröffentlicht. Was einst eine Ehrenrunde gewesen wäre (zusammen mit einigen obligatorischen Seitenhieben auf ehemalige politische Gegner), muss nun einen eher defensiven Ton annehmen. So gut wie jede große Entscheidung, die Frau Merkel getroffen hat, scheint dazu geführt zu haben, dass Deutschland – und oft die gesamte Europäische Union – am Ende schlechter dasteht. Geopolitisch hat sie das Land mit einer mittlerweile berühmten Dreierkombination gefährlicher Abhängigkeiten zurückgelassen: Es ist nicht in der Lage, sich ohne Amerika zu verteidigen, es kämpft um Wachstum ohne Exporte nach China und es ist auf russisches Gas angewiesen, um seine Industrie am Laufen zu halten. Das Zeugnis für die Wirtschaft ist sogar noch vernichtender: 16 Jahre des Durchwurstelns ohne Reformen haben Deutschland wieder einmal zum wirtschaftlich kranken Mann Europas gemacht.«[402]

Wenn man ein Resümee ziehen will, wenn man in zwei Sätzen sagen soll, was das Resultat der Merkel-Zeit ist, dann sind es diese: In der Regierungszeit Angela Merkels erfolgte der Bruch zwischen den Eliten und dem Volk. Die Eliten verstehen das Volk nicht mehr, sie leben in ihrer eigenen Welt, und immer größer werdende Teile des Volkes, immer mehr Bürger sehen, dass die Handlungen der Elite völlig an der Realität vorbeigehen und Wirtschaft und Staat zerstören. Angela Merkel hinterlässt ein tief in sich verfeindetes Land. Die Kämpfe werden an Schärfe zunehmen, sie sind nicht mehr vermittelbar, weil sie auf Verteilungskämpfen beruhen. Doch Eliten stellen ihre Existenz infrage, wenn sie nicht mehr in der Lage sind, den Interessenausgleich zwischen wesentlichen Gruppen der Gesellschaft zu managen, und sie stellen ihre eigene Legitimität infrage, wenn sie sich nicht an Recht und Gesetz halten oder das Recht beugen, bis es bricht. Letzteres wird als Ungerechtigkeit empfunden – und Ungerechtigkeit erträgt eine Gesellschaft nicht auf Dauer.

Vielleicht hat Angela Merkel wieder einmal Glück – und der Niedergang, das kommende Chaos, wird ihren Nachfolgern angekreidet werden, sodass ihre Regierungszeit im Vergleich mit dem Kommenden noch als gute Jahre angesehen wird, als eine glückliche Zeit, als die glückliche Zeit mit Angela Merkel.

LITERATURVERZEICHNIS

Alexander, Robin: Die Getriebenen. Merkel und die Flüchtlingspolitik: Report aus dem Inneren der Macht. München 2017

Alexander, Robin: Machtverfall. Merkels Ende und das Drama der deutschen Politik: Ein Report. München 2021

Beleites, Michael: Dicke Luft: Zwischen Ruß und Revolte. Die unabhängige Umweltbewegung in der DDR. Leipzig 2016

Besier, Gerhard: Der SED Staat und die Kirche 1969–1990. Die Vision vom dritten Weg. Berlin 1995

Bollmann, Ralph: Angela Merkel. Die Kanzlerin und ihre Zeit. München 2021

Boysen, Jacqueline: Angela Merkel. Eine deutsch-deutsche Biographie. Berlin 2001

Braun, Volker: Der Hörsaal, in: Braun, Volker: Texte, Band 2. Halle 1993

Braun, Volker: Gegen die Symmetrische Welt, in: Braun, Volker: Texte, Band 4, S. 73–132. Halle 1993

Brecht, Bertolt: Gedichte 5, in: ders.: Große Kommentierte Berliner und Frankfurter Ausgabe, Band XI, Berlin und Weimar 1988

Brunnermeier, Markus/James, Harold/Landau, Jean-Pierre: Euro. Der Kampf der Wirtschaftskulturen. München 2018

Fischer, Joschka: Der Umbau der Industriegesellschaft. Plädoyer wider die herrschende Umweltlüge. Frankfurt am Main 1989

Fraser, Nancy: Vom Regen des progressiven Neoliberalismus in die Traufe des reaktionären Populismus, in: Geiselberger, Heinrich (Hrsg.): Die große Regression. Eine internationale Debatte über die geistige Situation der Zeit. Berlin 2017

Geschichte der DDR, Autorenkollektiv unter Leitung von Rolf Badstübner. Berlin 1994

Gramsci, Antonio: Gefängnishefte Band 5, Heft 8–9. Hamburg 2012

Hein, Christoph: Die Ritter der Tafelrunde und andere Stücke. Berlin und Weimar 1990

Hölderlin, Friedrich: Werke und Briefe, 4 Bde. Berlin 1995

Høvsgaard, Jens: Gier, Gas und Geld. Wie Deutschland mit Nord Stream Europas Zukunft riskiert. München, Zürich, Wien 2019

Ich Zeige An. Berichte von Betroffenen zu den Ereignissen am 7. und 8. Oktober 1989 in Berlin, hrsg. von Manfred Butzmann. Berlin, 30. November 1989

Juvenal: Satiren. München 1993

Kant, Immanuel: Von den Träumen der Vernunft. Kleine Schriften zur Kunst, Philosophie, Geschichte und Politik. Leipzig und Weimar 1981
Klemperer, Viktor: So sitze ich denn zwischen allen Stühlen. Tagebücher 1945–1949, 2 Bde. Berlin 1999
Knauß, Ferdinand: Merkel am Ende. Warum die Methode Angela Merkels nicht mehr in unsere Zeit passt. München 2018
Koelbl, Herlinde: Bilder der Macht, Die Verwandlung des Menschen durch das Amt. Eine Langzeitstudie, Sonderausgabe. München 2010
Kohl, Helmut: Erinnerungen 1982–1990. München 2005
König, Ewald: Merkels Welt zur Wendezeit. Halle 2015
Kundnani, Hans: German Power. Das Paradox der deutschen Stärke. München 2016
Kunze, Reiner: Deckname »Lyrik«. Eine Dokumentation von Reiner Kunze. Frankfurt am Main 2018
Kunze, Reiner: Die wunderbaren Jahre. Frankfurt am Main 2000
Langguth, Gerd: Angela Merkel. München 2005
Lenin, Wladimir I.: Werke. Berlin 1960
Luxemburg, Rosa: Gesammelte Werke, 5 Bde. Berlin 1975
Mai, Klaus-Rüdiger: Der kurze Sommer der Freiheit. Wie aus der DDR eine Diktatur wurde. Freiburg 2023
Mai, Klaus-Rüdiger: Die Zukunft gestalten wir. Wie wir den lähmenden Zeitgeist endlich überwinden. München 2021
Mai, Klaus-Rüdiger: Gehört Luther zu Deutschland? Freiburg 2016
Mai, Klaus-Rüdiger: Gorbatschow. Frankfurt am Main 2005
Malycha, Andreas/ Winters, Peter Jochen: Geschichte der SED. Von der Gründung bis zur Linkspartei. Bonn 2009
Mann, Thomas: Tagebücher 1953–1955. Frankfurt am Main 2003
Maron, Monika: Flugasche. Berlin 1989
Merkel, Angela: Mein Weg. Ein Gespräch mit Hugo Müller-Vogg. Hamburg 2005
Morgenstern, Christian: Heimlich träumen Mensch und Erde. Grotesken, Lieder, Phantasien. Berlin 1967
Müller, Heiner: Werke 3, Stücke 1. Frankfurt am Main 2000
Müller-Ullrich, Burkhard: Ich habe mitgemacht. Das Archiv des Corona-Unrechts, Kontrafunk Edition. Steckborn 2023
Oelßner, Fred: Rosa Luxemburg, 2. verbesserte Auflage. Berlin 1952
Polanyi, Karl: The Great Transformation. Politische und ökonomische Ursprünge von Gesellschaften und Wirtschaftssystemen. Berlin 2015
Protokoll der Verhandlungen des VIII. Parteitages der SED, 2 Bde. Berlin 1971
Reuth, Ralf Georg/Lachmann, Günther: Das erste Leben der Angela M. München 2013
Roll, Evelyn: Die Kanzlerin: Angela Merkels Weg zur Macht. Berlin 2009
Schäuble, Wolfgang: Erinnerungen. Mein Leben in der Politik. Stuttgart 2024
Schiller, Friedrich von: Werke, Band 2–3, hrsg. Von Kutscher, Arthur. Berlin-Leipzig o.J.
Schindhelm, Michael: Roberts Reise. Stuttgart 2000
Schlarmann, Josef: Angela Merkel aus der Nähe. Reinbek 2017
Schmitt, Carl: Politische Theologie. Vier Kapitel zur Lehre von der Souveränität. Berlin 1996
Schröder, Gerhard: Entscheidungen. Mein Leben in der Politik. Hamburg 2006

Schwab, Klaus/ Malleret, Thierry: Covid 19 – Der große Umbruch. Genf 2020
Stalin, J. W.: Werke, 13 Bde. Berlin 1950–1955
Stephan, Cora: Angela Merkel. Ein Irrtum, München 2011
Stock, Wolfgang: Angela Merkel. Eine politische Biographie, München 2005
Tichys Einblick. Standpunkte zu Politik, Wirtschaft und Kultur, Magazin. München ab 2018
Trittin, Jürgen: Gefahr aus der Mitte. Die Republik rutscht nach rechts. Göttingen 1993
Uslar, Moritz von: 100 Fragen: So schnell wie möglich, denn wir haben ja nicht ewig Zeit. Köln 2004
Viénot, Pierre: Ungewisses Deutschland. Frankfurt am Main 1931
Vollnhals, Clemens (Hrsg): Die Kirchenpolitik von SED und Staatssicherheit. Eine Zwischenbilanz. Berlin 1996
Wehner Markus/Bingener, Reinhard: Die Moskau Connection. München 2023
Wolf, Christa: Man steht sehr bequem zwischen allen Fronten. Briefe 1952–2011. Berlin 2016
Wolf, Christa: Umbrüche und Wendezeiten. Berlin 2019

ZITATIONSNACHWEIS

1 Fraser S. 78f. und S. 80f.
2 https://www.faz.net/aktuell/politik/inland/merkel-zapfenstreich-mit-musik-von-hildegard-knef-17654254.html
3 https://www.faz.net/aktuell/wirtschaft/viele-ostdeutsche-haben-sich-nicht-integriert-15225712.html, https://www.nzz.ch/feuilleton/der-tag-an-dem-ich-ostdeutscher-wurde-ld.1352042l
4 Koelbl S. 49
5 Schmitt 1996, S.13
6 https://www.bundesregierung.de/breg-de/aktuelles/fernsehansprache-von-bundeskanzlerin-angela-merkel-1732134
7 https://www.gesetze-im-internet.de/gg/BJNR000010949.html
8 https://www.google.com/search?q=re%3Apublica+Emcke&sca_esv=398c3b20e5904a3d&sxsrf=ADLYWIJItulOS_ylEQTaVXJvCwL47KfwXg%3A1726156427177&ei=iw7jZt60Cr2G9u8Pqb7c8Q0&ved=0ahUKEwiepqzl4b2IAxU9g_0H-HSkfN94Q4dUDCA8&uact=5&oq=re%3Apublica+Emcke&gs_lp=Egxnd3Mt-d2l6LXNlcnAiEHJlOnB1YmxpY2EgRW1ja2VImx1QuwZY_xpwAngAkAEA-mAFRoAGZBKoBATm4AQPIAQD4AQGYAgGgAhDCAgoQABiwAxjWB-BhHmAMAiAYBkAYIkgcBMaAHnwc&sclient=gws-wiz-serp#fpstate=ive&vld=cid:6187a74d,vid:IEbWnXIexNk,st:0
9 https://www.tagesschau.de/inland/merkel-lockdown-101.html
10 https://www.tagesspiegel.de/politik/ist-diskussionsorgie-das-neue-alternativlos-5719096.html
11 https://www.sueddeutsche.de/meinung/corona-merkel-mpk-1.5259669
12 https://www.sueddeutsche.de/meinung/carolin-emcke-gruener-parteitag- antisemitismus-1.5320198
13 https://www.youtube.com/watch?v=YQBslPEZceI, min. 26:40
14 https://www.welt.de/politik/deutschland/article146898053/Die-Union-verweigert-Merkel-die-Gefolgschaft.html
15 https://www.bundesregierung.de/breg-de/service/newsletter-und-abos/bulletin/rede-von-bundeskanzlerin-dr-angela-merkel-1987488im Kpüc

16 https://www.nius.de/corona/soldat-soll-ein-halbes-jahr-ins-gefaengnis-weil-er-die-corona-impfung-verweigerte/f359b154-c255-483b-8f08-c9644546a96bDr Ober
17 https://www.nius.de/articles/er-wollte-keine-corona-impfung-ex-soldat-steht-im-januar-2025-wegen-gehorsamsverweigerung-vor-gericht/5cbdd138-722a-479e-bcbf-9b585d454012
18 https://www.zeit.de/2020/15/besuchseinschraenkungen-coronavirus-pflegeheime-krankenhaeuser-peter-dabrock-klaus-mertes
19 Bollmann S. 390
20 https://rki-transparenzbericht.de/
21 https://www.bundesregierung.de/breg-de/aktuelles/rede-von-bundeskanzlerin-merkel-beim-50-jahrestreffen-des-weltwirtschaftsforums-am-23-januar-2020-in-davos-1715534
22 Bude, Heinz, S. 249, https://soziologie.de/fileadmin/user_upload/zeitschrift/volltexte/Bude_SOZIOLOGIE_Heft3_2022.pdf
23 https://www.thepioneer.de/originals/thepioneer-briefing-business-class-edition/podcasts/impfgegner-muessen-fuehlbare-nachteile-haben
24 Gramski S. 943, Heft 8, §1–§3
25 https://www.tagesspiegel.de/politik/ist-diskussionsorgie-das-neue-alternativlos-5719096.html
26 Juvenal S. 115
27 https://www.sueddeutsche.de/meinung/corona-merkel-mpk-1.5259669
28 https://indikativ.jetzt/heinz-bude-und-der-umbau-der-gesellschaft/
29 Trittin 1990
30 Müller-Ullrich 2023, S. 176
31 Müller-Ullrich 2023, S. 216
32 Müller-Ullrich 2023, S. 53
33 Müller-Ullrich 2023, S. 55
34 Klemperer, Band 1, S. 26, 127, 234, 679
35 https://www.zeit.de/gesellschaft/zeitgeschehen/2021-11/corona-pandemie-querdenker-impfgegner-gesellschaft-spaltung-5v8
36 Müller-Ullrich 2023, S. 145
37 https://indikativ.jetzt/heinz-bude-und-der-umbau-der-gesellschaft/
38 https://indikativ.jetzt/heinz-bude-und-der-umbau-der-gesellschaft/
39 Schwab, Klaus/Malleret, Thierry: Covid 19. Der große Umbruch, Weltwirtschaftsforum 2020, S. 12
40 Müller-Ullrich 2023, S. 160
41 https://www.bundesregierung.de/breg-de/aktuelles/rede-von-bundeskanzlerin-merkel-beim-50-jahrestreffen-des-weltwirtschaftsforums-am-23-januar-2020-in-davos-1715534
42 https://www.rnd.de/politik/merkel-macron-und-andere-in-gastbeitrag-welt-wird-nach-corona-eine-andere-sein-EBKNRXMUUUDWO4P55OUL5RP3LQ.html
43 https://goering-eckardt.de/interview-ueber-gesellschaft-herausforderungen-thueringen/
44 https://www.youtube.com/watch?v=FlAIXj5WKhA
45 https://www.welt.de/politik/deutschland/article109416019/Das-gab-es-zum-Fruehstueck-in-Wolfratshausen.html
46 https://www.youtube.com/watch?v=6wvmJBLHSCA&t=568s

47 https://www.businessinsider.de/politik/deutschland/sieben-mitarbeiter-plus-zwei-fahrer-gehaelter-bis-zu-10-000-euro-angela-merkel-soll-fuer-ihr-buero-als-alt-kanzlerin-neun-stellen-bekommen-a/

48 https://www.stern.de/politik/deutschland/kuenftiges-merkel-buero--sprecher-verteidigt-ueppige-ausstattung-30933544.html

49 https://www.spiegel.de/politik/deutschland/angela-merkel-ex-kanzlerin-verteidigt-buero-ausstattung-a-07a7be50-19e5-4fe4-9eca-6d5733e8d9c0

49a https://www.tagesspiegel.de/politik/angela-merkel-kommt-nicht-zum-cdu-parteitag-altkanzlerin-schlagt-einladung-ihrer-partei-aus-11493818.html

49b https://www.tagesspiegel.de/politik/angela-merkel-kommt-nicht-zum-cdu-parteitag-altkanzlerin-schlagt-einladung-ihrer-partei-aus-11493818.html

50 Knauß 2018, S. 15

51 https://www.kas.de/documents/252038/253252/2003-12-01+02_Protokoll_17.Parteitag_Leipzig.pdf/27a0f352-6bd6-4095-9c70-dd684970121a, S. 32f.

52 https://www.zeit.de/reden/deutsche_innenpolitik/200349_merkelcduparteitag/seite-12

53 https://www.tagesspiegel.de/politik/dann-ist-das-nicht-mein-land-6108841.html

54 http://www.bundesregierung.de/Content/DE/Artikel/IB/Artikel/Allgemein/2015_09_21-eckpunkte.html;jsessionid=6FD6117874DE64C1D232DCAD4B7AFD4A.s1t2

55 https://www.focus.de/politik/meinung/gastbeitrag-von-naika-foroutan-sie-erkennen-ihr-land-nicht-mehr-dann-haben-sie-etwas-falsch-verstanden_id_203146719.html

56 https://www.welt.de/politik/deutschland/article109416019/Das-gab-es-zum-Fruehstueck-in-Wolfratshausen.html

57 https://www.welt.de/politik/deutschland/article109416019/Das-gab-es-zum-Fruehstueck-in-Wolfratshausen.html

58 https://www.berliner-zeitung.de/archiv/friedrich-merz-ueber-seine-abloesung-in-der-cdu-spitze-den-umgang-mit-niederlagen-und-loyalitaet-unter-partei-freunden-herr-merz-haben-sie-versagt-rueckkehr-ins-glied-li.1092338

59 Schäuble 2024, S. 391f.

60 Schäuble 2024, S. 363

61 https://www.faz.net/aktuell/politik/cdu-parteitag-merkels-macht-180400.html

62 https://www.faz.net/aktuell/politik/cdu-nicht-jeden-morgen-eine-neue-strategiedebatte-182628.html

63 https://www.faz.net/aktuell/politik/cdu-nicht-jeden-morgen-eine-neue-strategiedebatte-182628.html

64 https://www.n-tv.de/politik/CDU-Fuehrung-neu-gewaehlt-article119146.html

65 https://www.n-tv.de/politik/CDU-Fuehrung-neu-gewaehlt-article119146.html

66 https://www.spiegel.de/politik/die-einsame-vorsitzende-a-29db07b8-0002-0001-0000-000026740778

67 https://www.politico.eu/newsletter/berlin-bulletin/the-trump-germany-rematch/

68 Schäuble 2024, S. 390

69 Schröder S. 207

70 https://www.blaetter.de/ausgabe/2002/september/ein-richtiges-signal

71 https://www.spiegel.de/politik/die-einsame-vorsitzende-a-29db07b8-0002-0001-0000-000026740778
72 Schäuble 2024, S. 390
73 https://www.spiegel.de/politik/die-einsame-vorsitzende-a-29db07b8-0002-0001-0000-000026740778
74 https://www.welt.de/print-welt/article411696/Schroeder-spricht-nicht-fuer-alle-Deutschen.html
75 https://www.spiegel.de/politik/ausland/beitrag-in-us-zeitung-merkels-bueckling-vor-bush-a-237040.html
76 https://www.spiegel.de/politik/ausland/beitrag-in-us-zeitung-merkels-bueckling-vor-bush-a-237040.html
77 https://www.spiegel.de/politik/die-einsame-vorsitzende-a-29db07b8-0002-0001-0000-000026740778
78 https://www.spiegel.de/politik/die-einsame-vorsitzende-a-29db07b8-0002-0001-0000-000026740778
79 https://www.spiegel.de/politik/die-einsame-vorsitzende-a-29db07b8-0002-0001-0000-000026740778
80 https://dserver.bundestag.de/btp/15/15032.pdf
81 Viénot S. 46
82 https://www.kas.de/documents/252038/253252/2003-12-01+02_Protokoll_17.Parteitag_Leipzig.pdf/27a0f352-6bd6-4095-9c70-dd684970121a, S.21
83 https://m.focus.de/politik/deutschland/kann-sie-es-besser-neuwahl-2005-kanzlerduell_id_2024322.html
84 Reuth/Lachmann S. 12f.
85 Reuth/Lachmann S. 13
86 https://m.focus.de/politik/deutschland/kann-sie-es-besser-neuwahl-2005-kanzlerduell_id_2024322.html
87 https://www.youtube.com/watch?v=8j8NaSEPRHs
88 Koelbl S. 48
89 https://www.stern.de/politik/deutschland/angela-merkel--ich-will-mit-froehlichkeit-regieren--3540812.html
90 »Der 1976 ins Amt gekommene Generalsekretär Erich Honecker propagierte diese Ziele unter dem Schlagwort der »Einheit von Wirtschafts-und Sozialpolitik …«, Bollmann S. 41
91 Bollmann 2021, S. 41
92 Studentenakte Horst Kasner, Universitätsarchiv Heidelberg
93 Stalin, Band 11, S. 68f.
94 https://www.spiegel.de/geschichte/angela-merkel-portraet-aus-dem-jahr-2000-das-eiserne-maedchen-a-1131489.html
95 Langguth S. 19
96 Merkel 2005, S. 38
97 Langguth S. 30f.
98 https://www.lztthueringen.de/media/dj.pdf.; Mählert, Ulrich: 1945–1989, S. 12
99 Langguth S. 23
100 Langguth S. 62
101 Müller S. 349

102 Müller, Heiner: Eine Autobiographie, in ders.: Werke Band 9, Frankfurt am Main 2005, S. 144
103 https://www.bild.de/politik/2010/ich-haette-nie-einen-freund-verraten-14171410.bild.html
104 Reuth/Lachmann S. 53
105 Reuth/Lachmann S. 51
106 Merkel 2005, S. 51
107 Merkel 2005, S. 52
108 »Das Leben ist erbarmungslos, es deformiert«, Stern 20.7.2000
109 »Das Leben ist erbarmungslos, es deformiert«, Stern 20.7.2000
110 Langguth S.57f.
111 Langguth S. 58
112 Langguth S. 58
113 Morgenstern S. 53
114 Vgl. Langguth S. 51ff., Reuth/Lachmann S. 68–73, Bollmann 2021, S. 50–52
115 Koelbl S. 48
116 Merkel 2005, S. 37
117 Merkel 2005, S. 47
118 https://www.spiegel.de/politik/ich-muss-haerter-werden-a-c9481e19-0002-0001-0000-000009274342
119 Bollmann 2021, S. 55
120 https://www.bild.de/regional/leipzig/angela-merkel/ueber-studenten-jahre-in-leipzig-30374324.bild.html
121 Bollmann 2021, S. 65
122 Reuth/Lachmann S. 96
123 Kunze 2000, S. 45
124 https://www.spiegel.de/politik/mit-allen-freiheiten-a-dca87592-0002-0001-0000-000013524565
125 Merkel 2005 S. 55
126 Hierzu auch: Mai: Kurzer Sommer
127 https://www.faz.net/aktuell/feuilleton/cem-oezdemir-was-wir-migranten-geben-wollen-und-was-wir-fordern-muessen-110010386.html
128 https://www.zdf.de/nachrichten/politik/deutschland/angela-merkel-70-geburtstag-festakt-friedrich-merz-100.html
129 https://www.welt.de/politik/deutschland/article106147930/Merkel-in-Prag-Du-kriegst-gleich-eine-gescheuert.html
130 https://www.focus.de/politik/deutschland/eines-tages-zog-sie-aus-deutschland_id_1998824.html
131 https://www.kas.de/documents/258927/7314913/Liedtext_Kinder.pdf/448ae342-c803-364c-e86f-23ba687eb9a7?t=1571645661283
132 Protokoll VIII. Parteitag S. 296
133 Braun 1990, S. 73
134 https://www.renft.de/rockballade-vom-kleinen-otto/
135 https://www.dhm.de/archiv/ausstellungen/boheme/katalog_zentren/leipzig/leipzig23.htm
136 Roll S. 76
137 Kunze 2018

138 Merkel 2005, S. 55
139 Langguth S. 89
140 Roll S. 72
141 Roll S. 73
142 Langguth S. 91
143 Bollmann 2021, S. 65
144 Roll S. 73
145 https://www.spiegel.de/politik/nehmt-biermann-wieder-auf-a-e0f44f15-0002-0001-0000-000041124860?context=issue
146 https://www.bild.de/politik/2010/ich-haette-nie-einen-freund-verraten-2-14173080.bild.html
147 Stock S. 49
148 Merkel 2005, S. 58
149 https://hubertus-knabe.de/auf-den-spuren-von-im-erika/
150 Reuth/Lachmann S. 127f.
151 https://haft-ddr.de/hafterfahrungen/eckart-huebener
152 Merkel 2005, S. 68
153 https://www.bild.de/politik/2010/ich-haette-nie-einen-freund-verraten-2-14173080.bild.html
154 https://taz.de/!514054/
155 Uslar S.107
156 Schindhelm S. 283f.
157 https://taz.de/!514054/
158 https://taz.de/!514054/
159 https://www.volksliederarchiv.de/dem-morgenrot-entgegen-die-junge-garde/
160 https://www.focus.de/politik/deutschland/eines-tages-zog-sie-aus-deutschland_id_1998824.html
161 https://www.focus.de/politik/deutschland/eines-tages-zog-sie-aus-deutschland_id_1998824.html
162 https://www.focus.de/politik/deutschland/eines-tages-zog-sie-aus-deutschland_id_1998824.html
163 https://www.focus.de/politik/deutschland/eines-tages-zog-sie-aus-deutschland_id_1998824.html
163a Bollmann S. 76, Langguth S. 105
164 Langguth S. 105
165 Bollmann S. 93
166 https://hubertus-knabe.de/die-letzten-tage-des-sozialismus/
167 Neues Deutschland 22.09.1994
168 Koelbl S. 48
169 Mann S. 117
170 https://taz.de/!514054/
171 Hölderlin, Band 1, S. 447
172 Langguth S. 110
173 Langguth S. 112
174 Langguth S. 112
175 Beleites S. 190
176 Beleites S. 192

176a Maron S. 32
177 https://www.spiegel.de/spiegel/warum-ddr-buergerrechtler-sich-bei-der-afd-engagieren-a-1186288.html
178 Medien ohne Anstand rücken DDR-Bürgerrechtler in die rechte Ecke, TE 03/2018 S. 40–42
179 Luxemburg 1974, Band 4, S. 359 Anm. 3
180 LW, Band 33, S. 195
181 Stalin 1955, Band 13, S. 80f.
182 Oelßner: 1952, S. 211
183 Spielfilm »Rosa Luxemburg« wurde in Berlin aufgeführt. Gespräch mit der Regisseurin Margarethe von Trotta, Neues Deutschland, S. 10, 29. November 1986
184 https://www.spiegel.de/panorama/die-schlaeferin-a-3002b360-0002-0001-0000-000067682698
185 Hölderlin 1995, Band 2, S. 261f.
186 Daily Mirror 19. August 1989
187 Külügyminiztérium XIX-31-k 1989 82.d
188 Gerold Hildebrand: »Für ein offenes Land mit freien Menschen«. Eine Leipzigerin über Befreiung und Freiheit. In: Gerbergasse 18. 13. Jg., Nr. 48 (1/2008), S. 29–31
189 Reuth/Lachmann S. 163
190 https://deutsche-wirtschafts-nachrichten.de/519316/interview-mit-angela-merkel- man-kann-auch-etwas-von-mir-lernen
191 Langguth S. 335
192 Reuth/Lachmann S. 164
193 zit. n. Malycha/Winters 2009, S. 326f.
194 https://www.spiegel.de/panorama/die-schlaeferin-a-3002b360-0002-0001-0000-000067682698
195 Ich Zeige An 1989, S. 6
196 https://www.spiegel.de/panorama/die-schlaeferin-a-3002b360-0002-0001-0000-000067682698
197 Ich Zeige An 1989, S. 5
198 Ich Zeige An 1989, S. 5
199 Ich Zeige An 1989, S. 9ff.
200 https://www.spiegel.de/panorama/die-schlaeferin-a-3002b360-0002- 0001-0000-000067682698
201 Mai 2005, S. 348
202 Mai 2005, S. 348
203 Ich Zeige An 1989, S. 90
204 Ich Zeige An 1989, S. 90
205 Wolf 2016, S. 587
206 Wolf 2016, S. 587
207 https://www.spiegel.de/panorama/die-schlaeferin-a-3002b360-0002- 0001-0000-000067682698
208 https://www.leipzig.de/buergerservice-und-verwaltung/unsere-stadt/herbst-89/der-9-oktober-89/
209 Hein 1990, S. 164
210 Malycha/Winters 2009, S. 338f.

211 Wolf 2019, S. 76
212 Wolf 2019 S. 90
213 Wolf 2019 S. 90f.
214 Erstunterzeichner: Götz Berger, Rechtsanwalt; Wolfgang Berghofer, Kommunalpolitiker; Frank Beyer, Regisseur; Volker Braun, Schriftsteller; Reinhard Brühl, Militärhistoriker; Tamara Danz, Rocksängerin; Christoph Demke, Bischof; Siegrid England, Pädagogin; Bernd Gehrke, Ökonom; Sighard Gille, Maler; Stefan Heym, Schriftsteller; Uwe Jahn, Konstruktionsleiter; Gerda Jun, Ärztin/Psychotherapeutin; Dieter Klein, Politökonom; Günter Krusche, Generalsuperintendent; Brigitte Lebentrau, Biologin; Bernd P . Löwe, Friedensforscher; Thomas Montag, Mediziner; Andreas Pella, Bauingenieur; Sebastian Pflugbeil, Physiker; Ulrike Poppe, Hausfrau; Martin Schmidt, Ökonom; Friedrich Schorlemmer, Pfarrer; Andree Türpe, Philosoph; Jutta Wachowiak, Schauspielerin; Heinz Warzecha, Generaldirektor; Konrad Weiss, Filmemacher; Angela Wintgen, Zahnärztin; Christa Wolf, Schriftstellerin; Ingeborg Graße, Krankenschwester. Walter Janka, der – wie bekanntgegeben wurde – aus organisatorischen Gründen an der Pressekonferenz nicht teilnehmen konnte, stimmt dem Aufruf zu, hat diesen noch nicht unterzeichnet.
215 Wolf 2019, S. 87
216 Wolf 2019, S. 86
217 Kohl, Band 2, S. 990f.
218 https://www.ddr89.de/da/DA38.html
219 Reuth/Lachmann S. 202
220 Merkel 2005 S. 77
221 Merkel 2005 S. 77
222 https://www.spiegel.de/panorama/die-schlaeferin-a-3002b360-0002-0001-0000-000067682698
223 https://www.spiegel.de/panorama/die-schlaeferin-a-3002b360-0002-0001-0000-000067682698
224 https://www.spiegel.de/politik/das-war-ne-top-quelle-a-e81cbd1c-0002-0001-0000-000013497766
225 Merkel 2005 S. 80
226 https://www.kas.de/documents/252038/253252/1990-10-01-02_Protokoll_01.Parteitag_Hamburg.pdf/b37ddc3b-4ec1-ec5a-83f2-966cf71c3ac7
227 Merkel 2005, S. 85
228 Trittin 1993, S. 12
229 https://www.berliner-zeitung.de/politik-gesellschaft/ossis-stoeren-nur-karl-doering-ueber-die-treuhand-und-die-missachtung-ehemaliger-ddr-buerger-li.2254225
230 https://www.berliner-zeitung.de/politik-gesellschaft/ossis-stoeren-nur-karl-doering-ueber-die-treuhand-und-die-missachtung-ehemaliger-ddr-buerger-li.2254225
231 https://taz.de/PDS-holt-in-Berlin-vier-Direktmandate/!1538304/
232 vgl. Fried, Nico: Das Machtverhältnis, in: Süddeutsche 1. Juli 2017
233 vgl. Fried, Nico: Das Machtverhältnis, in: Süddeutsche 1. Juli 2017
234 https://www.zeit.de/1994/51/bonner-kulisse
235 https://www.zeit.de/1994/51/bonner-kulisse

236 https://www.spiegel.de/politik/angela-merkel-a-f04febb1-0002-0001-0000-000009294800
237 https://www.spiegel.de/politik/weichzeichner-ozon-a-e39b9bc2-0002-0001-0000-000009183428
238 https://www.welt.de/print-welt/article658861/Die-Traenen-der-Umweltministerin.html
239 https://www.welt.de/print-welt/article658861/Die-Traenen-der-Umweltministerin.html
240 https://www.welt.de/print-welt/article658861/Die-Traenen-der-Umweltministerin.html
241 https://www.welt.de/print-welt/article658861/Die-Traenen-der-Umweltministerin.html
242 Fischer 1989, S. 81f.
243 Fischer 1989, S. 82
244 https://www.bundeskanzlerin.de/bkin-de/aktuelles/rede-von-bundeskanzlerin-merkel-beim-50-jahrestreffen-des-weltwirtschaftsforums-am-23-januar-2020-in-davos-1715534
244a https://dserver.bundestag.de/brd/1995/D626+95.pdf
245 https://www.spiegel.de/politik/angela-merkel-a-02c15f4f-0002-0001-0000-000009203311
246 https://www.deutschlandfunk.de/klimapolitik-angela-merkel-und-der-kampf-gegen-die-100.html
247 Zit. nach https://www.greenpeace.de/ueber-uns/leitbild/oekosteuer
248 https://www.spiegel.de/politik/der-strahlende-castor-a-aa0d101f-0002-0001-0000-00000789347
249 https://www.spiegel.de/politik/der-strahlende-castor-a-aa0d101f-0002-0001-0000-000007893475
250 https://www.spiegel.de/politik/der-strahlende-castor-a-aa0d101f-0002-0001-0000-000007893475
251 https://www.faz.net/aktuell/politik/die-gegenwart/helmut-kohl-wenn-ein-altes-schlachtross-15921194.html
252 https://www.spiegel.de/politik/der-mann-im-rollstuhl-a-7a4d6552-0002-0001-0000-000008652987
253 https://www.faz.net/aktuell/politik/die-gegenwart/helmut-kohl-wenn-ein-altes-schlachtross-15921194.html
254 https://www.bundespraesident.de/SharedDocs/Reden/DE/Roman-Herzog/Reden/1997/04/19970426_Rede.html
255 https://www.bundespraesident.de/SharedDocs/Reden/DE/Roman-Herzog/Reden/1997/04/19970426_Rede.html
256 Schäuble S. 362f.
257 Stock S. 91
258 Boysen S. 194f.
259 Boysen S. 196
260 Boysen S. 232
261 Boysen S. 196
262 https://www.spiegel.de/politik/deutschland/angela-merkel-kann-die-kanzlerin-weinen-a-1230357.html

263 https://www.spiegel.de/politik/freie-hand-fuer-den-kanzler-a-7c008c6b-0002-0001-0000-000010208952

264 Schäuble S. 377

265 Langguth S. 199

266 https://www.sueddeutsche.de/wirtschaft/deutsche-bank-und-der-kirch-prozess-der-zeuge-m-1.1860437

267 https://www.faz.net/aktuell/wirtschaft/kirch-insolvenz-erschossen-hat-mich-der-rolf-11648282.html

268 https://www.faz.net/aktuell/wirtschaft/kirch-insolvenz-erschossen-hat-mich-der-rolf-11648282.html

269 Karl Feldmeyer: Die CDU-Führung erfuhr von allen Ereignissen erst im Nachhinein. Kohl ist nicht mehr heimlicher Parteivorsitzender, FAZ vom 7.12. 1999

270 Hans Leyendecker: Parteispenden bringen CDU in wachsende Erklärungsnot. Beschlagnahmte Unterlagen des Kohl Vertrauten Weyrach belasten die Union angeblich schwer, Süddeutsche Zeitung vom 26. November 1999 Karl Feldmeyer: Die CDU-Führung erfuhr von allen Ereignissen erst im Nachhinein. Kohl ist nicht mehr heimlicher Parteivorsitzender, FAZ vom 7.12. 1999

271 https://www.spiegel.de/politik/deutschland/kiep-affaere-geissler-bestaetigt-berichte-ueber-schwarze-konten-a-53880.html

272 https://www.spiegel.de/politik/das-problem-kiep-heisst-kohl-a-4de1c258-0002-0001-0000-000015158089

273 Karl Feldmeyer: Die CDU-Führung erfuhr von allen Ereignissen erst im Nachhinein. Kohl ist nicht mehr heimlicher Parteivorsitzender, FAZ vom 7.12.1999,

274 https://www.spiegel.de/politik/deutschland/spendenaffaere-schaeuble-feuert-kohl-vertrauten-a-55353.html

275 Karl Feldmeyer: Die CDU-Führung erfuhr von allen Ereignissen erst im Nachhinein. Kohl ist nicht mehr heimlicher Parteivorsitzender, FAZ vom 7.12.1999

276 Karl Feldmeyer: Die CDU-Führung erfuhr von allen Ereignissen erst im Nachhinein. Kohl ist nicht mehr heimlicher Parteivorsitzender, FAZ vom 7.12.1999l

277 https://dserver.bundestag.de/btp/14/14076.pdf

278 https://www.spiegel.de/politik/gute-fee-im-boesen-traum-a-d0083d97-0002-0001-0000-000015239603

279 https://www.spiegel.de/politik/gute-fee-im-boesen-traum-a-d0083d97-0002-0001-0000-000015239603

280 https://www.spiegel.de/politik/deutschland/was-nun-herr-kohl-seine-beichte-in-auszuegen-a-56851.html

281 https://www.youtube.com/watch?v=-BrDGaZM3S0&list=PLAkrITJdog4h7Bd-7fEZ4ISvA-zg5DMPW_&index=4

282 https://www.spiegel.de/politik/deutschland/kohl-affaere-auch-angela-wendet-sich-von-ihrem-ziehvater-ab-a-55730.html

282a https://www.spiegel.de/politik/deutschland/kohl-affaere-auch-angela-wendet-sich-von-ihrem-ziehvater-ab-a-55730.html

283 https://www.spiegel.de/politik/deutschland/kohl-affaere-auch-angela-wendet-sich-von-ihrem-ziehvater-ab-a-55730.html

284 https://www.economist.com/europe/2024/10/24/angela-who-merkels-legacy-looks-increasingly-terrible

285 Langguth S. 203
286 Karl Feldmeyer: Auffällig unauffällig hat Angela Merkel ein Hindernis nach dem anderen überwunden. Die CDU wagt etwas wirklich Neues, FAZ vom 20. März 2000
287 https://www.zeit.de/2000/12/Die_Basis_ist_ergriffen
288 Langguth S. 212
289 https://www.spiegel.de/politik/baggern-an-der-basis-a-8515ddb7-0002-0001-0000-000015876132
290 Beispielsweise https://www.zeit.de/2000/12/Die_Basis_ist_ergriffen
291 https://taz.de/Angies-Roadshow/!1245024/
292 https://www.spiegel.de/politik/baggern-an-der-basis-a-8515ddb7-0002-0001-0000-000015876132
293 Schiller, Bd 2–3, 2. Teil, S. 208
294 https://www.spiegel.de/politik/baggern-an-der-basis-a-8515ddb7-0002-0001-0000-000015876132
295 https://www.spiegel.de/politik/baggern-an-der-basis-a-8515ddb7-0002-0001-0000-000015876132
296 https://www.economist.com/europe/2024/10/24/angela-who-merkels-legacy-looks-increasingly-terrible
297 Mai 2016, S. 50
298 https://www.spiegel.de/politik/sie-ist-die-beste-a-0c7e896f-0002-0001-0000-000161218840
299 Karl Feldmeyer: Auffällig unauffällig hat Angela Merkel ein Hindernis nach dem anderen überwunden. Die CDU wagt etwas wirklich Neues, FAZ vom 20. März 2000
300 https://www.spiegel.de/politik/der-maennerbund-a-2475e027-0002-0001-0000-000027497155
301 https://www.spiegel.de/politik/mutti-gegen-goliath-a-f2126a2c-0002-0001-0000-000075261458
302 https://www.spiegel.de/politik/der-maennerbund-a-2475e027-0002-0001-0000-000027497155
303 https://www.spiegel.de/politik/der-maennerbund-a-2475e027-0002-0001-0000-000027497155
304 https://www.welt.de/politik/article1623266/Der-Geheimbund-der-CDU-Maenner-ist-am-Ende.html
305 https://www.spiegel.de/politik/mutti-gegen-goliath-a-f2126a2c-0002-0001-0000-000075261458
306 https://www.cdu-niederkassel.de/sites/www.cdu-niederkassel.de/files/downloads/soziale_marktwirtschaft_lang.pdf
307 https://www.cdu-niederkassel.de/sites/www.cdu-niederkassel.de/files/downloads/soziale_marktwirtschaft_lang.pdf, S.19
308 https://www.cdu-niederkassel.de/sites/www.cdu-niederkassel.de/files/downloads/soziale_marktwirtschaft_lang.pdf, S. 94
309 https://www.spiegel.de/politik/treibjagd-auf-angela-merkel-a-15587999-0002-0001-0000-000032274894
310 https://www.spiegel.de/politik/treibjagd-auf-angela-merkel-a-15587999-0002-0001-0000-000032274894

311 https://www.tagesspiegel.de/politik/merkel-ich-will-deutschland-dienen-1224499.html
312 https://www.welt.de/print-welt/article673376/Ich-will-Deutschland-dienen.html
313 https://www.forschungsgruppe.de/Umfragen/Politbarometer/Archiv/Politbarometer_2005/September_II/
314 Roll S. 356
315 https://de.wikipedia.org/wiki/Kai_Diekmann
316 Als ein Beispiel unter vielen: https://www.bundesaerztekammer.de/presse/aktuelles/detail/bertelsmann-studie-ist-griff-in-die-ideologische-mottenkiste, https://dachdecker.org/presse/presseservice/pressemitteilungen/bertelsmann-studie-verfehlt-realitaet-im-dachdeckerhandwerk- 6259173/, https://www.spd-fraktion-mv.de/aktuelles/pressemitteilungen/schlechte-noten-fuer-die-studie-der-bertelsmann-stiftung, https://versicherungswirtschaft-heute.de/schlaglicht/2020-02-18/bertelsmann-stiftung-zerpflueckt-die-pkv/
317 https://www.cicero.de/kultur/bertelsmannstudien-opium-fuer-die-maechtigen
318 https://www.spiegel.de/politik/deutschland/angela-merkel-zu-100-jahren-frauenwahlrecht-a-1238034.html, https://www.tagesspiegel.de/politik/frau-merkel-sagen-sies-einfach-wir-brauchen-den-feminismus-4925737.html, https://www.stern.de/neon/wilde-welt/politik/angela-merkel-zum-weltfrauentag--was-die-kanzlerin-nicht-verstanden-hat-7891866.html, https://lostineu.eu/merkels-kampf-gegen-die-frauen/
319 Roll S. 345
320 Kant S. 225
321 Bohlmann S. 267
322 Schröder S.494
323 https://www.zdf.de/politik/unsere-merkel-jahre/berliner-runde-2005-100.html
324 Schröder S. 504f.
325 Schröder S. 505
325a https://de.wikipedia.org/wiki/Hildegard_M%C3%BCllta
326 https://en.wikipedia.org/wiki/Ronald_Pofalla
327 https://en.wikipedia.org/wiki/Stephan_Harbarth, abgerufen am 25 Oktober 2024, die unter 13 und 14 notierten Nachweise lauten: 13. »Werner Rügemer (9. März 2020). »Unternehmens-Lobbyist als Hüter des Grundgesetzes?«. NachDenkSeiten (auf Deutsch). Abgerufen am 16. Juni 2020 14. Lars Winand (15. Mai 2020). »Dem neuen Präsidenten hängen alte Geldfragen an«. t-online.de (auf Deutsch). Abgerufen am 16. Juni 2020.
328 »Die von Helmut Kohl eingeräumten Vorgänge haben der Partei Schaden zugefügt.« 22. Dezember 1999 in der FAZ
329 Dieses Kapitel beruht auf eine Vielzahl früherer Untersuchungen, die in Büchern, Artikeln und in Vorträgen formuliert worden sind
330 https://www.bundeskanzlerin.de/bkin-de/aktuelles/rede-von-bundeskanzlerin-merkel-beim-50-jahrestreffen-des-weltwirt schaftsforums-am-23-januar-2020-in-davos-1715534
331 https://taz.de/Vor-dem-Klimastreik/!5640907&s=Nike+Mahlhaus/
332 https://www.zdf.de/kultur/aspekte/klimastreik-trotz-corona-luisa-neubauer-im-aspekte-gespraech-100.html, aufgerufen am 15.01.2021
333 https://taz.de/Annalena-Baerbock-ist-Kanzlerkandidatin/!5778515/

334 http://www3.weforum.org/docs/WEF_The_Great_Reset_AM21_ German.pdf
335 https://wirtschaftslexikon.gabler.de/definition/stakeholder-ansatz-46282
335a https://www.capital.de/wirtschaft-politik/wir-brauchen-einen-neustart-des-kapitalismus
336 Polanyi, Karl: The Great Transformation. Politische und ökonomische Ursprünge von Gesellschaften und Wirtschaftssystemen, stw 269 2015, S. 88
337 https://www.dw.com/de/steinmeier-verteidigt-gl%C3%BCckwunsch-an-iran/a-47686976, https://www.tichyseinblick.de/meinungen/iran-angriff-israel-deutschland-steinmeier/
338 https://taz.de/Projekt-Schwarz-Gelb/!5155312/
339 Dieses Kapitel verwendet Analysen, die im Verlauf der Euro-Krise angestellt und teils veröffentlicht wurden, beispielsweise in Tichys Einblick, Heft und Homepage.
340 Kundnani S. 66
341 Vgl. https://www.flossbachvonstorch-researchinstitute.com/fileadmin/user_upload/RI/Studien/files/studie-180201-die-neue-deutsche-europapolitik-hat-keine-interessen.pdf
342 Brunnenmeier S. 19
343 https://www.sueddeutsche.de/wirtschaft/euro-raum-europa-braucht-ein-gemeinsames-finanzministerium-1.2852586
344 https://www.flossbachvonstorch-researchinstitute.com/fileadmin/user_upload/RI/Studien/files/studie-180201-die-neue-deutsche-europapolitik-hat-keine-interessen.pdf
345 Brunnermeier S. 375
345a Brunnermeier S. 429
346 https://www.welt.de/politik/ausland/article111959153/Wie-die-Griechen-sich-in-den-Euro-schummelten.html
347 https://www.welt.de/politik/ausland/article111959153/Wie-die-Griechen-sich-in-den-Euro-schummelten.html
348 https://www.welt.de/politik/ausland/article111959153/Wie-die-Griechen-sich-in-den-Euro-schummelten.html
349 https://www.welt.de/politik/deutschland/plus252255856/Belastung-fuer-30-Jahre-Nun-zeigt-sich-neuer-Milliarden-Sprengstoff-fuer-den-deutschen-Haushalt.html#:~:text=Ab%202028%20deshalb%2C%20weil%20von,bis%20180%20Milliarden%20Euro%20entfallen
350 https://www.spiegel.de/politik/deutschland/ursula-von-der-leyen-und-die-berateraffaere-faktisches-komplettversagen-a-55458b1c-64bd-436b-acdf-75afcef0f5d3
351 Das Kapitel verwendet auch die Auswertung der Nord-Stream-2-Akten des BMWKs, die zum Teil publiziert wurden
352 https://www.bmuv.de/pressemitteilung/erneuerbare-energien-gesetz-tritt-in-kraft
353 https://www.kas.de/documents/252038/253252/Koalitionsvertrag2009.pdf/83dbb842-b2f7-bf99-6180-e65b2de7b4d4
354 https://taz.de/Bundeskanzlerin-Angela-Merkel/!5135094/
355 https://www.bundesfinanzministerium.de/Content/DE/FAQ/europaeischer-stabilitaetsmechanismus-esm.html#:~:text=Der%20deutsche%20Finanzierungsanteil%20am%20ESM,Euro%20an%20abrufbarem%20Kapital

356 Bollmann S. 372
357 Bollmann S. 373
358 https://www.bundesfinanzministerium.de/Content/DE/FAQ/europaeischer-stabilitaetsmechanismus-esm.html#:~:text=Der%20deutsche%20Finanzierungsanteil%20am%20ESM,Euro%20an%20abrufbarem%20Kapital
359 Bollmann S. 373
360 Günter Bannas: In einer Sitzung im Kanzleramt und einer Telefonkonferenz hatte die Bundesregierung ihren Atomkurs über den Haufen geworfen, FAZ vom 16.03. 2011
361 Eilmeldung der dpa vom 14.03.2011
362 https://archive.ph/2024.10.25-202237/https://www.economist.com/europe/2024/10/24/angela-who-merkels-legacy-looks-increasingly-terrible#selection-1213.0-1228.0
362a https://www.youtube.com/watch?v=G1rQgZVsVOk
363 https://www.tagesschau.de/ausland/europa/baerbock-riga-101.html
364 https://www.spiegel.de/wirtschaft/soziales/russland-juergen-trittin-verteidigt-nord-stream-2-a-1244845.html
365 https://www.spiegel.de/wirtschaft/soziales/russland-juergen-trittin-verteidigt-nord-stream-2-a-1244845.html
366 https://www.sueddeutsche.de/wirtschaft/juergen-trittin-hier-geht-es-nicht-um-erpressbarkeit-1.3905566
367 https://www.focus.de/finanzen/boerse/nord-stream-2-gruenen-politiker-wettert-gegen-usa-und-will-konten-sperren_id_12607918.html
368 https://www.sueddeutsche.de/wirtschaft/juergen-trittin-hier-geht-es-nicht-um-erpressbarkeit-1.3905566
369 https://www.deutschlandfunk.de/goering-eckardt-glaubt-nicht-an-schwarz-gruen-100.html
370 https://www.deutschlandfunk.de/goering-eckardt-glaubt-nicht-an-schwarz-gruen-100.html
371 https://www.krone.at/379359, https://www.spiegel.de/politik/deutschland/schwarz-gruene-sondierung-ist-gescheitert-a-928010.html
372 https://www.spiegel.de/politik/deutschland/schwarz-gruene-sondierung-ist-gescheitert-a-928010.html
373 https://www.youtube.com/watch?v=SSTo9h54gP4
374 https://www.faz.net/aktuell/politik/inland/hoeher-als-entwicklungshilfe-migranten-ueberweisen-17-7-milliarden-aus-deutschland-15668700.html
375 https://www.gesetze-im-internet.de/gg/BJNR000010949.html
376 https://www.abendzeitung-muenchen.de/muenchen/fluchtpunkt-muenchen-was-war-was-bleibt-art-664970
377 https://www.zeit.de/gesellschaft/zeitgeschehen/2015-08/ungarn-budapest-fluechtlinge-zuege
378 https://www.zeit.de/politik/ausland/2015-08/fluechtlinge-dublin-eu-asyl
379 https://www.zeit.de/gesellschaft/zeitgeschehen/2015-08/ungarn-budapest-fluechtlinge-zuege
380 Alexander 2017, S. 50
381 https://www.dw.com/de/zug-mit-flüchtlingen-offenbar-gestoppt/a-18691020
382 Alexander 2017, S. 49

383 Bollmann S. 516
384 Alexander 2017, S. 49
385 Alexander 2017, S. 50f.
386 Brief des ungarischen Botschafters in meinem Besitz
387 Gespräch mit Czukor am 5.09.2024
388 Zit. n. Alexander 2017, S. 54
389 Zit. n. Alexander 2017, S. 54
390 Zit. n. Alexander 2017, S. 55
391 https://www.nytimes.com/2016/01/10/opinion/sunday/germany-on-the-brink.html
392 https://www.youtube.com/watch?v=OhedH03aBEg
393 https://www.mz.de/mitteldeutschland/nach-protest-gegen-angela-merkel-rodel-bekommt-viel-zustimmung-im-internet-3094408
394 https://www.youtube.com/watch?v=uK3RDjJJNdc
395 https://www.tagesspiegel.de/politik/dann-ist-das-nicht-mein-land-6108841.html
396 https://www.tagesspiegel.de/politik/dann-ist-das-nicht-mein-land-6108841.html
397 https://archive.is/NPfWs, https://www.welt.de/politik/deutschland/article146898053/Die-Union-verweigert-Merkel-die-Gefolgschaft.html
398 https://www.capital.de/karriere/wie-der-euro-gerettet-wurde
399 https://www.tagesspiegel.de/politik/dann-ist-das-nicht-mein-land-6108841.html
400 Brecht 1988, S. 310
401 https://www.tagesschau.de/inland/coronavirus-deutschland-merkel-101.html#, https://www.faz.net/aktuell/gesellschaft/gesundheit/coronavirus/merkel-zum-coronavirus-auf-sozialkontakte-verzichten-16677107.html
402 https://www.economist.com/europe/2024/10/24/angela-who-merkels-legacy-looks-increasingly-terrible?

MIX
Papier | Fördert gute Waldnutzung
FSC® C083411

Der Umwelt zuliebe
- produzieren wir zu über 90 % in Deutschland
- achten wir auf kurze Transportwege
- drucken wir auf Papier aus verantwortungsvollen Quellen

2. Auflage 2024

Umschlaggestaltung und Motiv:
Hauptmann & Kompanie Werbeagentur, Zürich,
unter Verwendung eines Fotos von
© picture alliance | photothek | Thomas Trutschel
Layout & Satz: BuchHaus Robert Gigler, München
Gesetzt aus der Minion Pro und der DIN Condensed Bold
Redaktion: Franz Leipold
Druck und Bindung: CPI, Leck
ISBN 978-3-95890-637-2

Ansprechpartner für Produktsicherheit
Europa Verlage GmbH
Monika Roleff
Johannisplatz 15
81667 München
Te.l.: +49 (0)89 18 94 733-0
E-Mail: info@europa-verlag.com